任务引领

中等职业学校计算机及应用专业试验教材

办公自动化应用

（第二版）

肖　翊　主编
陈黎安　谢慧玲　副主编

中国铁道出版社有限公司
CHINA RAILWAY PUBLISHING HOUSE CO., LTD.

内 容 简 介

本书是中等职业学校计算机及应用专业核心课程的教材，全书由5个单元构成。通过对本书的学习，学生可以掌握办公自动化应用的基本技术和应用技能，能应用办公自动化技术完成日常办公事务性工作；能熟练地选择适合的办公自动化软件完成不同的任务；能提高解决问题的能力，学会创造性地完成任务，为提高各专门化方向的职业能力奠定良好的基础。

本书以岗位职业能力分析和职业技能考证为指导，以《上海市中等职业学校计算机及应用专业教学标准》中的"办公自动化应用课程标准"为依据，以岗位任务为引领，以工作任务为载体，强调理论与实践相结合，体系安排遵循学生的认知规律，注意深入浅出的讲解，在将办公自动化应用技术的最新发展成果纳入教材的同时，力争使教材具有趣味性和启发性。此外，本书还配有《教学指导手册》。

本书适用于上海市实施学历教育的各类中等职业学校，可作为中等职业学校计算机及应用专业或其他相关专业的教材、社会培训班的培训教材，以及办公自动化爱好者的自学用书。

图书在版编目（CIP）数据

办公自动化应用／肖诩主编．—2版．—北京：中国铁道出版社，2014.2（2019.12重印）
中等职业学校计算机及应用专业试验教材
ISBN 978-7-113-17871-0

Ⅰ．①办…　Ⅱ．①肖…　Ⅲ．①办公自动化－中等专业学校－教材　Ⅳ．①C931.4

中国版本图书馆CIP数据核字（2013）第312162号

书　　名：办公自动化应用（第二版）
作　　者：肖　诩　主编

策　　划：崔晓静
责任编辑：崔晓静　贾淑媛
封面设计：付　巍
封面制作：白　雪
责任校对：汤淑梅
责任印制：郭向伟

出版发行：中国铁道出版社有限公司（100054，北京市西城区右安门西街8号）
网　　址：http://www.tdpress.com/51eds/
印　　刷：三河市宏盛印务有限公司
版　　次：2007年9月第1版　2014年2月第2版　2019年12月第8次印刷
开　　本：787mm×1092mm　1/16　**印张：**15　**彩页：**1　**字数：**356千
书　　号：ISBN 978-7-113-17871-0
定　　价：35.00元

计算机及应用专业教材专门化方向主编一览表

专门化方向设置		教材名称	专门化方向主编
专业核心课		办公自动化应用	张世正　肖　诩
		计算机组装与维护	张世正　肖　诩
		多媒体技术应用基础	陈志云　陈丽敏
专门化方向	办公自动化与设备维护	办公设备操作与维护	张世正　肖　诩
		信息产品使用与服务	
	网页设计与制作	图形图像设计与制作*	孙良贻　王崇义
		网页设计与制作	
		Web 数据库与动态网页制作	
	多媒体制作技术	多媒体设计与制作	陈志云　陈丽敏
		多媒体应用综合实训	
	广播影视制作	影视照明	张世正　王培坚
		录音技术与数字音频制作	
		电视摄像与非线性编辑	
	动漫设计与制作	平面动画设计与制作	蒋川群　王珺萩
		三维动画设计与制作	
		动画制作综合实训	

注：*表示同时供多媒体制作技术和动漫设计与制作专门化方向选用

序

PREFACE

为了加速培养一大批适应上海市新一轮发展需要的知识型技能人才，上海市教育委员会在国内率先应用国际上先进的课程开发方法——DACUM，开发了计算机及应用等 50 个专业的教学标准。这为落实《国务院关于大力发展职业教育的决定》提出的“以服务为宗旨、以就业为导向”办学方针和教育部提出的“以就业为导向、以能力为本位”教育教学指导思想，迈出了坚实的一步。

本套丛书“中等职业学校计算机及应用专业试验教材”，就是依据上海市教育委员会组织开发并制定的《上海市中等职业学校计算机及应用专业教学标准》（以下简称《标准》）组织编写的。为了保证《标准》的落实和教学的高效，这套教材采用了先进的职业教育教材设计理念进行设计与编写。

计算机及应用专业课程有五个特征：一是任务引领，即以工作任务引领知识、技能和态度，让学生在完成工作任务的过程中学习相关知识，发展学生的综合职业能力；二是结果驱动，即通过完成典型产品或服务，激发学生的成就动机，使之获得完成工作任务所需要的综合职业能力；三是突出能力，即课程定位与目标、课程内容与要求、教学过程与评价都围绕职业能力的培养，涵盖职业技能考核要求，体现职业教育课程的本质特征；四是内容适用，即紧紧围绕工作任务完成的需要来选择课程内容，不强调知识的系统性，而注重内容的实用性和针对性；五是做学一体，即打破长期以来的理论与实践二元分离的局面，以任务为核心，实现理论与实践一体化教学。

在教材体系的确立上，按照职业岗位，将“计算机及应用”专业的 3 门专业核心课（“办公自动化应用”“计算机组装与维护”“多媒体技术应用”）和 13 门限定选修课分为 5 个专门化方向设计。这不但较好地落实了职业教育“以就业为导向”的教学指导思想，也很好地实现了学科教育向职业教育的转变。

本套丛书在教材内容的筛选上，依据应用职业分析方法确定教学标准，在将成熟的最新成果纳入到教材的同时，又充分考虑了国家职业教育学历标准和国家职业资格标准，实现了学历证书和职业资格证书的“双证”融通，为职业学校学生顺利地取得国家职业资格证书提供了条件。

在教材结构的设计上，本套丛书采用任务引领和项目训练的设计方式，不但符合职业教育实践导向的教学思想，还将通用能力培养渗透到专业能力教学当中。

每单元具体设计了以下几个板块。

- **单元引言**：说明该单元在学生将来工作、生活学习中的需要，指出能力目标。
- **任务描述**：从社会生活、工作需求中提取任务，描述任务完成的效果。
- **任务分析**：分析解决任务的思路，分析任务的难点。
- **方法与步骤**：图文并茂地讲解完成任务的操作步骤。
- **相关知识**：讲解任务涉及的知识与技能、完成任务的其他操作方法、技巧等。
- **拓展与提高**：讲解学生非常有必要了解，但任务未涉及的知识与技能（此可选）。
- **思考与练习**：根据教学需要、考试形式确定，一般包括任务要求、案例效果等。

DACUM——Developing A CurriculUM，具体内容可参考《职业分析手册——DACUM Handbook》。

在任务完成过程的设计上，力求选择的任务来自于生产实际，并充分考虑其趣味性和能力的可迁移性，以保证在完成任务的过程中，有效地促进学生职业能力的发展。

本套教材无论从教学标准的开发、教材体系的确立、教材内容的筛选、教材结构的设计，还是任务的选择，都本着立足上海，服务全国的宗旨，并且得到了上海市教育委员会教学研究室的大力支持，倾注了各位职业教育专家、计算机教育专家、教师和中国铁道出版社各位编辑的心血，是我国职业教育教材为适应学科教育到职业教育、学科体系到能力体系两个转变进行的有益尝试，也是邓泽民教授主持的国家社会科学基金课题“以就业为导向的职业教育教学理论与实践研究”的首批成果。

本套教材如有不足之处，请各位专家、老师和广大读者不吝指正。希望通过本套教材的出版，为我国职业教育和计算机教育事业的发展和人才培养做出贡献。

编委会

第二版前言

21世纪，办公自动化技术已融入了我们的学习、工作和生活中，并以前所未有的发展速度渗透到社会的各个领域。六年前《办公自动化应用》一书的问世正是顺应这个潮流。

本书以岗位职业能力分析和职业技能考证为指导，以《上海市中等职业学校计算机及应用专业教学标准》中的“办公自动化应用课程标准”为依据，以岗位任务为引领，以工作任务为载体，强调理论与实践相结合，体系安排遵循学生的认知规律，注意深入浅出的讲解，在将办公自动化应用技术的最新发展成果纳入教材的同时，力争使教材具有趣味性和启发性。

本书是中等职业学校计算机及应用专业的一门专业核心课程的教材，办公自动化应用是本专业的基本技能。通过对本书的学习，学生可以掌握办公自动化应用的基本技术和应用技能，能应用办公自动化技术完成日常办公事务性工作；能熟练地将办公自动化软件作为一个多功能工具加以使用，学会按不同的任务要求应用办公自动化技术中的各种功能进行处理和解决，在完成任务的过程中学会分析任务，以选择不同的应用软件，提高处理过程中解决问题的能力，学会创造性地完成任务；能熟练使用办公自动化技术处理日常事务性工作，并为提高各专门化方向的职业能力奠定良好的基础。

本书出版六年来，深受多个学校的欢迎和认可。首先他们认为本书很实用。书中的任务以解决实际工作中的问题为探讨重点，例如：邮件合并、利用通讯录自动打印批量信封、简历设计制作、带滚动条的图表，都是现实生活和工作中常用的案例。许多学生都反映，工作后还把本书带到办公室，因为经常需要用到本书的许多基本技能。其次他们觉得本书中有许多有趣的技能。例如：长文档处理、模板和样式设置、文件加密等。最后他们感到学生学习本书兴趣浓厚，除了学习和掌握计算机知识和技能外，还能学习了解我国的传统文化、增强艺术修养；学习了解管理知识；等等。总之，本书口碑好，发行量大。

随着大数据时代的来临，数据产业的高速发展，人们对于数据处理能力的要求越来越高。

而办公自动化的软件不断升级，促使《办公自动化应用（第二版）》一书的问世。在本书编写中考虑以下几点：①继续保持原来的特色。②加强电子报表制作单元学习任务，增加更加实用的案例和制作技能的介绍。③加强项目实训，并作为一个独立单元，方便学校安排实训周。④任务设计注重加入文化艺术修养的元素，如昆曲介绍、二十四节气等，强调学生综合素质的培养。

本书由电子文档制作、电子报表制作、演示文稿制作、集成办公和项目实训共五个单元构成，每个单元都由数个任务组成，每个任务又由任务描述、任务分析、方法与步骤、相关知识与技能、拓展与提高、思考与练习等栏目组成。此外，本书还配有教学指导手册。

其中，项目实训中项目等级评价参考下面两个表。

等级说明表

等级	说　　明
3	能高质、高效地完成此学习目标的全部内容，并能解决遇到的特殊问题
2	能高质、高效地完成此学习目标的全部内容
1	能圆满完成此学习目标的全部内容，不需任何帮助和指导

评价说明表

评价	说　　明
优秀	达到 3 级水平
良好	达到 2 级水平
合格	全部项目都达到 1 级水平
不合格	不能达到 1 级水平

本书由肖诩、陈黎安和谢慧玲共同策划，肖诩任主编，陈黎安和谢慧玲任副主编，单元三和单元四主要由陈黎安编写，单元一、单元二和单元五主要由谢慧玲编写。参加本书编写的作者都是具备扎实的专业知识和丰富的教学实践能力的一线教师。对于本书的课时安排，作者建议单元一 20 学时、单元二 30 学时、单元三 20 学时、单元四 8 学时、单元五 12 学时，总计 90 学时。

本书适用于实施学历教育的各类中等职业学校，可作为中等职业学校计算机及应用专业或其他相关专业的教材、社会培训班的培训教材，还可作为办公自动化应用考证的参考用书，以及办公自动化应用爱好者的一本案例丰富、素材齐全、技巧独特、内容新颖的自学用书。

由于编者水平有限，书中难免存在疏漏及不妥之处，请各位专家、老师和广大读者不吝指正。

编　者

2013 年 12 月

FOREWORD

第一版前言

21世纪，办公自动化技术已融入了我们的学习、工作和生活中，并以前所未有的发展速度渗透到社会的各个领域。

本书以岗位职业能力分析和职业技能考证为指导，以《上海市中等职业学校计算机及应用专业教学标准》中的“办公自动化应用课程标准”为依据，以岗位任务为引领，以工作任务为载体，强调理论与实践相结合，体系安排遵循学生的认知规律，注意深入浅出的讲解，在将办公自动化应用技术的最新发展成果纳入教材的同时，力争使教材具有趣味性和启发性。

本书是中等职业学校计算机及应用专业的一门专业核心课程的教材，办公自动化应用是本专业的基本技能，本书由电子文档制作、电子报表制作、演示文稿制作和集成办公4个单元构成，每个单元都由数个任务和一个项目实训组成，每个任务又由任务描述、任务分析、方法与步骤、相关知识与技能、拓展与提高、思考与练习等项目组成。此外，本书还配有教学指导手册。

其中，项目实训中项目等级评价参考下面2个表。

等级说明表

等级	说　明
3	能高质、高效地完成此学习目标的全部内容，并能解决遇到的特殊问题
2	能高质、高效地完成此学习目标的全部内容
1	能圆满完成此学习目标的全部内容，不需任何帮助和指导

评价说明表

评价	说　明
优　秀	达到3级水平
良　好	达到2级水平
合　格	全部项目都达到1级水平
不合格	不能达到1级水平

通过对本书的学习，学生可以掌握办公自动化应用的基本技术和应用技能，能应用办公自动化技术完成日常办公事务性工作；能熟练地将办公自动化软件作为一个多功能工具加以使用，学会按不同的任务要求应用办公自动化技术中的各种功能进行处理和解决，在完成任务的过程中学会分析任务，以选择不同的应用软件，提高处理过程中解决问题的能力，学会创造性地完成任务；能熟练使用办公自动化技术处理日常事务性工作，并为提高各专门化方向的职业能力奠定良好的基础。

本书由肖诩主编，同时参加编写的还有陈黎安（单元二、单元三和单元四）和谢慧玲（单元一），全书由肖诩统稿。本书编者都是具备扎实的专业知识和丰富的教学实践能力的一线教师。对于本书的课时安排，编者建议单元一30学时、单元二30学时、单元三20学时和单元四10学时，总计90学时。

本书适用于实施学历教育的各类中等职业学校，可作为中等职业学校计算机及应用专业或相关专业的教材，也可作为社会培训班的培训教材，还可作为办公自动化爱好者的自学用书。

由于编者水平有限，书中难免存在疏漏及不妥之处，请各位专家、老师和广大读者不吝指正。

编　者

2007年8月

目录 CONTENTS

上海城市爵士乐团
新华公司新年联欢舞会
举办时间：2013 年 12 月 31 日 19：00
举办地点：新华公司大礼堂
主要演员
爵士乐曲目

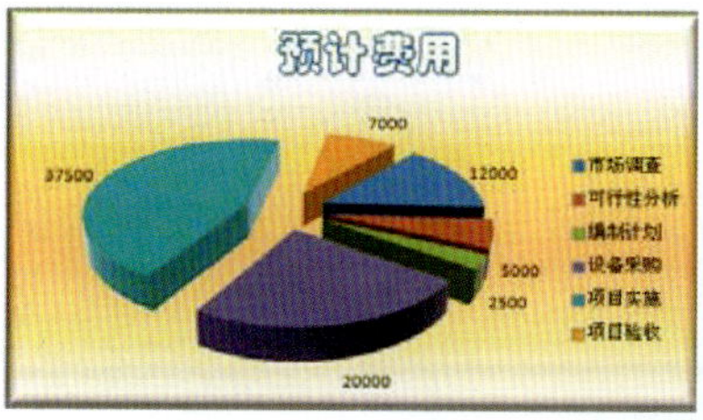
预计费用
7000
12000
37500
5000
2500
20000
市场调查
可行性分析
编制计划
设备采购
项目实施
项目验收

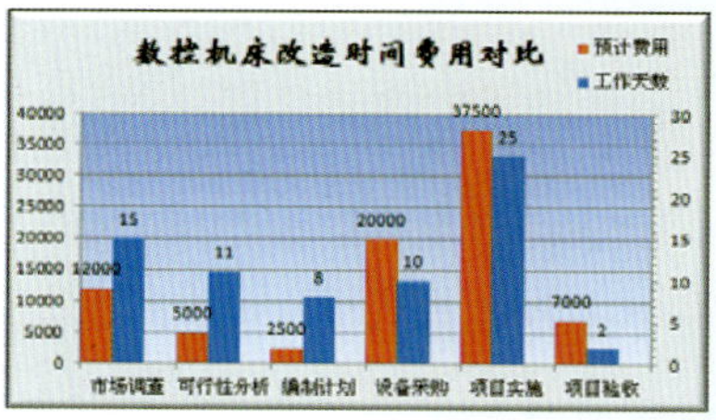
数控机床改造时间费用对比
预计费用
工作天数
市场调查
可行性分析
编制计划
设备采购
项目实施
项目验收

自然奇观

艺术特点
舞台美术
昆剧行当
非遗文化
曲牌伴奏
昆剧脸谱
剧目介绍

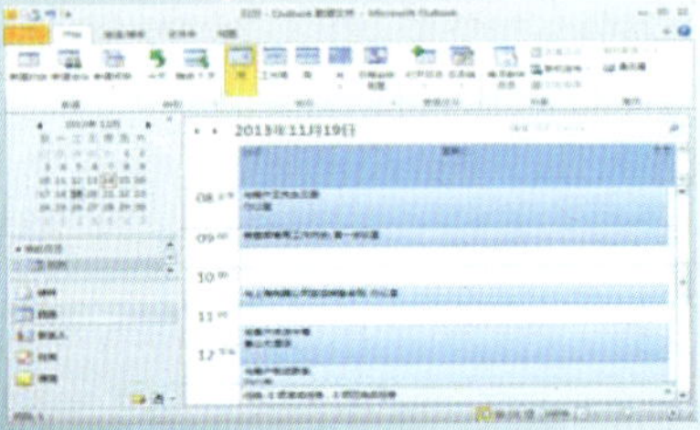

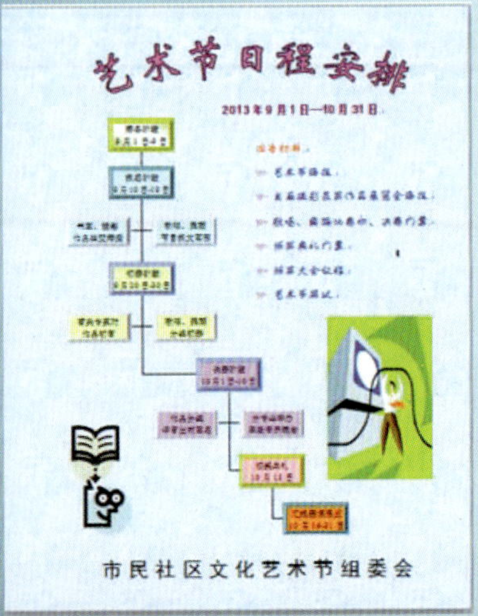
艺术节日程安排
市民社区文化艺术节组委会

单元一

电子文档制作

作为现代文员应该能熟练处理各种电子文档，而在电子文档中，文字、表格、图片是表达和传递信息的最主要的 3 种元素。只要能够灵活使用这 3 种元素，便可制作出具有不同效果和用途的电子文档。通过本单元学习，你能够利用 Word 2010 应用程序，自行设计制作宣传海报、带有 SmartArt 图形的文档、表格文档、会议通知、简历等电子文档，以及进行长文档处理、邮件合并等。

学习目标

- 掌握文档的创建、编辑、保存和打印
- 能进行文档的格式设置
- 能熟练制作表格
- 能应用艺术字、图片及 SmartArt 图形
- 能熟练处理长文档的目录页眉、页脚的编制
- 善于设计处理各类文档的整体效果

任务一　爵士乐团演出海报制作——艺术字、文本框、图片混排

任务描述

海报是一种信息传递艺术，是一种大众化的宣传工具。海报具有相当的号召力与艺术感染力，要调动形象、色彩、构图、形式感等因素，形成强烈的视觉效果，海报常用于文艺演出、运动会、故事会、展览会、家长会、节庆日、竞赛游戏等。

新华公司决定在年末举办一场迎新联欢会，邀请上海城市爵士乐团来单位大礼堂，举行爵士乐演出暨联欢舞会。为增加迎新联欢会的气氛，必须张贴演出宣传海报。

本任务将设计制作爵士乐团演出宣传海报。图 1-1-1 所示为宣传海报样张。

图 1-1-1　演出宣传海报样张

任务分析

海报设计的基本要素是主题、演出单位（或主讲人）、时间地点、主办单位、基本情况介绍等。海报制作总的要求是使人一目了然，画面有较强的视觉中心，力求新颖；还必须具有独特的艺术风格和设计特点。可以运用艺术字来设置主题，以便突出主题；海报中间插入乐团演出的照片，使得海报更加生动。给整张海报加上背景，增强艺术效果；添加页面边框，可以增加海报的整体视觉效果。

宣传海报如果不是贴在墙上的大海报，纸张不必太大，有 A4 纸的尺寸就足够了，以方便传阅。可以通过页面设置，将纸张的尺寸确定下来。如果需要用于贴在橱窗或外墙上，可以按同样的比例，放大海报。

方法与步骤

1. 设置页边距和纸张大小

新建一个 Word 2010 文档，在“页面布局”选项卡的“页面设置”组中选择“页边距”→“自定义边距”，打开“页面设置”对话框，把页边距上、下、左、右均设为“2 厘米”，如图 1-1-2 所示。

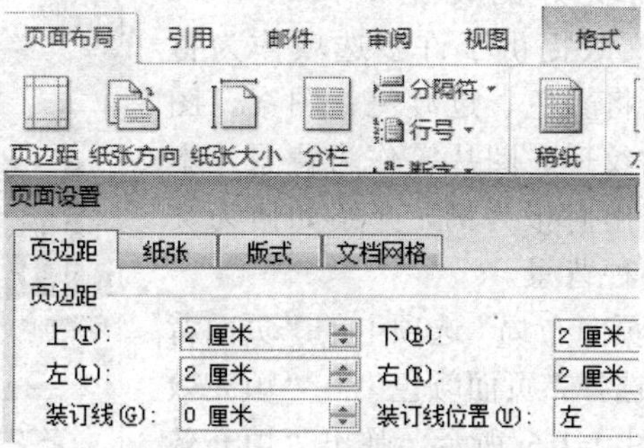

图 1-1-2 设置页边距

在“页面布局”选项卡的“页面设置”组，选择“纸张大小”→“其他页面大小”，将纸张设为：高度 28 厘米、宽度 20 厘米，如图 1-1-3 所示。

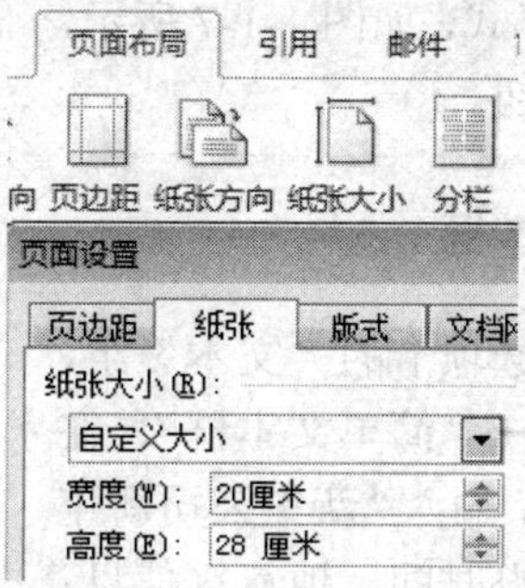

图 1-1-3 设置纸张大小

2. 插入艺术字

在“插入”选项卡的“文本”组中，单击“艺术字”按钮，在弹出的“艺术字库”列表框中，选择合适的艺术字样式，如图 1-1-4 所示，本例选择：第 5 行、第 3 列的“填充-红色，强调文字颜色 2，暖色粗糙棱台”。在文档中弹出的“编辑艺术字文字”框中，输入“上海城市爵士乐团”，设置字体：“华文行楷”“56 磅”。

设置艺术字版式和位置：选中文档中艺术字“上海城市爵士乐团”，在“绘图工具—格式”选项卡的“排列”组，设置：“对齐方式”→“左右居中”；选择“自动换行”→“上下型环绕”，如图 1-1-5 所示。

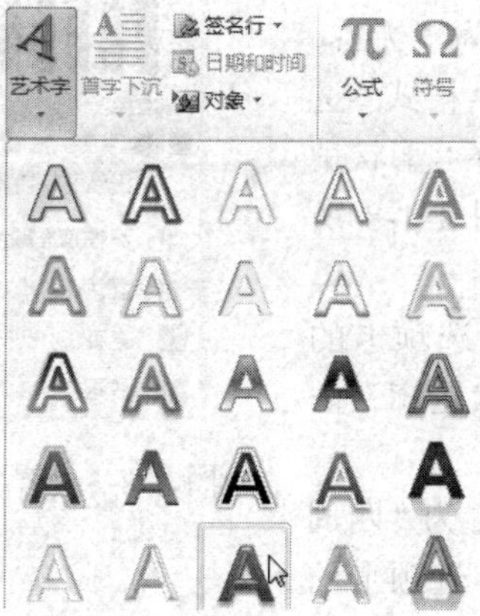

图 1-1-4 艺术字库

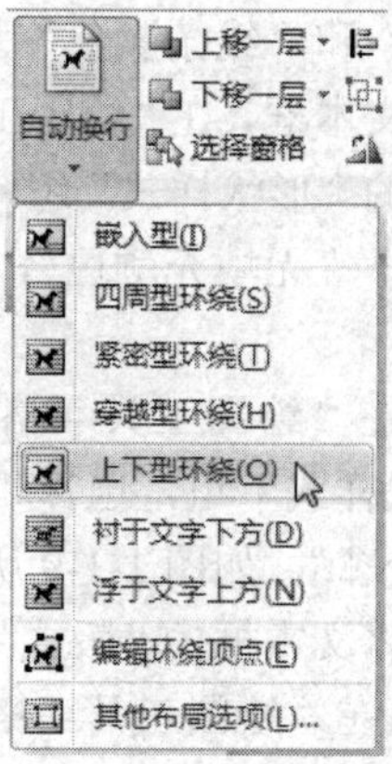

图 1-1-5 设置艺术字版式

3．创建页面背景

给文档添加适当的背景，可以令文档具有更好的视觉效果，Word 2010 中文版提供了许多选项作为背景，可以将颜色、过渡色、图案、图片和织物纹理、图片等作为背景，本单元以演出海报为例，介绍如何为文档添加各种背景。

在“页面布局”选项卡的“页面背景”组，选择“页面颜色”→“填充效果”，如图 1-1-6 所示。弹出“填充效果”对话框，单击“纹理”选项卡：选择“花束”纹理样式，如图 1-1-7 所示，单击“确定”按钮。

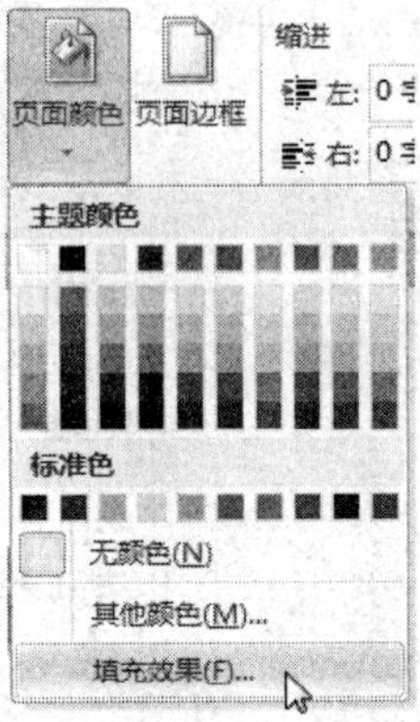

图 1-1-6　设置页面颜色

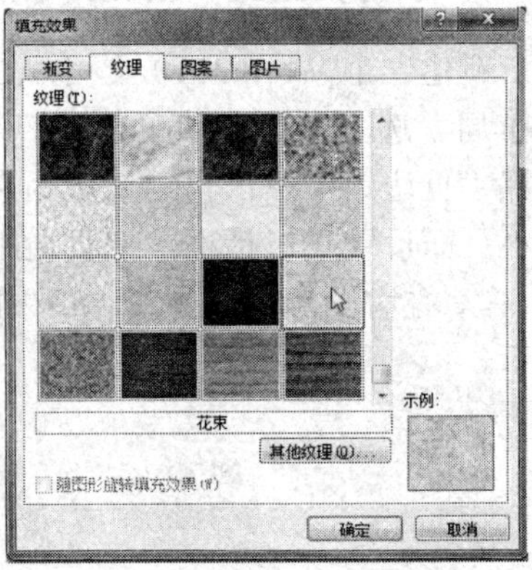

图 1-1-7　设置背景纹理

4．插入文本框

在“插入”选项卡的“文本”组，选择“文本框”→“简单文本框”，在弹出的文本框中，输入“新华公司新年联欢舞会”等举办时间、地点等信息；设置上行：“黑体”“一号”“红色，强调文字颜色 2，深色 25%”，对齐方式“居中”；下两行：“黑体”“二号”“绿色”对齐方式“左对齐”。

设置文本框格式：将文本框的“填充色”和“线条颜色”均设为“无”；选中文本框，在“绘图工具—格式”选项卡的“形状样式”组，选择“形状填充”→“无填充颜色”，如图 1-1-8 所示。

在“绘图工具—格式”选项卡的“形状样式”组，选择“形状轮廓”→“无轮廓”，如图 1-1-9 所示。

将文本框的“版式”设置为“四周型”：在“绘图工具—格式”选项卡的“排列”组中，选择“自动换行”→“四周型环绕”。

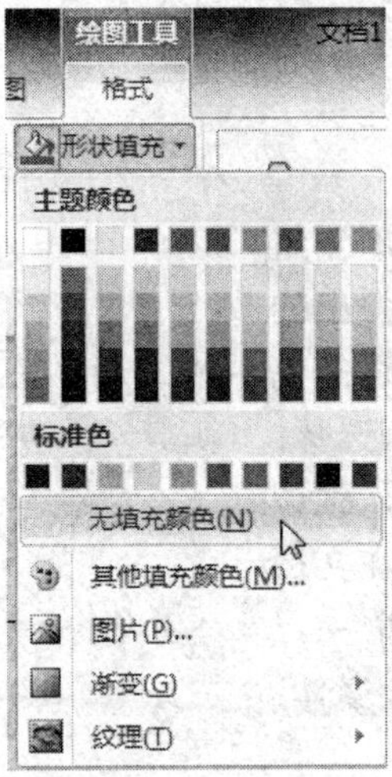

图 1-1-8　设置文本框填充色

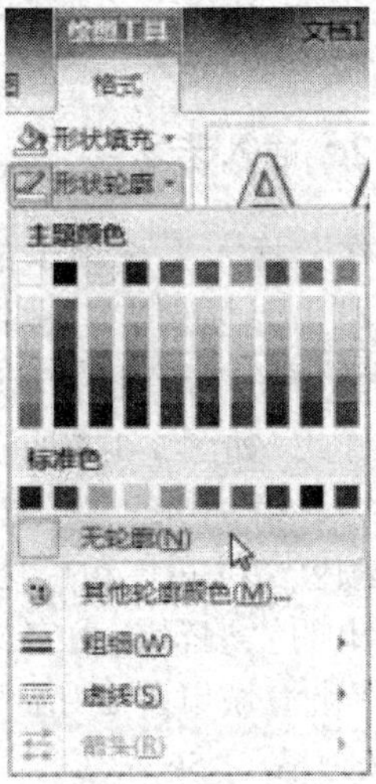

图 1-1-9　设置文本框轮廓

5．插入形状、填充图片

在 Word 2010 中文版中，图片的来源包括各种已经保存在存储器上的图片、系统提供的剪贴画等；在演出海报中插入带形状图片的方法：在“插入”选项卡的“插图”组中，单击“形状”按钮，如图 1-1-10 所示，在弹出的形状列表框中，选择合适的形状，本例选“缺角矩形”，如图 1-1-11 所示。

图 1-1-10　插入形状

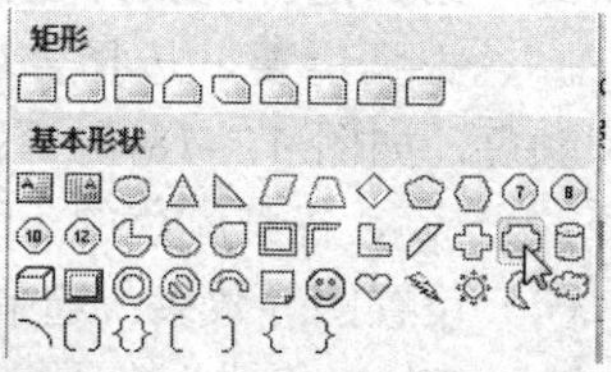

图 1-1-11　选择形状

在文档的空白处，用鼠标拖动一个“缺角矩形”，如图 1-1-12 所示，选中该矩形，在“绘图工具—格式”选项卡的“形状样式”组：选择“形状填充”→“图片”，如图 1-1-13 所示，弹出“插入图片”对话框，选择合适的图片。本例：打开素材库中的“乐团演出.jpg”图片文件，单击“确定”按钮。

图 1-1-12　插入缺角矩形

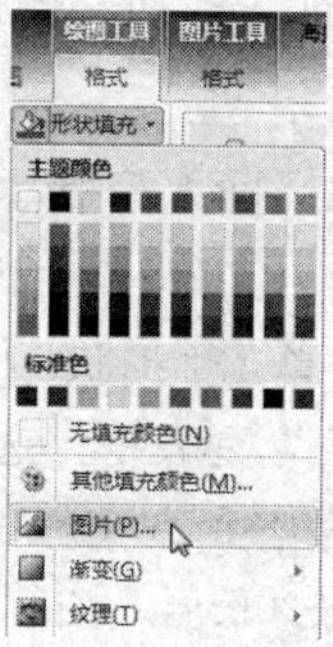

图 1-1-13　填充形状

插入图片的另一种方法：在文档中选中“缺角矩形”，右击，在弹出的快捷菜单中，选择“设置形状格式”命令，在弹出的“设置图片格式”对话框中，选择“填充”→“图片或纹理填充”→“插入自”→“文件”，如图 1-1-14 所示。在弹出的“插入图片”对话框中选择图片。

在“缺角矩形”中填充图片的结果如图 1-1-15 所示。

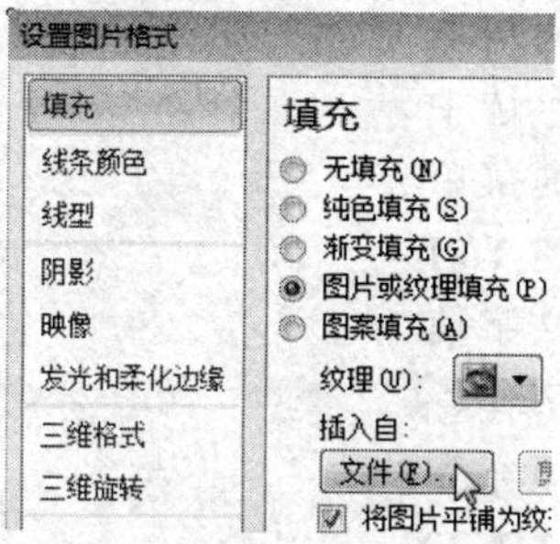

图 1-1-14　填充图片

图 1-1-15　形状图片

设置图片格式：

（1）设置图片版式：选中文档中的图片，在“图片工具—格式”选项卡的“排列”组，选择“自动换行”→“四周型环绕”，如图 1-1-16 所示。

（2）设置图片大小：选中图片，在“图片工具—格式”选项卡的“大小”组，把图片的尺寸设置成合适的大小，本例设置为高度“5.2 厘米”，宽度“6.2 厘米”，如图 1-1-17 所示。

图 1-1-16　图片版式

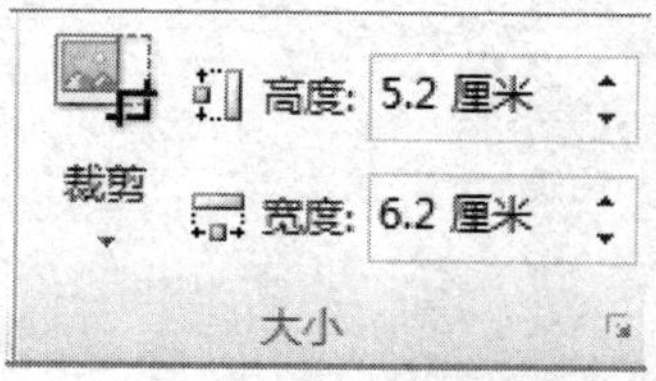

图 1-1-17　图片大小

（3）设置图片边框：选中图片，在“图片工具—格式”选项组的“图片样式”组，选择“图片边框”→“粗细”，根据需要，选择合适的线条和颜色，如图 1-1-18 所示。本例选择：4.5 磅、深红颜色的实线。

（4）设置图片效果：选中图片，在“绘图工具—格式”选项组的“形状样式”组给图片设置合适的效果，本例选择“图片效果”→“阴影”→“外部”→“向左偏移”，如图 1-1-19 所示。

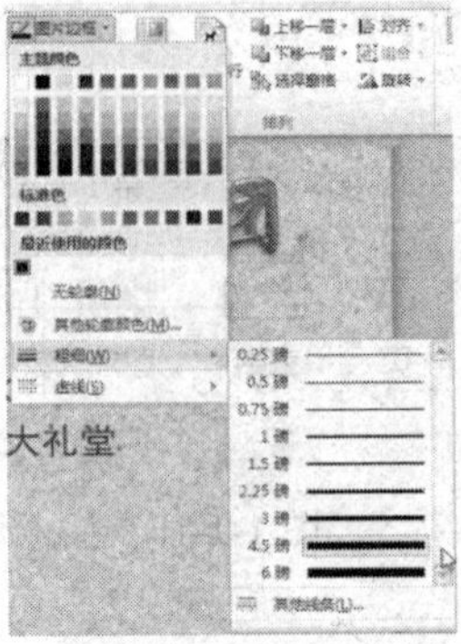

图 1-1-18　图片边框

图 1-1-19　设置图片效果

6. 插入形状、输入文字

在“插入”选项卡的“插图”组中，单击“形状”按钮，弹出“形状列表”列表框，选择合适的形状，本例考虑到在文档的右下角还要插入一张“长号”图片，所以选择“形状列表”中的“流程图—文档”样式，如图 1-1-20 所示。

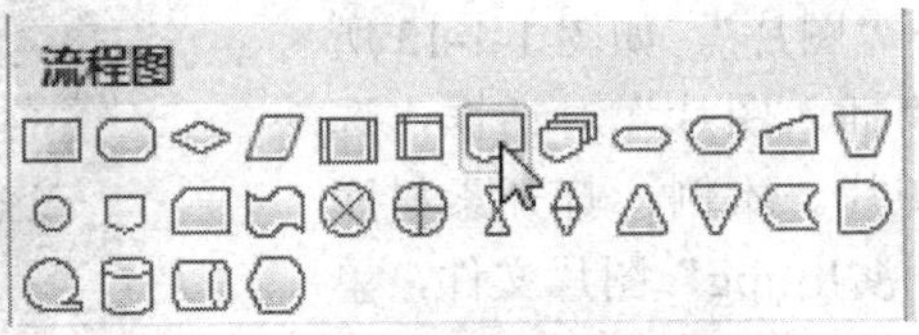

图 1-1-20　插入“流程图—文档”

在文档的空白处，用鼠标拖动一个“流程图—文档”图形，选中该图形，右击，在弹出的快捷菜单中选择“添加文字”命令，如图 1-1-21 所示，将“爵士乐曲目”等文字信息输入，并设置合适的文字字体、大小、颜色，并设置图形的填充和版式等。设置好的形状如图 1-1-22 所示。

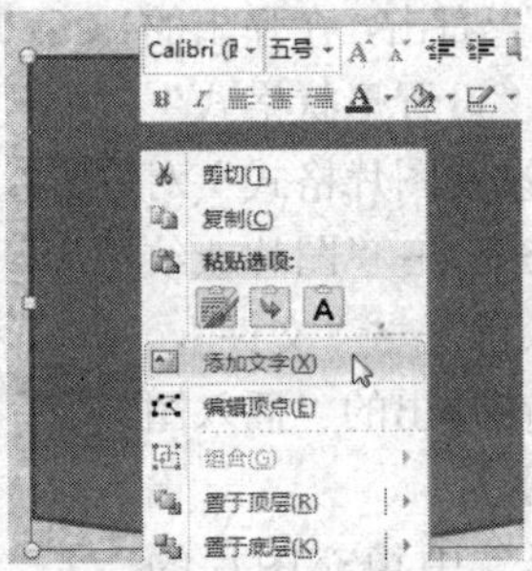

图 1-1-21　添加文字

图 1-1-22　添加文字的图形

7．插入图片、水平翻转

插入图片：将光标定位在文档的右下角，在“插入”选项卡的“插图”组，单击“图片”按钮，打开“插入图片”对话框，找到素材文件“长号.jpg”，单击“确定”按钮。

水平翻转图片：在“图片工具—格式”选项组的“排列”组，选择“旋转”→“水平翻转”，如图1-1-23所示，将图片水平翻转。

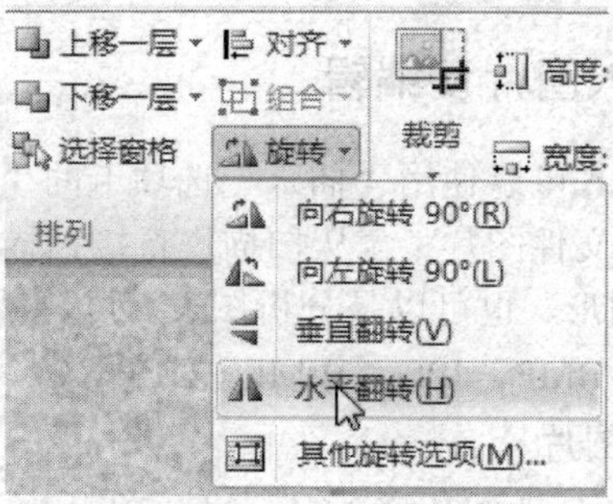

图 1-1-23　图片旋转

设置图片版式和位置：选中图片，在“图片工具—格式”选项组的“排列”组，选择“自动换行”→“衬于文字下方”；单击“位置”按钮，在列表框中选择“底端居右，四周型文字环绕”，如图1-1-24所示。

图 1-1-24　图片位置

8．为页面添加边框

为页面添加边框，是美化文档的一种重要手段，用各种艺术型的花纹作页面边框，不仅可以使内容清晰、美观，而且会使整张海报产生非常醒目的艺术效果。

在“开始”选项卡的“段落”组中，单击“边框和底纹”按钮，打开“边框和底纹”对话框，选择“页面边框”选项卡，在“设置”区域，单击“方框”选项，在“艺术型”下拉框中选择合适样式，本例选择：10磅、红色、五线谱音符，单击“确定”按钮，如图1-1-25所示。完成的演出海报如图1-1-1所示。

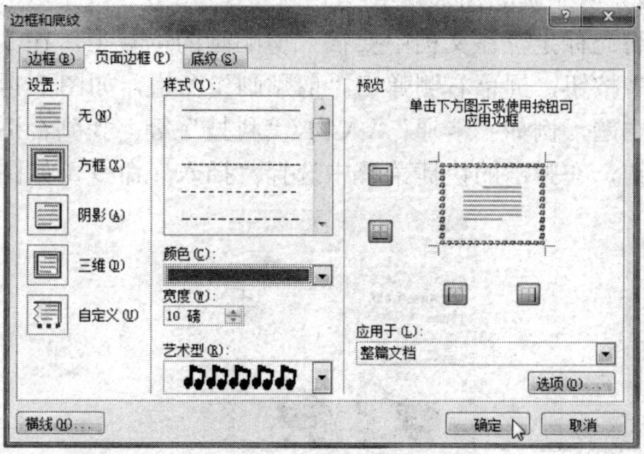

图 1-1-25　设置页面边框

相关知识

一、插入图片及编辑

图片的插入可以使用“插入”选项卡的“插图”组中的选项，如图 1-1-26 所示。可以是存储在磁盘上的文件图片（含从扫描仪直接扫描来的图片、数码照片）、系统提供的剪贴画、形状和 SmartArt 图形、也可以是分析图表、屏幕截图等。这些以文件形式存储在磁盘上的图片，有多种格式（如 BMP、JPG、WMF、GIF 等），都可以直接插入到文档中。

1．插入图片

1）来自文件的图片插入

将光标定位在文档中要插入图片的位置上，在“插入”选项卡的“插图”组，单击“图片”按钮，弹出“插入图片”对话框，如图 1-1-27 所示，找到图片，单击“插入”按钮。

图 1-1-26　插入图片

图 1-1-27 “插入图片”对话框

如果要使用 Word 2010 系统提供的图片，可以在“查找范围”框内：选择系统盘下的 Program Files\Microsoft Office\Clipart 下的两个文件夹：“Pub60cor”文件夹内有许多图片供选择；而“Publisher”文件夹下的 Backgrounds 文件夹，提供了许多背景图片。

2）剪贴画的插入

将光标定位在文档中要插入剪贴画的位置上，在“插入”选项卡的“插图”组，单击“剪贴画”按钮，屏幕右侧弹出“剪贴画”窗格，如图 1-1-28 所示，在“搜素文字”框中输入剪贴画的主题，例如“卡通”“人物”“科技”等，找到合适的剪贴画，选中文件，单击剪贴画右侧的按钮，在弹出的快捷菜单中选择“插入”命令，如图 1-1-29 所示。

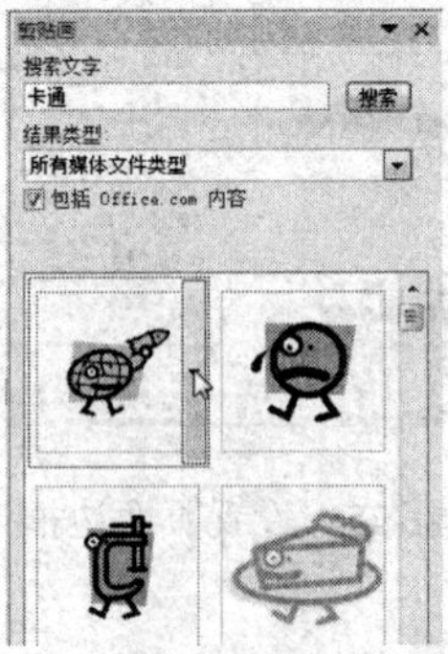

图 1-1-28 “剪贴画”窗格

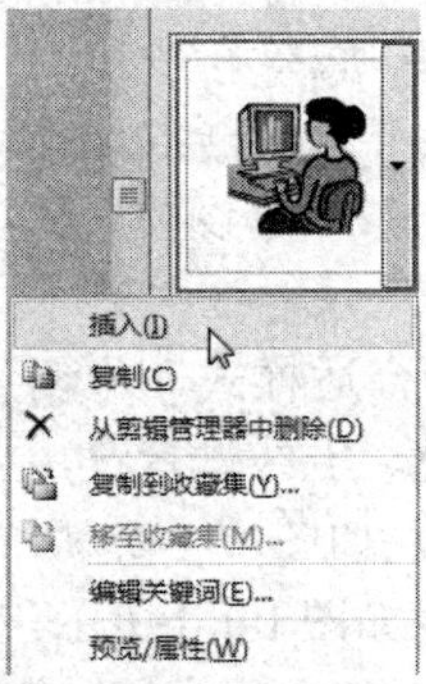

图 1-1-29　插入剪贴画

3）形状的插入

将光标定位在文档中要插入形状的位置上，在“插入”选项卡的“插图”组，单击“形状”按钮，弹出“形状”列表框，其中有“线条”“矩形”“基本形状”“箭头总汇”“公式形状”“流程图”“星与旗帜”“标注”等 8 个区域供选择，并将“最近使用的形状”列在第一排，根据需要选择即可。

4）将图片复制到文档

在文档中插入图片，有许多方法，复制图片也是一种常用方法。先在各种图形或图像的应用程序中，选定所要插入的图片，右击，在弹出的快捷菜单中，选择“复制”命令，再切换到 Word 文档中，将光标定位在文中要插入图片的位置上，右击，在弹出的快捷菜单中选择“粘贴”命令，就将图片以嵌入的方式插入到文档中。

2. 编辑图形

1）利用控制点调整图片的大小

选中图片后，图片的四周会出现 8 个控制点，当鼠标光标放在任意一个控制点上，光标会变成双箭头，拖动此箭头即可改变图形的大小。

2）精确调整图片大小

如果要精确地缩放原来图片的大小，选中图片，选择“图片工具—格式”选项组的“大小”组，调整图片的高度和宽度，如果要改变图片原来的纵横比例，则要在“大小”组右下角单击，打开“布局”对话框，选择“大小”选项卡，将缩放区域的“锁定纵横比”前的☑去掉，如图 1-1-30 所示。

3）图片的裁剪

拖动裁剪：Word 2010 除了可以缩放图片的大小，还可以裁剪图片。在“图片工具—格式”选项卡的“大小”组，单击“裁剪”按钮，打开列表框，选择“裁剪”命令（见图 1-1-31），则在图片的四周 8 个裁剪控制点，拖动控制点即可裁剪图片，图 1-1-32 所示是将图片左边和下边裁剪后的样张。

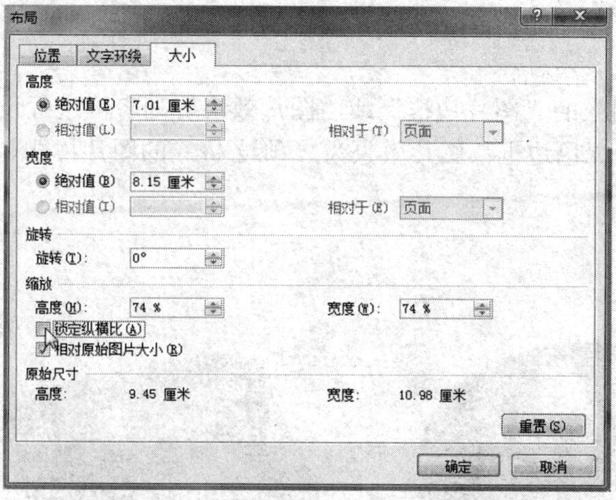

图 1-1-30 设置图片格式

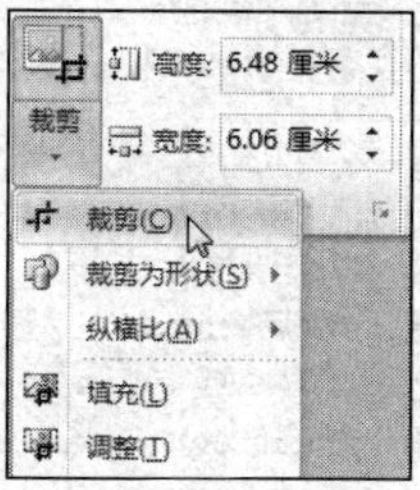

图 1-1-31 裁剪图片

图片的精确裁剪：选中图片右击，在弹出的快捷菜单中选择“设置图片格式”命令，在弹出的对话框中单击“裁剪”选项卡，如图 1-1-33 所示。在裁剪区域进行精确设置即可。

图 1-1-32　拖动裁剪图形

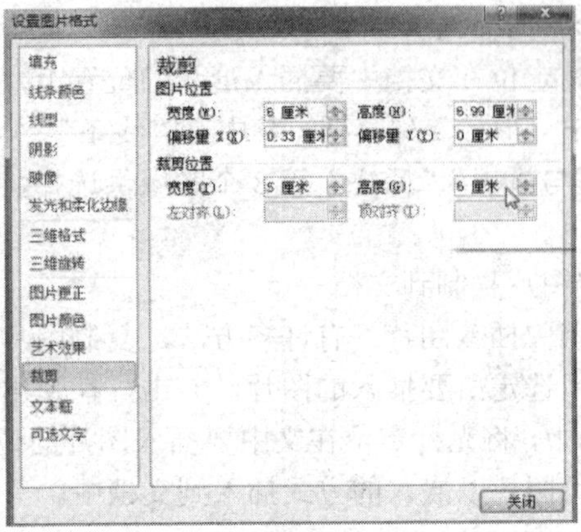

图 1-1-33　精确裁剪图形

4）图形的版式

选择“图片工具—格式”选项卡的“排列”组，单击“自动换行”按钮，弹出图 1-1-34 所示的列表框，中文 Word 2010 设置文本环绕图片的常用形式有 7 种，如图 1-1-34 所示。

（1）嵌入型：将图片置于文档内的文字的插入点，处于同一层。

（2）四周型环绕：将文字环绕在图片的边界框四周。

（3）紧密型环绕：如果图片是矩形，则文字将以矩形方式环绕在图片周围，如果图片是不规则图形，则文字将紧密环绕在图片四周。

（4）穿越型环绕：文字可以穿越不规则图片的空白区域环绕图片。

（5）上下型环绕：当图片插入文档中，只有上下有文字，而左右没有文字。

（6）浮于文字上方：取消文字环绕，将图片置于文字的上面，与文字处于不同的层面。

（7）浮于文字下方：取消文字环绕，将图片置于文字的下面。

5）图片样式、边框、效果

Word 2010 内置了许多图片样式供选择，操作方法：选中图片，选择“图片工具—格式”选项卡的“图片样式”组，打开“图片样式”列表框，选择合适的样式。图 1-1-35 所示为椭圆图片样式。

图片的边框颜色及效果，可以打开相应的“图片边框”或“图片效果”列表框进行设置。图 1-1-36 中，图片样式为圆形对角、6 磅绿色边框；图片效果为“预设 11”的图片样式。

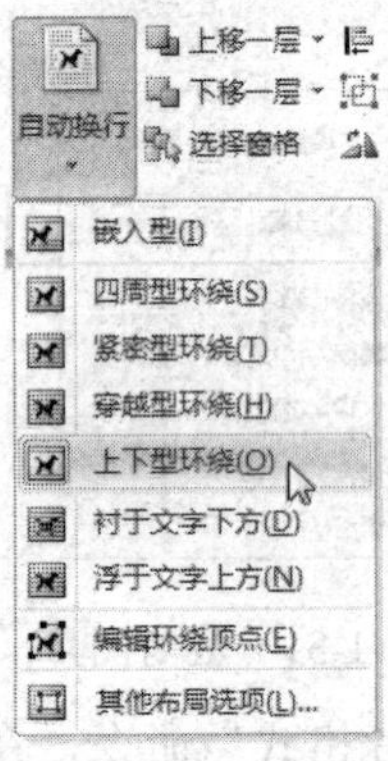

图 1-1-34　自动换行列表框

图 1-1-35　椭圆图片样式

图 1-1-36　圆形对角图片样式

6）图片修改为形状样式

Word 2010 通过图片的裁剪，可以把图片修改为各种形状，操作方法：选中图片，选择“图片工具—格式”选项卡的“大小”组，选择“裁剪”→“裁剪为形状”，弹出其列表框，如图 1-1-37 所示。可以看到，列表框中所列的图形，与“插入”选项卡的“形状”列表框几乎是相同的，有“矩形”“基本形状”等 7 个类型的很多种形状可供选择。图 1-1-38 所示是将照片裁剪为“云形”形状的图片效果。

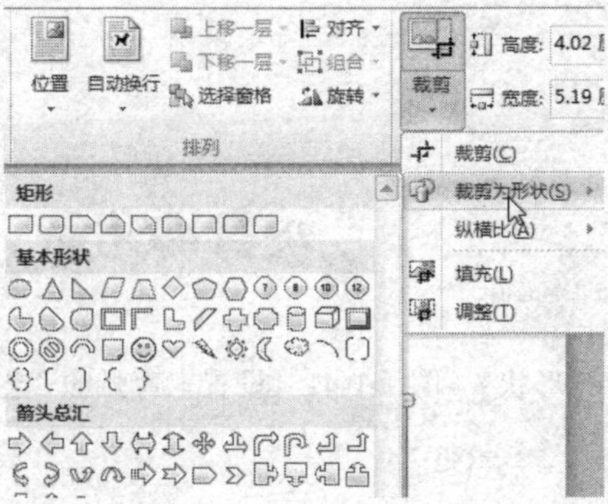

图 1-1-37　打开裁剪为形状列表框

图 1-1-38　裁剪为“云形”形状的图片

7）图片的移动、复制、删除

（1）图片的移动：选中图片，单击“开始”选项卡的“剪贴板”组的“剪切”按钮，光标移动到目标处，单击“粘贴”按钮。

（2）图片的复制：选中图片，单击“开始”选项卡的“剪贴板”组的“复制”按钮，光标移动到目标处，单击“粘贴”按钮。

（3）图片的删除：选中图片，按【Delete】键。

二、插入艺术字及编辑

为了活跃版面、美化文档，Word 提供了一种具有特殊效果的文字——艺术字。艺术字实际上是一种为文字建立图形效果的对象，具有阴影、旋转、斜体、拉伸等图形功能，而不能再将其视为文字对象。

把文字变成艺术字以后，可以像设置图形对象一样来设置艺术字。从而为文本美化起重要作用，增加强烈的视觉效果。

1．插入艺术字

（1）在“插入”选项卡的“文本”组，单击“艺术字”按钮，弹出“艺术字库”列表框，系统提供 30 种“艺术字”样式供选择使用。选中某个样式，单击“确定”按钮。弹出图 1-1-39 所示的艺术字文本框。

（2）在文本框内，输入要设置为艺术字的文字，并且设置字体、大小、颜色等属性。

2．设置艺术字格式

选中艺术字，在“绘图工具—格式”选项卡中，把“艺术字”视作为一个图片设置，接下来的步骤，就与设置图片格式的步骤基本一样。

3．更改艺术字形状

选中艺术字，在“绘图工具—格式”选项卡的“艺术字样式”组，打开“文本效果”列表框中的“转换”列表，如图 1-1-40 所示，有“跟随路径”“弯曲”等多种形状供选择。

图 1-1-41 所示是将艺术字形状设置为“上弯弧”的效果。

图 1-1-39 “艺术字”文字框

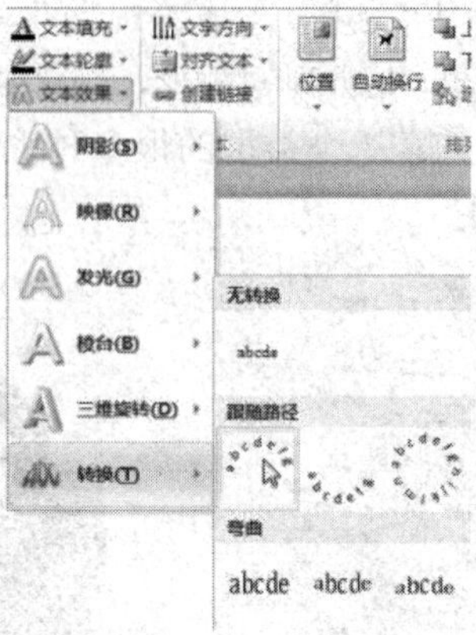

图 1-1-40 “艺术字”形状

图 1-1-41 设置上弯弧的“艺术字”

三、插入文本框及编辑

文本框是一个可以移动、可以调整大小的文字或图形容器，文本框有横排和竖排两种。如果要将文档中某些对象（文字、图片、表格等）显示在页面的指定位置上，首先要将这些对象放到文本框中，然后再拖动文本框到所需位置即可。

1. 插入文本框

在“插入”选项卡的“文本”组，打开“文本框”列表框，可以看到系统内置的“简单文本框”“奥斯汀提要栏”等多种“文本框”样式供选择。在列表框的底部，还有“Office.com 中的其他文本框”供选择。

如果选择“绘制文本框”或“绘制竖排文本框”，则需要用鼠标手动拖动绘制文本框。

2. 文本框的编辑

选中文本框，在“绘图工具—格式”选项组中设置，可以看出，“文本框”的格式设置和“艺术字”的格式设置完全相同。

拓展与提高

一、利用 Word 模板，创建“会议议程”文档

一篇完整的文档，不是把所有的文字输入完毕就可以了，一般还需要用各种格式来修饰、美化，才能使文档美观、完整。各种文档是有许多基本特点的，比如：简历、信函、报告、论文、名片、调查表等，这就要涉及样式保存问题。

人们希望把各种常用的样式保存下来，在以后编辑相同格式的文档时，系统能自动提供这些样式，从而有效、快捷地编辑文档。这些把整篇文档的格式都保存下来的样式就是模板。使用模板可以简化文档编辑的复杂程度，大大提高工作效率。

Word 2010 中文版，预制了一些常用的模板。选择“文件”→“新建”命令，在弹出的“可用模板”任务窗格中有“报表”“标签”“贺卡”等许多模板可供选择，如图 1-1-42 所示。也可以在“Office.com”区域中输入关键字快速搜索模板。

以新建“会议议程”文档为例，选择“文件”→“新建”命令，在“可用模板”任务窗格中选择“会议议程”，在弹出的“会议议程”模板文件中，把时间、内容等信息按照实际情况输入修改完毕，结果得到如图 1-1-43 所示的会议议程文档。

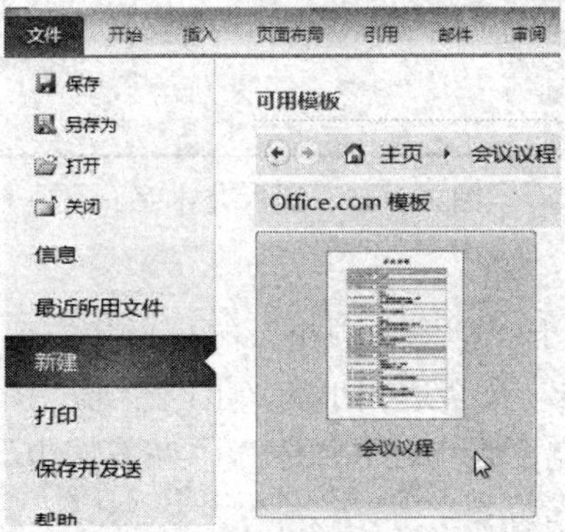

图 1-1-42　新建模板

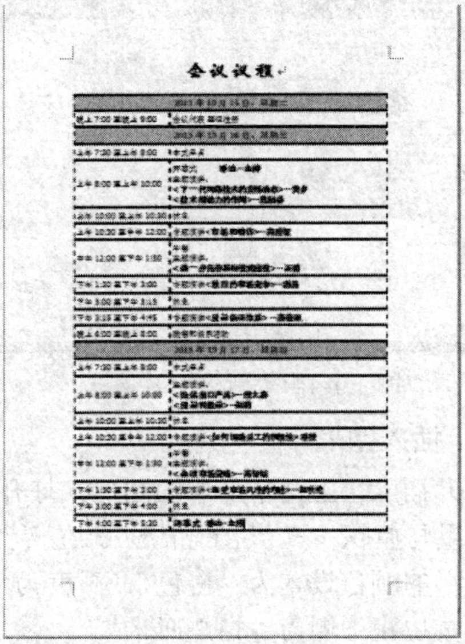

图 1-1-43　修改好的会议议程文档

二、新建一张“奖状”Word 模板（创建和修改 Word 模板）

公司每年年底经常要发放各种奖状，鼓励取得优异业绩的员工，但是在现有的 Word 模板中，如果找不到合适的“奖状”Word 模板，或者对系统预制的模板不满意，可以创建具有自己独特风格、且经常需要使用的模板，本文以介绍如何新建与修改 Word 模板。

打开一个空白的 Word 文档，首先通过页面设置，把文档的“上”“下”页边距均设置为“1 厘米”；纸张的高度设置为“16 厘米”、宽度为“22 厘米”，其他保持默认选项不变。

1. 设置“模板”文档

执行“文件”→“新建”命令，在弹出的“可用模板”任务窗格中选择“我的模板”弹出“新建模板”对话框，选择“个人模板”选项卡列表框内“空白文档”，并选择“模板”单选按钮，如图 1-1-44 所示，单击“确定”按钮。

2. 插入艺术字

在“插入”选项卡的“文本”组，单击“艺术字”按钮，在弹出的“艺术字库”列表框中选择 5 行 3 列的“填充—红色，强调文字颜色 2，暖色粗糙棱台”，把“奖状”两个字分开一些；字体：隶书；字号：66 磅，对齐方式：左右居中。

3. 插入文本框、输入文字

在文档中插入两个文本框，大的文本框是奖状内容，字体：隶书；字号小一号；行距：2 倍行距。小的文本框是落款，字体：小二号；须把文本框的“边框”和“填充”均设置为“无”；在输入文字时，要注意整个版面的排版，力求合理美观，在文字的相关位置，要留有空挡，以便填入各种奖励信息。插入艺术字和文本框后的效果如图 1-1-45 所示。

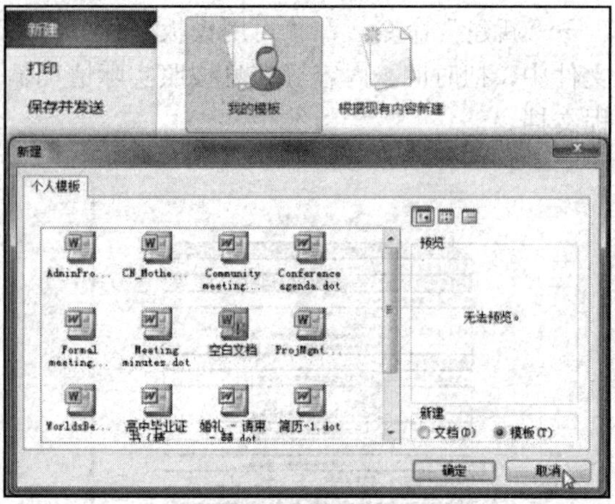

图 1-1-44 “新建”对话框

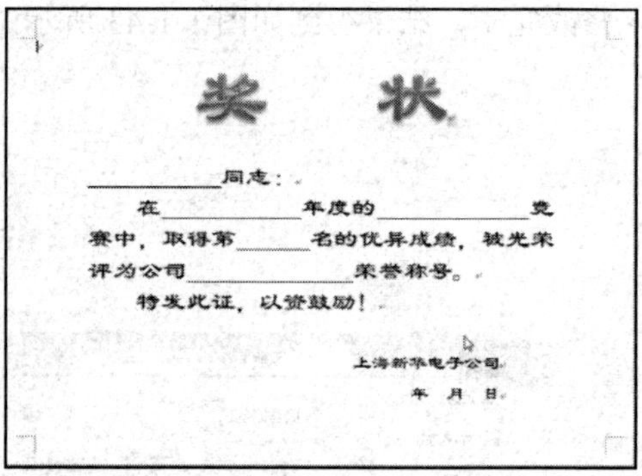

图 1-1-45 插入艺术字和文本框

4．插入图形

（1）插入“上凸带形”的图形：打开“插入”选项卡“插图选项组”的“形状”列表框，选择“星与旗帜”→“上凸带形”。在文档的底部，拉出一个合适大小的“上凸带形”图形，并将该图形的颜色设置为“橙色”，高度为“0.7 厘米”，宽度为“15.8 厘米”，“左右居中”，垂直相对于页边距下侧为“13.2 厘米”。

（2）插入旋转图形：打开“插入”选项卡的“形状”列表框，选择“流程图”→“资料带”。在文档的右上部，拖动鼠标拉出一个合适大小的“资料带”的图形，并将该图形的颜色设置为“粉红色”，高度为“0.7 厘米”、宽度为“5.6 厘米”。再复制一个相同的图形，在“图片工具—格式”选项卡的“排列”组，选择“旋转”→“水平翻转”，将这两个图形对称放置在艺术字“奖状”的两边。

（3）插入五角星：打开“插入”选项卡的“形状”列表框，选择“星与旗帜”→“五角星”，在文档的空白处，拖动鼠标拉出一个合适大小的“五角星”图形。颜色设置为：红色；水平居中、垂直相对于页边距下侧：“0.3 厘米”

（4）插入剪贴画：选择“插入”选项卡的“剪贴画”，在窗口的右侧，自动弹出“剪贴画”窗格，在搜索框中输入“半个框架”图形。将图片的高度和宽度均设置为“3 厘米”；选中图片，按住【Ctrl】键，用鼠标拖动复制出 3 个相同的图片，根据样张，旋转图片，并选择“形状效果”→“阴影”，改变图片的阴影效果，拖动至奖状 4 个角的位置上。结果如图 1-1-46 所示。

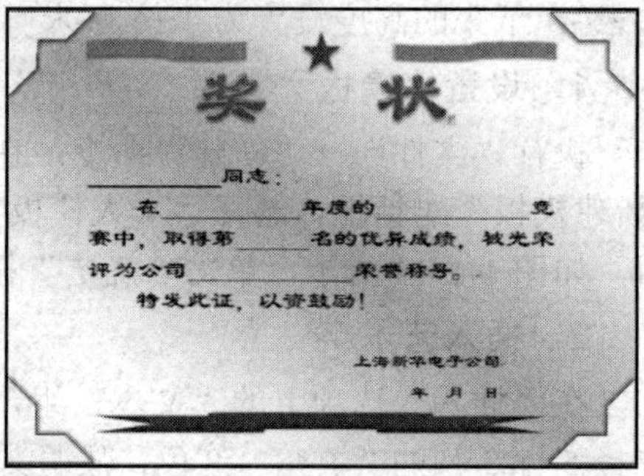

图 1-1-46 设计完成的奖状模板

5．添加背景颜色

在“页面布局”选项卡的“页面背景”组，单击“页面颜色”→“填充效果”，弹出“填充效果”对话框，选择“渐变”选项卡，颜色选“双色”的“白色”和“浅橙色”，底纹样式为“垂直”，单击“确定”按钮。完成的奖状模板如图 1-1-46 所示。

6．保存模板文件

执行“文件”→“另存为”命令，在弹出的“另存为”对话框中，可以看到在“保存位置”的下拉框中，已经有一个名为 Templates 的文件夹，这是系统默认的模板保存位置，为模板取名为“公司奖状”，保存类型为“文档模板”，单击“确定”按钮，如图 1-1-47 所示。

图 1-1-47　保存奖状模板

按照系统默认的保存位置保存的模板文件，将会出现在“可用模板”下的“我的模板”中。需要时可以随时打开“奖状”模板套用。

注 意

需要说明的是，自己制作的模板文档上的“背景”颜色是保存不下来的，可以根据需要添加背景颜色。

思考与练习

1. 设计一张科普讲座的海报。
2. 设计一张图文混排的团报。
3. 设计一张校运动会的奖状。
4. 为同学或同事设计一张带有个性的生日贺卡。
5. 套用摸板，制作一份商务传真文稿。
6. 如何将图片设置成不同的形状和效果？
7. 自己收集资料，设计一张班会课的广告。
8. 设计一张父亲节的贺卡。

任务二 “世界读书日的由来”宣传文档制作——插入 SmartArt 图形、项目符号、表格、文本框

任务描述

书籍是人类宝贵的精神财富，是人类走向光辉灿烂未来的基石；读书是重要的学习方式，

是应该大力弘扬的。为了营造全校的读书氛围，激发师生的读书兴趣，需要设计制作一份介绍“世界读书日”的宣传文档。

任务分析

本任务涉及“世界读书日的由来”“历年世界图书首都”“中国的全民读书月”3 个部分的内容，我们可以利用 Word 2010 强大的 SmartArt 图形和表格制作等功能，来展示宣传文档的具体内容，插入艺术字、项目符号、配合剪贴画、文本框等来设计制作，可以使文档更加生动美观。图 1-2-1 所示是设计好的文档样张。

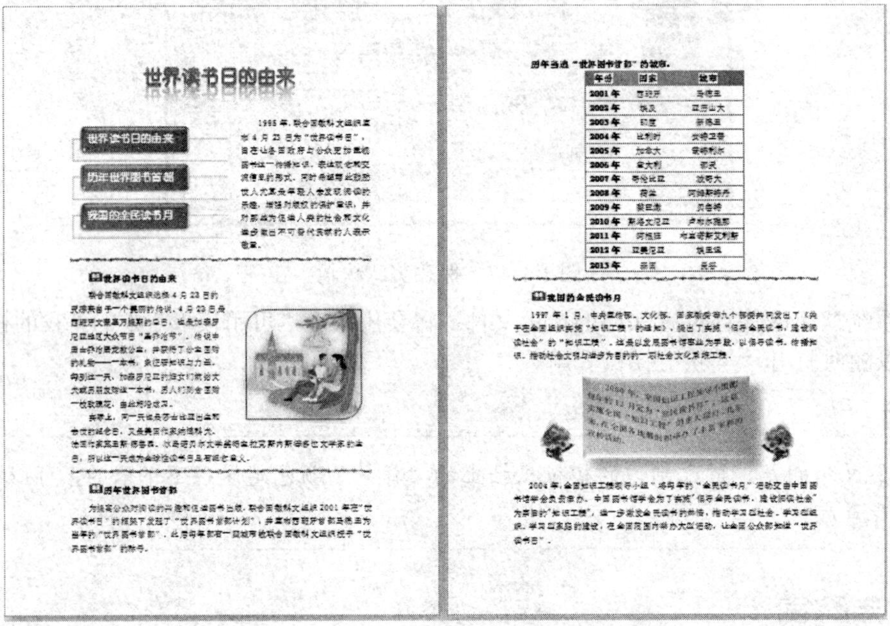

图 1-2-1 “世界读书日的由来”样张

方法与步骤

1．将标题设置成艺术字

打开素材文件“世界读书日的由来.docx”，选中第一行标题文字，在“插入”选项卡的“文本”组，打开“艺术字”列表框，选择合适的艺术字样式，本例选择 3 列 5 行样式；并设置艺术字：二号、幼圆、居中、上下型环绕；文本效果为“映像—全映像，8pt 偏移量”。设置好的艺术字如图 1-2-2 所示。

2．设置文字、段落、插入横线

设置文字、段落：选中正文，将字体设置为宋体、小四号，打开“开始”选项卡“段落”组的“段落”对话框，设置首行缩进 2 个字符、两端对齐，行距设为多倍行距——1.2 倍。

设置横线：选中第一段落后面的空行，打开“开始”选项卡“段落”组的“页面边框”，打开“边框和底纹”列表框，如图 1-2-3 所示。选择“边框和底纹”，在打开的对话框中，单击左下角的“横线”按钮，如图 1-2-4 所示。打开“横线”对话框，选择合适的横线，如图 1-2-5 所示，单击“确定”按钮。则在第一和第二段落之间，加了一条横线。可以用“复制”“粘贴”方法，在每一个段落之间都加上相同的横线。

图 1-2-2　艺术字

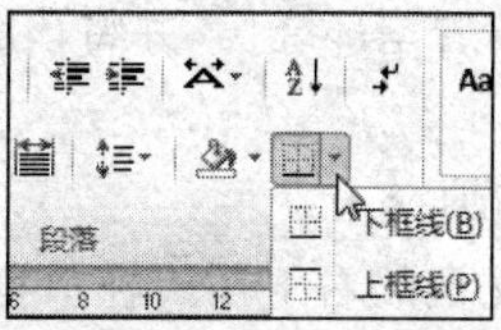

图 1-2-3　边框和底纹按钮

图 1-2-4　单击“横线”按钮

图 1-2-5　“横线”对话框

3. 插入 SmartArt 图形

在“插入”选项卡的“插图”组，打开“SmartArt”列表框，选择“列表”→“垂直框列表”，单击“确定”按钮（见图 1-2-6），在文档中插入了一个“垂直框列表”图形。选中该图形，在“SmartArt 工具—设计”选项卡的“SmartArt 样式”组，打开“更改颜色”列表框，根据需要选择合适的颜色和形状即可。本例选“彩色－彩色范围 强调文字颜色 5 至 6”、“三维”→“优雅”样式。

在图形的“文本”区域右击，在弹出的快捷菜单中，选择“编辑文字”命令，如图 1-2-7 所示。分别输入“世界读书日的由来”“历年世界图书首都”“我国的全民读书月”，并设置字体：幼圆、15 磅。

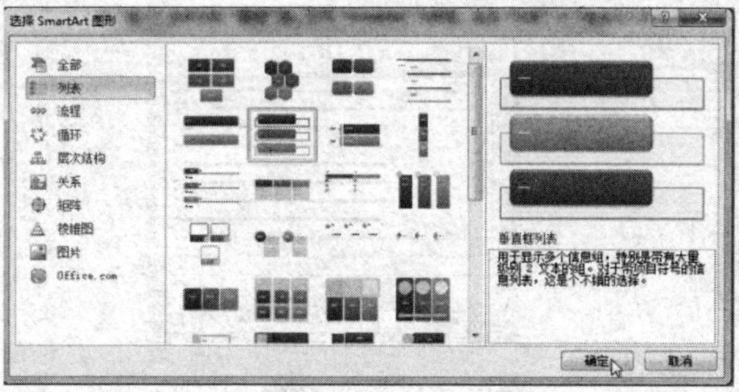

图 1-2-6　插入 SmartArt 图形

图 1-2-7　编辑文字

4. 设置 SmartArt 图形版式

选中 SmartArt 图形，在“SmartArt 工具—格式”选项卡的“排列”组，打开“自动换行”

列表框，选择“四周型环绕”。并将该图形拖动至合适的大小和位置。设置完成的 SmartArt 图形，如图 1-2-8 所示。

5．插入剪贴画

将光标定在文档的右下角，在“插入”选项卡的“插图”组，单击“剪贴画”，在右侧打开的“剪贴画”列表框的“搜索文字”框中，输入文字“读书”，单击“搜索”按钮，在显示出来的图片中，选择一幅剪贴画，插入文档中。

选中该剪贴画，在“图片工具—格式”选项组的“图片样式”组，选择“圆形对角-白色”，如图 1-2-9 所示。将图片边框设置为红色、2.25 磅；打开“自动换行”列表框，选择“四周型环绕”，并将该图形拖动至合适的大小和位置。设置完成的剪贴画，如图 1-2-10 所示。

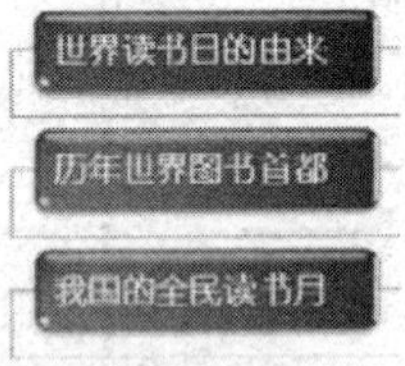

图 1-2-8 “垂直框列表”图形

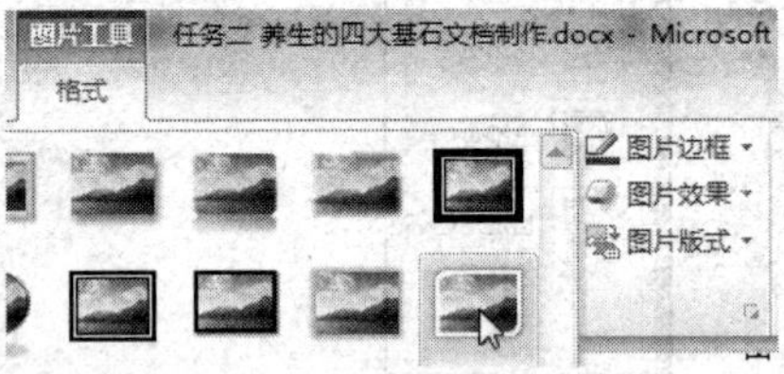

图 1-2-9 设置剪贴画样式

6．插入项目符号

选中文档中的第一个小标题：世界读书日的由来，在“开始”选项卡“段落”组，单击“项目符号”按钮，打开“定义新项目符号”对话框，单击“符号”按钮，如图 1-2-11 所示。弹出“符号”对话框，选择合适的符号，本例选择“wingdings”字体中的“书本”符号，单击“确定”按钮，如图 1-2-12 所示。回到图 1-2-11 所示的“定义新项目符号”对话框，单击“字体”按钮，进入“字体”对话框，设置字体：红色、三号、加粗，单击“确定”按钮。用同样的方法，设置另外两个小标题“历年世界图书首都”和“中国的全民读书月”的项目符号。相同的格式设置，也可以用“格式刷”来完成。

图 1-2-10 设置完成的剪贴画

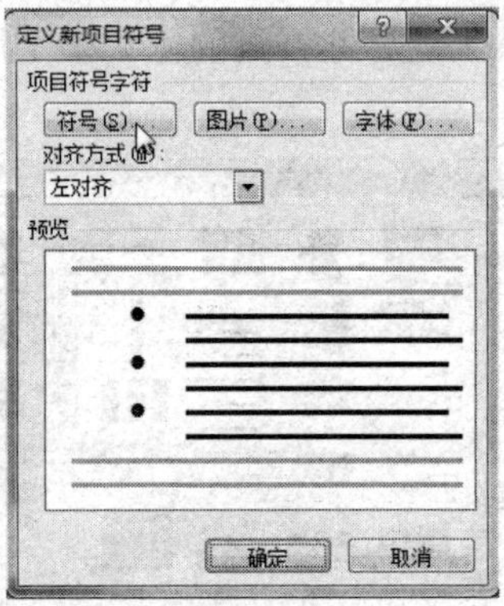

图 1-2-11 打开符号对话框

7．将文本转换成表格

选中“历年世界图书首都”的“年份……曼谷”等 14 行文字，在“插入”选项卡的“表格”组，打开“表格”列表框，选择“文本转换成表格”，如图 1-2-13 所示。

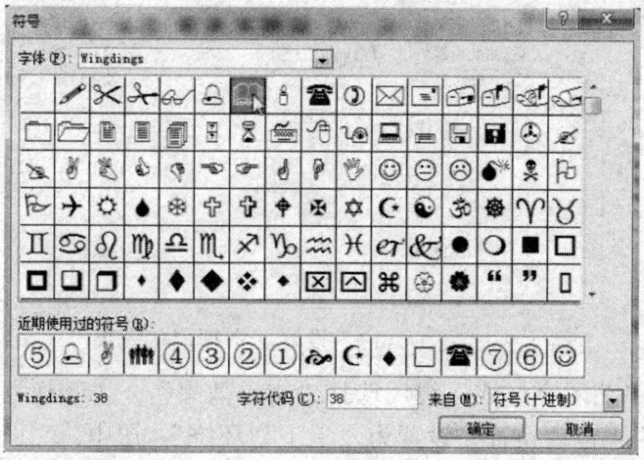

图 1-2-12　项目符号

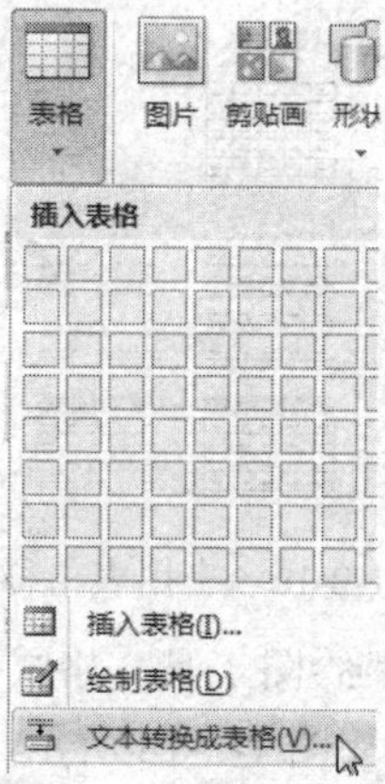

图 1-2-13　打开表格列表框

打开“将文字转换成表格”对话框，在“文字分隔位置”区域，选择“制表位”单选按钮，其余默认，单击“确定”按钮，如图 1-2-14 所示。则将文本转换成一个 14 行 3 列的表格。

调整列宽：选中表格，在“表格工具—布局”选项卡的“单元格大小”组，选择“自动调整”→“根据内容自动调整表格”，如图 1-2-15 所示。

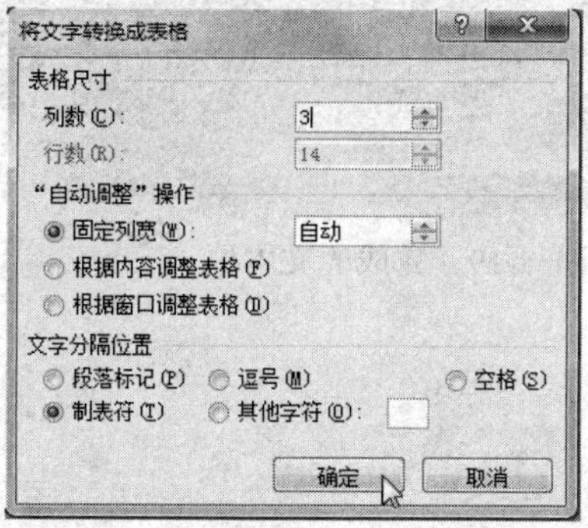

图 1-2-14　文本转换成表格对话框

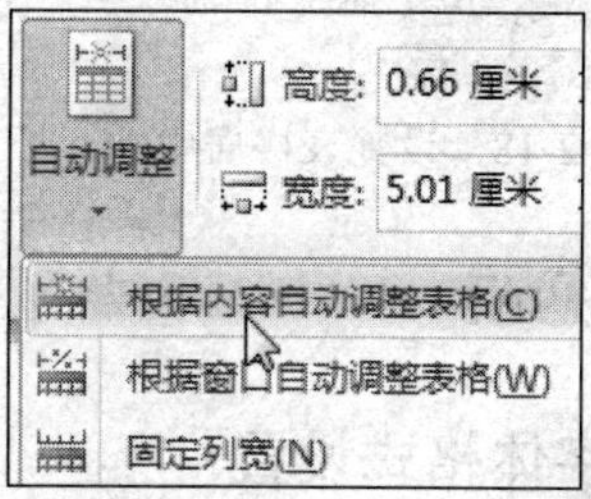

图 1-2-15　插入列

套用表格样式：在“表格工具—设计”选项卡的“表格样式”组，选择合适的表格样式，本例选择“内置”组中的“浅色列表—强调文字颜色 1”，如图 1-2-16 所示。

设置单元格的文字居中：选中表格，在“表格工具—布局”选项卡的“对齐方式”组，选择“水平居中”。

设置表格居中：选中表格，在“表格工具—布局”选项卡的“表”组，选择“属性”，在打开的“表格属性”对话框中，选择“对齐方式”→“居中”。

8. 添加文本框

选中文档最后第二段文字：“2002 年……宣传活动。”，在“插入”选项卡的“文本”组，打开“文本框”列表框，选择“绘制文本框”，则在这段文字外，添加了一个文本框。选中该文本框，设置高度为 4 厘米、宽度为 8 厘米。

设置文本框：在“绘图工具—格式”选项卡的“形状样式”组，选择“细微效果-红色，强调颜色 2”；“形状效果”→“预设”→“预设 4”，如图 1-2-17 所示。

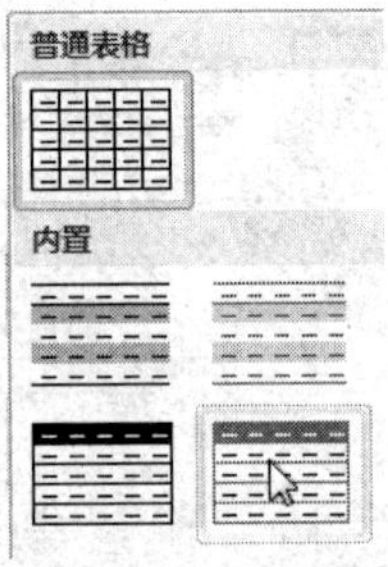

图 1-2-16　套用表格样式

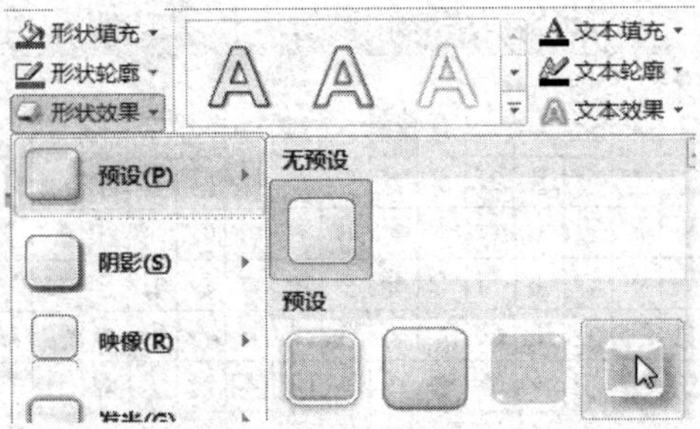

图 1-2-17　设置文本框形状效果

在“绘图工具—格式”选项卡的“艺术字样式”组，选择“文本效果”→“转换”→“正V形”，如图 1-2-18 所示。将文本框的“自动换行”设置为“上下型环绕”，居中。

插入图片：在文本框两边插入素材图片：玫瑰花；右侧的图片作水平翻转，并设置合适的大小和位置。

完成的文本框效果如图 1-2-19 所示。

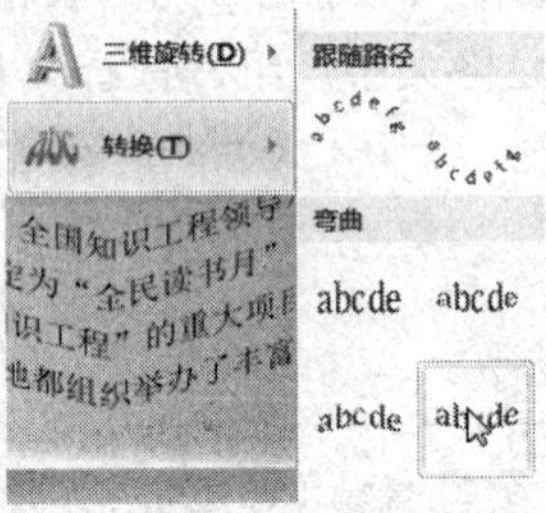

图 1-2-18　设置表格居中

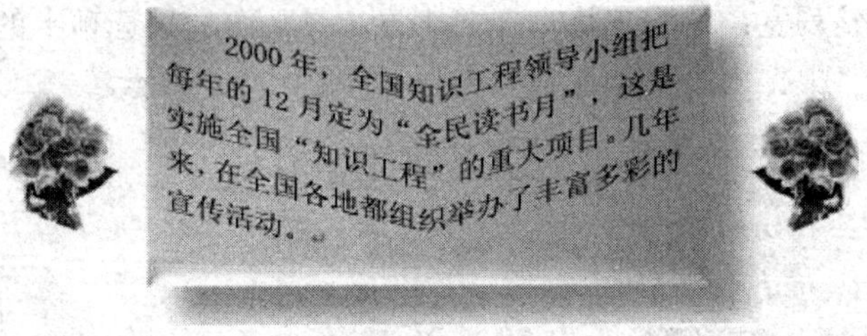

图 1-2-19　完成的文本框

相关知识

一、字体格式设置

字体编辑主要是指字符的属性，包括字体、字形、字号、颜色及各种效果。

系统中现有的中文字号，从初号、小初到八号，是从大到小，而数字字号从 5 到 72 是从小到大，如果要使用更大或更小的字号，选定文字后，单击“字号”框，输入表示字体大小的数字即可。

在 Word 2010 中文版中，一般情况下，文字在系统默认情况下为正文文字：宋体、五号。可以根据自己的需要，随意改变字符的效果。下面举例来说明如何修改文字字体、大小和文字的颜色等基本属性：

打开素材库的“玫瑰花.docx”文档，首先为标题更改字体，拖动鼠标，选中标题“玫瑰花”，在“开始”选项卡的“字体”组中，单击右下角按钮，如图 1-2-20 所示。

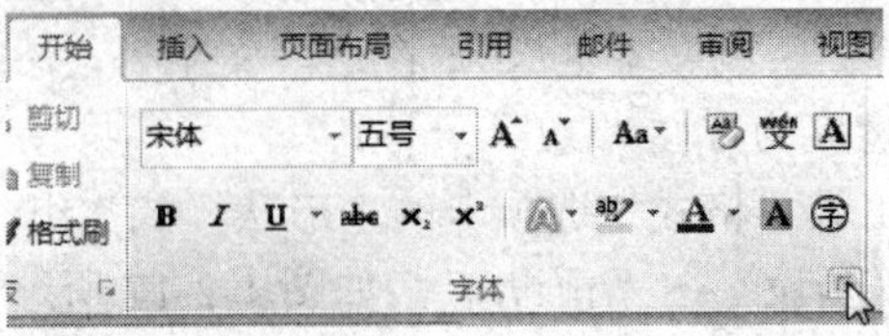

图 1-2-20　单击“字体”右下角按钮

打开“字体”对话框，在“中文字体”的下拉列表框中，选择“华文行楷”、在“字形”列表框中，选择“倾斜”、在“字号”列表框中，选择“三号”，单击“字体颜色”的下拉列表框，在弹出的“颜色板”中，选择“字体颜色”为“紫色，强调文字颜色 2，深色 25%”，如图 1-2-21 所示，单击“确定”按钮。

图 1-2-21　“字体”对话框

也可以在“开始”选项卡“字体”组的常用工具栏中，设置字体的这些属性。如：选中“玫瑰花.docx”文档正文的两段文字“人面鲜花……伤痛和代价。”，打开“字体”组中的“字体”下拉列表框，选择“幼圆”，打开“字号”下拉列表框，选择“小四号”字体。打开“字体颜色”下拉列表框，选择“蓝”颜色。经过字体编辑后的“玫瑰花.docx”文档的结果如图 1-2-22 所示。在“字体”下拉列表框中，Word 会将最近使用过的字体列举在列表框的顶端，以方便使用。

玫瑰花

人面鲜花相映红，不知是人因了花而更美丽，还是花因了人而更娇艳。我放下手中的笔，停止了扶案疾书的工作，靠近那丛火一般的玫瑰花，因浇了水，玫瑰花瓣上仿佛缘沾了清晨的露珠，朵朵晶莹剔透。

为什么要用玫瑰花来喻示爱情呢，我知道那是一个美丽的古希腊传说，但我宁愿相信是因了玫瑰花娇媚的色泽和带刺的枝干。爱情不正是如此吗，像在青春里盛开的美丽的花朵，尽情展示着自己的艳丽，骄傲而洋洋自得。但爱情并不完全是愉悦和春风，带刺的枝干也喻示了爱情的伤痛和代价。

图 1-2-22　“玫瑰花”字体样张

二、段落格式设置

段落是文字、图像及公式等对象的集合，合理恰当地格式化段落，是编辑精美文档的关键。段落格式设置一般包括段落对齐、段落缩进、段前、段后缩进、行间距的调整，应用制表位、大纲级别等。

打开素材库的“素材-玫瑰花.docx”文档，选中标题“玫瑰花”所在的段落，在“开始”选项卡的“段落”组中，单击右下角按钮，如图 1-2-23 所示，弹出图 1-2-24 所示的“段落”对话框，在“对齐方式”下拉列表框中，选择“居中”，在“段后”列表框中，选择“1 行”，单击“确定”按钮。

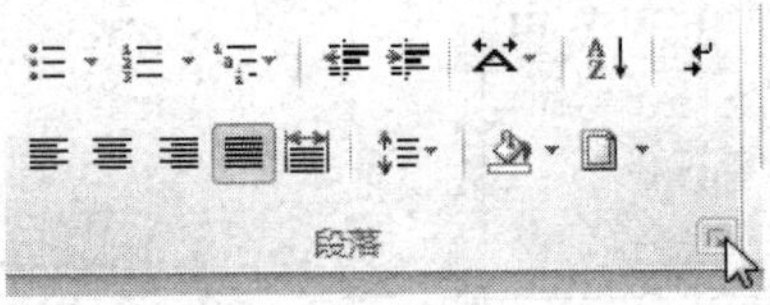

图 1-2-23　单击“段落”右下角按钮

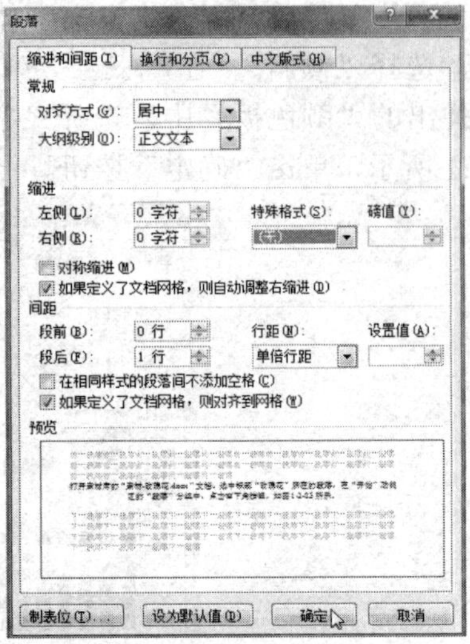

图 1-2-24　“段落”对话框

选中“素材-玫瑰花.docx”文档正文的两段文字“人面鲜花……伤痛和代价。”，在“段落”对话框中，对齐方式为“两端对齐”，特殊格式为“首行缩进”为“2 字符”，左、右均缩进“3 字符”，行距设置“1.5 倍”，单击“确定”按钮，文档经过段落设置后的结果如图 1-2-25 所示。

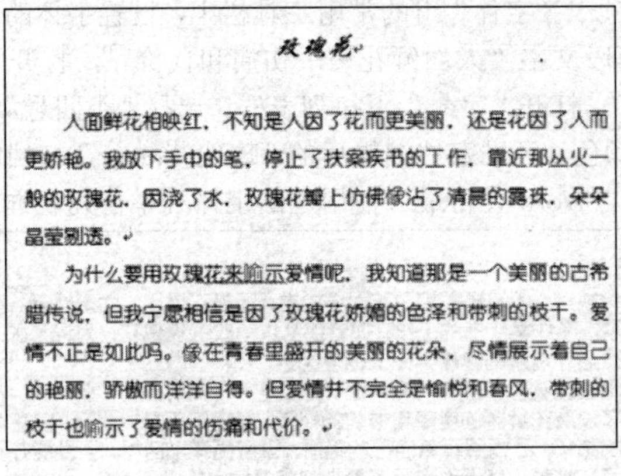
玫瑰花

人面鲜花相映红，不知是人因了花而更美丽，还是花因了人而更娇艳。我放下手中的笔，停止了扶案疾书的工作，靠近那丛火一般的玫瑰花，因浇了水，玫瑰花瓣上仿佛缘沾了清晨的露珠，朵朵晶莹剔透。

为什么要用玫瑰花来喻示爱情呢，我知道那是一个美丽的古希腊传说，但我宁愿相信是因了玫瑰花娇媚的色泽和带刺的枝干。爱情不正是如此吗。像在青春里盛开的美丽的花朵，尽情展示着自己的艳丽，骄傲而洋洋自得。但爱情并不完全是愉悦和春风，带刺的枝干也喻示了爱情的伤痛和代价。

图 1-2-25　玫瑰花段落样式

三、边框和底纹的设置

边框和底纹也是美化文档的一种重要手段，为段落或文字添加各种边框和底纹，并且用不同的颜色填充，可以使文档产生更加美的视觉效果。

1. 为段落添加边框和底纹

以素材库的“玫瑰花.docx”文档为例，讲解边框和底纹的设置。打开文档，选中标题“玫瑰花”所在的段落，在“开始”选项卡的“段落”组中，单击“边框和底纹”按钮，如图 1-2-26 所示。在“边框和底纹”列表框，选择“边框和底纹”，在打开的对话框中，“线形”为“双线”、“颜色”为“深红色”、“宽度”为“1.5 磅”，单击取消预览区域的右边线和上边线，“应用范围”选择“段落”，单击“确定”按钮，如图 1-2-27 所示。

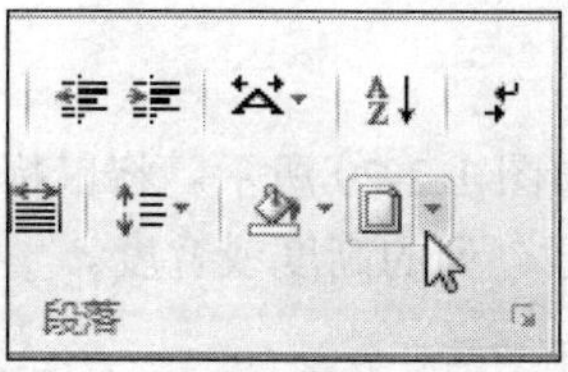

图 1-2-26　单击“边框和底纹”按钮

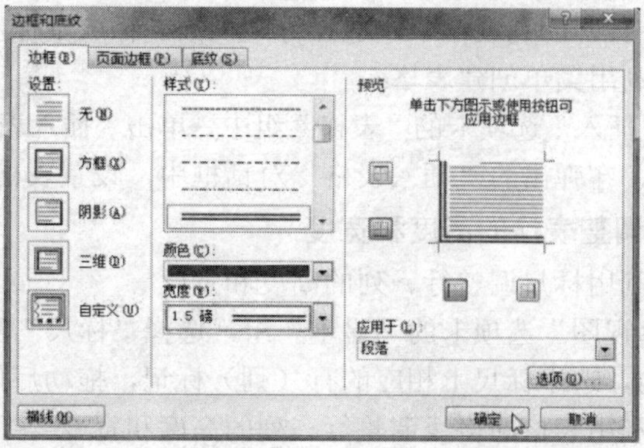

图 1-2-27　边框和底纹

选中正文的第一段，在“边框和底纹”对话框中，选择“底纹”选项卡，填充颜色选择“黄色”，应用范围选择“段落”，单击“确定”按钮。

选中正文的第二段，在“边框和底纹”对话框中，选择“边框”选项卡，线形选择“单线”，颜色为“蓝色”，宽度为“3 磅”，单击取消预览区域的左边线和下边线，应用范围选择“段落”，单击“确定”按钮。加了边框和底纹的文档如图 1-2-28 所示。

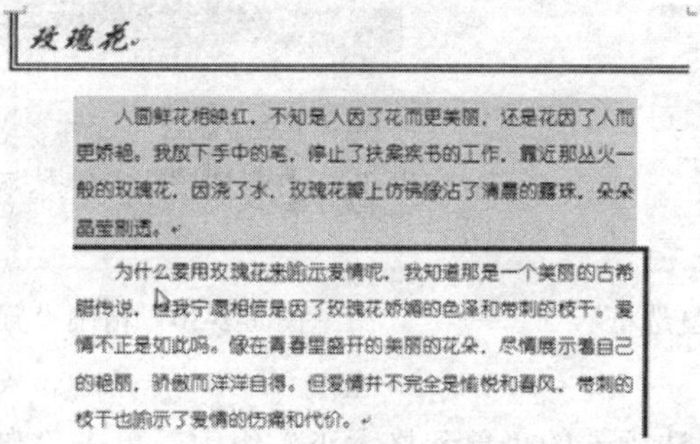

图 1-2-28　设置边框和底纹的文档

2. 为文字添加边框和底纹

为文字添加边框，只能是方框，它不能像段落边框那样随意去掉或留下哪条边框线。给文字加底纹和给段落加底纹是一样的，只要将应用范围选择为“文字”即可。

3. 给页面加边框

Word 不仅仅可以为段落、文字添加边框，也可以为整篇文档添加边框，具体操作步骤如下：打开“边框和底纹”对话框，选中“页面边框”选项卡，在“艺术型”中选择一种样式，还可以通过“宽度”来调整选中样式线形的粗细，应用范围选择为“整篇文档”即可。

4. 删除边框和底纹

如果要清除已经设置的边框和底纹，只要在“边框和底纹”对话框中将边框类型设为“无”，再将填充颜色设为“无填充颜色”，然后单击“确定”按钮。

四、表格设计

1. 插入表格

1）打开“插入表格”按钮

将光标定位于要插入表格的位置，在“插入”选项卡的“表格”组中，单击“插入表格”

按钮，在打开的列表框中，选择行、列数，释放鼠标左键，就能得到所需要的表格。

2）利用菜单创建表格

在“插入”选项卡的“表格”组中，单击“插入表格”按钮，在打开的列表框中，选择“插入表格”，在弹出的“插入表格”对话框中，设置表格的列数和行数，单击“确定”按钮即可。

2．调整表格的高度和宽度

1）利用标尺调整行、列的高度和宽度

在“视图”选项卡的“显示”组，选择“标尺”复选框，如图 1-2-29 所示。将鼠标指针放在表格内，选中标尺上相应的行（列）标记，拖动后便可调整行、列的高度或宽度。

2）利用表格的格线调整行、列的高度和宽度

将鼠标指针放在要调整的单元格的边沿横线上，指针变成“≑”形状，拖动鼠标即可改变该行的行高；当鼠标指针放在垂直线上时，同样方法可以改变该列的列宽。

3）利用菜单命令调整行、列的高度和宽度

以上两种方法虽然方便，但是都不够精确。若想精确地设置单元格的高度和宽度，在“表格工具—布局”选项卡的“单元格大小”组中，在“高度”和“宽度”中分别输入相应的数值，如图 1-2-30 所示。

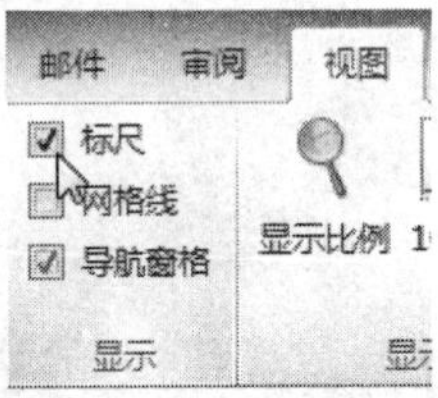

图 1-2-29　勾选标尺复选框

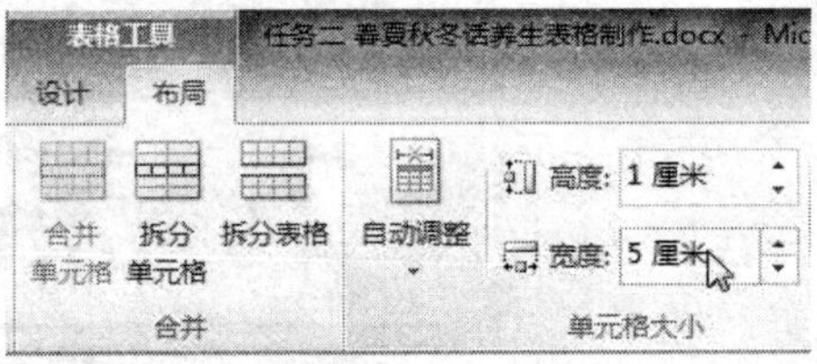

图 1-2-30　精确设置表格大小

4）自动调整表格

在“表格工具—布局”选项卡的“单元格大小”组中，单击“自动调整”按钮，在打开的“自动调整”列表框中，选择“根据内容自动调整表格”等选项，如图 1-2-31 所示。

3．处理表格元素

1）合并单元格

先选定需要合并的多个单元格，在“表格工具—布局”选项卡的“合并”组中，单击“合并单元格”按钮，如图 1-2-32 所示。可将多个单元格合并成一个单元格，原来各单元格内的内容各成一个段落，存在于大单元格中。

2）拆分单元格

将光标定位在需拆分的单元格中，单击“拆分单元格”按钮，在弹出的“拆分单元格”对话框中，设置要拆分的列数和行数即可。如图 1-2-33 所示。

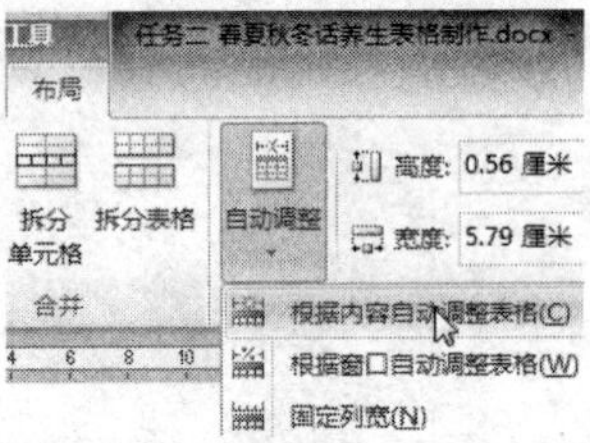

图 1-2-31　自动调整表格列宽

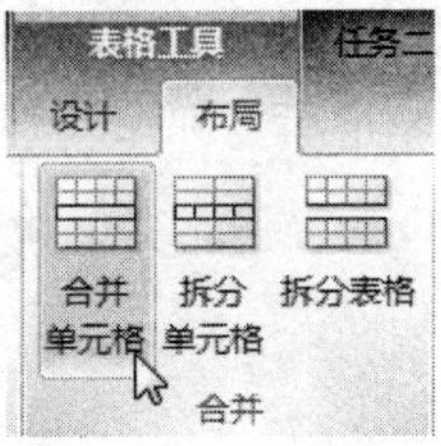

图 1-2-32　合并单元格

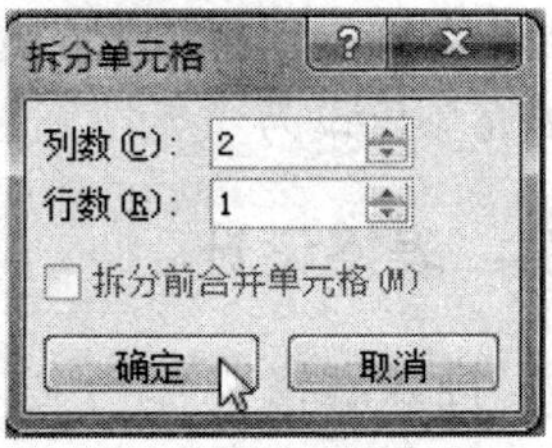

图 1-2-33　拆分单元格

3）拆分表格

把表格分为上下两个表格，将光标定位在须拆分的位置，在“表格工具—布局”选项卡的“合并”组中，单击“拆分表格”按钮。选中的行将成为新表格的首行。

4）增加表格元素

根据选定的行、列或单元格，在“表格工具—布局”选项卡的“行和列”组中，有上下左右四个方向的插入按钮，单击按钮，即可插入。

5）删除表格元素

根据选定的行、列、单元格或整个表格，在“表格工具—布局”选项卡的“行和列”组中，单击“删除”按钮，在弹出的列表框中，按需选择即可，如图 1-2-34 所示。

4．表格的格式与编辑

1）格线、边框和底纹的设置

在 Word 2010 表格中，所有的边框线，都默认为有 0.5 磅的单细线。要对创建的表格边框线加以设置，则在“表格工具—设计”选项卡的“绘图边框”组中，设置边框线的样式、粗细和颜色。

在“表格工具—设计”选项卡的“表格样式”组中，设置边框和底纹。

2）表格对齐与表格内文字对齐方式

（1）表格对齐。选中表格，在“表格工具—布局”选项卡的“表”组中，单击“属性”按钮，弹出“表格属性”对话框，单击“表格”选项卡，如图 1-2-35 所示，在“对齐方式”中选择一种，单击“确定”按钮。

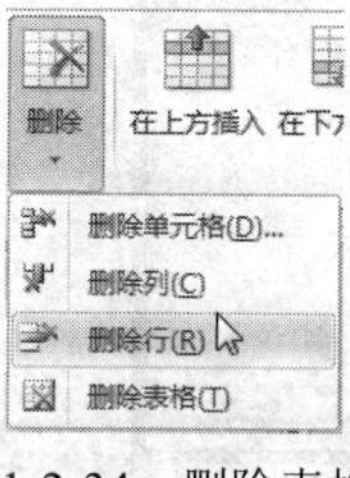

图 1-2-34　删除表格

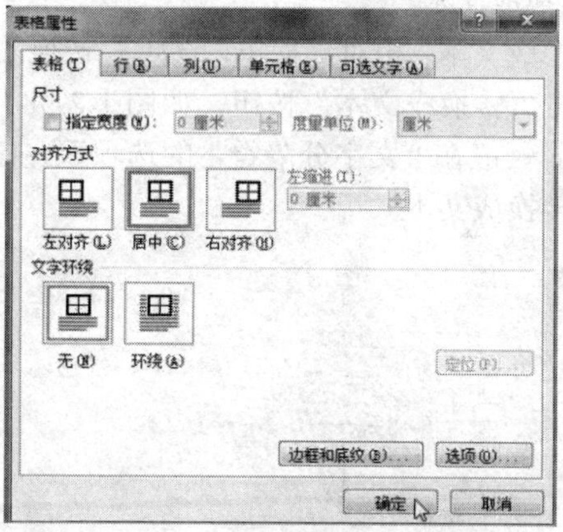

图 1-2-35　表格属性对话框

（2）表格内文字对齐。选中表格内文字，在“表格属性”对话框中，单击“单元格”选项卡，在“垂直对齐方式”中选择一种，单击“确定”按钮。表格内文字的水平对齐方式，可以参照段落对齐方式操作。

3）自动套用格式

Word 2010 提供了许多预先设置好、实用又美观的表格格式，可应用于表格的不同部分或整个表格。

选定表格，在“表格工具—设计”选项卡的“表格样式”组中，根据需要，选择表格的样式。

5．文字与表格的转换

在 Word 2010 中，文字与表格可以方便地相互转换。

1）文本转换成表格

需要转换成表格的文字，必须是用规定的分隔符（比如空格、段落标记、逗号、制表符等）设置好的文本。每个单元格用统一的符号，如用空格来区分单元格；每行也要用统一的换行符号来区分，如用段落标记符号等。

选中这些文字，在“插入”选项卡的“插图”组中，打开“表格”列表框，选择“文本转换成表格”，如图 1-2-36 所示。在弹出的对话框中，设置列数和行数，选择“根据内容调整表格”复选框，文字分隔位置为“空格”，单击“确定”按钮，如图 1-2-37 所示。

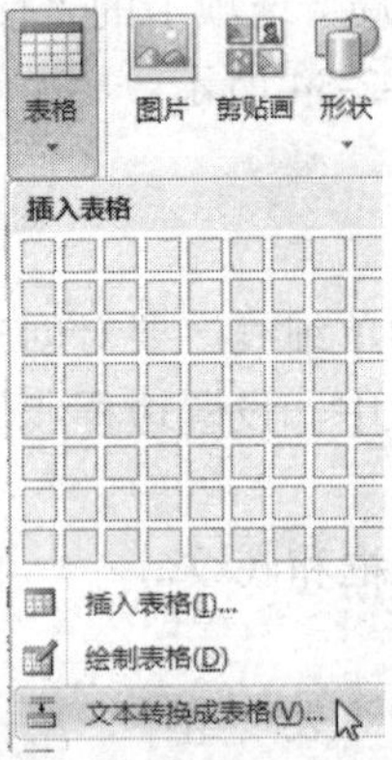

图 1-2-36　文字转换成的表格

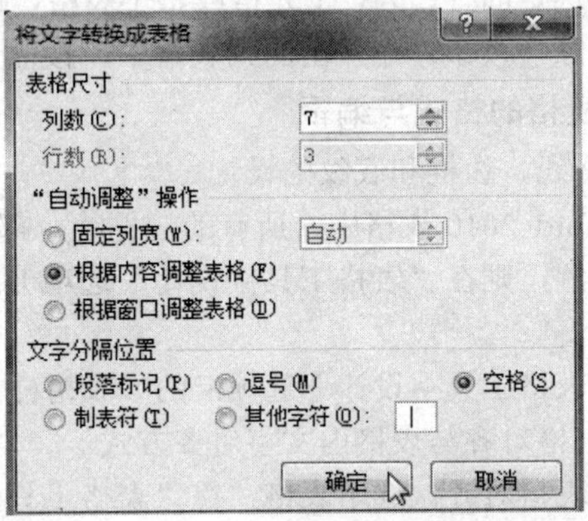

图 1-2-37　“将文字转换成表格”对话框

2）表格转换成文本

将表格转换成文本，相对更简单。选定要转换的表格，在“表格工具—布局”选项卡的“数据”组中，单击“转换成文本”按钮，如图 1-2-38 所示。弹出“表格转换成文本”对话框，如图 1-2-39 所示，一般在“文字分隔符”的选项区，已经有默认的选项，只要单击“确定”按钮，就可以将表格转换成文本。

图 1-2-38　“表格转换为文本”按钮

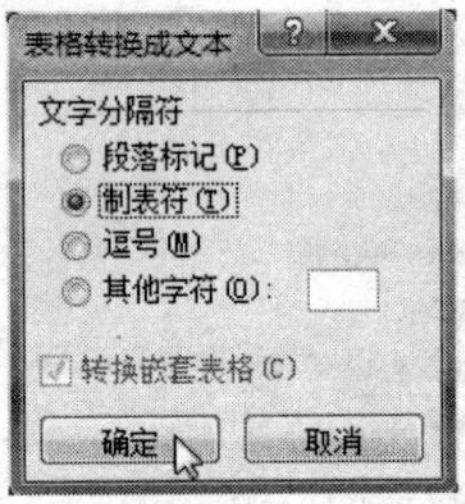

图 1-2-39　“表格转换成文本”对话框

拓展与提高

一、设计表格式简历

一般来说，用表格设计的简历，看起来比较简洁清楚、规范整齐。图 1-2-40 所示是表格式简历的参考样张，下面，以此为例，讲解表格式简历的设计过程。

1．设置标题

新建一个空白的 Word 2010 文档，光标定位在文档的首行，输入“个人简历”，然后选中整行，把字体设为：楷体、一号；字符间距：加宽 6 磅；对齐方式：居中。

2．创建表格

光标定位在标题下的空行处，选择“插入”选项卡的“表格”组，单击“表格”按钮，打开“表格”列表框，按住鼠标左键拖动，拉出一个 12 行 7 列的表格，然后释放鼠标左键，得到一个 12 行 7 列的表格。

选中整张表格，在“表格工具—布局”选项卡的“表”组，单击“属性”按钮，打开“表格属性”对话框，单击“列”选项卡，在“指定宽度”中，把“列宽”设置为“2 厘米”，单击“确定”按钮。

将个人简历的资料填入到表格中。当需要把相关单元格合并时，选中要合并的单元格，在“表格工具—布局”选项组的“合并”组，单击“合并单元格”按钮。

在合并后的第 7 行的“主修课程：”后面，连按几次【Enter】键，将第 7 行的“行高”，调整到合适的高度；以同样的方法，根据简历的实际需要，调整“英语水平”“计算机水平”等行的“行高”。

3．编辑表格

套用表格样式：在“表格工具—设计”的“表格样式”组中，选择合适的表格样式。

设置边框：在“表格工具—设计”选项卡的“表格样式”组中，单击“边框与底纹”按钮，弹出“边框与底纹”对话框，单击“边框”选项卡，设置表格的外框线为“单线”“3 磅”；内框线为“单线”“1 磅”，单击“确定”按钮。

设置文字：保持选中状态，将表格内文字设置为宋体、小四号、居中。

改变文字方向：如表格样张所示，选中右上角的“照片”二字，文字方向设为“竖向”；在“表格工具—布局”选项卡的“对齐方式”组，单击“文字方向”按钮，如图 1-2-41 所示，选择垂直方向“中部对齐”。

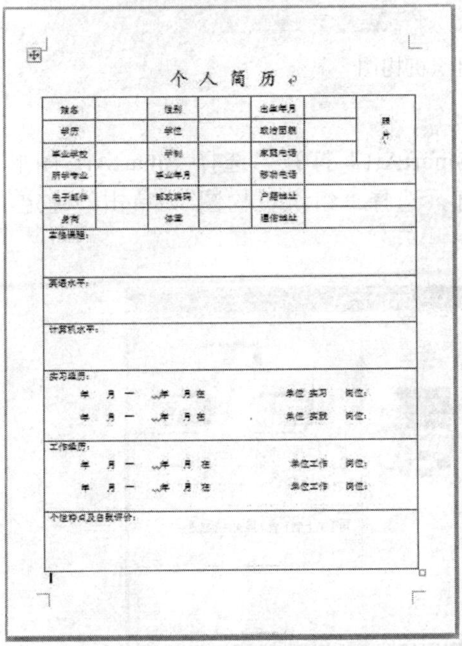

图 1-2-40　简历样张

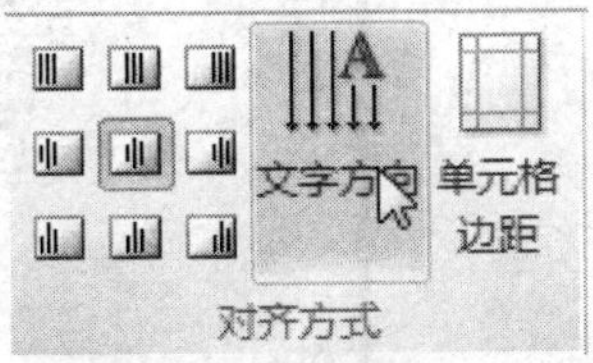

图 1-2-41　设置文字方向

设置表格页面居中：将表格相对于整张页面“水平居中”，在“表格工具—布局”选项卡的“表”组，单击“属性”按钮，打开“表格属性”对话框，单击“表格”选项卡，在“对齐方式”区域，选择“居中”，单击“确定”按钮。

设计好简历表以后，按照个人的实际情况，把个人信息输入到表格中，然后可以选择“文件”选项卡的“打印”命令，先预览一下整张简历表，查看是否还需要修改，版面是否合适。直到确认满意后，再打印或保存文档。

二、制作公司的组织机构图

为使公司的管理有序，职责分明，办公室要做一张公司的组织机构图。Word 2010 具有强大的 SmartArt 图形和表格制作功能，较以前版本有很大的改变，尤其在美化方面更为突出，操作起来也更加快捷、人性化。掌握一些常用的方法和技巧，就可以做出更加新颖、独特的组织机构图文档，操作事半功倍，大大提高工作效率。

利用“插入”选项卡“插图”组的“SmartArt”工具，可以方便地设计制作单位的组织机构图或程序流程图。图 1-2-42 所示是设计好的“新华电子公司组织机构图”。

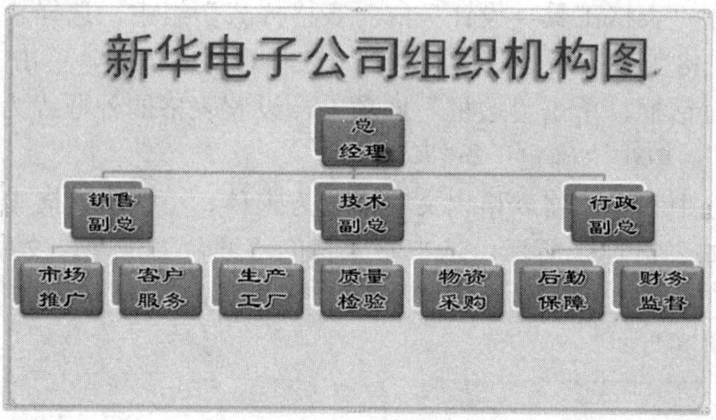

图 1-2-42　组织机构图

1. 插入“SmartArt”图形

在“插入”选项卡的“插图”组，单击“SmartArt”打开“选择 SmartArt 图形”对话框，单击“层次结构”选项卡，在对话框的中部，选择“组织机构图”，单击“确定”按钮，如图 1-2-43 所示。

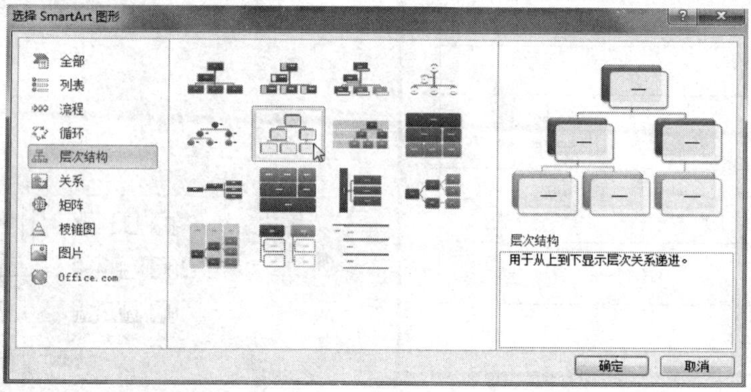

图 1-2-43 “SmartArt 图形”对话框

文档中出现结构图形。选中上部第一个图形，右击，在弹出的快捷菜单中，选择“添加形状”→“在下方添加形状”命令，如图 1-2-44 所示。则在第二层次，增加了一个形状。

根据样张，用同样方法，在需要的位置再添加图形，完成基本的结构图形状设计。

2．输入文字

在每个形状中输入文字，并设置合适的文字、大小、颜色、效果等。

3．更改形状颜色

选中整个形状的外框，在“SmartArt 工具—设计”选项卡的“SmartArt 样式”组，打开“更改颜色”列表框，如图 1-2-45 所示，根据需要选择合适的形状颜色即可。

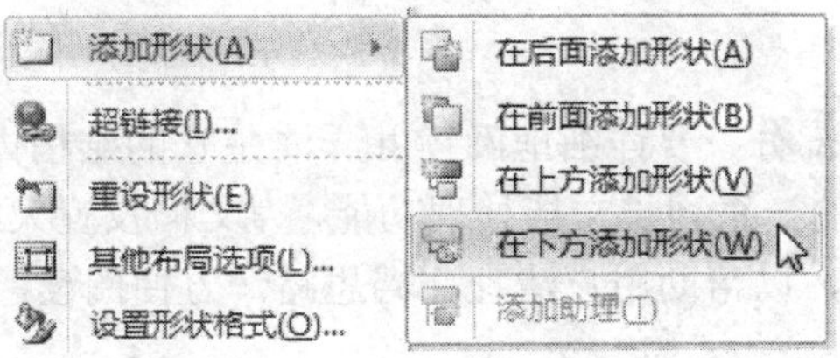

图 1-2-44　添加形状

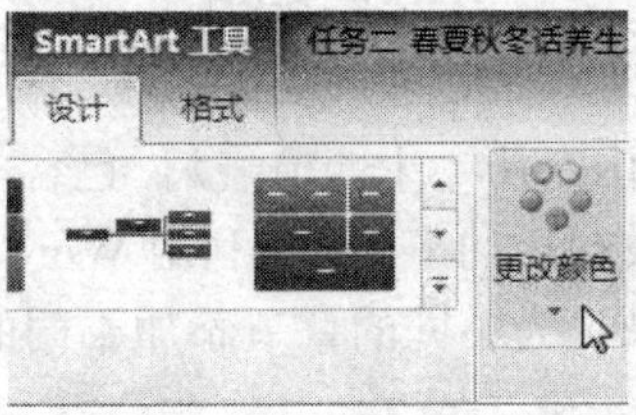

图 1-2-45　更改形状颜色

思考与练习

1．设计带图标的货运公司经理名片，参考样张如图 1-2-46 和图 1-2-47 所示。

图 1-2-46　名片 1

图 1-2-47　名片 2

2．为自己设计一份简历，并配上具有自己特点的简历封面。

3．利用 Word 2010 的 SmartArt 功能，设计一份学校组织机构册。

4．利用 Word 2010 的 SmartArt 功能，设计一份班会流程图。

5．在使用过程中，如果项目符号和编号不自动显示，如何进行设置使其能自动显示？

6．在创建 Word 表格时，表格默认宽度是以什么为基础的？每行的高度是以什么为基础？

7．绘制表格有哪几种方法？

8．如何擦除表格？

任务三　中国农历二十四节气文档制作——长文档处理、大纲级别、页眉页脚、目录

任务描述

中国农历二十四节气是华夏祖先历经千百年的实践创造出来的宝贵科学遗产，是反映天气气候和物候变化、掌握农事季节的工具，影响着千家万户的衣食住行。本任务以《中国农历二十四节气》长达十几页的文档实例，探讨如何处理长文档。

任务分析

《中国农历二十四节气》，包含多个章节和部分，要详细地阅读并弄清楚它的结构内容，是一件比较烦琐的事。可以利用 Word 2010 提供的一系列长文档处理功能，为文档设置大纲级别、编制目录，为不同的章节添加不同的页眉页脚，以帮助用户清理文档思路，方便阅读。

方法与步骤

一、设置长文档的大纲级别

打开素材文件《中国农历二十四节气》，这是一篇输入完整的 Word 原始文档，除了已经在不同的章节分了段落，其他几乎不带任何格式。对于这样的长文档，为了便于读者了解文档的结构和内容梗概，就要考虑设置章节，一般把整篇文档的标题设置为一级目录，将每一部分的小标题设置为二级目录，依次类推。

1．设置字体和段落

设置全文：在“开始”选项卡的“编辑”组，选择“选择”→“全选”，在“字体”组中，将字体设置为：小四号；在“段落”组打开“段落”对话框，设置：单倍行距、首行缩进 2 个字符、两端对齐。

设置标题：选中标题，设置字体为黑体、2 号；设置段落为居中、行距 1.5 倍、段后空一行。

2．设置大纲级别

选中标题“中国农历二十四节气”，在“开始”选项卡的“段落”组中，打开“段落”对话框，将“大纲级别”设置为“1 级”如图 1-3-1 所示。选中小标题“一、二十四节气来历”，将其“大纲级别”设置为“2 级”。以此类推，将整篇文档的大纲级别按章节设置完毕。

在“视图”选项卡，选择“显示”组中的“导航窗格”，如图 1-3-2 所示。即可在 Word 2010 编辑窗口的左侧打开“导航窗格”，如图 1-3-3 所示。即可看到已经设置好大纲级别的整篇文档，通过“导航窗格”的轻松“导航”，可以轻松查找、定位想查阅的段落或特定的对象。

Word 2010 新增的文档导航功能的导航方式有 4 种：标题导航、页面导航、关键字（词）导航和特定对象导航，可轻松查找、定位想查阅的段落或特定的对象。

将导航窗格中的功能标签切换到中间的“浏览您的文档中的页面”，可以在导航窗格中查看该文档中所有页面的“缩略图”，单击“缩略图”便能够快速定位到该页文档，如图 1-3-4 所示。

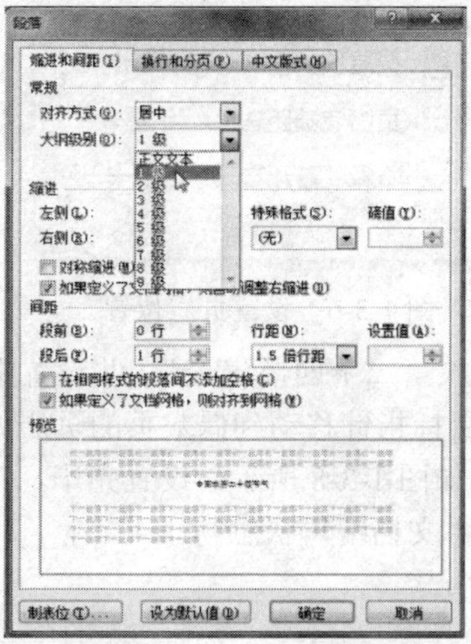

图 1-3-1 设置大纲级别

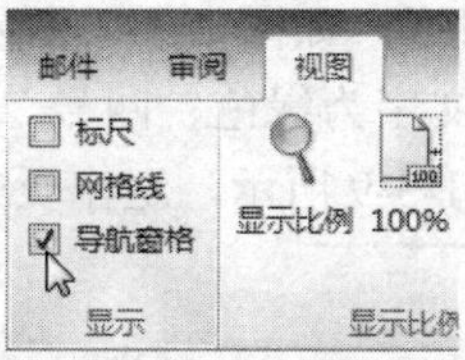

图 1-3-2 勾选导航窗格

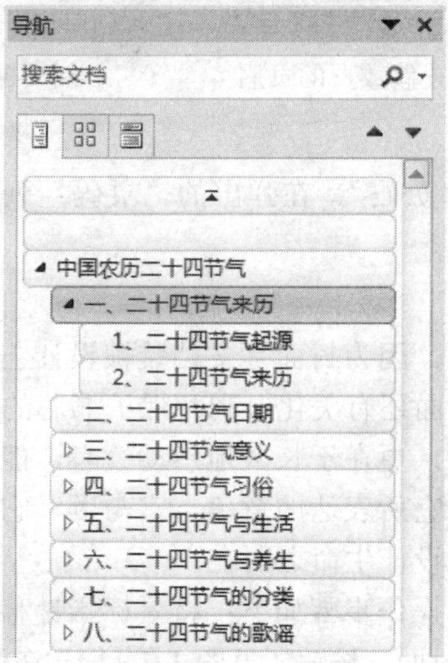

图 1-3-3 导航窗口

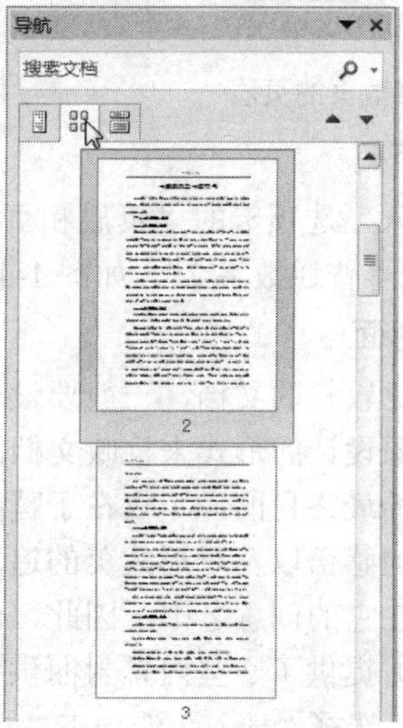

图 1-3-4 快速查看缩略页面

二、建立特殊的页眉、插入页码

页眉可以包含文字或图形，而且通常显示在每一页的顶端。页脚通常显示在每一页的底端，显示每一页的日期和页码等内容。一般页眉在每一页上的内容和位置都是相同的，而页脚在每一页上的页码内容会变化，但位置也是相同的。

建立特殊的页眉和页脚，就是设置“奇”“偶”页数不同的页眉或页脚、各节不同的页眉或页脚，或者设置“首页”和“其他页”不同的页眉或页脚。

1. 为“奇偶页”创建不同的页眉

选择“插入”选项卡的“页眉和页脚”组的“页眉”，在弹出的“页眉”列表框中，选择“编辑页眉”，则弹出“页眉和页脚工具”，在其“选项”组，选择“奇偶页不同”复选框，如图 1-3-5 所示。Word 2010 会在整篇文档中应用这一选项。在“位置”组，可以调整页眉和顶端的距离，如图 1-3-6 所示。

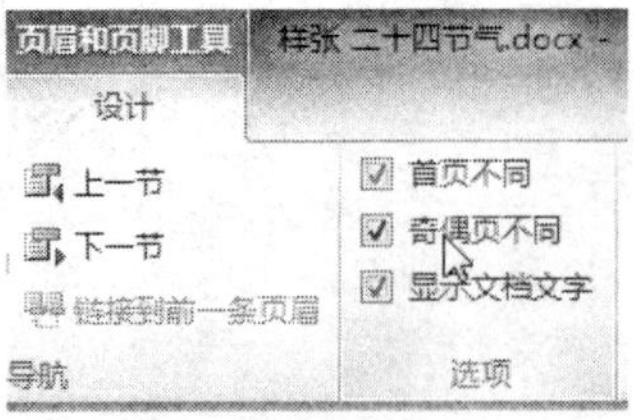

图 1-3-5　设置奇偶页不同的页眉

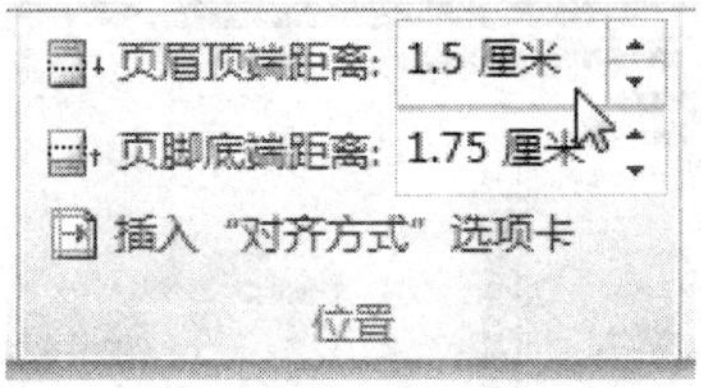

图 1-3-6　设置页眉位置

将鼠标指针移动到文档的奇数页的页眉处，输入“二十四节气谈”，并设置文字为红色、四号、楷体、左对齐，如图 1-3-7 所示；然后再将鼠标指针移动到偶数页的页眉处，输入“中国民俗”，并设置文字为绿色、四号、楷体、居中，如图 1-3-8 所示。设置完毕，单击“关闭页眉和页脚”，如图 1-3-9 所示，退出页眉编辑，回到主文档编辑状态。

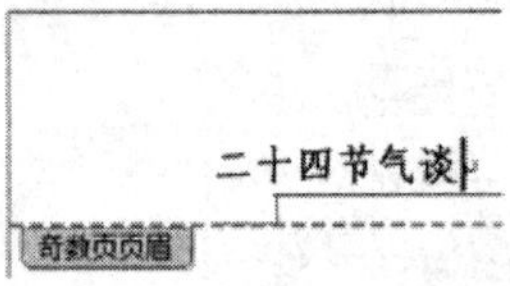

图 1-3-7　设置奇数页的页眉

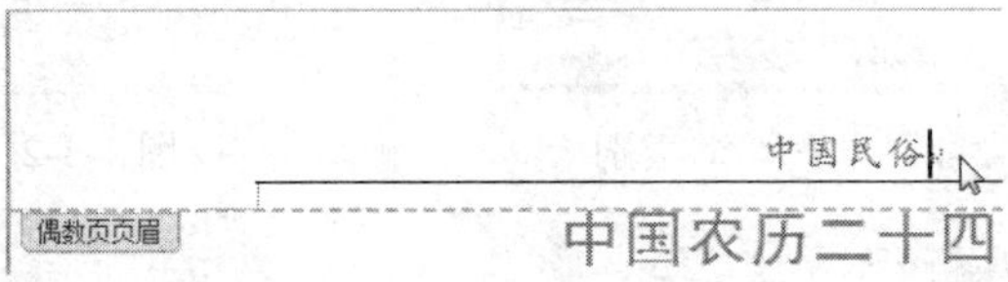

图 1-3-8　设置偶数页的页眉

图 1-3-9　关闭页眉

2. 插入页码

选择“插入”选项卡的“页眉和页脚”组的“页码”，在弹出的“页码”列表框中，选择“页面底端”的“普通数字 2”，如图 1-3-10 所示。

3. 插入封面

对于一篇比较长的文档，一般要设计一个封面。因为封面是文档装帧设计艺术的门面，它是通过艺术形象设计的形式来反映文档的内容。封面还有美化书刊和保护书芯的作用。

封面设计的最终目的，不仅在于瞬间吸引读者，更在于长久地感动读者，能够折射出设计者对美学意识的感悟以及对形式美的追求与创新。它所表达的意蕴丰富与否、它的生命力长久与否，均体现在它的创意之中。因此，创意是封面设计生命之所在。

Word 2010 提供了一些内置封面供大家使用。操作步骤如下：将鼠标指针移动到文档的奇数页的页眉处，选择“插入”选项卡“页”组的“封面”按钮（见图 1-3-11），在弹出的“封面”列表框中，选择合适的封面样式，本例选择“透视”封面样式，并在相关位置输入文档的标题和文档摘要，设置好的封面如图 1-3-12 所示。

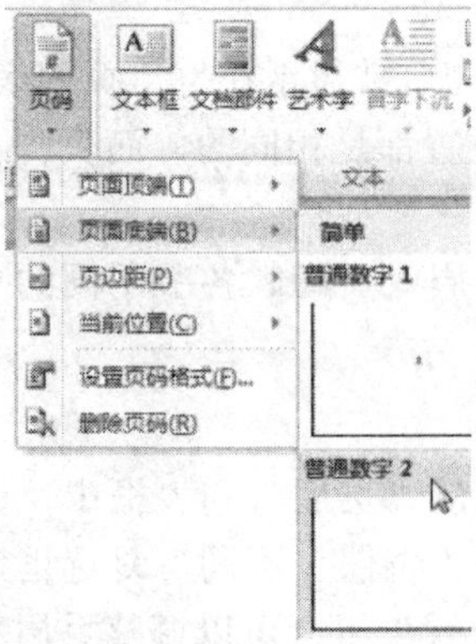

图 1-3-10　插入页码

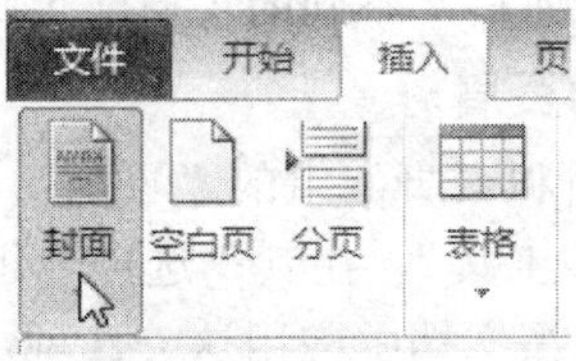

图 1-3-11　插入封面

图 1-3-12　设置好的封面

三、创建目录

自动创建目录的基础是：文档必须设置好相关的“大纲级别”并插入了页码。

将鼠标指针移动到文档标题前，选择“引用”选项卡“目录”组的“目录”→“插入目录”，在弹出的“目录”对话框中设置提取目录的级别，单击“确定”按钮，如图 1-3-13 所示。在自动生成的目录首行，输入“目录”两个字，并设置文字为黑体、2 号、居中；再适当调整目录的字体和排版，设置好的目录如图 1-3-14 所示。

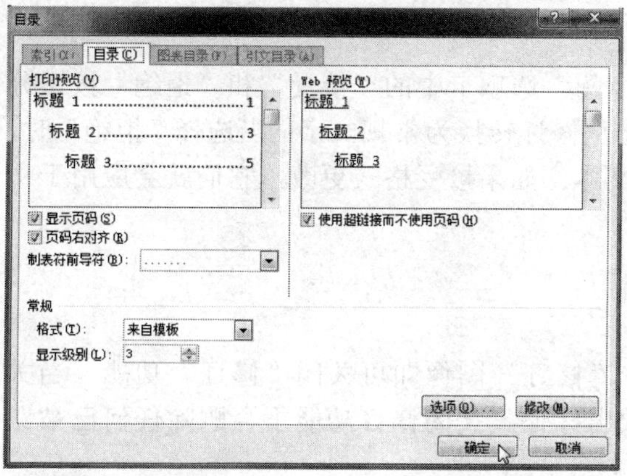

图 1-3-13　“目录”对话框

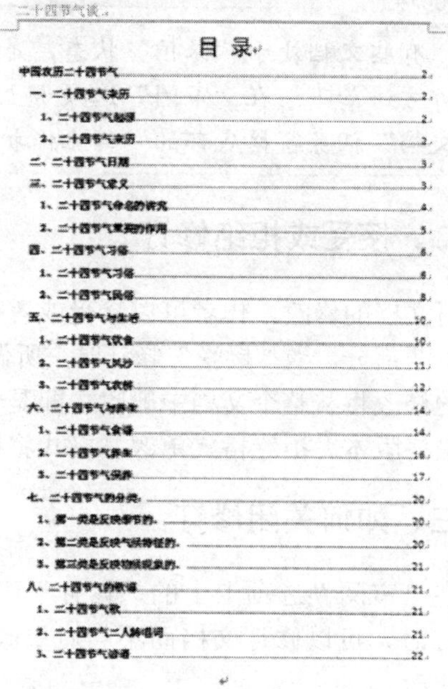

图 1-3-14　插入自动生成的目录

相关知识

多人共同修订文档

当有一份文档需要由多人在计算机上进行修改、审阅时，如果希望对文档的修改能够像手工编辑一样留下每人修改的痕迹，可以启用 Word 2010 的“修订功能”。启用修订功能后 Word 将用颜色区分标记不同人员所做的修改，并可控制接受或拒绝哪些修改。

一、如何打开修订

在 Word 2010 中，修订是指显示文档中所做的诸如删除、插入或其他编辑更改的位置的标记。在打开修订功能的情况下，可以查看在文档中所做的所有更改。当关闭修订功能时，可以对文档进行任何更改，而不会对更改的内容做出标记。为便于区别，可以在状态栏添加一个用来区分修订是打开状态还是关闭状态的指示器。

打开修订方法：单击“审阅”选项卡上的“修订”组中的“修订”图标，如图 1-3-15 所示。若要向状态栏添加修订指示器，右击该图标，在弹出的快捷菜单中，选择“添加到快速访问工具栏”命令，如图 1-3-16 所示。此时在状态栏，多出一个“修订”快捷图标，如图 1-3-17 所示。单击状态栏上的“修订”指示器可以打开或关闭修订功能。

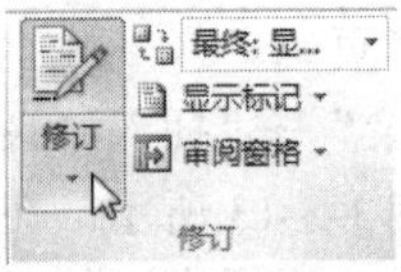

图 1-3-15　打开修订

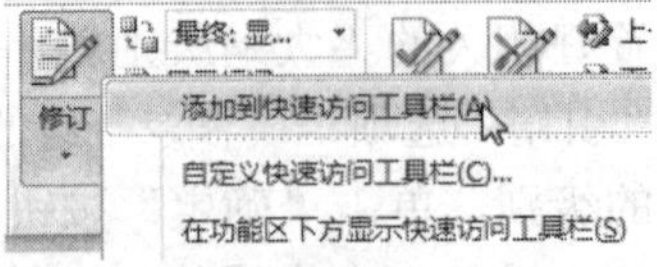

图 1-3-16　添加到快速访问工具栏

图 1-3-17　“修订”指示器

说　明

有些文档处于“保护”状态，是无法启动实施“修订”功能的，必须关闭文档保护。操作方法如下：在“审阅”选项卡上的“保护”组中，单击“限制编辑”，然后单击“保护文档”任务窗格底部的“停止保护”。

二、接受或拒绝修订

对文档的修改，作者可以接受或者拒绝。“审阅”选项卡中的“接受”和“拒绝”按钮分为上下两部分。当“接受”修订时，所做的修改将从修订转换为常规文字；当选择“拒绝”时，所做的修改将从整个文档中删除，即是保留原始文本。如果接受格式更改，它们就会应用于文本的最终版本。拒绝格式更改，格式将被删除。

三、如何关闭修订

在“审阅”选项卡上的“修订”组中，单击“修订”图像即可关闭“修订”功能。当关闭修订时，可以修订文档而不会对更改的内容做出标记。关闭修订功能不会删除任何已被跟踪的更改。

提　示

在“审阅”选项卡的“修订”组中，“显示”下拉列表框中含有“最终：显示标记”“最终状态”“原始：显示标记”“原始状态”4 个选项，可以根据需要选择修订的显示方式。

四、插入批注

当阅读者只是评论文档，而不是直接修改文档时，可以使用批注。添加批注后 Word 2010 会在文档旁插入批注引用标记，并且不同阅读者用不同的颜色作为批注对象的底纹，批注标记包括了批注者的姓名缩写及批注编号。

批注是为了帮助阅读者能更好地理解文档内容及跟踪文档的修改状况。

1. 插入批注的方法

选择要评论的文本或词条，或将插入点置放于要评论的文本或词条的结尾处。单击“审阅”选项卡的“批注”组中的“新建批注”按钮，如图 1-3-18 所示，在右侧的批注框中编辑批注信息。Word 2010 的批注信息前面会自动加上“批注”二字及作者和批注的编号。

2. 删除批注

删除批注也比较简单，右击“批注框”或者批注原始文字方框位置，在弹出的快捷菜单中选择“删除批注”命令即可，如图 1-3-19 所示。一条批注删除后，Word 自动对余下的批注重新进行编号。

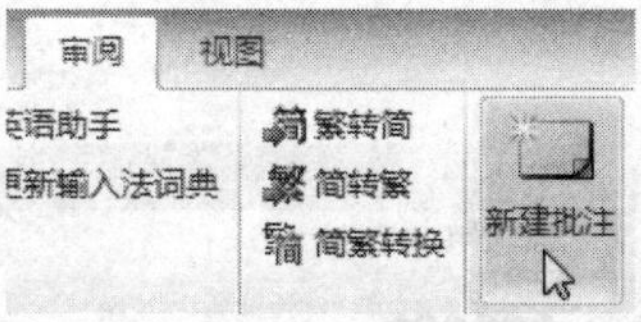

图 1-3-18　新建批注

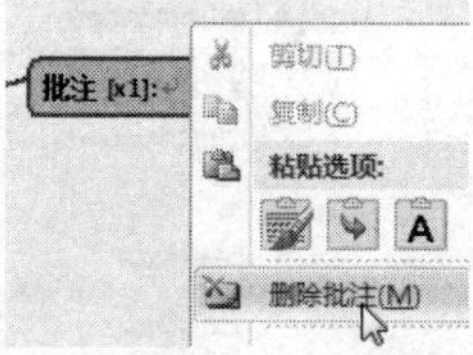

图 1-3-19　删除批注

批注太多，删除起来会感觉很麻烦，Word 2010 提供了一次性删除所有批注的方法，在“审阅”选项卡的“批注”组中，找到删除项，单击其下拉箭头，弹出下拉列表，选择“删除文档中的所有批注”选项，如图 1-3-20 所示，就可以把 Word 2010 文档中的所有批注一次性删除。

3. 隐藏所有批注和修订

由于批注显示在文本的旁边，会一直显示，随时可以查看。如果觉得这些批注和修订标记影响文挡阅读，可以在“审阅”选项卡“显示”下拉列表框选择“最终状态”，隐藏所有批注和修订标记。

4. 集中查看和编辑所有的批注和删除标记

单击“审阅”选项卡中的“审阅窗格”按钮，会出现垂直或水平排列的“主文档和批注”编辑窗格。如图 1-3-21 所示，可以在该窗格中对所文档的修订和批注内容集中进行查看和编辑。再次单击审阅工具组中的“审阅窗格”可以关闭“主文档和批注”编辑窗格。

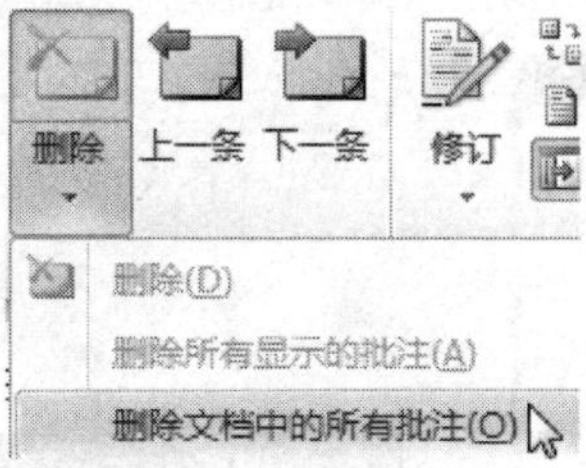

图 1-3-20　删除所有批注

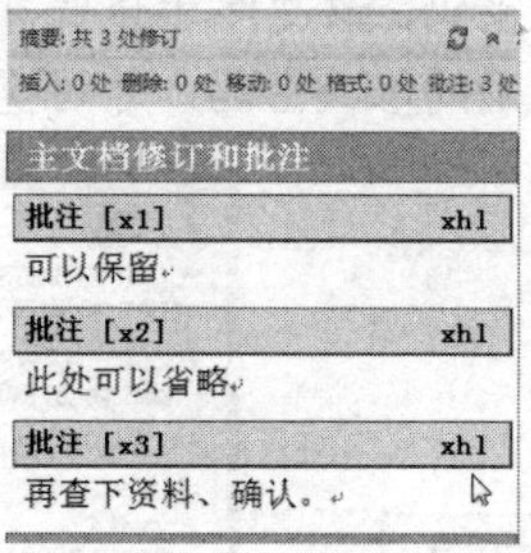

图 1-3-21　集中查看和修改批注

拓展与提高

一、给文件加密

在日常的现实工作生活中，有些文档是有一定保密性和私密性的，例如：考试卷、个人信件等，还有些文件可能涉及商业机密，而单位的计算机，有可能是几个人合用的，这就涉及给文件加密的问题。

1. 给文件加密方法一

（1）当编辑完一篇 Word 文档，保存好文件，选择“文件”选项卡的“信息”→“保护文档”，弹出“保护文档”列表框，如图 1-3-22 所示。

（2）选择“用密码进行加密”，则弹出“加密文档”对话框，如图 1-3-23 所示。

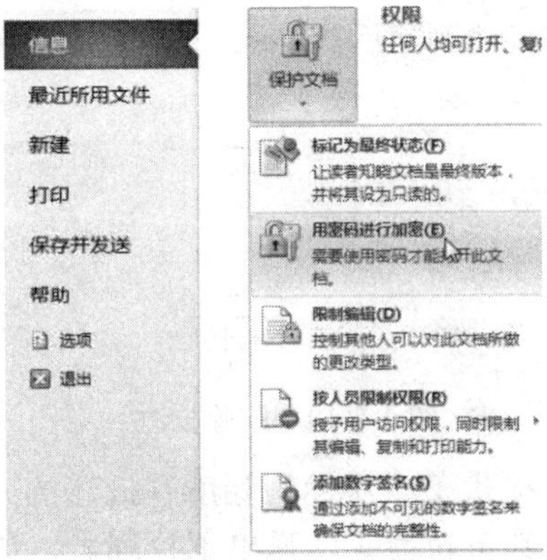

图 1-3-22　给文件加密

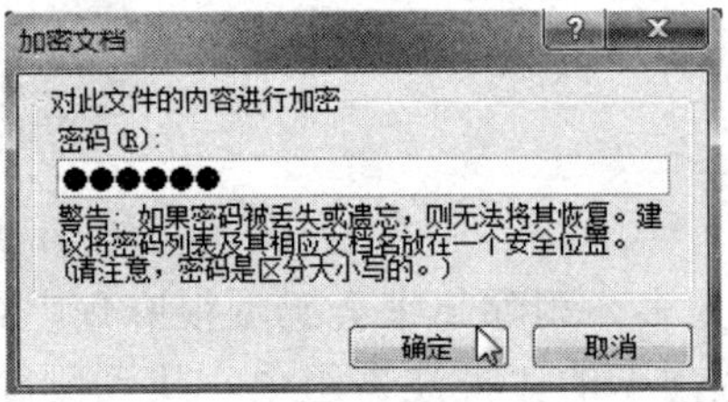

图 1-3-23　输入密码

（3）在密码框内输入密码，单击“确定”按钮。系统再次弹出“确认密码”对话框，再次输入密码，只有两次输入密码相同，加密才设置成功。

2. 给文件加密方法二

（1）选择“文件”选项卡的“另存为”命令，在弹出的“另存为”对话框中，打开“工具”列表框，选择“常规选项”，如图 1-3-24 所示。

（2）在弹出的“常规选项”对话框中，设置“打开文件时的密码”和“修改文件时的密码”，单击“确定”按钮，如图 1-3-25 所示。

（3）回到“另存为”对话框，保存文档。

给文件加密以后，每次要打开文档时，系统会弹出“密码”对话框，如图 1-3-26 所示，只有输入正确的密码，该文件才会被打开。同样道理，当设置了修改密码后，要对文档进行修改，也必须输入正确的修改密码，才可操作。

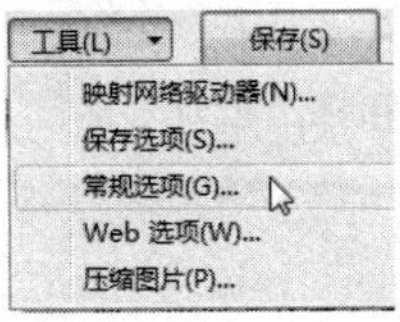

图 1-3-24　打开常规选项

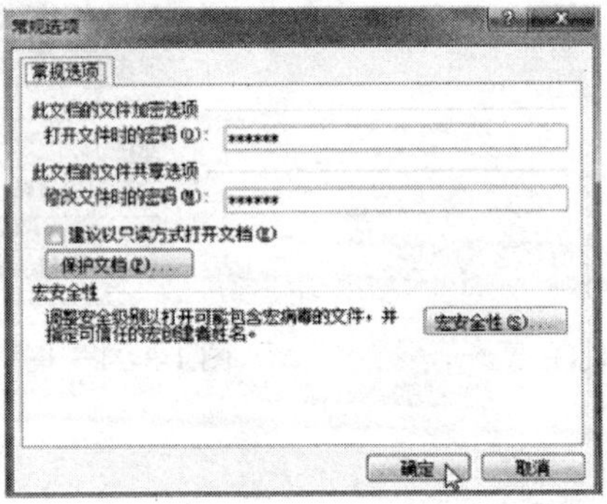

图 1-3-25　“常规选项”对话框

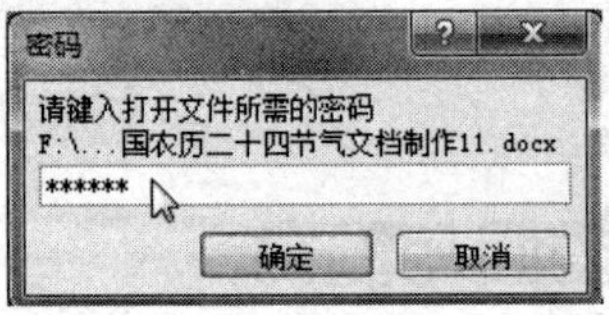

图 1-3-26　“密码”对话框

3. 撤销文件加密

（1）在“另存为”对话框中，打开“工具”列表框，选择“常规选项”。

（2）在“常规选项”对话框中，将“打开文件时的密码”和“修改文件时的密码”，均删除，单击“确定”按钮。

（3）回到“另存为”对话框，保存文档。

二、利用“自动恢复”功能打开丢失的文档

有时由于操作不当，或者是系统资源的限制，在处理 Word 文档时死机或非正常自动关闭

Word 窗口，而尚未保存文件，会造成文档内容的丢失。Word 2010 提供了“自动恢复”功能，可以帮助找回程序遇到问题并停止响应时尚未保存的信息。

1．设置保存自动恢复信息时间间隔

默认情况下，Word 2010 已经开启了自动恢复功能，并每 10 分钟自动保存用户的工作成果。如果想更改时间，具体操作如下：

（1）选择“文件”选项卡，然后在“帮助”下单击“Word 选项”。

（2）在弹出的“Word 选项”对话框中，选择“保存”选项卡，选中“保存自动恢复信息时间间隔”复选框，在“分钟”框中，输入或选择用于确定文件保存频率的数字，本例选“5”分钟。Word 将按这个时间间隔，自动生成文档的恢复文件。保存文件越频繁，则文件处于打开状态时，在发生断电或类似情况下，文件可恢复的信息越多。

（3）选中“如果我没保存就关闭，请保留上次自动保存的版本”复选框，单击“确定”按键，如图 1-3-27 所示。

（4）现在，当出现意外关闭文件而未保存的情况时，可以选择保留文件最近的自动保存版本，这样可以在下次打开该文件时进行恢复。

2．手动打开自动保存的文件

在经过严重故障或类似问题后，重新启动 Word 时，程序将自动打开任何恢复的文件。如果由于某种原因恢复文件没有打开，可以手动将其打开，操作步骤如下：

（1）选择“文件”选项卡的“打开”对话框。

（2）在“打开”对话框中，通过窗口顶端地址栏，定位到图 1-3-27 所示“Word 选项”中“自动恢复”文件位置，找到包含恢复文件的文件夹。通常是“C:\Documents and Settings\用户名（admin）\Application Data\Microsoft\Word”文件夹。

（3）在文件类型的下拉列表框中选择“所有文件”。

（4）每个恢复文件都被命名为“‘自动恢复’保存文件名”，并且是以.asd 作为扩展名，这就是由于前面的误操作，非正常退出时丢失的文件，找到并打开恢复文件。

（5）重新编辑文档并保存文档。在保存时，当提示信息询问是否覆盖原有文档时，可选择“是”。当正常退出 Word 时，任何未保存的恢复文件都将被删除。

（6）每次重新打开 Word 文档，系统会自动检测该文档上一次是否为正常关闭，并提示是否启用“自动恢复”功能。

3．修复损坏的 Word 文档

当试图打开一篇 Word 文档，而 Word 没有响应或者提示文档路径或名称无效，那么可能的原因是该文档已经损坏。Word 2010 提供了以下两种方法可以恢复受损文档中的文字：

1）打开并修复

（1）选择“文件”选项卡的“打开”对话框。

（2）通过窗口顶端地址栏定位到包含要打开的文件的驱动器、文件夹或 Internet 位置。

（3）在文件夹列表中，定位并打开包含文件的文件夹。

（4）选择要恢复的文件。

（5）单击“打开”按钮旁边的箭头，然后在弹出的列表中选择“打开并修复”，如图 1-3-28 所示。

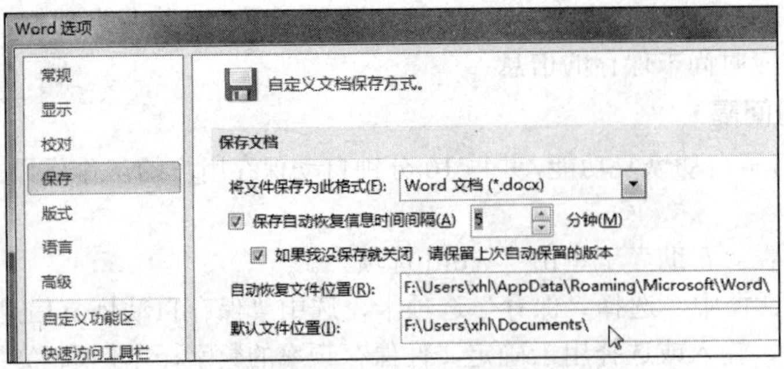

图 1-3-27　设置自动保存间隔时间

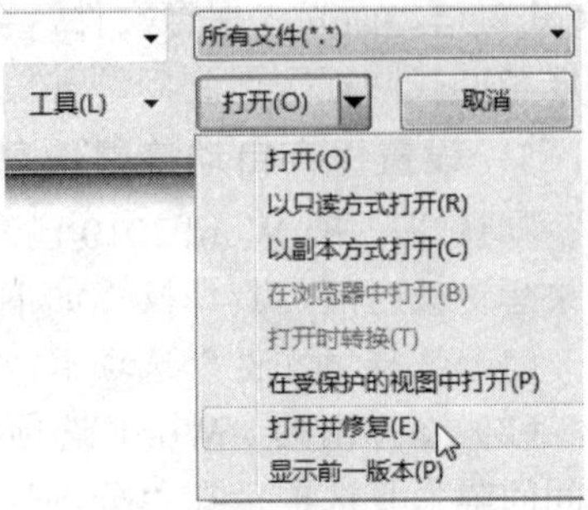

图 1-3-28　打开并修复文件

2）用“从任意文件还原文本”转换器提取文字

如果上述方法没有能够修复受损文档，那么可以尝试以下方法：

（1）选择“文件”选项卡的“帮助”→“选项”，弹出“Word 选项”对话框。

（2）单击“高级”选项卡，在“常规”标题下，选中“打开时确认文件格式转换”复选框。如图 1-3-29 所示，单击“确定”按钮。

（3）选择“文件”选项卡的“打开”对话框。

（4）在“文件类型”框中，单击“从任意文件还原文本”，如图 1-3-30 所示。

（5）像通常一样打开文档。

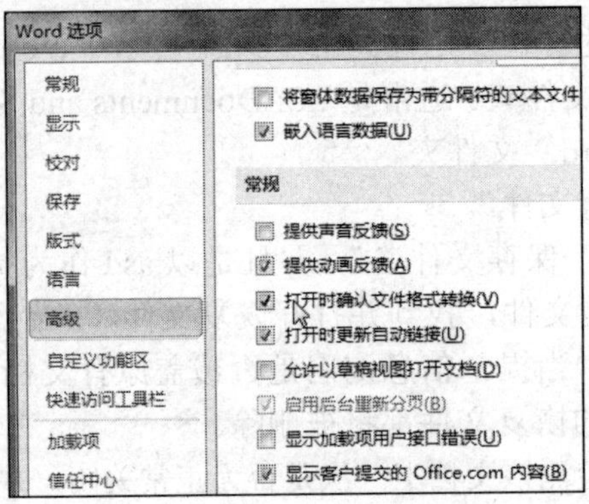

图 1-3-29　打开高级选项

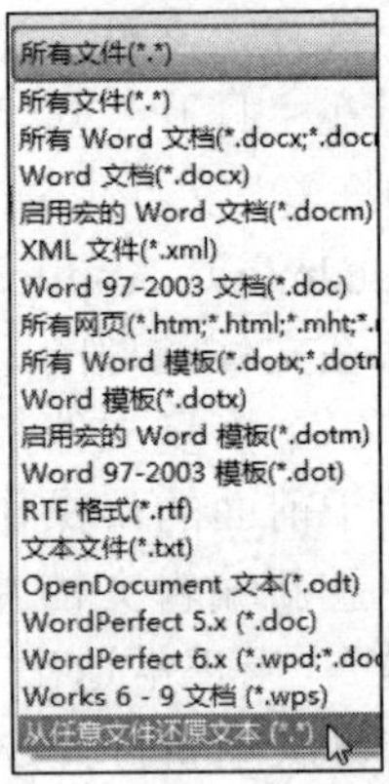

图 1-3-30　还原文本

提　示

“打开并修复”功能可以恢复文档中的文字、图像、格式等几乎所有内容，而使用“从任意文件还原文本”转换器，仅能够提取损坏文档中的文本内容。

思考与练习

1. 请自己在网上下载一篇 10 页以上的长文档，并对其进行排版，要求奇数页页脚为书名，偶数页页脚为章节名，要列出全书的目录，设置打印页码。

2. 批注有什么作用？批注除了用文字以外，还可以用什么形式？

3. 编辑“长文档”时，用什么视图来得方便？

4. 如何设置目录的超链接？

5．如何寻找丢失的文件？

6．给文件加密后如何撤销加密？

7．大纲级别有什么作用？如何设置文档的大纲级别？

8．如何设置“保存自动恢复信息时间间隔”？

任务四　会议通知制作——使用信封制作向导和邮件合并

任务描述

上海市某校承担举办全国商业院校计算机教育研究会第十届年会的任务，时间安排在2013年10月下旬，会期6天。由于在年会上要交流论文、展示教学课件，而参加会议的学校又来自全国各地，因此，必须提前一个月发出会议通知。

本任务将制作一个会议通知和一个信封，会议通知的内容如图1-4-1所示；信封样式如图1-4-2所示。

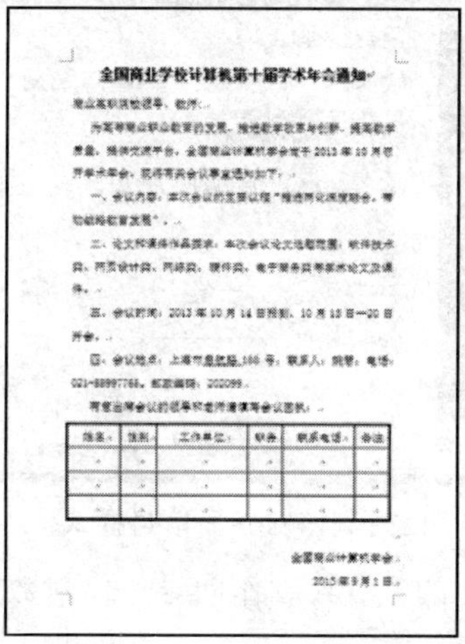

图1-4-1　会议通知

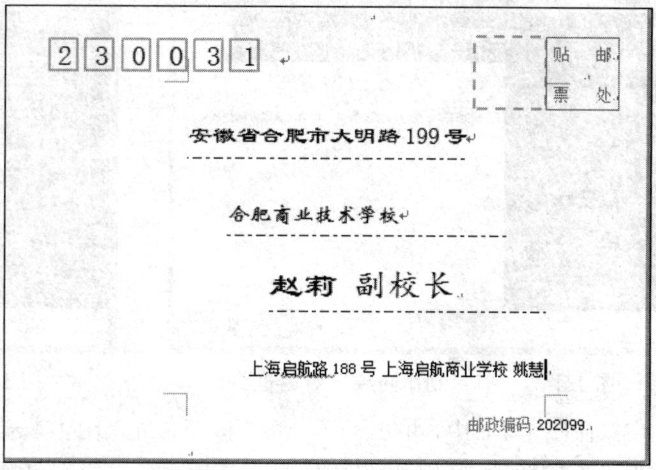

图1-4-2　信封格式

任务分析

1．会议通知文档的特点

会议通知是一种常见的文档，其基本要素必须包含有：出席对象、会议地点、会议时间、会议中心议题、召集人或召集单位、注意事项等。

会议通知的形式可以是书面的，然后通过邮局或快递寄出；也可用电子邮件发出；亦可在网站上发布；对于简单的会议通知，发送手机短信也不失为一种简便的方法。

2．会议通知文档的确定

根据理事会决定，上海市启航商业学校草拟了一份会议通知，通知中包括会议内容、论文和课件制作要求、会议的日期、地点等，内容如图1-4-1所示。

3．电子信封的产生

对于有较多人员参加的会议通知，填写信封也是一件麻烦之事。从图1-4-2中可以看到：邮编、地址、单位、姓名、职务等信息，每个信封上都要写明，而每个人的信息又是不一样的。而 Word 2010 软件所提供的邮件合并工具，正好可以解决这个问题。只要预先将收信人有关信息放入一个电子表格之中，利用邮件合并等功能，即可自动产生不同的信封，信封格式如图 1-4-2 所示。

方法与步骤

1．会议通知电子文档的建立

（1）输入文字和表格。根据图 1-4-1 中会议通知的内容，新建一个 Word 2010 空白文档，将其文字输入，并按样张在文末设计一个回执表格。

（2）将会议通知电子文档以“会议通知.docx”为文件名保存。

2．新建单个会议通知电子信封的样板

（1）在 Word 2010 新建空白文档后，在“邮件”选项卡的“创建”组，选择“中文信封”，得到图 1-4-3 所示“信封制作向导”对话框。

（2）在图 1-4-3 中，单击“下一步”按钮，进入图 1-4-4 所示的“信封制作向导—信封样式”对话框。按实际需要，选择相关选项。

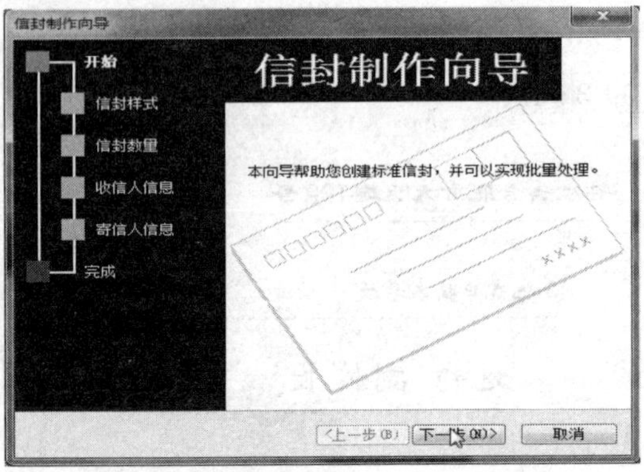

图 1-4-3 “信封制作向导”对话框

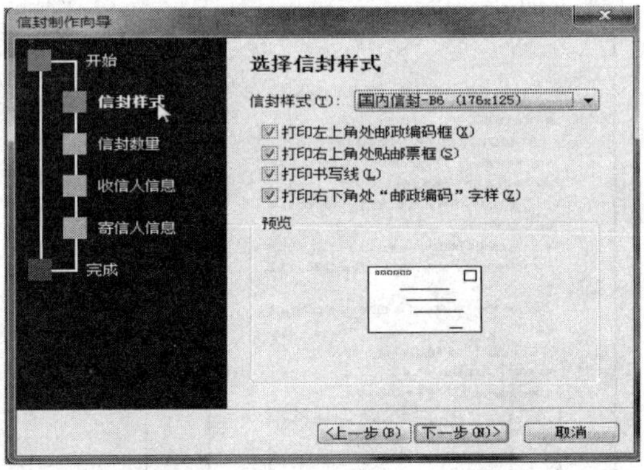

图 1-4-4 信封制作向导—信封样式

（3）在图 1-4-4 中，单击“下一步”按钮，进入图 1-4-5 所示的“信封制作向导—信封数量”对话框。本例选择“键入收信人信息，生成单个信封”复选框。

（4）在图 1-4-5 中，单击“下一步”按钮，进入图 1-4-6 所示的“信封制作向导—收信人”对话框。输入收信人有关信息，然后单击“下一步”按钮。进入图 1-4-7 所示的“信封制作向导—寄信人”对话框。

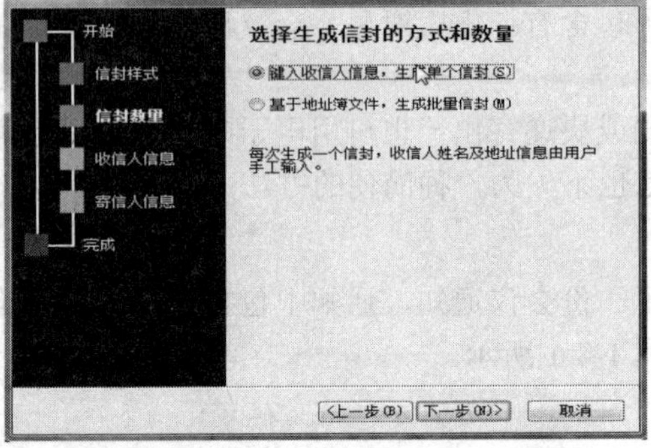

图 1-4-5 信封制作向导—信封数量

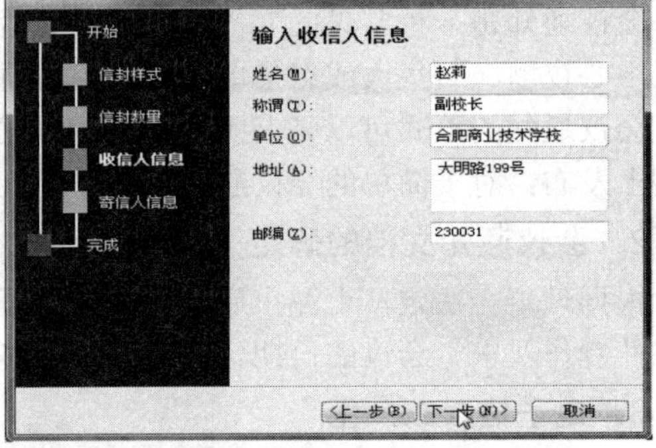

图 1-4-6 信封制作向导—收信人信息

（5）在图 1-4-7 中，输入寄信人有关信息，单击“下一步”按钮，得到“信封制作向导—完成”对话框。单击“完成”按钮，得到图 1-4-8 所示的制作完成后的信封。

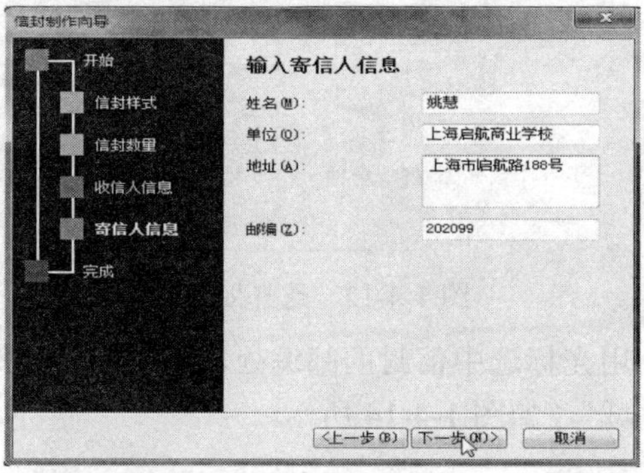

图 1-4-7　信封制作向导—寄信人信息

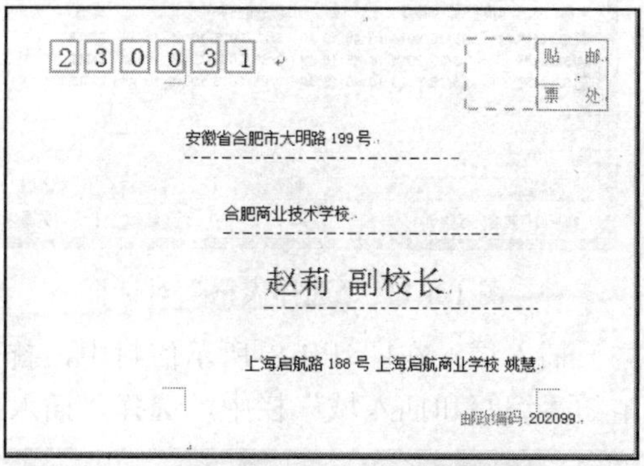

图 1-4-8　制作完成后的信封

将上述信封文件以“信封草样.docx”为文件名保存。如果对图 1-4-8 信封的排版还不太满意，可对字体、字号等稍作修改。

3．利用“电子邮件合并”自动生成多个不同地址和收信人的信封

（1）打开“信封草样.docx”文档，将稍作修改后的信封作为模板，在“邮件”选项卡的“开始邮件合并栏中，选择“选择收件人”→“使用现有列表”，如图 1-4-9 所示。

（2）弹出图 1-4-10 所示的“选择数据源”对话框。找到所需要的通讯录，由于数据源已经建好，为 Excel 文件中的通信录。本任务选择素材中的通信录.xlsx 文件，单击“打开”按钮。

图 1-4-9　选择收件人

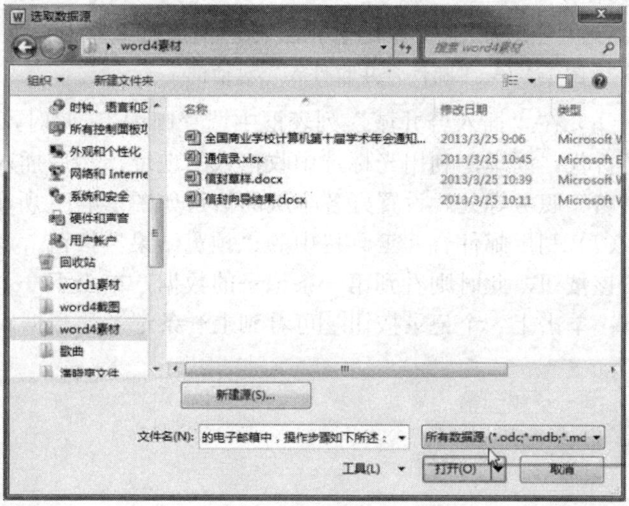

图 1-4-10　选择数据源

注 意

数据源文件可以是 Excel 表格，也可以是 Word 表格或者是 Access 中的数据表等。

（3）弹出图 1-4-11 所示的“选择表格”对话框，选择“Sheet1”表，单击“确定”按钮。

（4）在“邮件”选项卡的“开始邮件合并”组中，选择“编辑收件人列表”，如图 1-4-12

所示。弹出“邮件合并收件人”对话框，如图 1-4-13，选择收信人，单击“确定”按钮。

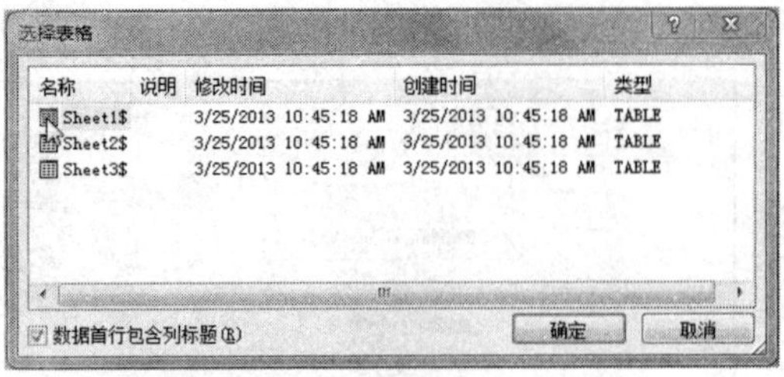

图 1-4-11 “选择表格”对话框

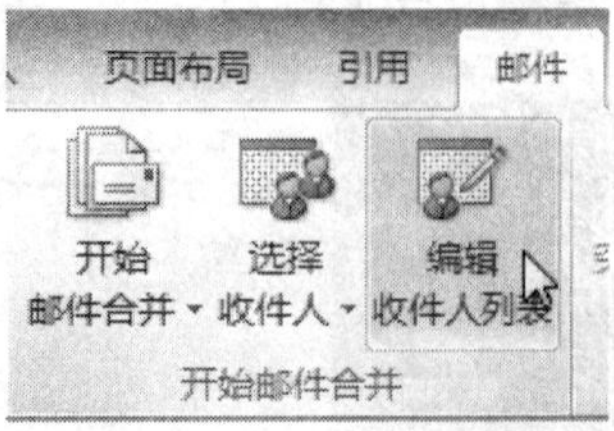

图 1-4-12 选择编辑收件人命令

（5）插入域：在图 1-4-8 所示信封中，首先利用光标选中信封的邮编处，然后再“邮件”选项卡的“编写和插入域”栏中，选择“插入合并域”，如图 1-4-14 所示。

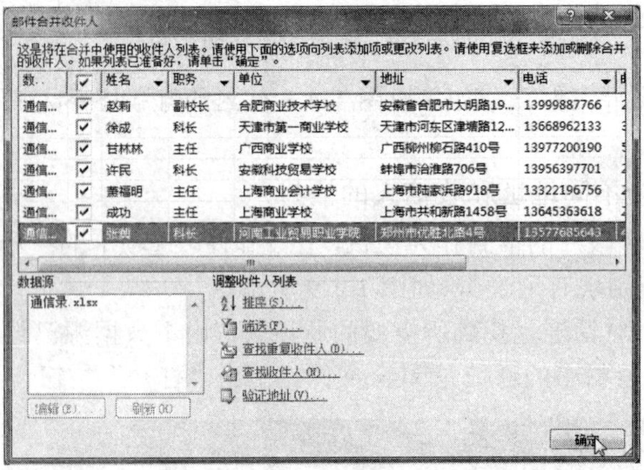

图 1-4-13 “邮件合并收件人”对话框

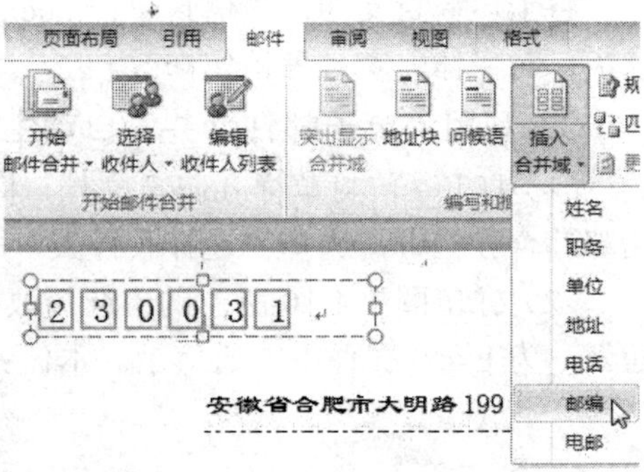

图 1-4-14 插入合并域

（6）在“插入合并域”列表框中选“邮编”，此时，原来信封上的邮编被合并域的邮编字段所替代。同理，利用光标选中收信人的地址，然后插入地址域。用同样方法处理单位、收信人姓名、职务等处。设置好各个域的信封如图 1-4-15 所示。

（7）利用邮件合并工具栏中的“预览结果”按钮 ，如图 1-4-16 所示，来观看信封效果，单击该按钮，此时则看到第一条记录的数据，单击下一个记录按钮▶，则可看到下一条记录的数据；单击上一个记录按钮◀可看到上一条记录的数据。

图 1-4-15 插入合并域的信封

图 1-4-16 预览结果

（8）整理信封页面，将插入域处的字体根据需要设置，在“职务”后加上“收”。根据需要设置寄信人的邮政编码、地址和姓名等字体。

（9）合并数据文档，在“邮件”选项卡的“完成”组中，选择“完成并合并”，如图 1-4-17 所示。弹出图 1-4-18 所示的“合并到新文档”对话框。

图 1-4-17　完成合并

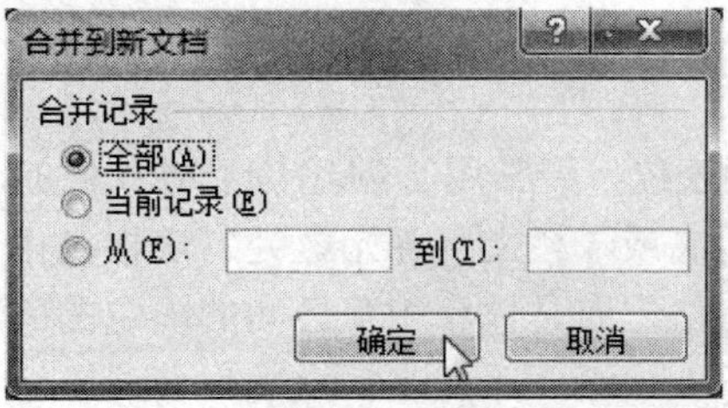

图 1-4-18　“合并到新文档”对话框

在图 1-4-18 中，如果选“全部”单选按钮，并单击“确定”按钮，则立刻完成信封样板上具体数据合并，并将全部做好的信封都显示出来，如图 1-4-19 所示。可将其形成打印文件保存起来。将来随时可调用打印。

需指出的是，如果数据源较大，此时合并到新文档则非常庞大，建议直接合并到打印机，当场打印即可。

图 1-4-19　合并到新文档的全部信封

相关知识

一、邮件合并

邮件合并是把每份邮件中都重复的内容与区分不同邮件的数据合并起来。前者称为“主文档”，后者称为“数据源”。通过在文档中插入特殊的“合并域”，告诉 Word 2010 应当在什么位置显示来自数据源的变化信息。

邮件合并可分为 4 个步骤：建立主文档、建立或打开数据源、在主文档中插入合并域、执行合并操作。

二、域

域是文档中可能发生变化的数据或邮件合并文档中套用信函、选项卡中的占位符。域有多种类型，最常用的域有 PAGE 域（在添加页码时插入）和 DATE 域（在选择“插入”菜单中的

“日期和时间”命令并且选中“自动更新”复选框时插入)。在图 1-4-15 中看到的“邮编”“地址”“姓名”等内容就是信封中插入的合并域。通过信封中的“域”可以使 Word 文档读取存储在 Word 表格、Excel 表及 Access 数据库中的表中的数据，来改变文档中“域”所在位置的内容。

三、制表位

Word 制表位，经常用于创建易于格式化的文档。制表位是指在水平标尺上的位置，指定文字缩进的距离或一栏文字开始之处。表格是由表元素和表格线组成的。表的内容可以不用格线来划分成小格，而是依靠相互之间的固定的间距和规则的纵横定位来形成表的特征，这就是制表位。

1．Word 2010 制表位使用方法

（1）打开 Word 2010 文档窗口，在“开始”选项卡的“段落”组中，单击右下角的显示段落对话框按钮。

（2）在打开的“段落”对话框中单击“制表位”按钮。

（3）打开“制表位”对话框，首先在“制表位位置”编辑框中输入制表位的位置数值；调整“默认制表位”编辑框的数值，以设置制表位间隔；在“对齐方式”区域选择制表位的类型；在“前导符”区域选择前导符样式。设置完毕单击“确定”按钮即可。

2．Word 2010 制表位的三要素

制表位的三要素包括制表位位置、制表位对齐方式和制表位的前导字符。在设置一个新的制表位格式的时候，主要是针对这三要素进行操作：

（1）制表位位置：制表位位置用来确定表内容的起始位置，比如，确定制表位的位置为 8 磅时，在该制表位处输入的第一个字符是从标尺上的 8 磅处开始，然后，按照指定的对齐方式向右依次排列。

（2）对齐方式：制表位的对齐方式与段落的对齐格式完全一致，只是多了小数点对齐和竖线对齐方式。选择小数点对齐方式之后，可以保证输入的数值是以小数点为基准对齐；选择竖线对齐方式时，在制表位处显示一条竖线，在此处不能输入任何数据。

（3）前导字符：前导字符是制表位的辅助符号，用来填充制表位前的空白区间。比如，在书籍的目录中，就经常利用前导字符来索引具体的标题位置。前导字符有 4 种样式，它们是：实线、粗虚线、细虚线和点画线。

3．制表位的包容性

制表位是符号与段落缩进格式的有机结合，所以，只要是在普通段落中可以插入的对象，都能够被插入到制表位中。

拓展与提高

一、制作一份产品调查表

调查表样张如图 1-4-20 所示，其操作步骤如下：

1．输入调查表的标题、简介和问题

在第一行，输入市场调查表的名称，“平板电脑市场概况和品牌形象调查表”；第二行开始，

输入市场调查表的简单介绍。中间插入一条横线后，隔行输入要调查的问题，依次类推，把问题全部输完。每一个问题后，都留一行空行，留作输入答案。

2．设置制表位

把光标定位在第一个问题下的空行段落标记处，在“开始”选项卡的“段落”组中，打开“段落”对话框中的“制表位”按钮，弹出“制表位”对话框，在“制表位位置”文本框中，输入“2”，按【Enter】键，则在列表框中出现“2 字符”，对齐方式选“左对齐”，单击“设置”按钮，其他保持默认选项不变；重复以上操作，依次在文本框中输入“14”“26”“38”，“制表位”对话框如图 1-4-21 所示，单击“确定”按钮。则将 4 个制表位，分别定位在 2、14、26、38 字符的位置。

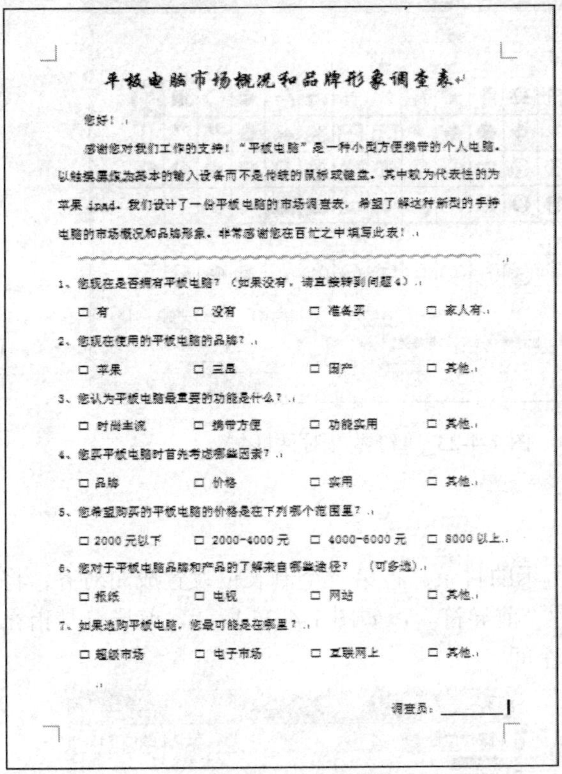

平板电脑市场概况和品牌形象调查表

您好！

感谢您对我们工作的支持！“平板电脑”是一种小型方便携带的个人电脑，以触摸屏作为基本的输入设备而不是传统的鼠标或键盘。其中较为代表性的为苹果 ipad。我们设计了一份平板电脑的市场调查表，希望了解这种新型的手持电脑的市场概况和品牌形象。非常感谢您在百忙之中填写此表！

1、您现在是否拥有平板电脑？（如果没有，请直接转到问题 4）

□ 有　□ 没有　□ 准备买　□ 家人有

2、您现在使用的平板电脑的品牌？

□ 苹果　□ 三星　□ 国产　□ 其他

3、您认为平板电脑最重要的功能是什么？

□ 时尚主流　□ 携带方便　□ 功能实用　□ 其他

4、您买平板电脑时首先考虑哪些因素？

□ 品牌　□ 价格　□ 实用　□ 其他

5、您希望购买的平板电脑的价格是在下列哪个范围里？

□ 2000 元以下　□ 2000-4000 元　□ 4000-6000 元　□ 8000 以上

6、您对于平板电脑品牌和产品的了解来自哪些途径？（可多选）

□ 报纸　□ 电视　□ 网站　□ 其他

7、如果选购平板电脑，您最可能是在哪里？

□ 超级市场　□ 电子市场　□ 互联网上　□ 其他

调查员：________

图 1-4-20　调查表样张

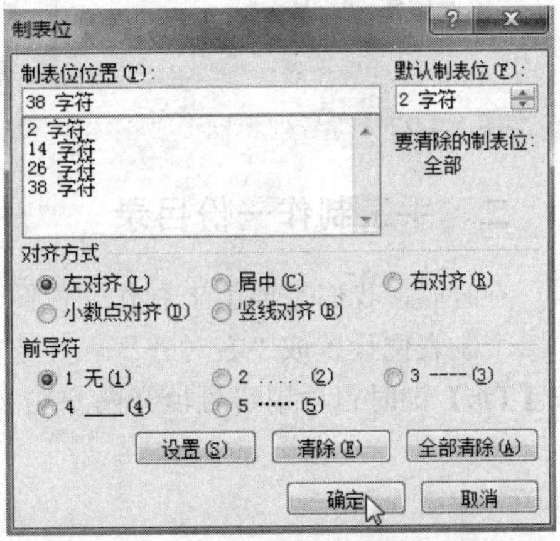

图 1-4-21　“制表位”对话框

在空行的开始处，按一下键盘上的【Tab】键，则光标定位在第一个制表位“2 字符”处（每按一次【Tab】键，光标就向右移动到下一个制表位处）。

3．插入符号

在“插入”选项卡的“符号”组，打开“符号”列表框，选择“其他符号”，如图 1-4-22 所示，弹出“符号”对话框，如图 1-4-23 所示，在“Wingdings”字体中，找到“□”符号。单击“插入”按钮，在“□”符号后，空一格，输入第一个问题的第一个选择答案：“有”。

4．输入答案

再次按【Tab】键，光标定位在下一个制表位“12 字符”处，把“□”符号复制到此处；再输入第二个选择答案：“没有”。依次类推，把 4 个选择答案全部输完。

5．复制制表位符号

可以用“复制行”的方法，把带有 4 个“□”符号的整行（注意：不要把段落标记选进，否则会多出一行），先复制到每个问题后的空行处，再根据具体答案作修改即可。

6．编辑文字、段落格式、保存文档

适当对文档中的字体、段落等格式做美化、排版、编辑处理。设置完毕，保存文档。

设计完成的调查表如图 1-4-24 所示。

另一种方式是使用“制表位”，这种方式，它会要求输入制表位的位置和对齐方式，这是必须的，可以试试用这种方式手动作一个目录。

图 1-4-22　符号列表框

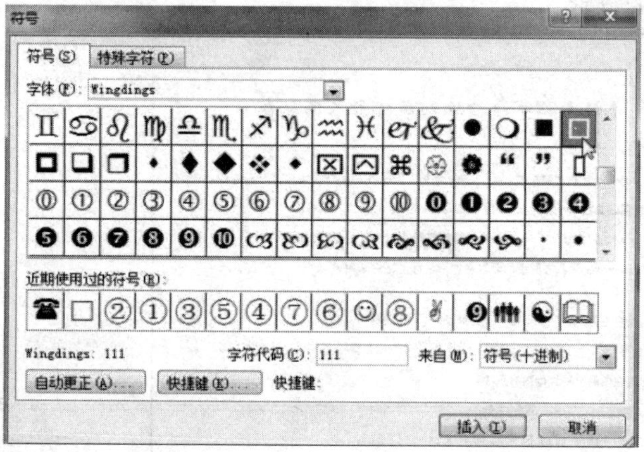

图 1-4-23　“符号”对话框

二、手工制作一份目录

有时候，我们需要手工制作一份图 1-4-24 所示的目录。将第一个制表位设置成左对齐；将第二个制表位设置成“右对齐”，并选择第 5 种“前导符”，如图 1-4-25 所示，前导符是指在按【Tab】键时自动用符号填充两个制表位间的空间。

第一章 · · · · · · · · · · · · 1 页

第二章 · · · · · · · · · · · 25 页

第三章 · · · · · · · · · · · 65 页

第四章 · · · · · · · · · · · 102 页

图 1-4-24　利用制表位制作目录

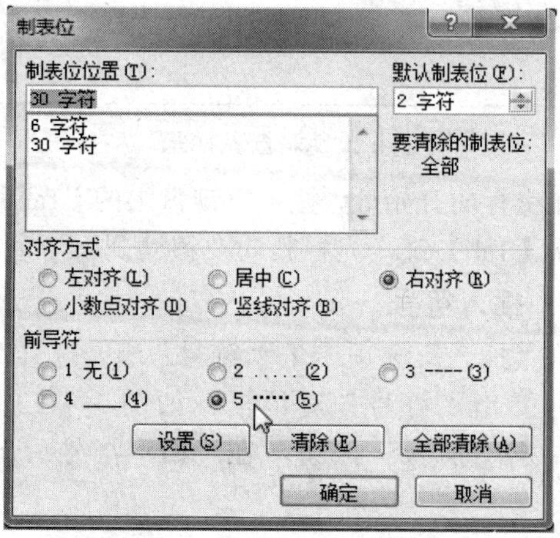

图 1-4-25　制表位设置

三、利用标尺制表位制作价目表

价目表在贸易公司是最常用的文件类型之一，每一类商品都会有一套详细的价目表提供给客户参考。一般的价目表，可能会想到用表格来制作比较简单，但是，如果能熟练运用制表位功能，可以设计出带有自己独特风格、整齐漂亮而又使用方便的各种价目表（见图 1-4-26）。

启动 Word 2010 应用程序，新建一个空白的 Word 2010 文档，输入标题“莎意傅日用品公司商品价目表”。

1．利用标尺设置各种制表符

在水平标尺上有 5 种制表符选用的切换按钮，单击这个切换按钮，可以在 5 种制表符以及首行缩进和悬挂缩进之间顺序切换。

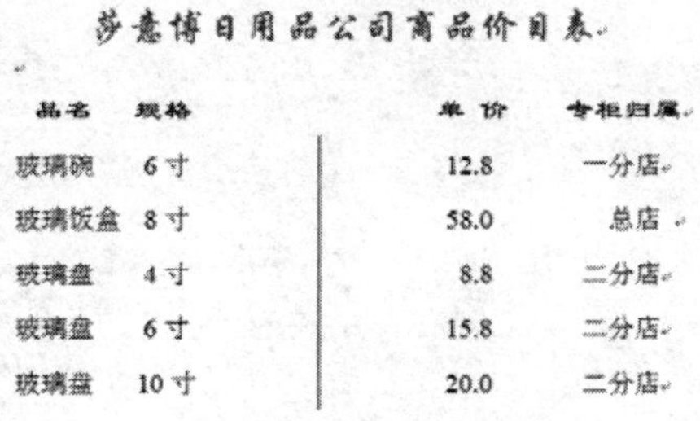
莎意傅日用品公司商品价目表

品名	规格	单价	专柜归属
玻璃碗	6 寸	12.8	一分店
玻璃饭盒	8 寸	58.0	总店
玻璃盘	4 寸	8.8	二分店
玻璃盘	6 寸	15.8	二分店
玻璃盘	10 寸	20.0	二分店

图 1-4-26　价目表样张

（1）设置“左对齐制表位”：用鼠标连续单击标尺最左端的“制表符类型”切换按钮 ，直到使其变成“”，单击标尺“2”字符处，即在 2 字符处设置好“左对齐制表位”。

（2）设置“居中对齐制表位”：将“制表符类型”按钮变成，移动鼠标至标尺“10”字符处，即在 10 字符处设置好“居中对齐制表符”。

（3）设置“竖线对齐制表位”：将“制表符类型”按钮变成，单击标尺“18”字符处，即在 18 字符处设置好“竖线对齐制表位”。

（4）设置“小数点对齐制表位”：将“制表符类型”按钮变成，单击标尺“24”字符处，即在 24 字符处设置好“小数点对齐制表位”。

（5）设置“右对齐制表位”：将“制表符类型”按钮变成，单击标尺“36”字符处，即在 36 字符处设置好“右对齐制表位”。设置好制表位的标尺，如图 1-4-27 所示。

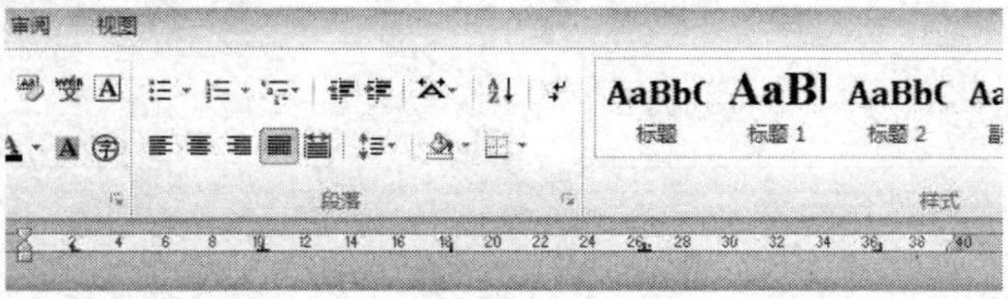

图 1-4-27　设置好各种制表符的标尺

2．输入文本内容

按一下【Tab】键，光标定位在第一个制表位 2 字符处，输入“品名”作为第一项，再按一下【Tab】键，光标定位在第二个制表位 10 字符处，输入“规格”作为第二项，每按一下【Tab】键，光标就定位在下一个制表位处，依次输入“单价”“专柜归属”，然后按【Enter】键换行，中间的竖线，也会随着行数的下移，自动往下延伸。用同样的方法，录入所有商品的价目信息。

思考与练习

1．制作一份邀请客户参加新华公司新产品介绍发布会邀请函。
2．根据素材给出的新华公司客户名单，制作 5 份邮寄邀请函的信封。
3．会议通知发送除了用传统的信件邮寄外，还有什么其他方式？
4．设计一份学生课余情况调查表。
5．制表位的作用是什么？可以用几种方法设置？
6．为更好地督促学生复习迎考，请设计一份家长会通知。
7．Word 2010 中的邮件合并是什么意思？
8．如何设置插入符号的字体和颜色？

单元二

电子报表制作

作为现代文员应该能熟练处理各种电子报表。其中包括创建电子报表、编辑电子报表、打印电子报表、制作图表、对数据作常用运算和统计等。

通过本单元的学习，你将能够自行制作制作汽车产品目录，制作数据分析表，制作使用基本函数进行数据处理的报表，制作图表和动态图表，利用电子报表对企业日常管理进行基本的辅助管理理和管理数据进行统计分析。

学习目标

- 能熟练处理一般数据
- 能使用函数处理数据
- 具备图表的应用能力
- 具备文字处理软件的电子报表软件混合应用能力

任务一　汽车产品目录——电子表格基本操作

任务描述

当前，绝大多数公司和企业对于进销存的管理都是实行信息化管理。在进销存管理系统中，主要涉及的管理任务有 4 方面：产品进库、订单管理、发货确认、报表处理。要实现这些功能，必须熟悉和掌握电子表格基本操作。

海华汽车贸易公司是一家销售各种汽车的中型公司。目前需设计图 2-1-1 所示的汽车产品目录表。

为了减少数据的重复输录，提高工作效率，拟将原来在 Access 数据库中积累的一些业务数据导入 Excel，并根据要求对导入的数据进行必要的格式设计。

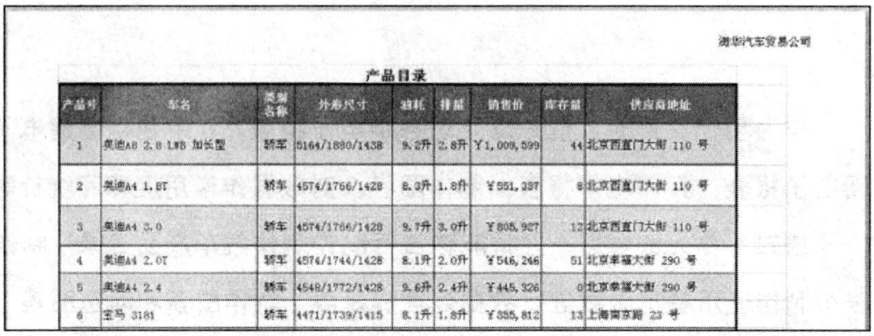

海华汽车贸易公司

产品目录

产品号	车名	类别名称	外形尺寸	油耗	排量	销售价	库存量	供应商地址
1	奥迪A8 2.8 LWB 加长型	轿车	5164/1880/1438	9.2升	2.8升	￥1,008,599	44	北京西直门大街 110 号
2	奥迪A4 1.8T	轿车	4574/1766/1428	8.3升	1.8升	￥551,387	8	北京西直门大街 110 号
3	奥迪A4 3.0	轿车	4574/1766/1428	9.7升	3.0升	￥805,927	12	北京西直门大街 110 号
4	奥迪A4 2.0T	轿车	4574/1744/1428	8.1升	2.0升	￥546,246	51	北京幸福大街 290 号
5	奥迪A4 2.4	轿车	4548/1772/1428	9.6升	2.4升	￥445,326	0	北京幸福大街 290 号
6	宝马 318i	轿车	4471/1739/1415	8.1升	1.8升	￥355,812	13	上海南京路 23 号

图 2-1-1　产品目录

任务分析

作为一个完整的汽车产品目录，一般应当包括多种汽车品牌的产品。每个产品主要的信息应当有产品编号、汽车名、类别名称、外形尺寸、油耗、排量、销售价、库存量、供应商地址等。由于汽车品种繁多，可以采取分页显示。

方法与步骤

1. 新建工作簿，导入数据

（1）打开 Excel 2010，在 Excel 主界面中单击“数据”选项卡，弹出图 2-1-2 所示的数据窗口。

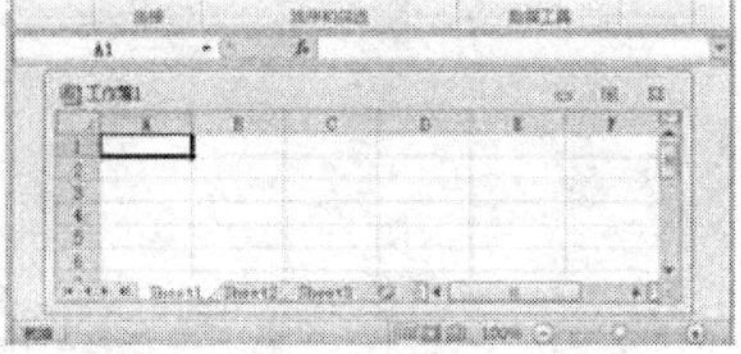

图 2-1-2　数据窗口

（2）在图 2-1-2 的窗口中，单击“获取外部数据”，弹出图 2-1-3 所示的“获取外部数据”工具组。

（3）在图 2-1-3 所示的窗口中，单击“自 Access”按钮，弹出图 2-1-4 所示“选取数据源”对话框。

图 2-1-3　获取外部数据”工具组

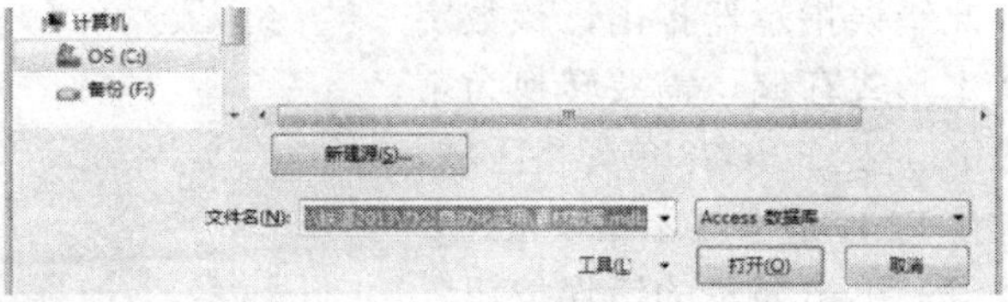

图 2-1-4　“选取数据源”对话框

（4）在图 2-1-4 所示的对话框中，在文件名的列表框中选取 Access 数据表（素材数据.mdb），单击“打开”按钮，弹出如图 2-1-5 所示的“选择表格”对话框。

（5）在图 2-1-5 的对话框中，选取“产品”，单击“确定”按钮后，弹出图 2-1-6 所示的“导入数据”对话框。

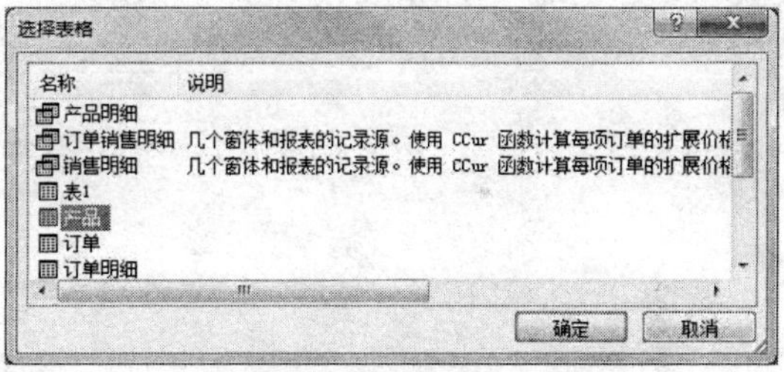

图 2-1-5　“选择表格”对话框

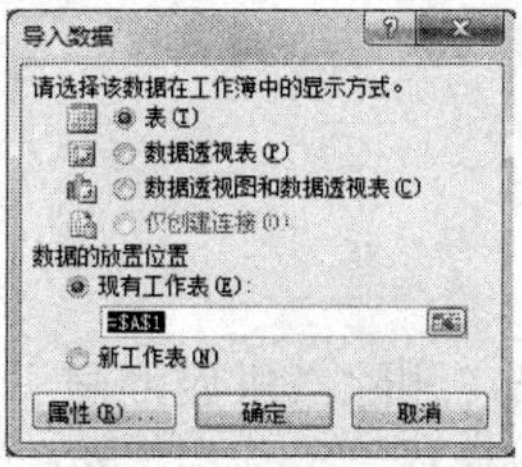

图 2-1-6　“导入数据”对话框

（6）在图 2-1-6 所示的对话框中，系统默认为“表”，放置位置为“现有工作表”，一般无须改变，只要单击“确定”按钮，即告完成，结果如图 2-1-7 所示。

图 2-1-7　开始窗口

2．数据转换

在图 2-1-7 的工作簿 1 窗口中，单击“工具”组中“转换为数据”按钮，弹出图 2-1-8 所示的对话框，单击“确定”按钮，则完成普通数数据的转换。参见图 2-1-9 所示的工作簿 1 窗口。

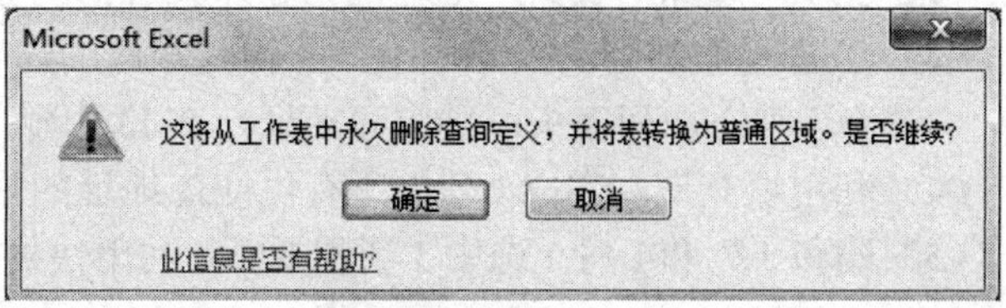

图 2-1-8　提示对话框

3．将存储为文本的数字转换为数字

（1）在图 2-1-9 所示的工作簿 1 窗口中发现“油耗”和“排量”两列数据左边有绿色的小三角形，此错误指示器指出，该数字以文本形式存储，需要转换为常规数字。选定 F2:G78 单元格区域。此时在 F2 左边会显示错误按钮。

（2）单击显示的错误按钮，在相应菜单中（见图 2-1-10），选择“转换为数字”命令，完成数字的转换。

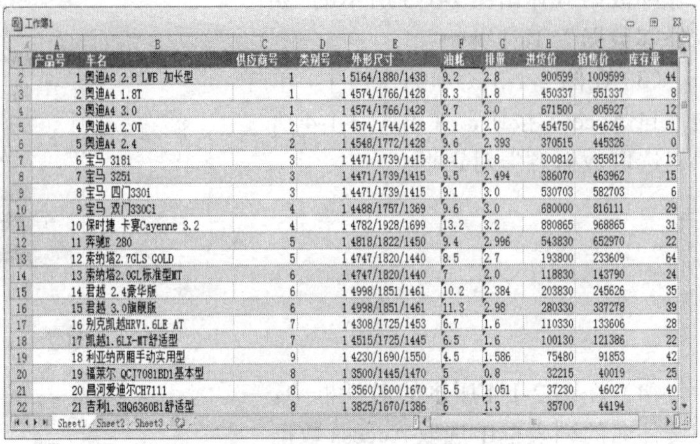

	A	B	C	D	E	F	G	H	I	J
1	产品号	车名	供应商号	类别号	外形尺寸	油耗	排量	进货价	销售价	库存量
2	1	奥迪A8 2.8 LWB 加长型	1	1	5164/1880/1438	9.2	2.8	900599	1009599	44
3	2	奥迪A4 1.8T	1	1	4574/1766/1428	8.3	1.8	450337	551337	8
4	3	奥迪A4 3.0	1	1	4574/1766/1428	9.7	3.0	671500	805927	12
5	4	奥迪A4 2.0T	2	1	4574/1744/1428	8.1	2.0	454750	546246	51
6	5	奥迪A4 2.4	2	1	4548/1772/1428	9.6	2.393	370515	445326	0
7	6	宝马 318i	3	1	4471/1739/1415	8.1	1.8	300812	355812	13
8	7	宝马 325i	3	1	4471/1739/1415	9.5	2.494	386070	463962	15
9	8	宝马 四门330i	3	1	4471/1739/1415	9.1	3.0	530703	582703	6
10	9	宝马 双门330Ci	4	1	4488/1757/1369	9.6	3.0	680000	816111	29
11	10	保时捷 卡宴Cayenne 3.2	4	1	4782/1928/1699	13.2	3.2	880865	968865	31
12	11	奔驰E 280	5	1	4818/1822/1450	9.4	2.996	543830	652970	22
13	12	索纳塔2.7GLS GOLD	5	1	4747/1820/1440	8.5	2.7	193800	233609	64
14	13	索纳塔2.0GL标准型MT	6	1	4747/1820/1440	7	2.0	118830	143790	24
15	14	君越 2.4豪华版	6	1	4998/1851/1461	10.2	2.384	203830	245626	35
16	15	君越 3.0旗舰版	6	1	4998/1851/1461	11.3	2.98	280330	337278	39
17	16	别克凯越HRV1.6LE AT	7	1	4308/1725/1453	6.7	1.6	110330	133606	28
18	17	凯越1.6LX-MT舒适型	7	1	4515/1725/1445	6.5	1.6	100130	121386	22
19	18	利亚纳两厢手动实用型	9	1	4230/1690/1550	4.5	1.586	75480	91853	42
20	19	福莱尔 QCJ7081BD1基本型	8	1	3500/1445/1470	5	0.8	32215	40019	25
21	20	昌河爱迪尔CH7111	8	1	3560/1600/1670	5.5	1.051	37230	46027	40
22	21	吉利1.3HQ6360B1舒适型	8	1	3825/1670/1386	6	1.3	35700	44194	3

图 2-1-9　工作簿 1 窗口

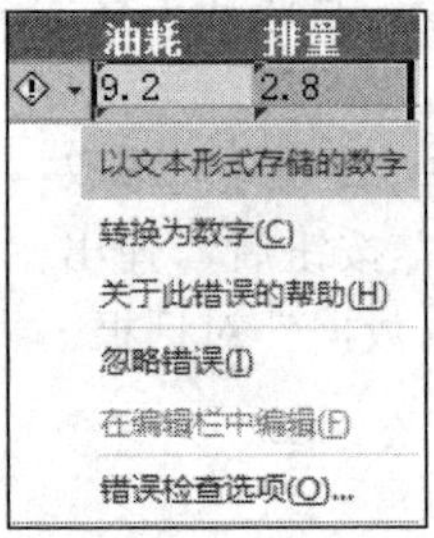

图 2-1-10　错误按钮窗口

4．对照样张，删除“供应商号”列和“进货价”列

（1）右击“供应商号”列标，在弹出的快捷菜单中选择“删除”命令，即告完成。

（2）同理完成删除“进货价”列。

5．将“类别号”改为“类别名称”

（1）参考新建工作簿的操作，导入数据。新建“类别”工作簿。

（2）打开“类别”工作簿，发现类别号为 1 表示轿车，打开“产品目录”工作簿，将类别号为的 1 改为轿车，并通过填充柄将所有类别号为 1 的全部改为轿车。

（3）同理，将其他类别号改为相应的类别名称。

（4）将列标“类别号”改为“类别名称”。

6．添加地址（字符连接）

（1）在 J 列添加列表头：地址，并输入相应的内容。

（2）在 K 列添加列表头：城市，并输入相应的内容。

（3）在 I 列添加列表头：供应商地址，在 I3 中输入公式“=K3&J3”。

（4）利用填充柄，完成 I 列中所有供应商地址的输入。

（5）隐藏 J 列和 I 列：选中 J 列和 I 列，利用快捷菜单中的隐藏命令完成。

7．设置数字格式

（1）对于“油耗”和“排量”，通过“自定义”选项把“升”添加进去。参见图 2-1-11 所示的“设置单元格格式”对话框。

（2）同理，通过“自定义”选项将销售价设置为货币格式，参见图 2-1-11 所示的“设置单元格格式”对话框的最后一行。

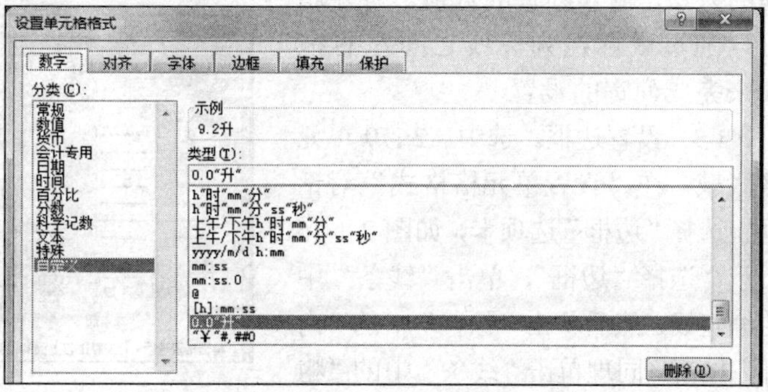

图 2-1-11　“设置单元格格式”对话框 1

8．设置表格标题“产品目录”为居中

（1）在第一行前插入空行，在 A1 单元格中输入表格标题“产品目录”。

（2）选中 A1:I1 单元区域，在图 2-1-12 所示的“设置单元格格式”对话框中选择“对齐”选项卡，在“水平对齐”和“垂直对齐”中选择“居中”，在“文本控制”中选中“合并单元格”复选框。

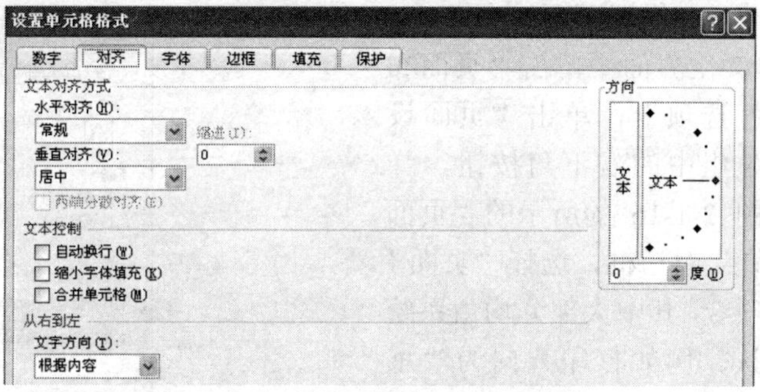

图 2-1-12　“设置单元格格式”对话框 2

9．设置表格格式

（1）设置表格表头填充色。选中 A2:I2 单元格区域，在图 2-1-12 所示的“设置单元格格式”对话框中选择“填充”选项卡，然后在背景色中选择颜色，本题选择蓝色。

（2）设置对齐方式。文本一般选择左对齐或居中，数字一般选择右对齐。

（3）设置行高。选中 A3:I79 单元格区域，在 Excel 2010 主界面中单击“开始”选项卡，选“单元格”工具组，单击“格式”按钮，弹出图 2-1-13 所示的下拉菜单，单击“行高”，弹出图 2-1-14 的对话框，输入“1.3 cm”，完成行高的设置。

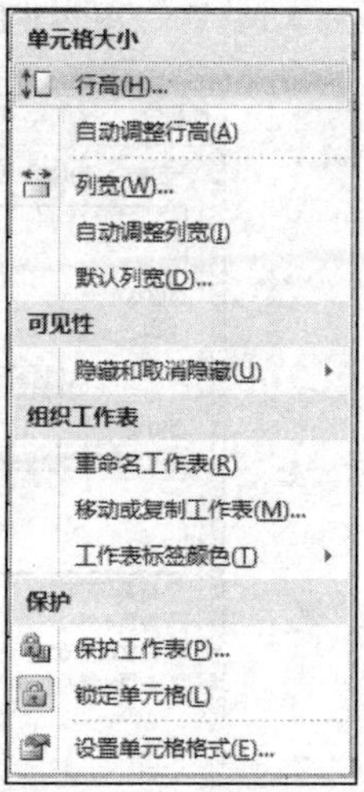

图 2-1-13　快捷菜单

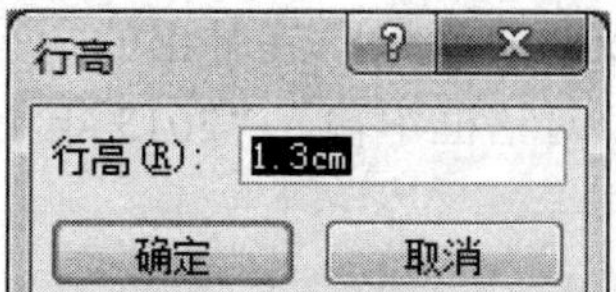

图 2-1-14　“行高”对话框

（4）设置列宽。可以仿照设置行高的方法，输入列宽的数值。另外还可以通过鼠标在列标线之间左右拖动来完成列宽的设置。

（5）设置边框。选中 A2:I79 单元格区域，在“设置单元格格式”对话框中选择“边框”选项卡，如图 2-1-15 所示，选择“边框”，单击“线条”中的细直线，然后单击“预置”中的“内部”按钮。同理单击“线条”中的“粗直线”，然后单击“预置”中的“外边框”按钮，效果如图 2-1-15 所示。

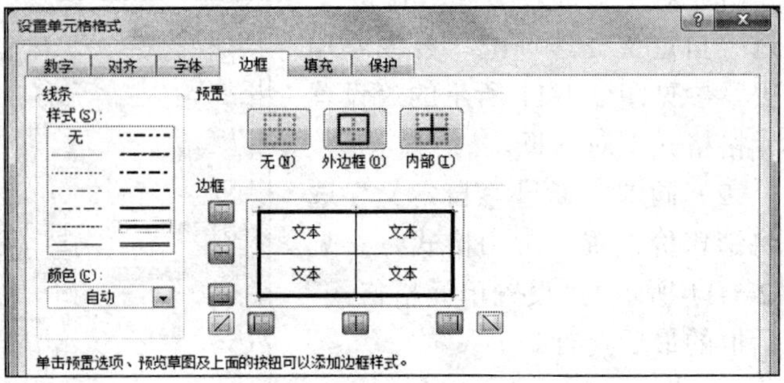

图 2-1-15 “设置单元格格式”对话框

10. 设置页面属性

（1）设置页面。在 Excel 2010 主界面中单击“页面布局”选项卡，单击“页面设置”组中的右下角按钮，弹出图 2-1-16 的所示的“页面设置”对话框，选择“页面”选项卡，其中大部分均由系统默认。例如打印方向为“横向”，纸张大小为 A4 等。

图 2-1-16 “页面设置”对话框

（2）设置页眉和页脚。在“页面设置”对话框中单击“页眉/页脚”选项卡，如图 2-1-17 所示，单击“自定义页眉”按钮，在弹出的图 2-1-18 所示的“页眉”对话框中输入“海华汽车贸易公司”。同理单击“自定义页脚”按钮，在弹出的“页脚”对话框中输入“2013 年 1 月”。

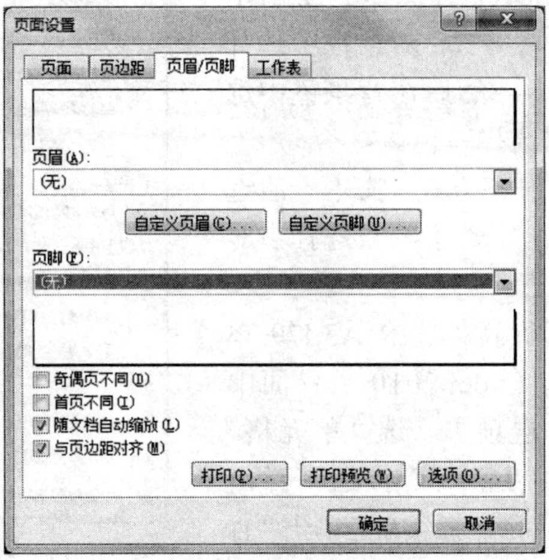

图 2-1-17 页眉/页脚设置

（3）设置工作表。打印区域的设置：在“页面设置”对话框中单击“工作表”选项卡，如图 2-1-19 所示，单击“打印区域”右边折叠按钮，在弹出图 2-1-20 所示的“打印区域”对话框中输入$A$1:$I$79。打印标题的设置：在“工作表设置”对话框中的“顶端标题行”输入$1:$2。

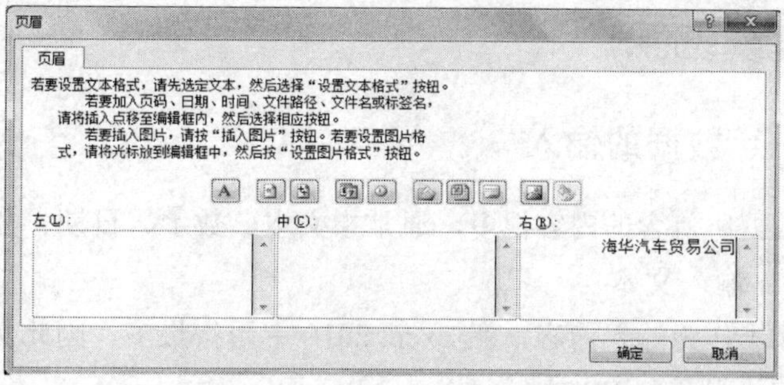

图 2-1-18　页眉设置

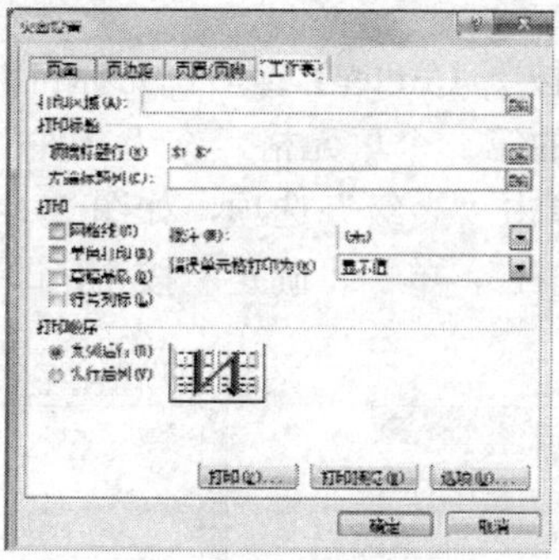

图 2-1-19　工作表设置　　　　图 2-1-20　打印区域

（4）打印预览。在“页面设置”对话框中单击“打印预览”按钮，弹出图 2-1-21 所示的工作表打印预览页面，共有 7 页，展现的为第一页。

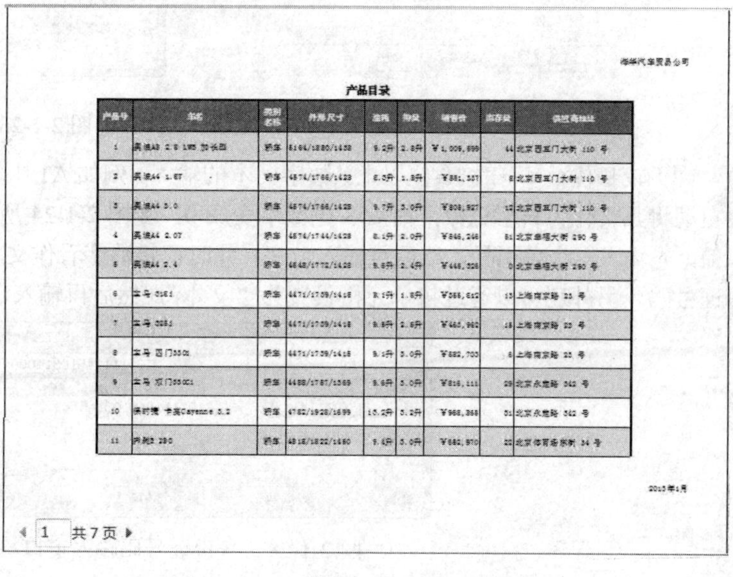

图 2-1-21　产品目录表打印预览页面

11. 文件的保存

通过文件选项卡中的“另存为”命令，将文件保存在适当的文件夹，文件名为“产品目录”。

相关知识

一、数据的输入

数据所包含的内容很多，通常指文本、数字、日期、公式等内容。

1．输入文本

文本作为输入内容，在 Excel 2010 中用得最多，因此文本是 Excel 2010 中的默认方式，输入后默认为左对齐。

（1）在输入时，首先选中单元格，然后输入数据“星期一”，图 2-1-22 所示是输入文本的窗口。

（2）在图 2-1-22 中发现，当按下【Enter】键后，光标自动跳到同一列的下一个单元格，如果希望光标自动跳到同一行右边的第二个单元格，在“文件”选项卡中单击“选项”选项，在弹出的“Excel 选项”对话框中单击“高级”选项，如图 2-1-23 所示，选择左边复选框，并在“方向”的下拉列表框中选择“向右”，单击“确定”按钮，即可完成光标自动向右跳动的设置。

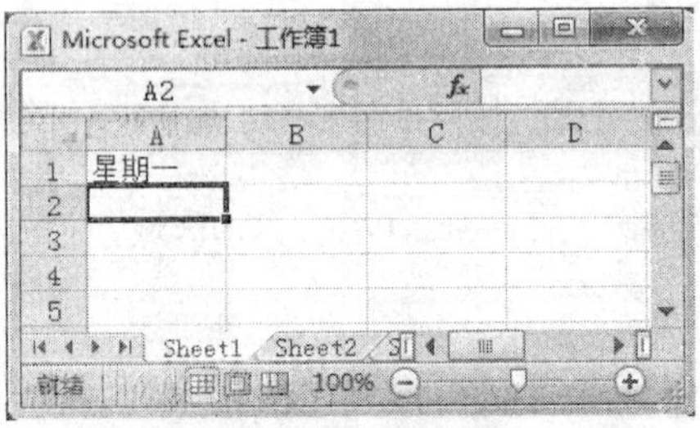

图 2-1-22　输入文本窗口

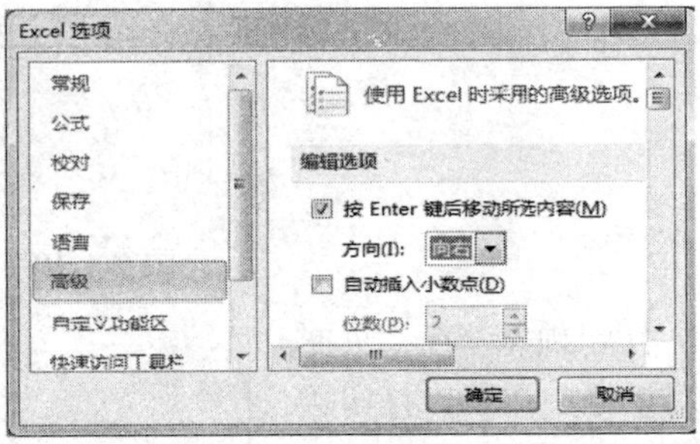

图 2-1-23　编辑”选项窗口

（3）较长位数（一般 15 位以上）数字文本的输入。例如 A1 中输入一个身份证号码，Excel 2010 会自动将其转化为科学记数，最后 3 位数字变成 0，如图 2-1-24 所示。正确做法是输入身份证号码以前，先输入一个单引号，然后再输入数字，此时已将数字看作文本。C1 中内容就是一个正确的身份证号码。另外还可以通过将单元格设置为“文本”，然后再输入数字的方法来完成。

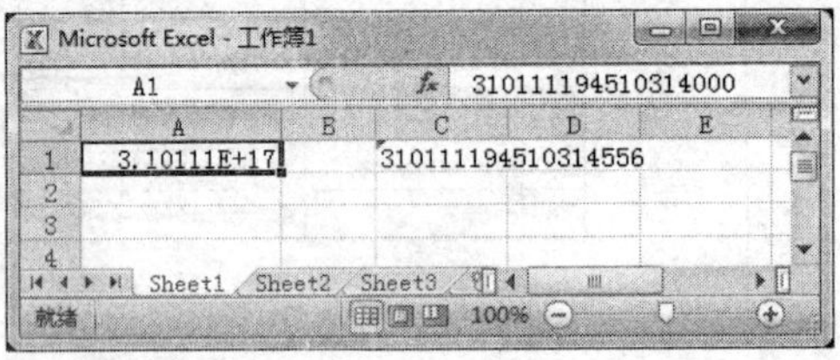

图 2-1-24　身份证号码输入窗口

2．输入数字

输入数字如同输入文本一样，可以直接输入，输入时默认为右对齐。如果需要输入分数时，应当在输入分数前加入 0 和空格，例如：输入 3/8，正确的输入是“0 3/8”。

1）输入日期

日期和时间本质上也是数字，但其中包含有符号“/”或“-”，例如：2013 年 10 月 1 日，输入时可以是 2013/10/1（简化为 13/10/1 亦可），也可以是 2013-10-1（简化为 13-10-1 亦可），需指出的是，如果年份上只输入两位时，系统有其规定的方法，输入数字为 00～29 年，系统默认为 2000 年～2029 年，输入数字为 30～99 年，系统则默认为是 1930 年～1999 年。

如果要输入当前系统日期，则按下【Ctrl+;】组合键即可。

2）输入时间

时间的输入格式为“时:分:秒”，而且有 12 小时制和 24 小时制两种，常用的是 24 小时制。例如：输入晚上六点半，正确的输入为 18:30。

如果使用 12 小时制，则在输入时间后，要加上空格和 Am（表示上午）或 Pm（表示下午），例如：晚上六点半，正确的输入为“6:30 Pm”。系统会自动将其转化为 18:30。

注 意

时间 6:30 和 Pm 之间，一定要加上空格。否则，系统不认为是时间数据，而会误认为是文本。

二、工作表的格式化编辑

对于输完内容的表格，必须进行格式化编辑。工作表的格式化在 Excel 2010 中用得最多是利用设置单元格格式来完成；另一种是自动套用格式。

1．设置单元格格式

利用“设置单元格格式”对话框，对表格的文字、数字、行高、列宽、对齐方式、边框和底纹等进行设置，以满足个性化的要求。此种方法在 Excel 2010 中用得最多。关于设置单元格格式用法已经在本节制作汽车产品目录中作过详细介绍，此处不再赘述。

2．自动套用格式

利用自动套用格式中所提供的样式来完成工作表的格式化，十分简单、方便。具体操作为：选中工作表格式化的区域（打开工作簿 1，选中单元格区域 A2:J12），然后在 Excel 2010 主界面中单击“开始”选项卡，单击“样式”组中“套用表格格式”按钮，弹出图 2-1-25 的样式表，可选取其中一个（本例选取“中等深浅样式 12”），此时会弹出图 2-1-26 所示的“套用表格式”对话框，注意要选中“表包含标题”复选框，单击“确定”按钮后，在 Excel 2010 主界面中单击“表格工具”选项卡，单击“工具”组中“转换为区域”按钮，弹出图 2-1-27 所示的对话框，单击“是”按钮后，完成工作表的格式化，本例结果如图 2-1-28 所示。

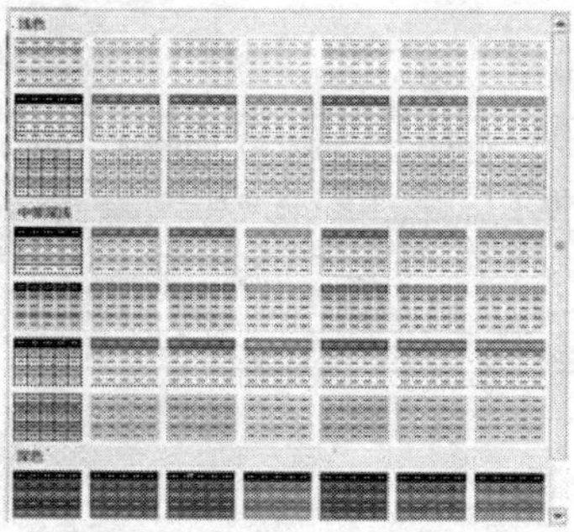

图 2-1-25　样式表

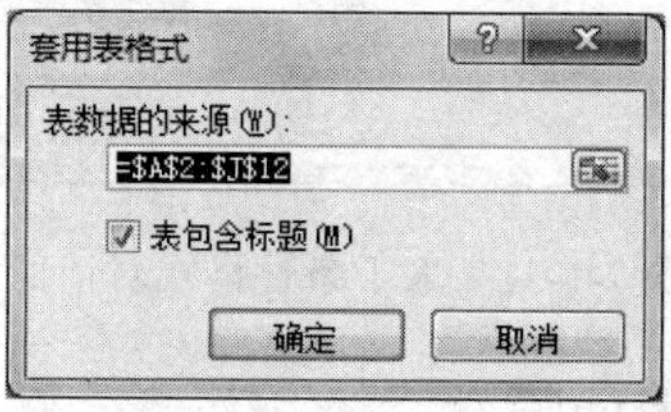

图 2-1-26　“套用表格式”对话框

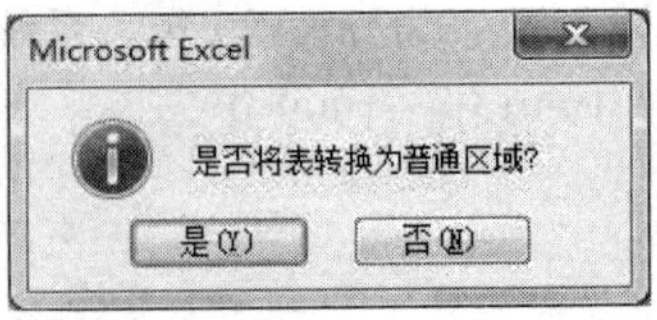

图 2-1-27　提示对话框

上海近年来城市居民家庭人均消费支出

年份	食品	衣着	家庭设备用品及服务	医疗保健	交通和通信	教育文化和娱乐服务	居住	其他商品和服务	消费总和
2001	4056	577	579	558	958	1422	796	390	9336
2002	4120	613	653	734	1115	1668	1189	372	10464
2003	4102	751	792	603	1259	1834	1280	419	11040
2004	4593	797	780	762	1703	2195	1327	474	12631
2005	4940	940	800	797	1984	2273	1412	627	13773
2006	5249	1027	877	763	2333	2432	1436	645	14762
2007	6125	1330	959	857	3154	2654	1412	764	17255
2008	7109	1521	1182	755	3373	2875	1646	937	19398
2009	7345	1593	1365	1002	3499	3139	1913	1136	20992
2010	7777	1794	1800	1006	4076	3363	2166	1218	23200

图 2-1-28　样表

3．条件格式

Excel 2010 的条件格式，是指根据单元格中的数值是否超出指定范围，或者是在限定范围以内的不同情况，为单元格套用不同的背景图案、字体样式或边框等。

例如，在公司的销售报表中，共有 5 个销售部，如各销售部每季度的销售指标达到 380 以上，则可为此单元格套上红色背景，如销售指标在 250 以下，则要为此单元格套上绿色背景，具体步骤如下：

（1） 打开“销售报表.xlsx”，选中 B3:F6 单元格区域。在 Excel 2010 主界面中单击“开始”选项卡，单击“样式”组中“条件格式”按钮，弹出图 2-1-29 条件格式列表框。

（2）在图 2-1-29 中，单击“突出显示单元格规则（H）”， 弹出图 2-1-30 所示的条件格式选取框。

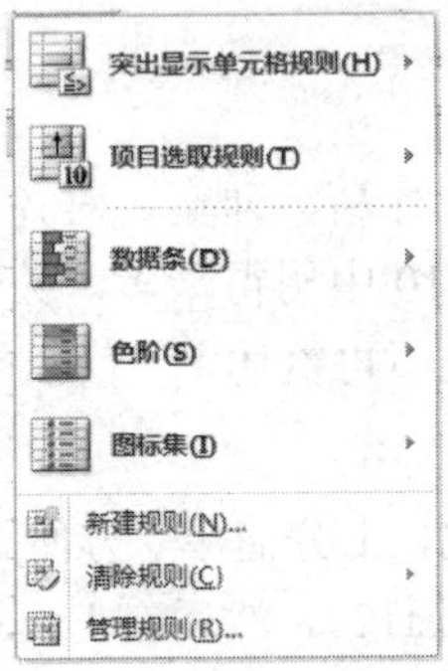

图 2-1-29　条件格式列表框

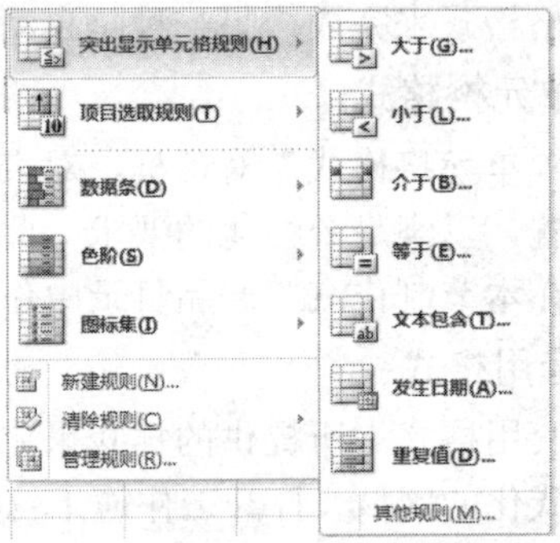

图 2-1-30　条件格式选取框

（3）在图 2-1-30 中，单击“大于（G）”，弹出图 2-1-31 所示的“大于”条件格式对话框，输入条件“380”，格式选取“红色文本”，单击“确定”按钮，同理，在图 2-1-30 中，单击“小于（L）”输入条件“250”，格式选取“绿色文本”，单击“确定”按钮，完成工作表的条件格式化，结果如图 2-1-32 所示。

图 2-1-31　大于条件格式对话框

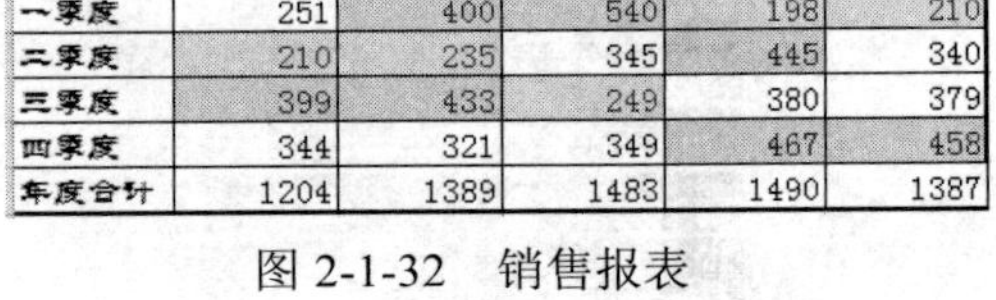

销售额（万元）	销售1部	销售2部	销售3部	销售4部	销售5部
一季度	251	400	540	198	210
二季度	210	235	345	445	340
三季度	399	433	249	380	379
四季度	344	321	349	467	458
年度合计	1204	1389	1483	1490	1387

图 2-1-32　销售报表

三、页面设置

页面设置共有 4 个选项卡，它们分别是页面、页边距、页眉/页脚、工作表，参见如图 2-1-16

所示的“页面设置”对话框，

1.“页面”选项卡

利用它，首先可以设置纸张的打印方向，一般表格默认为“纵向”。如果表头很大，可设置为“横向”。对于较大的表格，如果希望在一张纸内打印，可利用“缩小比例”来达到目的。另外，对打印纸张的大小可做选择，一般系统默认为A4纸。打印的起始页码一般是从“1”开始（系统默认）。如果有特殊需要，可输入一个正数，作为起始页码。

2.“页边距”选项卡

页边距概念基本上与Word 2010相似，但需指出的是，如果表内容很多，希望用一张纸或尽量少用几页纸来完成打印，则通过“缩小比例”来打印，这是一种很好的选择。

3.“页眉/页脚”选项卡

在Excel 2010中，经常会用到“页眉/页脚”，由于系统已经将常用的“页眉/页脚”设置好，故一般只要打开相应的下拉式列表框，根据自己所需内容，选定其中一项即可。

“页眉/页脚”选项卡，可参见图2-1-17。对于有特殊需求的可通过自定义页眉和页脚来完成，可参见图2-1-18。

4.“工作表”选项卡

利用“工作表”选项卡，可以对打印区域进行设置，希望每一页上都需要打印行表头（顶端标题行），或者列表头（左端标题行）、网格线、行号、列数等内容，可在此进行设置。系统默认打印区域为全部工作表。因此，对于只需打印部分页面的任务，必须自行设置。

另外，如果工作表很大，希望打印时每页都有行（列）表头，则利用选项卡中的打印标题来完成。设置方法参见图2-1-19。

拓展与提高

一、填充技术

在输入数据到工作表时，可能经常遇到一些输入一个序列数字的情况，例如输入表格中的项目序号、输入一个工作表中的工资序号或者输入一个日期序列等。Excel 2010提供了功能强大的“自动填充”功能，可以非常轻松地完成这些工作。

1. 运用填充柄填充数据

填充柄是位于任务单元格区域角上的一个黑色小方块，将光标指向填充柄时，光标的形状会变成黑色的十字形状，利用填充柄可以高效率地完成一些数据的输入。

1）复制单元格数据

如果任务单元格的内容是普通的字符数据，则拖动该任务单元格的填充柄向上、下、左、右各个方向拖动，即为复制该单元格的内容至目标单元格。

在拖动填充柄时会出现一个虚线框，指示目标单元格的位置。另外，在鼠标指针的右侧，还会出现一个提示框，显示将要在光标所在的单元格出现的复制结果。

2）数字序号填充

利用填充柄除了可以复制文字内容以外，也可以快速地建立各类序号，如果单元格中的内容是数字，利用填充柄可以很方便地产生数字序号（如1、2、3等）。

3）等差数列及其他特殊序列的填充

Excel 2010 还可以根据数据变化的规律，来填充系列的其余数据。如果在单元格中的内容为日期型数据，则拖动该单元格的填充柄，日期将按照逐日累加的规律，在目标单元格中进行填充。

如果在单元格中的内容为文字与数字的结合，如 1 排、1 周、项目 1 等，则利用填充柄同样可以按照序号变化的规律，进行特殊的填充。

2. 自定义序列

如果在一个单元格中输入一些特殊的字符，例如："星期一""甲"，然后用鼠标拖动该单元格的填充柄，则系统将按照"星期一、星期二、星期三……"、和"甲、乙、丙"的顺序，出现序列数据。但能够出现这样规律的字符很少，只有定义过的序列数据，才能在输入时使用这样的序列填充。下面以定义"销售一部、销售二部、销售三部、销售四部、销售五部"为例，介绍如何自定义序列，操作步骤如下：

（1）在 Excel 2010 主界面中单击"文件"选项卡，在弹出的菜单中选择"选项"，弹出图 2-1-33 所示的"Excel 选项"对话框。

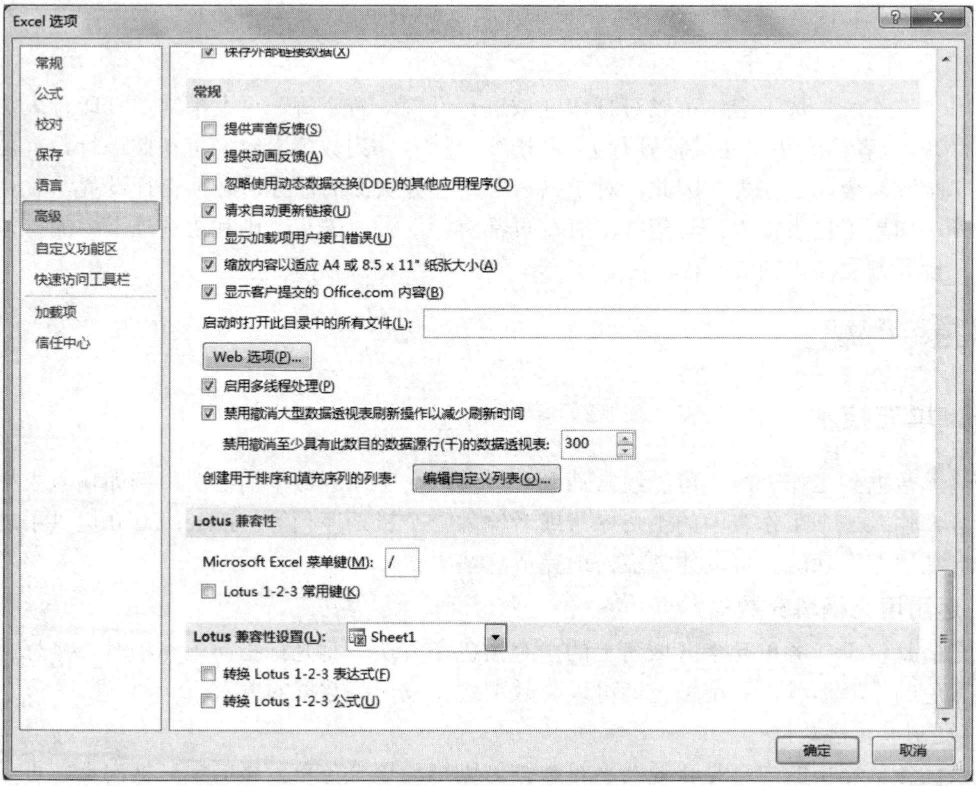

图 2-1-33 "Excel 选项"对话框

（2）在图 2-1-33 中单击"高级"选项，在"常规"栏下面单击"编辑自定义列表（O）"，按钮，弹出图 2-1-34 所示的"自定义序列"对话框。

（3）在图 2-1-34 中单击"添加"按钮，在"输入序列"框中依次输入销售一部～销售五部，每输入一项后，按【Enter】键，然后再输入下一项。

（4）单击"确定"按钮，则完成该序列的定义。

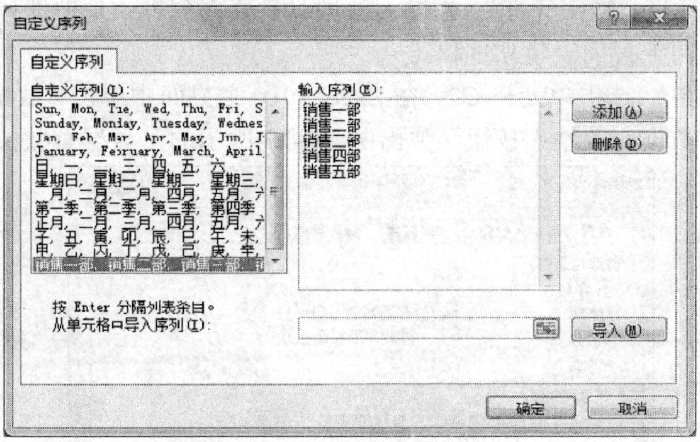

图 2-1-34 “自定义序列”对话框

3. 填充命令

除了等差数列之外，有时需要进行更加复杂的填充，例如等比数列、按工作日递增的日期等，这时可以使用菜单命令进行处理。

例如：在一定的数据区域（B1:B8）内，要输入 3、9、27、81……的等比数列，操作步骤如下：

（1）在单元格 B1 中输入 3。

（2）选中 B1:B8 单元格区域。

（3）在 Excel 2010 主界面中单击“开始”选项卡，在“编辑”组中单击“填充”按钮，在弹出的列表框中选择“序列（S）”选项，弹出图 2-1-35 所示的“序列”对话框。

（4）在图 2-1-35 中，在“类型”区域中，选择“等比序列”单选按钮，设置“步长值”为“3”，单击“确定”按钮，可以在 B1:B8 区域内，看到所需要的填充效果，如图 2-1-36 所示。

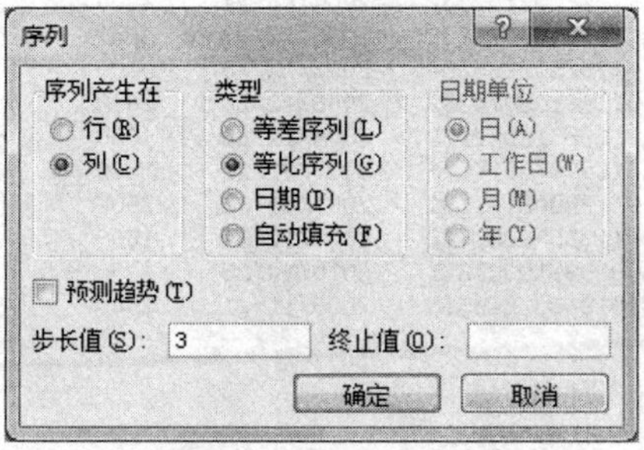

图 2-1-35 “序列”对话框

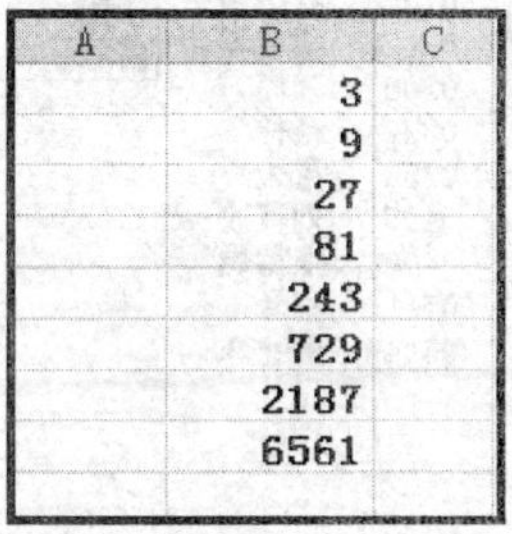

图 2-1-36 等比数列

二、数据有效性

通过使用数据有效性可以控制用户输入到单元格的数据或值的类型。例如，可能希望将数据输入限制在某个日期范围、使用列表限制选择或者确保只输入正整数等。

下面介绍 Excel 2010 数据有效性的几个应用实例。

1. 建立下拉列表

在实际工作中经常遇到输入数据限制在某个范围，例如会计凭证类别设置为 3 类：“现金收入凭证、现金支出凭证、转账凭证”，在输入数据时只要在列表中选取即可。下面以工资表输入部门信息为例，说明下拉列表建立过程。

（1）打开“工资表”，选中单元格 C2，在 Excel 2010 主界面中单击“数据”选项卡，在“数据工具”组中单击“数据有效性”按钮，弹出图 2-1-37 所示的“数据有效性”对话框。

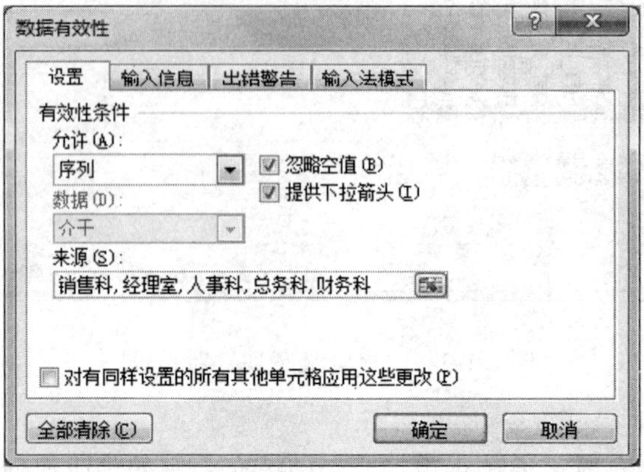

图 2-1-37 “数据有效性”对话框

（2）在“数据有效性”对话框中，单击“设置”选项卡，在“允许”下拉列表中选择“序列”，在“来源”中输入“销售科,经理室,人事科,总务科,财务科”。注意输入文本时逗号必须是半角。单击“确定”按钮后，发现单元格 C2 的右侧出现一个下拉按钮，单击此按钮，会出现 5 个部门，单击其中一个，立即输入到单元格 C2 中，如图 2-1-38 所示。

（3）选中单元格 C2，利用填充柄拖动到 C12，使单元格 C2 到 C12 都有下拉按钮，使输入部门信息很方便。

A	B	C	D	E	F	G
工号	名字	部门	职务	身份证号码	雇用日期	基本工资
0113	张颖颖	销售科	售代表	110101198212081222	2006/05/01	2500
0101	王伟	销售科	长	110201198202192232	2004/08/14	4000
0105	赵杰	经理室	售代表	110401198108073232	2006/12/26	2600
0202	郑建军	人事科	经理	120101198502225556	2006/12/10	5000
0205	李梅	总务科 财务科	秘书	110401198108073232	2006/12/26	2000
0322	孙林		科长	110101198312052172	2006/12/26	4000
0354	金大鹏		科员	110501197611017676	2007/01/11	1500
0405	刘英玫		科长	320101198506141188	2007/01/12	3500
0406	张雪眉		科员	110601198512054442	2006/12/24	1500
0511	王芳		科长	110330199910063321	2010/10/25	4000
0514	萧红妹		科员	110340198802246543	2000/11/21	2500

图 2-1-38 输入部门信息

2．文本长度限制及出错警告

银行账号、身份证号等信息十分重要，在输入数据时如果长度不足，可以设置出错警告。下面以工资表输入身份证号为例，说明文本长度限制及出错警告的建立过程。

（1）打开“工资表”，选中单元格 E2，在“数据有效性”对话框中，单击“设置”选项卡，在“允许”下拉列表中选择“文本长度”，在“数据”下拉列表中选择“等于”，在“长度”文本框中输入“18”。

（2）在“数据有效性”对话框中，单击“输入信息”选项卡，，在“标题”文本框中输入“提示”，在“输入信息”列表框中输入“身份证号为 18 位”，并选中“选定单元格时显示输入信息”复选框，如图 2-1-39 所示。

（3）在“数据有效性”对话框中，单击“出错警告”选项卡，在“样式”下拉列表中选择“停止”，在“标题”文本框中输入“输入错误”，在“错误信息”列表框中选择输入“请重新输入!”，并选中“输入无效数据时显示出错警告”复选框，如图 2-1-40 所示。

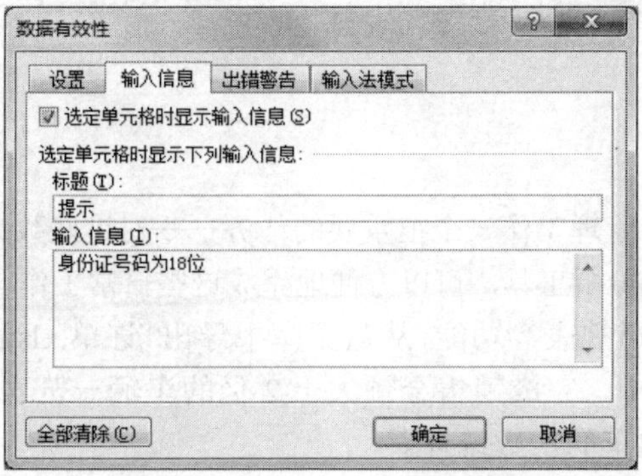

图 2-1-39　输入信息选项卡

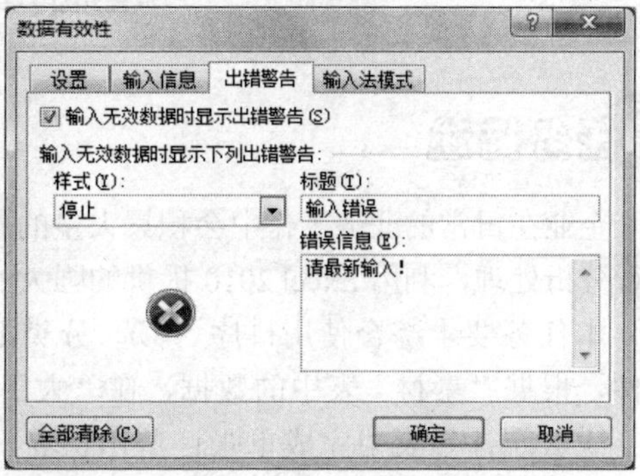

图 2-1-40　出错警告选项卡

（4）选中单元格 E2，利用填充柄拖动到 E12，输入效果如图 2-1-41 所示。

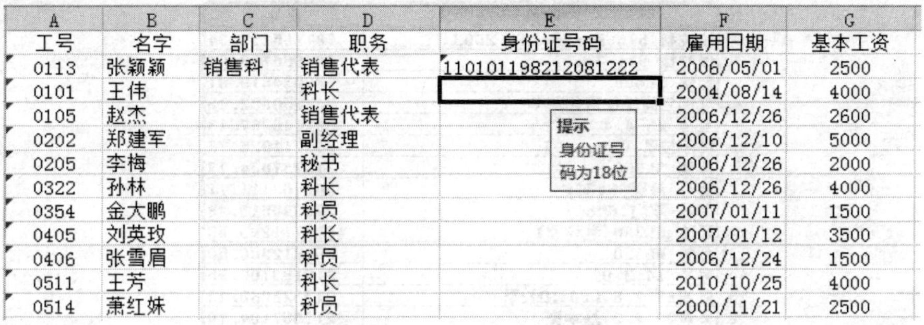

A	B	C	D	E	F	G
工号	名字	部门	职务	身份证号码	雇用日期	基本工资
0113	张颖颖	销售科	销售代表	110101198212081222	2006/05/01	2500
0101	王伟		科长		2004/08/14	4000
0105	赵杰		销售代表		2006/12/26	2600
0202	郑建军		副经理		2006/12/10	5000
0205	李梅		秘书		2006/12/26	2000
0322	孙林		科长		2006/12/26	4000
0354	金大鹏		科员		2007/01/11	1500
0405	刘英玫		科长		2007/01/12	3500
0406	张雪眉		科员		2006/12/24	1500
0511	王芳		科长		2010/10/25	4000
0514	萧红姝		科员		2000/11/21	2500

图 2-1-41　输入身份证号

设置数据有效性应用很广，限于篇幅，不能一一列出，可以通过本书习题来学习。

思考与练习

1．跨列居中和合并居中，有什么区别？
2．“最合适的列宽”命令，在什么场合下使用？
3．选择性粘贴和一般粘贴有什么不同？
4．什么情况下使用自定义页眉和页脚？
5．页面设置对打印有什么作用？
6．条件格式有什么特点？什么情况下用得最多？
7．为自己设计一张电子月历。
8．设计一张班级成绩表，并输入一个班级的成绩。
9．设计制作一张九九乘法表。
10．为工资表设计数据有效性，将雇用日期范围限制在一个合理的范围。
11．为工资表设计数据有效性，确保输入身份证号码数据的唯一性。

任务二　轿车销售额数据分析报表——表格的数据处理基本操作

任务描述

企业在日常的业务工作中会积累大量的原始数据，管理工作一个很重要的任务——对这些数据进行分析处理，利用 Excel 2010 提供的强大的数据处理分析工具，可以方便地完成这些日常工作。

本任务要求综合使用排序、筛选、分类汇总、数据透视表等功能，从数据库中导出“订单.xlsx”文件，根据“素材”表中的数据，在“大于 2 亿”表中，完成销售金额大于 2 亿的车辆一览表，在“次数统计”表中完成单张订单销售 5～10 辆奥迪车的次数统计。

本任务要求完成如图 2-2-1 和图 2-2-2 所示的数据分析报表。

	A	B
1	销售总金额大于2亿的车辆一览	
2	车名	总价
3	法拉利 575 Maranello 2003	787765137.34
4	保时捷 911 Turbo	467866790.06
5	奔驰 SL500	389034819.87
6	雪佛兰高级住房休旅车	368550002.45
7	宝马 X5 4.4 越野车	362440267.13
8	玛莎拉帝 Coupe GT	316211925.75
9	奔驰 SL350	315737604.73
10	宝马 敞蓬 645Ci	309462111.11
11	宝马 双门 645Ci	276899513.28
12	奔驰 ML350(运动型)	273711293.63
13	奔驰 ML320	257812900.50
14	宝马 Z4 3.0i	218183702.95
15	奥迪A8 2.8 LWB 加长型	213328268.43
16	奥迪Q7 4.2 基本型	211667104.79

图 2-2-1　销售金额大于 2 亿的车辆一览表

	A	B	C	D	E	F	G	H	I	J	K
1	单张订单销售5-10辆奥迪车的次数统计										
2	车名	金士鹏	李芳	刘英玫	孙林	王伟	张雪眉	张颖	赵军	郑建杰	总计
3	奥迪A4 1.8T	1	2	3	5	3	2	6	2	7	31
4	奥迪A4 2.0T	2	1	2	1	2		1		7	16
5	奥迪A4 2.4	2		2				1			5
6	奥迪A4 3.0	1	2	1	1		1	2		1	9
7	奥迪Q7 4.2 基本型	1	5	1	3	2	2	2	2	8	26
8	奥迪A8 2.8 LWB 加长型				2	4		2	1	9	18
9	总计	7	10	9	12	11	5	14	5	32	105

图 2-2-2　单次销售 5～10 辆奥迪车的统计汇总

任务分析

数据分析报表需要从大量的原始数据中对数据进行加工，在企业的日常工作中，数据加工较为常用的方法是对数据进行排序和分类汇总，针对这些工作，Excel 提供了许多高效的工具。

仔细分析素材表和销售金额大于 2 亿的车辆一览表，可以看出所要求完成的报表只要对原始数据进行汇总后，筛选出销售总额大于 2 亿的销售车辆进行排序，并经过简单的格式设置后即可得到。

而单张订单销售 5～10 辆奥迪车的次数统计，可以使用数据透视表方便地得到。

方法与步骤

1．对“素材”表按产品号排序

（1）打开“订单.xlsx”文件，选中“素材”表“产品号”列下的任一单元。

（2）在图 2-2-3 中所示的“数据”选项卡的“排序和筛选”组中，单击“排序”按钮左侧的 $\frac{A}{Z}\downarrow$ 按钮。

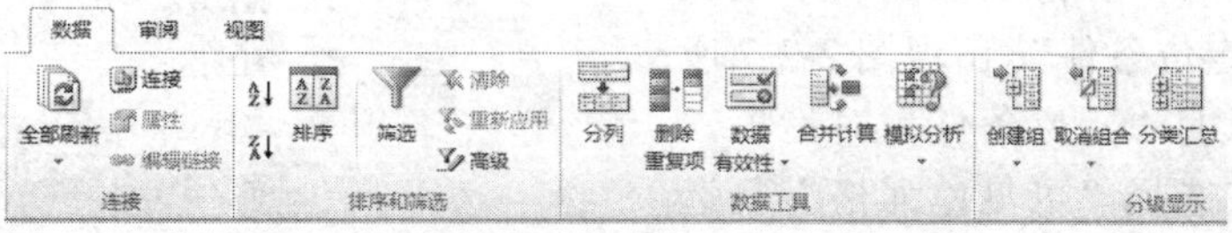

图 2-2-3　数据选项卡下的部分工具

2．分类汇总

（1）选择包含分类汇总的区域中的某个单元格。在图 2-2-3 中所示的“数据”选项卡的“分级显示”组中，单击“分类汇总”按钮，得到图 2-2-4 所示的分类汇总对话框。

（2）在图 2-2-4 中选择分类字段为“车名”，汇总方式为“求和”，选定汇总项为“总价”后单击“确定”按钮，得到数据分类汇总表。

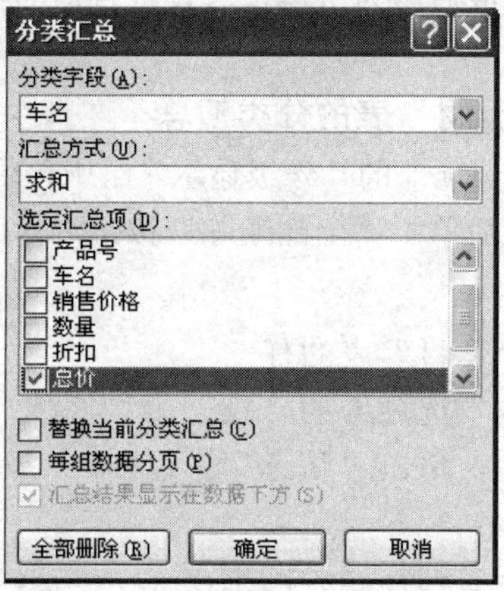

图 2-2-4　“分类汇总”对话框

3．复制数据分类汇总表的部分可见汇总数据

（1）单击数据分类汇总表左上角的分级显示符号 1 2 3 中的级数“2”，只显示汇总数据。

（2）在图中对总价字段按降序排序后，手工选择总价大于 2 亿的车名和总价数据，如图 2-2-5 所示。

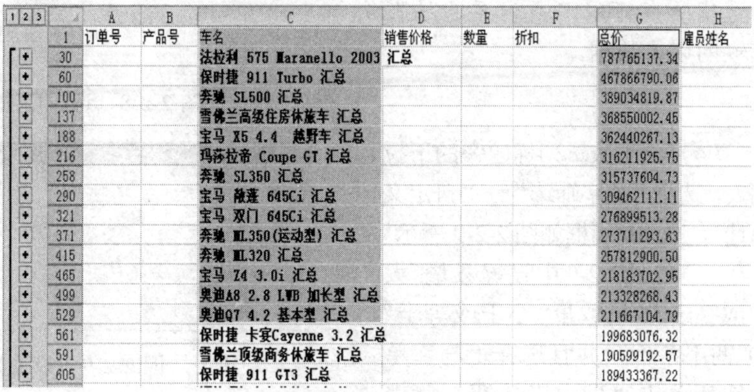

	A	B	C	D	E	F	G	H
1	订单号	产品号	车名	销售价格	数量	折扣	总价	雇员姓名
30			法拉利 575 Maranello 2003 汇总				787765137.34	
60			保时捷 911 Turbo 汇总				467866790.06	
100			奔驰 SL500 汇总				389034819.87	
137			雪佛兰高级住房休旅车 汇总				368550002.45	
188			宝马 X5 4.4 越野车 汇总				362440267.13	
216			玛莎拉帝 Coupe GT 汇总				316211925.75	
258			奔驰 SL350 汇总				315737604.73	
290			宝马 敞篷 645Ci 汇总				309462111.11	
321			宝马 双门 645Ci 汇总				276899513.28	
371			奔驰 ML350(运动型) 汇总				273711293.63	
415			奔驰 ML320 汇总				257812900.50	
465			宝马 Z4 3.0i 汇总				218183702.95	
499			奥迪A8 2.8 LWB 加长型 汇总				213328268.43	
529			奥迪Q7 4.2 基本型 汇总				211667104.79	
561			保时捷 卡宴Cayenne 3.2 汇总				199683076.32	
591			雪佛兰顶级商务休旅车 汇总				190599192.57	
605			保时捷 911 GT3 汇总				189433367.22	

图 2-2-5　分类汇总表

（3）在“开始”选项卡的“编辑”组中，如图 2-2-6 所示，单击“查找和选择”按钮，在弹出的列表中选择“定位条件”，出现图 2-2-7 所示的“定位条件”对话框，在选择“可见单元格”复选框后单击“确定”按钮，完成可见单元格的选取。

（4）将所选数据复制到“大于 2 亿”表的合适区域。

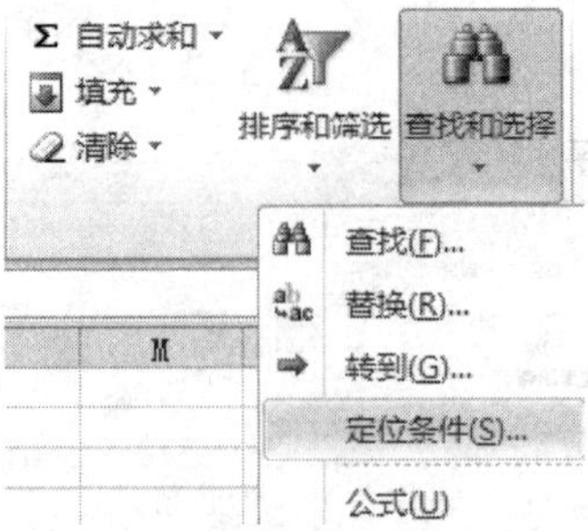

图 2-2-6　定位条件菜单

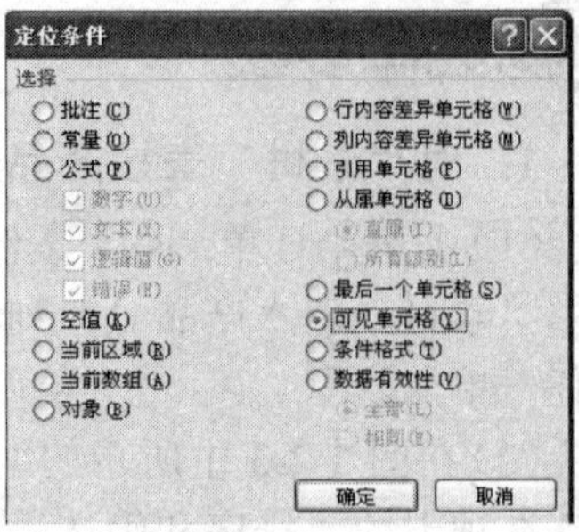

图 2-2-7　“定位条件”对话框

4．设置合适的格式

数据复制完成后，为所得报表设置合适的格式后，完成销售金额大于 2 亿的车辆一览表的制作。

5．取消“素材”表的分类汇总

在“数据”选项卡的“分级显示”组中，单击“分类汇总”按钮，得到图 2-2-4 所示的“分类汇总”对话框后单击“全部删除”按钮，即可取消已经设定的分类汇总。

6．筛选数据

（1）选择“素材”表的任一单元，在“数据”选项卡的“排序和筛选”组中，单击“筛选”按钮。

（2）单击车名列标题旁的下拉列表，如图 2-2-8 所示。

（3）如图所示选取所有的奥迪品牌车辆后单击“确定”按钮，筛选出所有订单中所有奥迪品牌车辆的订单数据。

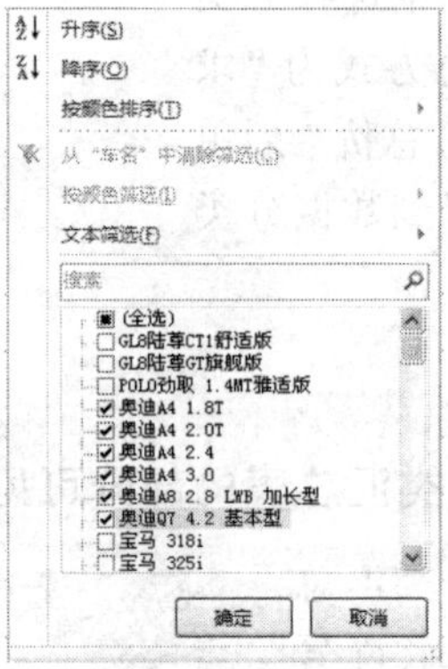

图 2-2-8　选取所有的奥迪品牌车辆

（4）单击数量列标题旁的下拉列表，选择“数字筛选”→“自定义筛选”，弹出对话框如图 2-2-9 所示。

（5)在图 2-2-9 中设置数量“大于或等于”5 及数量“小于或等于”10 两个条件，并且选择“与”单选钮后单击“确定”按钮，筛选出单张订单中销售数量满足要求的订单数据。

图 2-2-9　设置数量筛选条件

7．建立“过渡表”

插入一张新的工作表，并改名为“过渡”表。

8．将数据复制到“过渡表”

将“素材”表中所有筛选出来的数据，复制到“过渡”表中。

9．制作数据透视表

（1）选中“过渡”表数据区域的任一单元，在“插入”选项卡的“表”组中，单击“数据透视表”按钮，得到图2-2-10所示的“创建数据透视表”对话框。

（2）在“请选择要分析的数据”下采用默认的表/区域确定数据区域后（如果默认表/区域不合适，自行选定数据区域）。

（3）在“选择数据透视表的位置”下，选择“现有工作表”单选按钮。将光标放在“位置”后的文本框中，单击“计数统计”表标签。

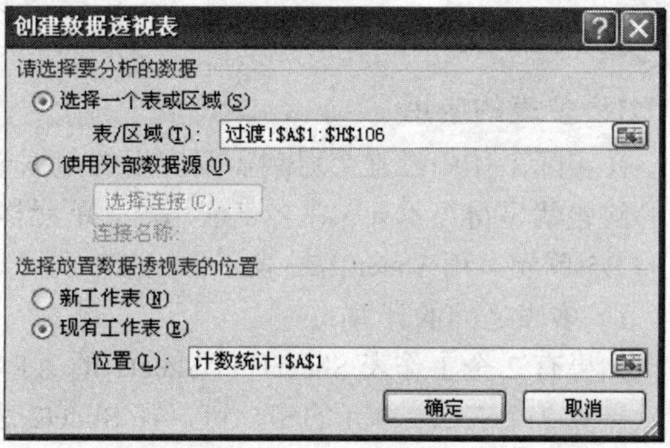

图2-2-10　“创建数据透视表”对话框

（4）选择A1单元后，单击“确定”按钮，得到图2-2-11所示的“数据透视表字段列表”任务窗格。

（5）在“选择要添加到报表的字段”列表框中，将“车名”字段拖动到行标签下，“雇员姓名”字段拖动到列标签下，将“数量”字段拖动到数值下，随着拖动操作的逐步进行，数据透视表也逐步成型。

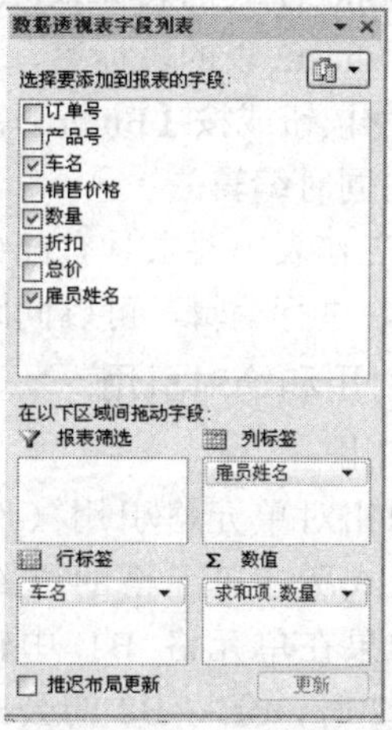

图2-2-11　“数据透视表字段列表”任务窗格

10．改变透视表的汇总方式为计数

选择数据透视表的任意单元，在功能区上方出现“数据透视表工具”选项卡，选择“按值汇总”菜单下的“计数”，将默认的按值汇总“求和”改变为“计数”，如图2-2-12所示。

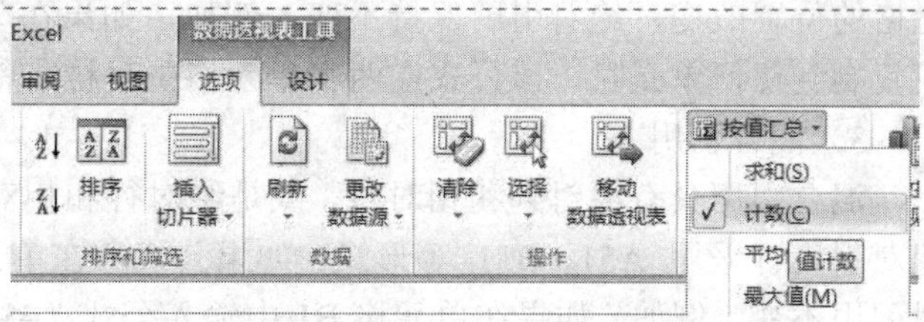

图2-2-12　设置汇总方式为“计数”

11．复制透视表

选中数据透视表的全部内容并复制，用选择性粘贴将“值”粘贴在原位置，完成计数统计表的初步制作。

12．设置计数统计表的标题和格式，完成计数统计表制作

略。

相关知识

1．多表的应用

在实际工作中经常会遇到需要应用的数据或表格，分布在多张工作表之间。因此，多表应用的问题就显得很重要。在多表应用时，单元格的引用用“表名！单元格名”表示。例如 Sheet2 表的 B5 单元，用 Sheet2!B5 表示。

1）多表之间的计算

如果有 2 个工作表 Sheet1 和 Sheet2 的 A1 单元分别有 2 个数据，现在要在 Sheet2 表的 B1 单元计算 2 个表 A1 单元的和，可以在 Sheet2 表的 B1 单元直接输入“=Sheet2!A1+Sheet2!A1”完成计算（或直接输入“=Sheet2!A1+ A1”）。也可按以下操作步骤进行输入：

（1）选中 Sheet2 表的 B1，输入“=”号。

（2）单击 Sheet1 表的表标签，之后选择 A1 单元。

（3）单击 Sheet2 表的表标签，之后选择 A1 单元。

（4）单击✔按钮或按【Enter】键完成公式设置。

2）多表的同时编辑

如果几个工作表中要求具有部分相同的内容和格式，可以同时选中这些表，然后在选中的任意一个表中，进行编辑，可以同时完成选中表格的编辑，大大提高工作的效率。

2．相对引用和绝对引用

1）相对引用

公式中的相对单元格引用（例如 A1）是基于包含公式和单元格引用的单元格的相对位置。如果公式所在单元格的位置改变，引用也随之改变。默认情况下，公式使用相对引用。例如，如果在单元格 B1 中输入公式“=A1”（引用公式单元左面一个单元格），当将公式复制到 B2 时，会将 B2 的公式自动从“=A1”调整到“=A2”，即始终引用公式所在单元格左边一个单元格。

2）绝对引用

单元格中的绝对单元格引用（例如 \$A\$1）总是在指定位置引用单元格。如果公式所在单元格的位置改变，绝对引用保持不变。例如，如果在单元格 B1 中输入公式“=\$A\$1”,当将公式复制到任何单元时，该公式在两个单元格中一样，都是“=\$A\$1”。

3）混合引用

混合引用具有绝对列和相对行，或是绝对行和相对列。绝对引用列采用\$A1、\$B1 等形式，绝对引用行采用 A\$1、B\$1 等形式。如果公式所在单元格的位置改变，则相对引用改变，而绝对引用不变。例如，如果在单元格 B1 中输入公式“=\$A1”，行相对列绝对混合引用，横向复制公式不会变化，竖向复制公式时，行号会发生变化。如 B1 复制到 B2 时，变为=\$A2。如果在单元格 B1 中输入公式“=A\$1”，行绝对列相对混合引用，竖向复制公式不会变化，横向复制

公式时，列标会发生变化，如 B1 复制到 C1 时，变为=B$1。

总之可以把$符看成是一把锁，放在列标前面，就把列标锁住，放在行号前面，就把行号锁住。

在 Excel 2010 中输入公式时，可使用【F4】键，对单元格的相对引用和绝对引用进行切换。例如，在公式中选择地址 $A$1 并按【F4】键，引用将变为 A$1。再一次按【F4】键，引用将变为 $A1，以此类推，如表 2-2-1 所示。

表 2-2-1　【F4】键的作用

= =$A$1*$A$2	= =A$1*$A$2	= =$A1*$A$2	= =A1*$A$2
按一次【F4】键	按二次【F4】键	按三次【F4】键	按四次【F4】键

3. 多表应用示例

工作簿文件“销售统计.xlsx”中含有各地区每个季度的销售数据，如图 2-2-13 所示。要求完成各表的计算并在“年度”表中，对各季度的数据进行汇总，最后套用合适的格式完成图 2-2-14 所示报表的制作。

年度销售统计需要汇总分散在 4 个季度报表的数据，涉及了多表的数据操作，计算“本类农产品占全部销售的比例”，需要在公式中使用绝对引用，然后进行公式复制。由于共有 5 个表，逐个设置公式和格式比较麻烦，可以采用多表同时编辑的方法简化操作，统一对 5 个表进行公式和格式设置。

	A	B	C	D	E	F
1	农产品销售统计					
2	一季度					
3	销售区域	奶制品	农产品	谷物	饮料	总销售额
4	北部	¥ 3,615	¥ 3,569	¥ 5,961	¥ 2,312	¥ 15,457
5	北部	¥ 3,464	¥ 1,946	¥ 4,866	¥ 1,538	¥ 11,814
6	中部	¥ 1,474	¥ 3,768	¥ 4,598	¥ 6,222	¥ 16,062
7	合计	¥ 8,553	¥ 9,283	¥ 15,425	¥ 10,072	¥ 43,332
8	本类农产品占全部销售的比例	19.74%	21.42%	35.60%	23.24%	

图 2-2-13　一季度销售数据

	A	B	C	D	E	F
1	农产品销售统计					
2	年度					
3	销售区域	奶制品	农产品	谷物	饮料	总销售额
4	北部	¥ 12,469	¥ 21,352	¥ 18,376	¥ 20,248	¥ 72,444
5	北部	¥ 24,454	¥ 12,629	¥ 13,708	¥ 11,342	¥ 62,132
6	中部	¥ 20,757	¥ 22,375	¥ 26,765	¥ 16,324	¥ 86,221
7	合计	¥ 57,680	¥ 56,356	¥ 58,848	¥ 47,914	¥ 220,798
8	本类农产品占全部销售的比例	26.12%	25.52%	26.65%	21.70%	

图 2-2-14　年度销售数据

具体操作步骤如下：

（1）打开“销售统计.xlsx”，选择“年度”表。

（2）计算汇总表的销售数据。

① 选择 B4 单元格，输入“=”后选择“1 季度”表，再选择 B4 单元格，输入“+”号。

② 选择“2 季度”表，再选择 B4 单元格，输入“+”号

③ 选择“3 季度”表，再选择 B4 单元格，输入“+”号

④ 选择“4 季度”表，再选择 B4 单元格，单击✔按钮完成公式如下公式的输入：

='1 季度'!B4+'2 季度'!B4+'3 季度'!B4+'4 季度'!B4

⑤ 在 B4:E6 区域利用填充柄复制该公式完成汇总汇总表的销售数据汇总计算

（3）计算所有表的总销售额、合计、本类农产品占全部销售的比例。

① 选中“1 季度”表的表标签，按住【Shift】键，再选中“年度”表的表标签，同时选中 5 个工作表。

② 计算总销售额：在任一表的 F4 单元中输入公式“=B4+C4+D4+E4”，并将公式复制到 F5:F6 区域。

③ 计算合计：在任一表的 B7 单元中输入公式“=B4+B5+B6”，并将公式复制到 C7:F7 区域。

④ 计算本类农产品占全部销售的比例：在任一表的 B8 单元中输入公式“=B7/$F$7”，并将公式复制到 C8:E8 区域。

（4）设置格式：

① 继续同时选中 5 个工作表。

② 设置合适的格式。

③ 保存完成的报表。

4．定位条件及应用

定位条件是选中单元格的一种方法，只不过它选中的这些单元格区域不集中，用传统的鼠标选择效率低、难度大，这些单元格虽然分散但本身具有共性或分散的有规律，这些共性或规律就是定位条件对话框下的选择条件。

在“开始”选项卡的“编辑”组中，单击“查找和选择”按钮，选择“定位条件”（也可按组合键【Ctrl+G】或功能键【F5】后选择“定位条件”），可以得到图 2-2-15 所示的“定位条件”对话框。对话框中列出了可用于快速定位的 15 种定位条件，使用这些条件可以快速定位位置相对无规则但条件有规则的单元格或区域。

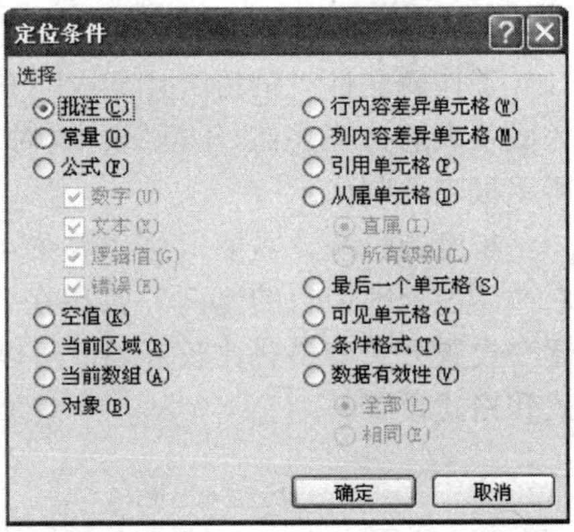

图 2-2-15 “定位条件”对话框

1）找出差异单元格

每种车辆都有一个销售底价，但由于各种原因，各销售人员的实际售价却高于或低于销售底价，为了便于分析，需将图 2-2-16 待分析数据中偏离销售底价的销售数据用底纹突出显示。

	A	B	C	D	E	F	G
1							
2	车名	销售底价	销售人员实际销售价分析				
3			刘鹏	尹歌	林彩瑜	潘杰	施德福
4	小飞龙 1032v3JA4-1	31,000	31,000	30,900	31,600	30,200	31,000
5	利亚纳两厢手动实用型	91,800	91,000	94,200	93,400	91,800	92,600
6	奥迪A4 3.0	805,900	805,900	805,900	805,900	805,100	805,900
7	索纳塔2.7GLS GOLD	233,000	232,900	232,500	233,100	232,700	233,300
8	君越 2.4豪华版	245,800	245,800	245,900	245,600	245,800	245,800
9	丰田大霸王2.4L	592,000	592,000	591,900	592,050	592,000	592,100
10	东风小王子(EQ7101BP)	70,600	70,600	70,650	70,750	70,600	70,600
11	奔驰 SL350	970,000	970,000	976,000	970,000	970,000	970,000

图 2-2-16 待分析数据

制作销售人员实际销售价分析的要点是快速地选取每行数据中与销售底价不等的单元格，利用定位条件可以方便地完成操作，具体步骤如下：

（1）打开“定位条件.xlsx”文件，选择“差异分析”表。

（2）选中 B2:G11 数据区域。

（3）在“开始”选项卡的“编辑”组中，单击“查找和选择”按钮，选择“定位条件”，得到图 2-2-15 所示的“定位条件”对话框。

（4）在对话框中选择“行内容差异单元格”复选框后单击“确定”按钮，会按要求选中所有需设定底纹的单元格。

（5）设置合适的底纹，保存文件，得到图 2-2-17 的“销售人员实际销售价分析”表。

车名	销售底价	销售人员实际销售价分析				
		刘鹏	尹歌	林彩瑜	潘杰	施德福
小飞龙 1032v3JA4-1	31,000	31,000	30,900	31,600	30,200	31,000
利亚纳两厢手动实用型	91,800	91,000	94,200	93,400	91,800	92,600
奥迪A4 3.0	805,900	805,900	805,900	805,900	805,100	805,900
索纳塔2.7GLS GOLD	233,000	232,900	232,500	233,100	232,700	233,300
君越 2.4豪华版	245,800	245,800	245,900	245,600	245,800	245,800
丰田大霸王2.4L	592,000	592,000	591,900	592,050	592,000	592,100
东风小王子(EQ7101BP)	70,600	70,600	70,650	70,750	70,600	70,600
奔驰 SL350	970,000	970,000	976,000	970,000	970,000	970,000

图 2-2-17 “销售人员实际销售价分析”表

2）复制可见单元格

图 2-2-18 中含有被隐藏的行和列，要求复制可见数据到表的其他区域。

	A	H
1	车名	销售价
2	宝马 325i	463962
3	宝马 四门330i	582703
4	宝马 双门330Ci	816111
23	宝马 Z4	816111
24	宝马 敞篷 645Ci	1528963
25	宝马 双门 645Ci	1401668
26	宝马 Z4 3.0i	658469

图 2-2-18 含有隐藏行、列的表

当工作表中的某些行或列被隐藏后，如果直接用普通的方法复制看到的内容，会将隐藏部分的数据也一起复制到目标区。例如，在图 2-2-18 中，可以看到 5～22 行被隐藏了，C～G 列也被隐藏了，如果直接选中 A1:H26 复制，在其他区域粘贴，被隐藏的行、列数据仍然会被复制进去。不使用定位条件，要复制这些数据，只能逐块选中这些数据，然后进行复制。当隐藏的行、列比较分散，数据又比较多时，将会非常麻烦。

使用定位条件中的“可见单元”条件，可以非常方便快捷地完成所要求的操作，具体操作步骤如下：

（1）打开“定位条件.xlsx”文件，选择“复制可见区”表。

（2）选中可见数据区域。

（3）在“开始”选项卡的“编辑”组中，单击“查找和选择”按钮，选择“定位条件”，得到图 2-2-15 所示的“定位条件”对话框。

（4）在对话框中选择“可见单元格”单选按钮后单击“确定”按钮。

（5）按常用的方法将数据复制到表的其他区域。

3）制作工资单

图 2-2-19 是一个工资的原始数据表，请在每个员工的数据前，加上一行工资单的表头，制作完成的工资单如图 2-2-20 所示。

	A	B	C	D	E	F	G	H	I	J	K
1	月份	职工姓名	基本工资	岗位工资	工龄工资	提成工资	考勤奖	应发合计	所得税	扣款合计	实发工资
2	3	张颖	1500	200	600	1021	950	4271	23	23	4248
3	3	王伟	5000	1000	800	933	1100	8833	512	512	8322
4	3	李芳	1500	200	600	831	850	3981	14	14	3966
5	3	郑建杰	1500	200	600	2684	1050	6034	148	148	5886
6	3	赵军	4000	800	600	426	1000	6826	228	228	6599
7	3	孙林	1500	200	600	942	1100	4342	25	25	4317
8	3	金士鹏	1500	200	500	435	1000	3635	4	4	3631
9	3	刘英玫	1500	100	500	545	1100	3745	7	7	3738
10	3	张雪眉	1500	200	600	393	1100	3793	9	9	3784

图 2-2-19　工资的原始数据

	A	B	C	D	E	F	G	H	I	J	K
1	月份	职工姓名	基本工资	岗位工资	工龄工资	提成工资	考勤奖	应发合计	所得税	扣款合计	实发工资
2	3	张颖	1500	200	600	1021	950	4271	23	23	4248
3	月份	职工姓名	基本工资	岗位工资	工龄工资	提成工资	考勤奖	应发合计	所得税	扣款合计	实发工资
4	3	王伟	5000	1000	800	933	1100	8833	512	512	8322
5	月份	职工姓名	基本工资	岗位工资	工龄工资	提成工资	考勤奖	应发合计	所得税	扣款合计	实发工资
6	3	李芳	1500	200	600	831	850	3981	14	14	3966
7	月份	职工姓名	基本工资	岗位工资	工龄工资	提成工资	考勤奖	应发合计	所得税	扣款合计	实发工资
8	3	郑建杰	1500	200	600	2684	1050	6034	148	148	5886
9	月份	职工姓名	基本工资	岗位工资	工龄工资	提成工资	考勤奖	应发合计	所得税	扣款合计	实发工资
10	3	赵军	4000	800	600	426	1000	6826	228	228	6599
11	月份	职工姓名	基本工资	岗位工资	工龄工资	提成工资	考勤奖	应发合计	所得税	扣款合计	实发工资
12	3	孙林	1500	200	600	942	1100	4342	25	25	4317
13	月份	职工姓名	基本工资	岗位工资	工龄工资	提成工资	考勤奖	应发合计	所得税	扣款合计	实发工资
14	3	金士鹏	1500	200	500	435	1000	3635	4	4	3631
15	月份	职工姓名	基本工资	岗位工资	工龄工资	提成工资	考勤奖	应发合计	所得税	扣款合计	实发工资
16	3	刘英玫	1500	100	500	545	1100	3745	7	7	3738
17	月份	职工姓名	基本工资	岗位工资	工龄工资	提成工资	考勤奖	应发合计	所得税	扣款合计	实发工资
18	3	张雪眉	1500	200	600	393	1100	3793	9	9	3784

图 2-2-20　每行数据有表头的工资单

制作工资单的关键是在每行数据间复制一行标题，如果逐行复制，工作量非常大。可以在表中先添加 1 列辅助数据，再利用定位条件中“空值”和“常量”条件分 2 次插入空行，最后再次使用“空值”条件，选中所有的空行，将表头全部复制到表中。具体操作步骤如下：

（1）打开“定位条件.xlsx”文件，选择“工资单”表。

（2）添加辅助列数据。选中 L3 单元格输入 1，选中 L3:L4 利用填充柄向下复制，完成后如图 2-2-21 所示。

（3）插入空行：

① 在“开始”选项卡 的“编辑”组中，单击“查找和选择”按钮，选择“定位条件”，得到图 2-2-15 所示的“定位条件”对话框。

② 在对话框中选择“空值”后单击“确定”按钮，效果如图 2-2-22 所示。

J	K	L
扣款合计	实发工资	
23	4248	
512	8322	1.00
14	3966	
148	5886	2.00
228	6599	
25	4317	3.00
4	3631	
7	3738	4.00
9	3784	

图 2-2-21　添加辅助数据

J	K	L
扣款合计	实发工资	
23	4248	
512	8322	1.00
14	3966	
148	5886	2.00
228	6599	
25	4317	3.00
4	3631	
7	3738	4.00
9	3784	

图 2-2-22　选中空单元

③ 单击“单元格”组中的“插入”按钮，选择“插入单元格”后再选择“整行”。

④ 选中 L3:L14 区域。

⑤ 单击“查找和选择”按钮，选择“定位条件”，得到图 2-2-15 所示的“定位条件”对话框。

⑥ 在对话框中选择“常量”单选按钮后单击“确定”按钮。

⑦ 单击“单元格”组中的“插入”按钮，选择“插入单元格”，再选择“整行”。

（4）格式化表头：为表头设置合适的底纹。

（5）复制表头。

（6）定位所有空行：

① 选中表中所有数据，在“开始”选项卡的“编辑”组中，单击“查找和选择”按钮，选择“定位条件”，得到图 2-2-15 所示的“定位条件”对话框。

② 在对话框中选择“空值”后单击“确定”按钮，效果如图 2-2-23 所示。

	A	B	C	D	E	F	G	H	I	J	K
1	月份	职工姓名	基本工资	岗位工资	工龄工资	提成工资	考勤奖	应发合计	所得税	扣款合计	实发工资
2	3	张颖	1500	200	600	1021	950	4271	23	23	4248
3											
4	3	王伟	5000	1000	800	933	1100	8833	512	512	8322
5											
6	3	李芳	1500	200	600	831	850	3981	14	14	3966
7											
8	3	郑建杰	1500	200	600	2684	1050	6034	148	148	5886
9											
10	3	赵军	4000	800	600	426	1000	6826	228	228	6599
11											
12	3	孙林	1500	200	600	942	1100	4342	25	25	4317
13											
14	3	金士鹏	1500	200	500	435	1000	3635	4	4	3631
15											
16	3	刘英玫	1500	100	500	545	1100	3745	7	7	3738
17											
18	3	张雪眉	1500	200	600	393	1100	3793	9	9	3784

图 2-2-23　插入空行并选中

（7）按【Ctrl+V】组合键，在所有的空行粘贴表头。

（8）删除辅助列数据，完成工资单制作。

5．数据排序

可以对一列或多列中的数据按文本、数字及日期和时间的升序或降序进行排序。还可以按自定义序列（如大、中、小）或格式（包括单元格颜色、字体颜色或图标集）进行排序。大多数排序操作都是列排序，但是，也可以按行进行排序。

1）按单个列进行排序

选择要排序的某个单元，在“数据”选项卡的“排序和筛选”组中，若要按字母数字的升序排序，单击“升序”按钮。若要按字母数字的降序排序，单击“降序”按钮。

2）按多个列进行排序

选择要排序区域中的某个单元或该区域，在“数据”选项卡的“排序和筛选”组中，单击“排序”按钮，得到图 2-2-24 所示的“排序”对话框。

添加条件：在图 2-2-24 所示的对话框中通过单击“添加条件”按钮，可以设置排序的主要关键字、排序依据、排序次序。一共可以设置 64 行条件，即可以对 64 列按条件的排列先后次序进行排序 。

① 主要关键字设置：

• 如果选择了“数据包含标题”选项，主要关键字可设置为列标题或行标题内容。

• 如果未选择“数据包含标题”选项，主要关键字可设置为列名或行号。

② 排序依据和次序的设置：排序依据共有 4 种，分别是，数值、单元格、字体颜色、单元格。当选择按数值设置时，可以以升序、降序、自定义 3 种方式选择排序方式。

3）按格式进行排序

当需要按单元格颜色、字体颜色、单元格进行排序时，可以在图 2-2-24 中设置需要排序的主要关键字，并在排序依据中选择单元格颜色、字体颜色、单元格图标之一，并选择将选中的颜色或图标排在顶端或底端。按格式排序没有默认的单元格颜色、字体颜色或图标排序次序。必须为每个排序操作定义需要的顺序。若要指定要作为排序依据的下一个单元格颜色、字体颜色或图标，需要重复设置条件。

4）排序选项设置

当在图 2-2-24 中单击“选项”按钮后，可以得到图 2-2-25 所示的“排序选项”对话框，在对话框中，可以选择排序时是否区分大小写，按列或行、字母或笔画进行排序。

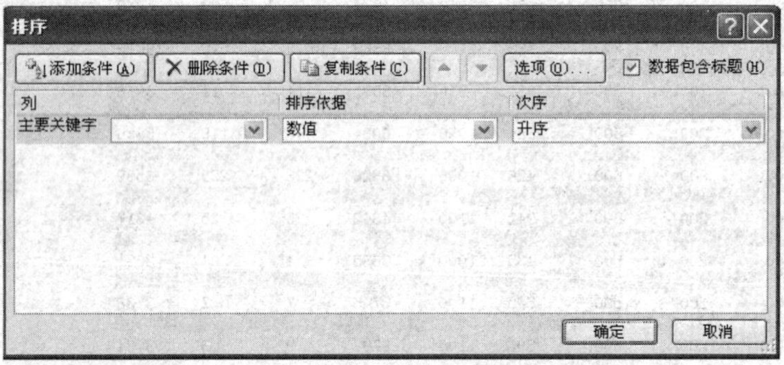

图 2-2-24 “排序”对话框

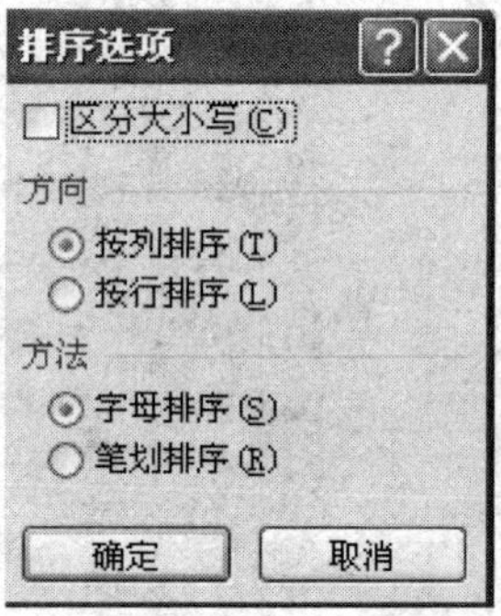

图 2-2-25 “排序选项”对话框

5）按单元格颜色排序的应用

图 2-2-26 所示的工作表中，公司名称列设有 5 种不同的底纹颜色，每种颜色表示一个城市，要求根据底纹颜色将相同的城市排列在一起，如图 2-2-27 所示。具体操作步骤如下：

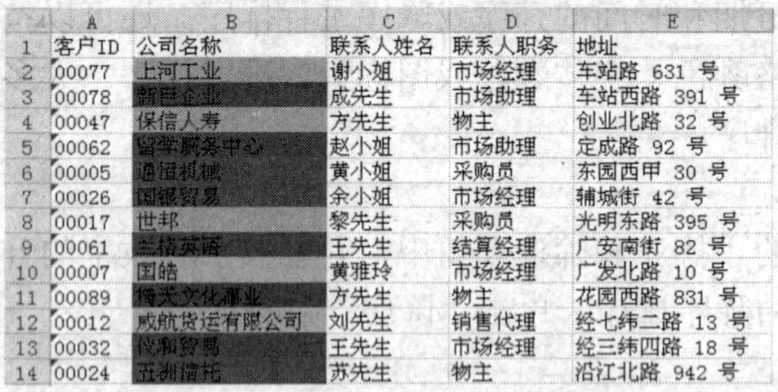

	A	B	C	D	E
1	客户ID	公司名称	联系人姓名	联系人职务	地址
2	00077	上河工业	谢小姐	市场经理	车站路 631 号
3	00078	新巨企业	成先生	市场助理	车站西路 391 号
4	00047	保信人寿	方先生	物主	创业北路 32 号
5	00062	留学服务中心	赵小姐	市场助理	定成路 92 号
6	00005	通恒机械	黄小姐	采购员	东园西甲 30 号
7	00026	国银贸易	余小姐	市场经理	辅城街 42 号
8	00017	世邦	黎先生	采购员	光明东路 395 号
9	00061	兰格英语	王先生	结算经理	广安南街 82 号
10	00007	国皓	黄雅玲	市场经理	广发北路 10 号
11	00089	椅天文化事业	方先生	物主	花园西路 831 号
12	00012	威航货运有限公司	刘先生	销售代理	经七纬二路 13 号
13	00032	议和贸易	王先生	市场经理	经三纬四路 18 号
14	00024	五洲信托	苏先生	物主	沿江北路 942 号

图 2-2-26 按颜色标识城市的表

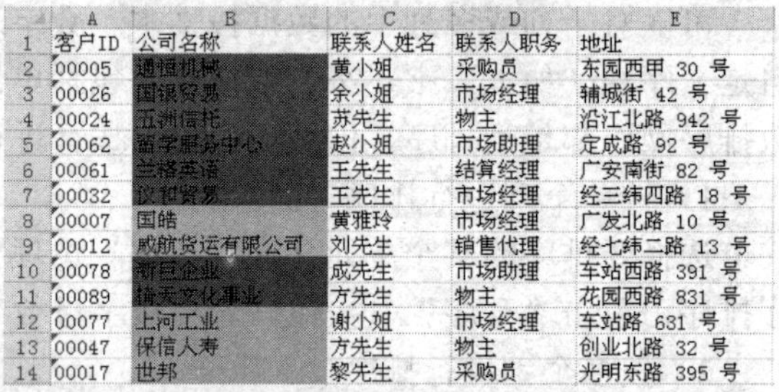

	A	B	C	D	E
1	客户ID	公司名称	联系人姓名	联系人职务	地址
2	00005	通恒机械	黄小姐	采购员	东园西甲 30 号
3	00026	国银贸易	余小姐	市场经理	辅城街 42 号
4	00024	五洲信托	苏先生	物主	沿江北路 942 号
5	00062	留学服务中心	赵小姐	市场助理	定成路 92 号
6	00061	兰格英语	王先生	结算经理	广安南街 82 号
7	00032	议和贸易	王先生	市场经理	经三纬四路 18 号
8	00007	国皓	黄雅玲	市场经理	广发北路 10 号
9	00012	威航货运有限公司	刘先生	销售代理	经七纬二路 13 号
10	00078	新巨企业	成先生	市场助理	车站西路 391 号
11	00089	椅天文化事业	方先生	物主	花园西路 831 号
12	00077	上河工业	谢小姐	市场经理	车站路 631 号
13	00047	保信人寿	方先生	物主	创业北路 32 号
14	00017	世邦	黎先生	采购员	光明东路 395 号

图 2-2-27 经排序后按颜色标识城市的表

（1）打开“数据分析.xlsx”文件，选中“颜色排序”表的任意包含数据的单元。

（2）在“数据”选项卡的“排序和筛选”组中，单击“排序”按钮，得到图 2-2-24 所示的排序对话框。

（3）在对话框中按图 2-2-28 进行设置后单击“确定”按钮，完成排序，效果如图 2-2-27 所示。

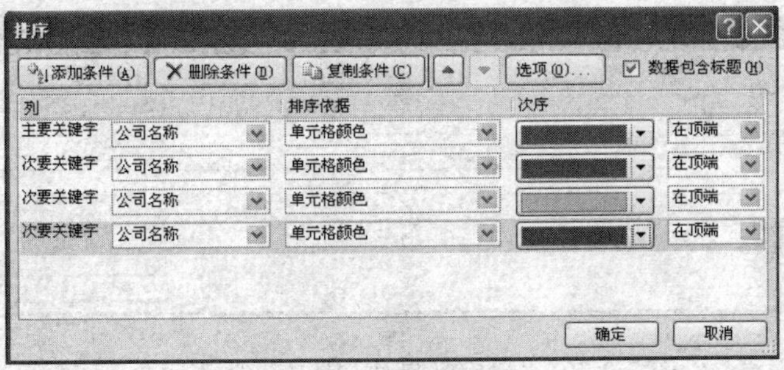

图 2-2-28　设置按颜色排序条件

6. 数据筛选

通过筛选工作表中的信息，可以快速查找数值。可以筛选一个或多个数据列。不但可以利用筛选功能控制要显示的内容，而且还能控制要排除的内容。既可以基于从列表中做出的选择进行筛选，也可以创建仅用来限定要显示的数据的特定筛选器。可以按数字值或文本值筛选，或按单元格颜色筛选那些设置了背景色或文本颜色的单元格。

选中某个表中需要筛选数据区域中的任意单元，在“数据”选项卡的“排序和筛选”组中，单击“筛选”按钮，Excel 2010 在该区域第一行每列单元的右面自动添加一个筛选钮，单击某列的，显示图 2-2-29 所示的筛选器选择列表，根据列中的数据类型，Excel 2010 会在列表中显示“数字筛选”或“文本筛选”。

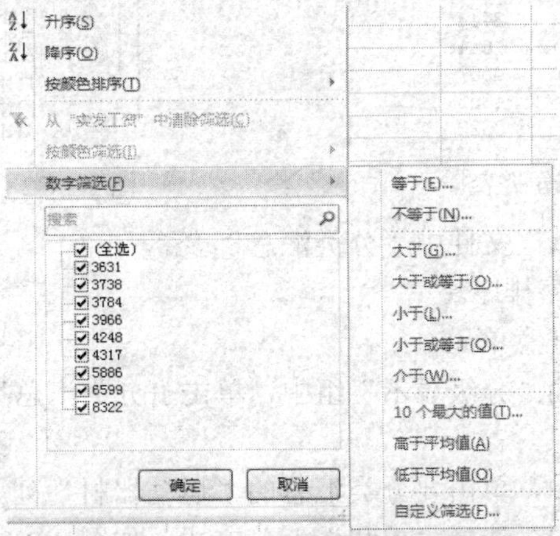

图 2-2-29　筛选器选择列表

在列表中可以进行如下的某种操作：

（1）通过选择值或搜索进行筛选。使用“搜索”框输入要搜索的文本或数字。若要在列中搜索文本，可在“搜索”框中输入文本或数字。输入时可以使用通配符，例如星号（*）或问号（?）。按【Enter】，查看筛选结果。

（2）从列表中选择值。若要按列表中的值进行选择，先清除“(全选)”复选框，然后，仅选中希望显示的值，单击“确定”按钮来查看筛选结果。

（3）“数字筛选”或“文本筛选”查找满足特定条件的值。在此操作时，除了选择提供的“大于”、“小于”等条件外，还可以选择自定义筛选，在得到的图 2-2-30 所示的“自定义自动筛选方式”对话框中定义筛选条件。

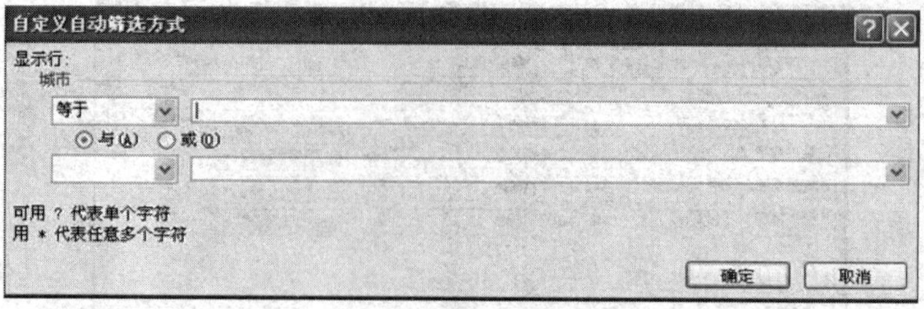

图 2-2-30 “自定义自动筛选方式”对话框

7. 分类汇总

通过使用分类汇总可以自动计算列的分类汇总和总计。如果需要，在分类汇总时可以选择计数、平均值、最大值、最小值等汇总方式。

分类汇总后可分级显示列表，以便显示和隐藏每个分类汇总的明细行。

分类汇总的列必须经过排序，否则汇总结果会不符合要求。

例如有图 2-2-31 所示的原始数据，要制作图 2-2-32 所示的分类汇总表，具体步骤如下：

	A	B
1	**运动器材**	**销售汇总**
2	高尔夫	3567
3	高尔夫	2312
4	高尔夫	2321
5	高尔夫	1222
6	户外	2323
7	户外	3444
8	户外	644
9	户外	4567
10	网球	4355
11	网球	3322

图 2-2-31 待分类表

	A	B
1	运动器材	销售汇总
2	高尔夫	3567
3	高尔夫	2312
4	高尔夫	2321
5	高尔夫	1222
6	**高尔夫 汇总**	9422
7	户外	2323
8	户外	3444
9	户外	644
10	户外	4567
11	**户外 汇总**	10978
14	**网球 汇总**	7677
15	**总计**	28077

图 2-2-32 分类汇总表

（1）选中“数据分析.xlsx”文件中“分类汇总”表。

（2）选中 A 列数据按升序排序。

（3）选中数据区域中的任意单元。

（4）在“数据”选项卡的“分级显示”组中，单击“分类汇总”按钮，得到图 2-2-33 所示的“分类汇总”对话框。

（5）在“分类字段”框中，单击要分类汇总的“运动器材”列。

（6）在“汇总方式”框中，选择“求和”汇总方式，如图 2-2-34 所示。

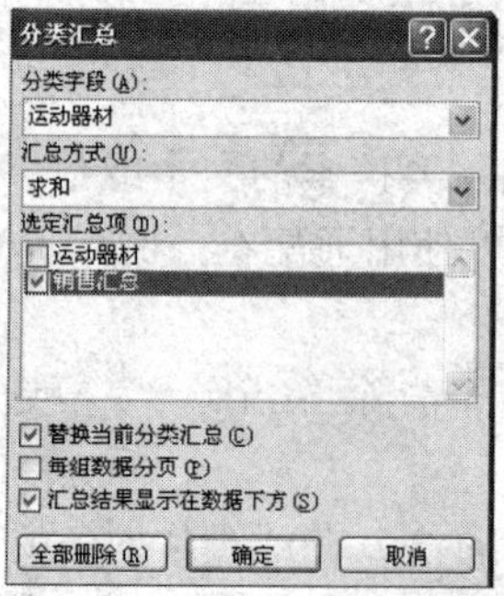

图 2-2-33 “分类汇总”对话框

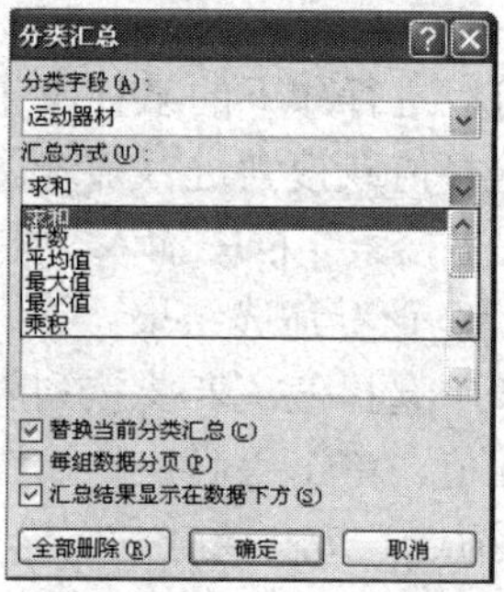

图 2-2-34 选择汇总方式

（7）在“选定汇总项”框中，选中“销售汇总”复选框。

（8）单击“确定”按钮完成分类汇总，单击行编号旁边的分级显示符号 1 2 3。使用 + 和 - 符号来显示或隐藏各个分类汇总的明细数据行。

注 意

- 如果要按每个分类汇总自动分页，选中“每组数据分页”复选框。
- 如果要指定汇总行位于明细行的上面，清除“汇总结果显示在数据下方”复选框。
- 当再次使用“分类汇总”命令添加多个嵌套的分类汇总。需清除“替换当前分类汇总”复选框，避免覆盖现有分类汇总。
- 如果要删除分类汇总，只需在图 2-2-33 中，单击“全部删除”按钮。
- 如果不希望分级显示，只需在“数据”选项卡的“分级显示”组中，选择“取消组合”→“清除分级显示”。

8. 数据透视表

数据透视表可以汇总、分析、浏览和提供工作表数据，它非常有用，可用于从不同的角度查看数据，并且对相似数据的数字进行比较。在需要分析相关汇总时，尤其是有一长列数字需要求和时，通常会用到数据透视表。

使用工作表数据创建数据透视表的具体步骤如下：

（1）单击包含该数据的单元格区域内的一个单元格。

（2）在“插入”选项卡的“表”组中，单击“数据透视表”按钮，或者单击“数据透视表”下方的箭头，再单击“数据透视表”。得到图 2-2-35 所示的“创建数据透视表”对话框。

（3）在“请选择要分析的数据”下，确保已选中“选择一个表或区域”单选按钮，然后在“表/区域”框中验证要用作基础数据的单元格区域。

（4）在“选择放置数据透视表的位置”下，可选择“新建工作表”单选按钮，也可选择“现有工作表”单选按钮，并在“位置”框中指定放置数据透视表的单元格区域的第一个单元格。

（5）单击“确定”按钮，会如图 2-2-36 所示将空的数据透视表添加至指定位置并显示数据透视表字段列表。

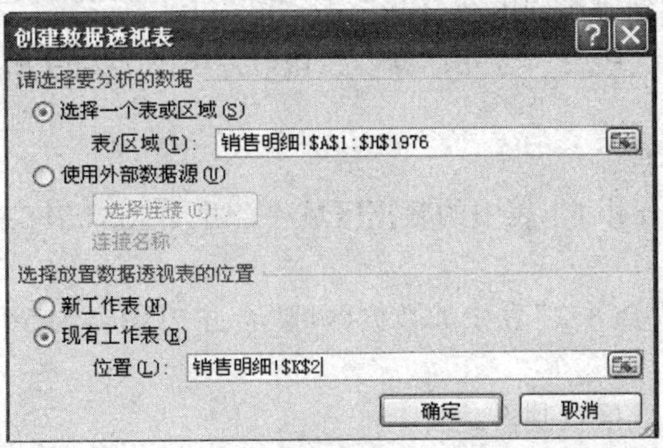

图 2-2-35 “创建数据透视表”对话框

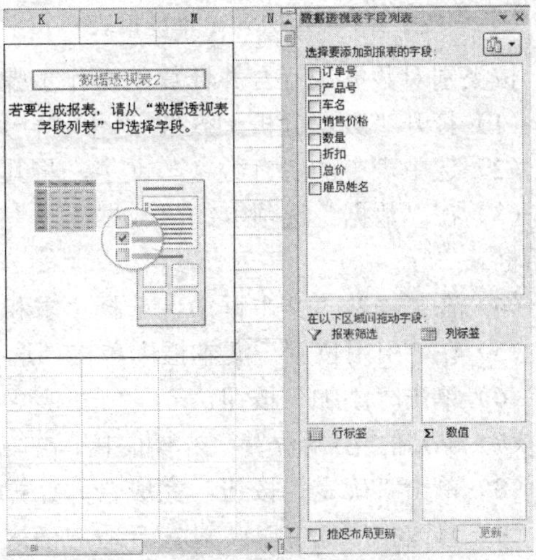

图 2-2-36 数据透视表字段列表

（6）向报表中添加字段。在图 2-3-36 中直接将字段拖放到所需的区域，或右击相应的字段名称，然后选择“添加到报表筛选”“添加到列标签”“添加到行标签”或“添加到值”。当字段的添加完毕，数据透视表也随之形成。如果对形成的透视表不满意，可以随意调整字段。

（7）对透视表的修改。在数据透视表中的任意位置单击后将会出现的“数据透视表工具”的“选项”和“设计”选项卡。通过对其中相关选项的设置，可以修改值汇总方式、汇总行是否显示等内容。

使用透视表的行标签或列表签旁的筛选下拉箭头，可以对透视表的显示内容进行筛选。

拓展与提高

1. 合并计算功能

Excel 2010 的合并计算功能，可将多个工作表的数据汇总到一张工作表中。

可以使用两种主要方法对数据进行合并计算：

- 按位置进行合并计算：当多个源区域中的数据是按照相同的顺序排列并使用相同的行和列标签时，可用此方法。
- 按类别进行合并计算：当多个源区域中的数据以不同的方式排列，但却使用相同的行和列标签时，可用此方法。

1）按位置对数据进行合并计算

图 2-2-37 和 2-2-38 所示为某公司两个季度的销售数据，现要使用它们制作半年度销售报表。仔细观察这两个报表，可以看出两个报表有着相同的顺序排列并使用相同的行和列标签，因此可以使用按位置对数据进行合并计算来方便的完成任务。

	A	B	C	D	E	F
1	海华公司销售汇总报表					
2	2012年1季度					单位:万元
3	地区	奶制品	农产品	谷物	饮料	本月总销售
4	北京	2850.79	4388.27	7331.16	1946.11	16516.33
5	上海	2697.49	3916.36	2953.55	4866.04	14433.44
6	天津	2544.18	4534.14	900.69	1473.54	9452.55
7	重庆	7802.98	5151.91	9067.41	3767.69	25789.99
8	广州	3100.97	5769.69	7238.92	4598.33	20707.91
9	合计	35549.86	42284.16	45127.18	41659.19	164620.4

图 2-2-37　某公司 1 季度报表

	A	B	C	D	E	F
1	海华公司销售汇总报表					
2	2012年2季度					单位:万元
3	地区	奶制品	农产品	谷物	饮料	本月总销售
4	北京	5118.8	8731.69	4730.9	1910.47	20491.86
5	上海	4654.82	3671.46	5629	3390.56	17345.84
6	天津	4226.23	3212.68	3495.61	3719.85	14654.37
7	重庆	6544.56	4541.9	4139.96	5133.25	20359.67
8	广州	7379.61	3635.94	4396.31	3639.63	19051.49
9	合计	49457.19	47588.98	47342.43	37084.33	181472.9

图 2-2-38　某公司 2 季度报表

按类别对数据进行合并计算的操作步骤如下：

（1）打开“数据分析.xlsx”，选中“合并 1”表。

（2）选中表中的所有数字与文字，将其复制到“相同内容合并”表，单击 B4 单元格。

（3）在“数据”选项卡的“数据工具”组中，单击“合并计算”按钮，弹出图 2-2-39 所示对话框。

（4）在“函数“文本框中，选择“求和”函数。

（5）在“引用位置”文本框中单击，选择“合并 1”表中的数据区域“合并 1!$B$4:$F$9”。

（6）单击“添加”按钮。

（7）再次在“引用位置”文本框中单击，选择“合并 2”表中的数据区域“合并 2!$B$4:$F$9”。

（8）单击“确定”按钮，完成合并计算。

（9）修改相应的文字，设置合适的格式，完成报表制作。

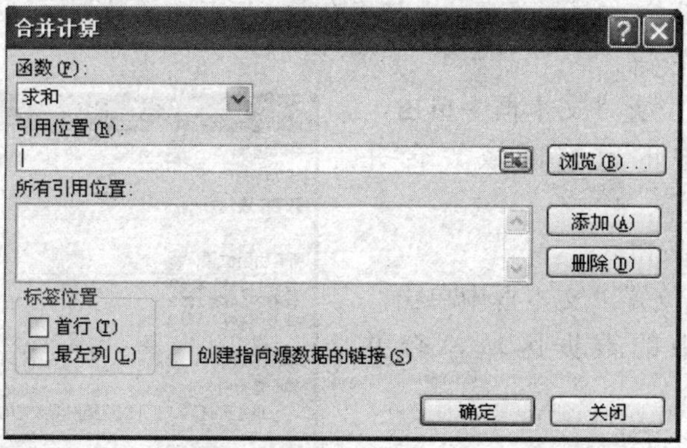

图 2-2-39 “合并计算”对话框

2）按类别进行合并计算

在图 2-2-39 和图 2-2-40 的基础上，再加上一个图 2-2-41 所示的表，要求将 3 个表进行合并，制作销售报表。由于 3 个表中第 1 列中的地区数据并不相同，但却使用相同的行和列标签，因此可以使用按类别对数据进行合并计算来方便地完成任务。完成的报表如图 2-2-42 所示。

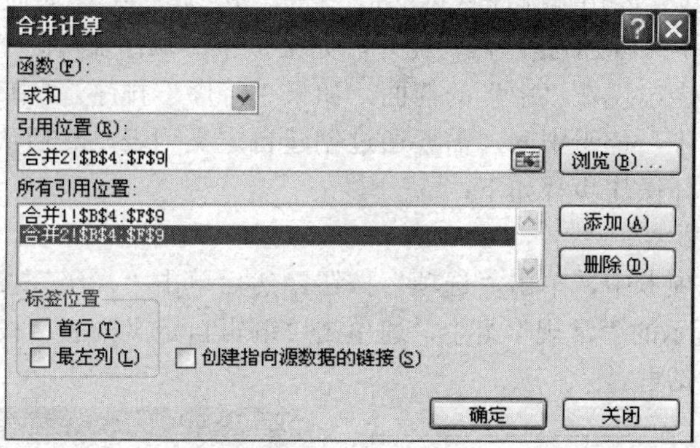

图 2-2-40 添加合并数据区域 1

（1）打开“数据分析.xlsx”，选中“合并 1”表。

（2）选中表中的第 1～2 行，将其复制到“不同内容合并”表，单击 A3 单元格。

（3）在“数据”选项卡的“数据工具”组中，单击“合并计算”按钮，得到图 2-2-39 所示对话框。

（4）在“函数“文本框中，选择“求和”函数。

	A	B	C	D	E	F
1	海华公司销售汇总报表					
2	2012年3季度					单位:万元
3	地区	奶制品	农产品	谷物	饮料	本月总销售
4	北京	2850.79	4388.27	7331.16	1946.11	16516.33
5	上海	2697.49	3916.36	2953.55	4866.04	14433.44
6	重庆	7802.98	5151.91	9067.41	3767.69	25789.99
7	大连	3004.09	1336.21	2987.79	3463.99	10792.08
8	合计	35549.86	42284.16	45127.18	41659.19	164620.4

图 2-2-41 某公司 3 季度报表

	A	B	C	D	E	F
1	海华公司销售汇总报表					
2	2012年3季度					单位:万元
3		奶制品	农产品	谷物	饮料	本月总销售额
4	北京	10820	17508.23	19393.22	5802.69	53524.52
5	上海	10050	11504.18	11536.1	13122.64	46212.72
6	天津	6770	7746.82	4396.3	5193.39	24106.92
7	重庆	22151	14845.72	22274.78	12668.63	71939.65
8	广州	10481	9405.63	11635.23	8237.96	39759.4
9	大连	3004	1336.21	2987.79	3463.99	10792.08
10	合计	1E+05	132157.3	137596.8	120402.7	510713.71

图 2-2-42 按类别进行合并计算的销售报表

（5）在“引用位置”文本框中单击，选择“合并 1”表中的数据区域“合并 1!$A$3:$F$9”。

（6）单击“添加”按钮。

（7）再次在“引用位置“文本框中单击，选择“合并 2”表中的数据区域“合并 2!$A$3:$F$9”。

（8）单击“确定”按钮。

（9）再次在“引用位置“文本框中单击，选择“合并 3”表中的数据区域“合并 3!$A$3:$F$8”。

（10）单击“确定”按钮。

（11）选择“标签位置”下的“首行”和“最左列”复选框，如图 2-2-43 所示。

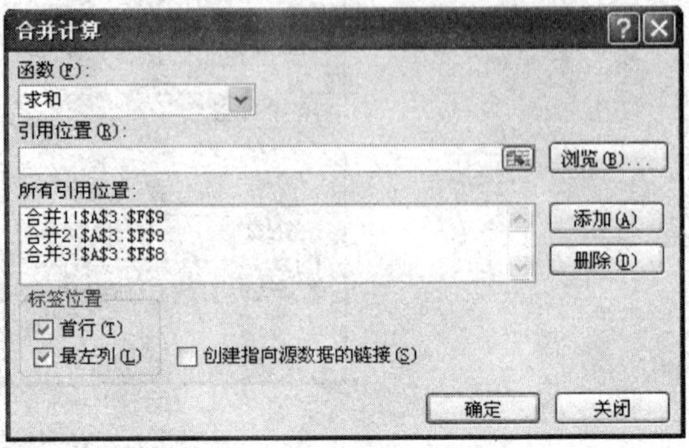

图 2-2-43　添加合并数据区域 2

（12）单击“确定”按钮，完成合并计算。

（13）修改相应的文字，设置合适的格式，完成报表制作。

2. 按自定义列表进行排序

可以使用自定义列表按用户定义的顺序进行排序。例如，在“数据分析.xlsx”中的“自定义排序”表总的区间列包含要用作排序依据的值“高”“中”和“低”。如何排序才能使包含“高”的行先显示，然后是“中”，最后是“低”呢？。如果按字母顺序排序，“升序”排序会将“低”放在最前面，但“高”会出现在“中”的前面。如果“降序”排序，“中”会最先出现，“高”在中间。如果只希望“中”位于中间，需要通过创建自定义列表，然后依据自定义列表进行排序来解决这一问题。具体操作步骤如下：

1）创建自定义列表

（1）在“文件”选项卡中，单击“选项”按钮，然后单击“高级”按钮。

（2）在图 2-2-44 所示的“常规”组中，速单击“编辑自定义列表”按钮，得到图 2-2-45 所示的“自定义序列”对话框。

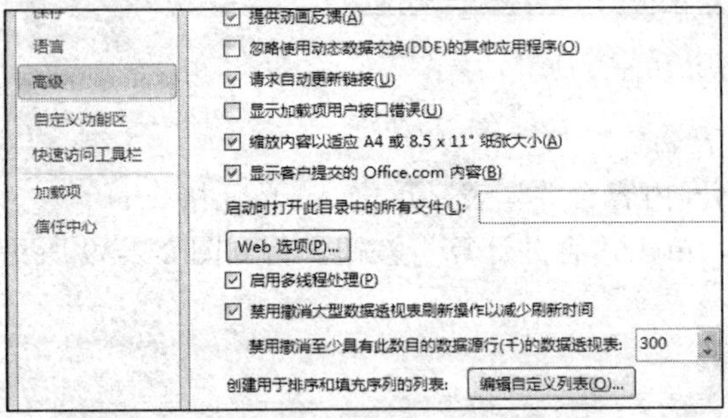

图 2-2-44　常规组中的“编辑自定义列表”

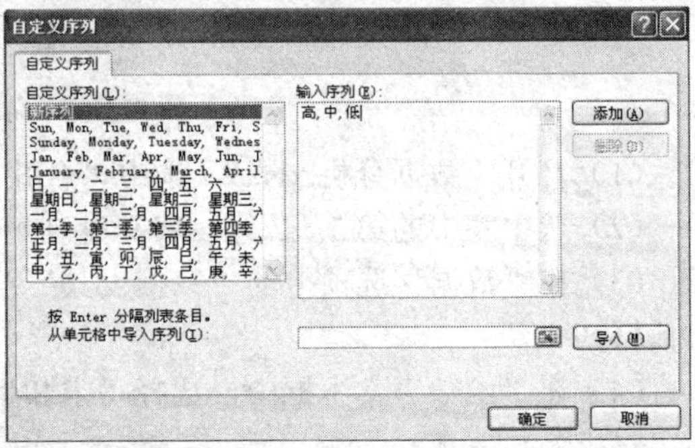

图 2-2-45　“自定义序列”对话框

（3）在“自定义序列”对话框的“输入序列”文本框中，输入“高,中,低,”（逗号必须是英文符号）。

（4）单击“添加”按钮，然后单击“确定”按钮，完成自定义序列的创建。

除了上述方法之外，也可以先在某个表的 3 个单元分别输入“高”“中”和“低”，然后在图 2-2-45 中导入这个序列。这一方法对于要创建较长列表时更为有效。

2）使用自定义列表排序

（1）选择“数据分析.xlsx”中的“自定义排序”表。

（2）在“数据”选项卡中的“排序和筛选”组中，单击“排序”按钮。

（3）在“排序”对话框中选择主关键字为“区间”，排序依据为“数值”，排序次序为“自定义序列”。

（4）在“自定义序列”对话框中选择新添加的自定义序列，单击“确定”按钮，如图 2-2-46 所示。

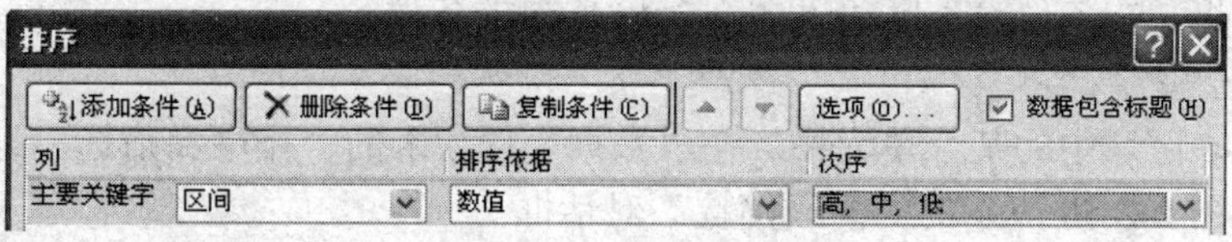

图 2-2-46　设置自定义序列

（5）在图 2-2-46 中单击“确定”按钮，完成排序操作。

3．高级筛选

Excel 2010 中提供了强大的筛选功能，其中“自动筛选”用于条件简单的筛选操作，且符合条件的记录只能显示的在原有的数据表格中，不符合条件的记录将自动隐藏。若要筛选单元格中含有指定关键字的记录，被筛选的多个条件间是“或”的关系，需要将筛选的结果在新的位置显示出来（便于两个表的数据比对）、筛选不重复记录等，“自动筛选”就显得有些无能为力了。应用“高级筛选”功能，可以轻松应对上述要求，熟练使用“高级筛选”功能，能满足许多日常办公所需，从而大大提高工作效率。

使用“高级筛选”，需要设置条件区域。在此区域中列之间是“与”的关系，行之间的关系是“或”的关系，图 2-2-47 中左面的条件表示“与”的关系，右面的条件表示“或”的关系。

方案1用时(分)	方案2用时(分)	方案3用时(分)
<60	>=60	>=60

方案1用时(分)
<60
>=60
>=60

图 2-2-47　关系的表达

高级筛选中，以下通配符可作为筛选及查找和替换内容时的比较条件。

?（问号）：表示任何单个字符，例如，sm?th 查找“smith”和“smyth”。

*（星号）：表示任何字符数，例如，*east 查找“Northeast”和“Southeast”。

例如：在如图 2-2-48 所示的“数据分析.xlsx”的“高级筛选表”中，需查找到某目的地只有一种方案小于 60 分钟的所有方案。

	A	B	C	D	E	F	G	H
1	目的地	方案1用时(分)	方案2用时(分)	方案3用时(分)		条件输入区		
2	经一路	50	70	65				
3	经二路	55	65	70		方案1用时(分)	方案2用时(分)	方案3用时(分)
4	经三路	60	60	75				
5	纬一路	65	55	80				
6	纬二路	70	50	85				
7	纬三路	75	45	90				
8								
9	筛选结果显示区							
10								
11								
12								
13								

图 2-2-48　原始数据

操作步骤如下：

1）分析筛选条件

如果方案 1<60，肯定要方案 2、方案 3>=60，如果方案 2<60，肯定要方案 1、方案 3>=60，如果方案 3<60，肯定要方案 1、方案 2>=60,。这样得到 3 个大条件，大条件之间是“或”的关系。每个大条件中又包含 3 个小条件，例如大条件“方案 1<60，肯定要方案 2、方案 3>=60”这个大条件中有 3 个小条件，3 个小条件要同时成立才符合要求，所以它们之间是“与”关系。

2）设置筛选条件

按照分析结果，在条件输入区输入图 2-2-49 所示的条件。

3）进行筛选

（1）单击列表区域中的某个单元格。在“数据”选项卡的“排序和筛选”组中，单击“高级”按钮。得到图 2-2-50 所示的“高级筛选”对话框。

F	G	H
条件输入区		
方案1用时(分)	方案2用时(分)	方案3用时(分)
<60	>=60	>=60
>=60	<60	>=60
>=60	>=60	<60

图 2-2-49　设置筛选条件

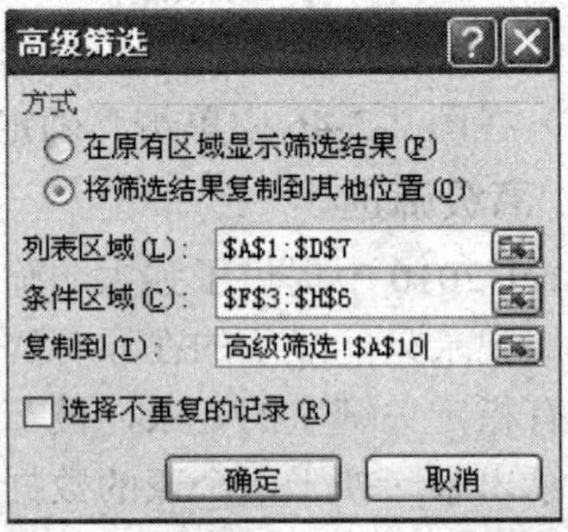

图 2-2-50　“高级筛选”对话框

（2）选择“将筛选结果复制到其他位置”复选框，然后在“复制到”框中单击，再单击要在该处粘贴行的区域的左上角（若要通过隐藏不符合条件的行来筛选列表区域，请选择“在原有区域显示筛选结果”复选框）。

（3）检查列表区域的默认选择是否正确或重新选择筛选数据区域。

（4）在“条件区域”框中，输入条件区域（包括条件标签）的引用。在本示例中，输入$F$3:$H$6。

（5）在“复制到”框中，选取输出区域的第一个单元，在本示例中，按图 2-2-50 选取。

（6）单击“确定”按钮完成筛选，得到筛选结果如图 2-2-51 所示。

	A	B	C	D	E	F	G	H
1	目的地	方案1用时(分)	方案2用时(分)	方案3用时(分)		条件输入区		
2	经一路	50	70	65				
3	经二路	55	65	70		方案1用时(分)	方案2用时(分)	方案3用时(分)
4	经三路	60	60	75		<60	>=60	>=60
5	纬一路	65	55	80		>=60	<60	>=60
6	纬二路	70	50	85		>=60	>=60	<60
7	纬三路	75	45	90				
8								
9	筛选结果显示区							
10	目的地	方案1用时(分)	方案2用时(分)	方案3用时(分)				
11	经一路	50	70	65				
12	经二路	55	65	70				
13	纬一路	65	55	80				
14	纬二路	70	50	85				
15	纬三路	75	45	90				

图 2-2-51　高级筛选结果

高级筛选中，还有一个功能可以筛选出不重复的数据。使用的方法是：在筛选的时候，选中“选择不重复记录”复选框。要注意的一点是，这里的重复记录指的是每行数据的每列中都相同，而不是单列。

4．Excel 表格

Excel 工作表中的表格，可独立于该表格外部的数据对该表格中的数据进行管理和分析。例如，可以筛选表格列、添加汇总行、应用表格格式。如果不再想处理表格中的数据，可以将表格转换为常规数据区域，同时保留所应用的任何表格样式。

可以使用以下两种方式中的一种创建表格：以默认表格样式插入表格，或者以所选的样式将数据的格式设置为表格。

例如，可以使用默认表格样式插入表格的方式将图 2-2-52 所示的数据转换为图 2-2-53 所示的表格。

	A	B	C	D
1	车名	单价	刘鹏	尹歌
2	小飞龙 1032v3JA4-1	31770	31770	31770
3	利亚纳两厢手动实用型	91853	91853	91853
4	奥迪A4 3.0	805927	805927	805927
5	索纳塔2.7GLS GOLD	233609	233609	233609
6	君越 2.4豪华版	245626	245626	245626

图 2-2-52　数据区域

	A	B	C	D
1	车名	单价	刘鹏	尹歌
2	小飞龙 1032v3JA4-1	31770	31770	31770
3	利亚纳两厢手动实用型	91853	91853	91853
4	奥迪A4 3.0	805927	805927	805927
5	索纳塔2.7GLS GOLD	233609	233609	233609
6	君越 2.4豪华版	245626	245626	245626

图 2-2-53　表格

操作步骤如下：

（1）在工作表上，选择要包括在表格中的单元格区域。

（2）在“插入”选项卡上的“表格”组中，单击“表格”按钮。

（3）如果选择的区域包含要显示为表格标题的数据，需选中“表包含标题”复选框。

也可以使用所选样式插入表格，方法是：

（1）在工作表中，选择要包括在表格中的单元格区域。

（2）在“开始”选项卡的“样式”组中，单击“套用表格式”按钮。

（3）在选择一个样式后 Excel 2010 会自动插入一个表。

创建表格后，“表工具”将变得可用，同时会显示“设计”选项卡。可以使用“设计”选项卡上的工具自定义或编辑该表格。请注意，仅当选定表格中的某个单元格时才显示“设计”选项卡，可在选项卡中对表格进行各项操作。

创建表格之后，可以在“设计”选项卡的“工具”组中，单击“转换为区域”，将表格转换为工作表上的常规数据区域。

思考与练习

1．按位置进行合并计算和按分类进行合并计算有何不同？

2．多表应用时，单元格的引用用“表名！单元格名”表示，若要引用其他工作簿中的某个单元格，写出引用的表达式。

3．什么情况下要使用绝对引用和混合引用？

4．定位条件有什么作用？

5．排序依据共有哪几种？是否可以依据颜色进行排序？

6．使用“高级筛选”，需要设置条件区域。在此区域中列之间和行之间分别是什么关系？

7．Excel 工作表的 A 列和 C 列中有两列名单，C 列的姓名都来自于 A 列，但这两列的排序顺序不同，如图 2-2-54 所示。怎样才能将这两列名单的排序顺序变成一致，使其一一对应？

	A	B	C
1	名单1		名单2
2	周伯通		郭靖
3	孙不二		黄蓉
4	郭靖		杨康
5	包惜弱		穆念慈
6	裘千仞		周伯通
7	柯镇恶		洪七公
8	刘处玄		黄药师
9	欧阳锋		一灯大师
10	拖雷		欧阳锋
11	陆乘风		
12	木华黎		
13	一灯大师		
14	黄药师		

图 2-2-54　待排序数据

8．使用所给“订单.xlsx”文件，根据“素材”表的数据，在“大于 2 亿”表中，完成销售金额大于 2 亿的车辆一览表，在“计数统计”表中完成单张订单销售 5～10 辆奥迪车的次数统计。完成图 2-2-1 和图 2-2-2 所示的数据分析报表。

9．销售统计.xlsx，完成“农产品销售统计”报表。

10．使用所给素材文件“定位条件.xlsx”：

（1）在“差异分析”表中将图 2-2-16 待分析数据中偏离销售底价的销售数据用底纹突出显示出来。

（2）在“复制可见区”复制可见数据到表的 I30 开始的区域。

（3）在“工资单”表中，在每个员工的数据前，加上一行工资单的表头，制作完成的工资单，如图 2-2-20 所示。

11．使用所给素材文件“数据分析.xlsx”：

（1）将“合并 1”表和“合并 2”表合并到“相同内容合并”表中。

（2）将“合并 1”表和“合并 3”表合并到“不同内容合并”表中。

（3）将“自定义排序”表的区间列按高、中、低顺序排序。

（4）将“高级筛选”表中查找到某目的地只有一种方案小于 60 分钟的所有方案。

任务三　农产品销售报表——函数的基本应用一

任务描述

Excel 2010 提供了强大的通用数据分析处理工具，但由于业务数据处理千差万别，无法用这些工具完成所有的业务数据处理。为了满足各种各行各业管理工作的特殊要求，Excel 2010 提供了许多函数，让用户使用函数所提供的强大功能，灵活地构建自己的数据处理流程，得心应手地处理一些难以直接用数据分析处理工具完成的日常工作。

海华公司的某管理人员从公司的其他业务处理系统中获取了所需的原始数据，这些数据无法直接利用，需要采用一定的方法进行处理，将所需数据分离出来，最后完成各月度的销售汇总报表。在本任务中，要求使用素材文件“月度报表.xlsx”中“导入数据”表中的部分原始数据（见图 2-3-1），完成的 2012 年 1 月至 2013 年 2 月份的 4 张销售汇总月度报表如图 2-3-2 所示（图中只列出了 2012 年 2 月汇总报表）。

	A	B	C	D	E
1	分类标识	奶制品	农产品	谷物	饮料
2	2013010030C3	1473.541841	3767.69016	4598.329955	6222.009827
3	2013020060A1	1473.541841	5034.802331	3054.445796	2552.884246
4	2013010040D1	2311.759641	5904.705139	2222.43638	8471.779933
5	2013020070B1	2311.759641	5904.705139	5146.684042	2249.182768
6	2012110030C3	2544.184341	4534.139356	900.6913458	1473.541841
7	2012110020B2	2697.485065	3916.364026	2953.545977	4866.038109
8	2012110010A1	2850.785788	4388.271855	7331.160536	1946.110658
9	2012110100B1	3004.086511	1336.205531	2987.794482	3463.988681
10	2012120070B1	3072.213269	4319.780817	4322.089376	3551.053626
11	2012110050D1	3100.97306	5769.690017	7238.922289	4598.329955
12	2013010100B1	3100.97306	6769.690017	7238.922289	4598.329955
13	2013020080C1	3100.97306	6769.690017	7238.922289	4598.329955
14	2012110090A1	3157.387235	5904.705139	2222.43638	8471.779923
15	2012120100B1	3181.983685	4404.807401	4393.420916	4309.452249
16	2012110080C1	3310.687958	3767.69016	4598.329955	6222.009827

图 2-3-1　待处理的部分原始数据

	A	B	C	D	E	F	G
1	海华公司销售汇总报表						
2		2013年2月					单位:万元
3	地区	奶制品	农产品	谷物	饮料	本月总销售额	本年累计总销售额
4	北京	￥8,888	￥4,238	***￥901***	***￥1,474***	￥15,500	￥32,959
5	上海	￥7,803	￥5,152	￥9,067	￥3,768	￥25,790	￥37,604
6	天津	￥8,661	***￥1,336***	￥4,988	￥3,464	￥18,449	￥34,511
7	重庆	￥9,519	￥2,569	￥1,130	￥3,160	￥16,378	￥35,289
8	广州	￥10,377	￥3,802	￥962	￥2,857	￥17,998	￥36,447
9	海南	***￥1,474***	￥5,035	￥3,054	￥2,553	￥12,116	￥35,024
10	南京	￥2,312	￥5,905	￥5,147	￥2,249	￥15,612	￥31,981
11	杭州	￥3,101	￥6,770	￥7,239	￥4,598	￥21,708	￥37,208
12	合肥	￥7,243	￥4,388	￥9,331	￥1,946	￥22,908	￥48,698
13	大连	￥3,441	￥5,109	￥2,954	￥4,866	￥16,369	￥38,077
14	合计	￥62,818	￥44,303	￥44,773	￥30,935	￥182,829	￥367,798
15	最高销售额	￥10,377	￥6,770	￥9,331	￥4,866	本月销售额最高的类别是	
16	最低销售额	￥1,474	￥1,336	￥901	￥1,474	奶制品	
17	平均销售额	￥6,282	￥4,430	￥4,477	￥3,093		
18	说明:本月的销售总额同比		减少				

图 2-3-2　2013 年 2 月汇总报表

任务分析

在图 2-3-2 中，有一个分类标识列，其部分编码的规则如表 2-3-1 所示。其中地区标识编码与城市名称对照表 2-3-2 所示。

表 2-3-1　编码的规则

编码位置	内容含义	编码位置	内容含义	编码位置	内容含义
第 1-4 位	年度标识	第 5-6 位	月度标识	第 8-9 位	地区标识

表 2-3-2　地区标识编码与城市名对照表

编码	城市	编码	城市	编码	城市	编码	城市	编码	城市
01	北京	03	天津	05	广州	07	南京	09	合肥
02	上海	04	重庆	06	海南	08	杭州	10	大连

在图 2-3-1 中的数据包含了 2011 年 11 月至 2012 年 2 月的所有数据，无法直接加工处理制

作成图 2-3-2 所示的月度销售汇总报表。完成本任务的关键是将原始数据按照月度报表的要求加以提取加工，为此在报表加工前需要对原始数据进行如下处理：

（1）按照最终报表数据列添加辅助列。

（2）从分类标识代码中分离出每行原始数据的年度和月度标识代码。

（3）从分类标识代码中分离出每行原始数据的城市表示代码。

（4）由于原始数据的单位是万元，小数位太长，需要运用函数将原始数据中的数据进行舍入截位处理。

（5）将经过加工的数据按日期和城市进行排序。

经过以上的处理，满足月度报表加工要求的数据整理完成。

制作月度报表，首先需要复制表格的数据数据，在本例中为降低难度，采用手工进行，因此难度不大。其次是进行表格的计算，由于需要加工的报表共有 4 张，逐一设置工作量较大，可采用多表同时操作的方法设置相同的计算公式，然后个别设置某些只能逐一设置的计算公式。最后采用多表同时操作的方式设置表格的格式及条件格式。

月度报表中含有一些常用的求和、最大、最小、平均数计算，简单明了。本年累计总销售额的计算方式为本月总销售额加上上月本年累计总销售额，要在 2 张工作表中，采用公式进行处理。本月的销售总额同比增加或减少需要使用条件函数，根据本月和上月的本月总销售额进行对比判断，但是 2012 年 11 月的报表缺少上月数，不做设置。本月销售额最高的是什么类别要根据每月销售额最大的商品类别确定，使用条件函数多次嵌套进行判别。条件格式可以按每列的最高和最低值分 2 次设置。

方法与步骤

1. 添加辅助列标题

在“月度报表.xlsx”中的“导入数据”表中，按照图 2-3-3 在 G1:L1 区域添加 6 个辅助列标题。

	A	B	C	D	E	F	G	H	I	J	K	L
1	分类标识	奶制品	农产品	谷物	饮料		年月	地区代码	奶制品	农产品	谷物	饮料
2	2013010030C3	1473.541841	3767.69016	4598.329955	6222.009827							
3	2013020060A1	1473.541841	5034.802331	3054.445796	2552.884246							
4	2013010040D1	2311.759641	5904.705139	2222.43638	8471.779933							

图 2-3-3　添加辅助列标题

2. 使用 LEFT 函数设置“年月”列取数公式

（1）单击“导入数据”表的 G2 单元。

（2）单击编辑栏上的 *fx* 按钮，打开图 2-3-4 所示的“插入函数”对话框。在“或选择类别”文本框中选择“文本”，然后在“选择函数”列表中选择 LEFT。

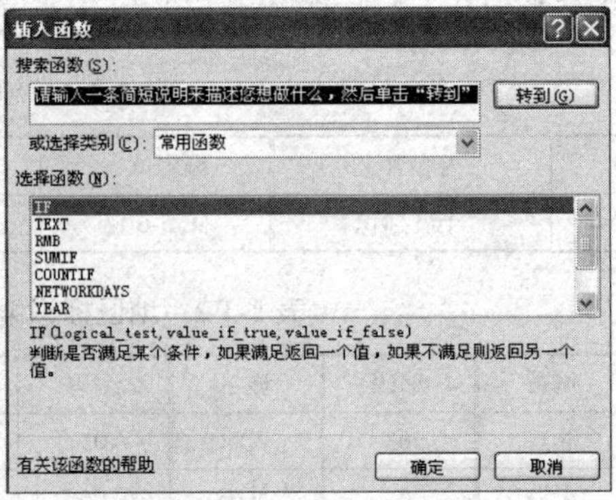

图 2-3-4　“插入函数”对话框

（3）单击“确定”按钮，得到图 2-3-5 所示的“函数参数”对话框，按图将光标停在 Text 文本框后单击 A2 单元格（或直接输入“A2”），在“Star_num”文本框中输入“8”。

（4）单击“确定”按钮，完成 G2 单元“=LEFT(A2,6)”公式的输入。

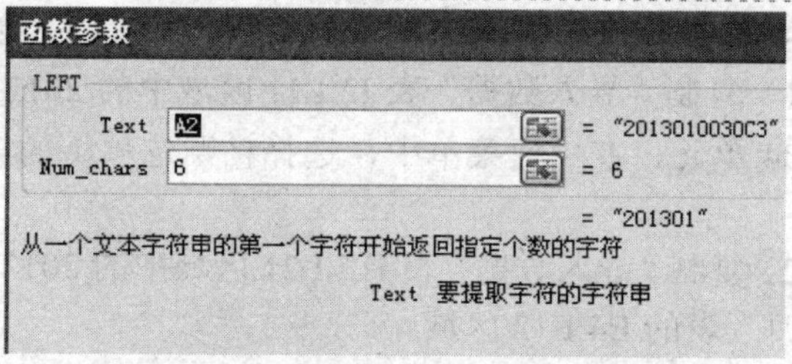

图 2-3-5　设置 LEFT 函数的参数

3．使用 MID 函数设置“地区代码”列取数公式

（1）单击“导入数据”表的 H2 单元格。

（2）单击编辑栏上的 f_x 按钮，打开图 2-3-4 所示的“插入函数”对话框。在“或选择类别”文本框中选择“文本”，然后在“选择函数”列表中选择 MID。

（3）单击“确定”按钮，得到图 2-3-6 所示的“函数参数”对话框，在“Text”文本框中输入“A2”，在“Star_num”文本框中输入“8”，在“Star_num”文本框中输入“2”。

（4）单击“确定”按钮，完成 H2 单元“=MID(A2,6)”公式的输入。

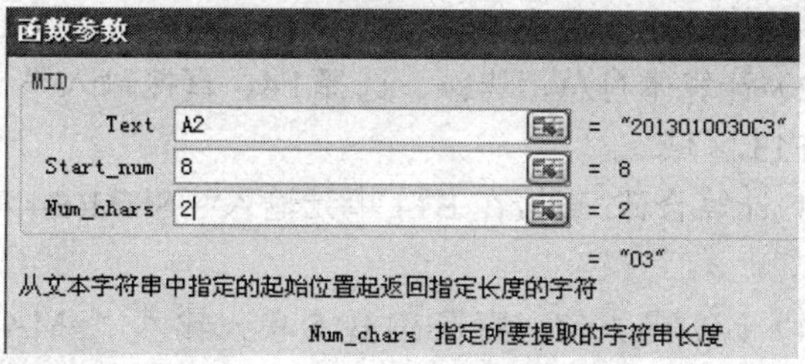

图 2-3-6　设置 MID 函数的参数

4．使用 ROUND 函数设置“奶制品”“农产品”“谷物”“饮料”列取数公式

（1）可以直接在 I2 单元输入“=ROUND(B2,2)”公式，也可参照上述 LEFT 和 MID 函数的输入方法在 I2 单元输入公式。

（2）将 I2 单元的公式复制到 J2、K2、L2 三个单元。

5．复制公式、排序数据，完成对原始数据的处理

（1）上述操作完成后，G1:L2 区域如图 2-3-7 所示，

（2）使用填充柄将第 2 行的公式复制到 G2:L41 区域。

（3）选择 A1:L41 区域，按“年月”及“地区代码”2 个关键字按升序排序。

G	H	I	J	K	L
年月	地区代码	奶制品	农产品	谷物	饮料
201301	03	1473.54	3767.69	4598.33	6222.01

图 2-3-7　设置了取数公式后得到的数据

6．复制各月度报表的城市名称

（1）选择“导入数据”表，复制 N6:N15 区域中的 10 个城市名称。

（2）单击“2012 年 11 月”表的表标签，按住【Shift】键，再单击“2013 年 02 月”表的表标签，同时选中 4 个表。

（3）单击 A4 单元，将复制的 10 个城市名称粘贴在 A4:A13 单元，一次性完成 4 张月度报表的城市名称复制。

7. 复制各月度报表中的数据

（1）复制“导入数据”表 I2:L11 区域中的 2012 年 11 月份的数据，右击“2012 年 11 月”表的 B4 单元，在快捷菜单中，选择粘贴选项下的第二个图标123，即仅将数值粘贴在 B4:E13 区域。

（2）复制“导入数据”表 I12:L21 区域中的 2012 年 12 月份的数据，仅将数值粘贴在“2012 年 12 月”表的 B4:E13 区域。

（3）复制“导入数据”表 I22:L31 区域中的 2013 年 01 月份的数据，仅将数值粘贴在“2013 年 1 月”表的 B4:E13 区域。

（4）复制“导入数据”表 I32:L41 区域中的 2013 年 02 月份的数据，仅将数值粘贴在“2013 年 2 月”表的 B4:E13 区域。

8. 设置计算报表合计、最大、最小、平均数的函数

（1）单击“2012 年 11 月”表的表标签，按住【Shift】键，再单击“2013 年 02 月”表的表标签，同时选中 4 个表。

（2）计算本月总销售额。选择 F4，直接输入“=SUM(B4:E4)”求和函数，然后将公式复制到 F5:F13 区域。

（3）计算合计。直接在 B14 单元输入“=SUM(B4:B13)”求和函数，然后将公式复制到 C14:E14 区域。

（4）计算最大值。直接在 B15 单元输入“=MAX(B4:B13)”求和函数，然后将公式复制到 C15:E15 区域。

（5）计算最小值。直接在 B16 单元输入“=MIN(B4:B13)”求和函数，然后将公式复制到 C16:E16 区域。

（6）计算平均值。直接在 B17 单元输入“=AVERAGE(B4:B13)”求和函数，然后将公式复制到 C17:E17 区域。

9. 设置计算“本年累计总销售额”的公式

（1）选择“2012 年 11 月”表，在 G4 单元输入“=F4”，然后将公式复制到 G5:G14 区域。

（2）选择“2012 年 12 月”表，在 G4 单元输入“=F4+'2012 年 11 月'!G4”，然后将公式复制到 G5:G14 区域。

（3）选择“2013 年 1 月”表，在 G4 单元输入“=F4”，然后将公式复制到 G5:G14 区域。

（4）选择“2013 年 2 月”表，在 G4 单元输入“=F4+'2013 年 1 月'!G4”，然后将公式复制到 G5:G14 区域。

10. 设置“本月的销售总额同比增长/减少”的条件函数

（1）选择“2012 年 12 月”表的 D18 单元，单击编辑栏上的 fx，打开“插入函数”对话框。

（2）在“或选择类别”文本框中选择“常用函数”，然后在“选择函数”列表中选择 IF 后单击“确定”按钮，得到“函数参考”对话框。

（3）在光标停在“函数参考”对话框的 Logical_test 文本框中，单击 F14 单元格，输入“>”符号，单击“2012 年 11 月”表标签，单击 F14 单元格，完成公式“F14>'2012 年 11 月'!F14”的输入。

（4）在 Value_if_true 文本框中，输入“增加”。

（5）在 Value_if_false 文本框中，输入“减少”，如图 2-3-8 所示。

（6）单击“确定”按钮，在 D18 单元输入了公式“=IF(F14>'2012 年 11 月'!F14,"增加","减少")”。

图 2-3-8 设置 IF 函数的参数

（7）在“2013 年 1 月”表中，参照上述步骤，在 D18 单元输入公式：“=IF(F14>'2012 年 12 月'!F14,"增加","减少")”。

（8）在“2013 年 2 月”表中，参照上述步骤，在 D18 单元输入公式“=IF(F14>'2013 年 1 月'!F14,"增加","减少")”。

11．设置“本月销售额最高的类别是”的嵌套条件函数

（1）单击“2012 年 11 月”表的表标签，按住【Shift】键，再单击“2013 年 02 月”表的表标签，同时选中 4 个表。

（2）选择 F16 单元，单击单击编辑栏上的 *fx*，打开“插入函数”对话框。选择 IF 后单击“确定”按钮，得到“函数参考”对话框。

（3）将光标停在“函数参考”对话框的 Logical_test 文本框中输入公式“B15=MAX(B15:E15)”。

（4）在 Value_if_true 文本框中，输入“B3”。

（5）将光标停在 Value_if_false 文本框中，得到图 2-3-9 所示的编辑栏，此时在编辑栏中可以看到已经输入的未完成公式。单击编辑栏左侧的 IF，再次得到“函数参考”对话框。

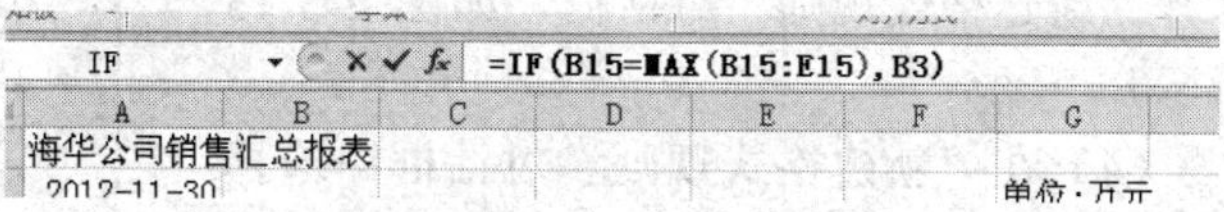

图 2-3-9 编辑栏一

（6）将光标停在“函数参考”对话框的 Logical_test 文本框中，输入公式“C15=MAX(B15:E15)”。

（7）在 Value_if_true 文本框中输入“C3”。

（8）将光标停在 Value_if_false 文本框中，得到图 2-3-10 所示的编辑栏，此时在编辑栏中可以看到已经输入的未完成公式。单击编辑栏左侧的 IF，再次得到“函数参考”对话框。

图 2-3-10 编辑栏二

（9）将光标停在“函数参考”对话框的 Logical_test 文本框中输入公式“D15=MAX(B15:E15)”。

（10）在 Value_if_true 文本框中，输入“D3”。

（11）将光标停在 Value_if_false 文本框中，输入“E3”，得到图 2-3-11 所示的编辑栏。此时在编辑栏中可以看到已经输入完成的公式，单击“确定”按钮。

图 2-3-11 编辑栏三

12. 设置报表的格式

（1）单击“2012 年 11 月”表的表标签，按住【Shift】键，再单击“2013 年 02 月”表的表标签，同时选中 4 个表。

（2）按图 2-3-12 设置报表的字体、对齐、边框、底纹、列宽等格式。

	A	B	C	D	E	F	G
1	海华公司销售汇总报表						
2	2013年2月						单位:万元
3	地区	奶制品	农产品	谷物	饮料	本月总销售额	本年累计总销售额
4	北京	￥8,888	￥4,238	￥901	￥1,474	￥15,500	￥32,959
5	上海	￥7,803	￥5,152	￥9,067	￥3,768	￥25,790	￥37,604
6	天津	￥8,661	￥1,336	￥4,988	￥3,464	￥18,449	￥34,511
7	重庆	￥9,519	￥2,569	￥1,130	￥3,160	￥16,378	￥35,289
8	广州	￥10,377	￥3,802	￥962	￥2,857	￥17,998	￥36,447
9	海南	￥1,474	￥5,035	￥3,054	￥2,553	￥12,116	￥35,024
10	南京	￥2,312	￥5,905	￥5,147	￥2,249	￥15,612	￥31,981
11	杭州	￥3,101	￥6,770	￥7,239	￥4,598	￥21,708	￥37,208
12	合肥	￥7,243	￥4,388	￥9,331	￥1,946	￥22,908	￥48,698
13	大连	￥3,441	￥5,109	￥2,954	￥4,866	￥16,369	￥38,077
14	合计	￥62,818	￥44,303	￥44,773	￥30,935	￥182,829	￥367,798
15	最高销售额	￥10,377	￥6,770	￥9,331	￥4,866	本月销售额最高的类别是	
16	最低销售额	￥1,474	￥1,336	￥901	￥1,474	奶制品	
17	平均销售额	￥6,282	￥4,430	￥4,477	￥3,093		
18	说明:本月的销售总额同比			减少			

图 2-3-12　设置格式

13. 设置条件格式（设置标识每列数值的最大、最小值格式）

（1）选中“2012 年 11 月”表。

（2）选择 B4:E13 区域。

（3）在“开始”选项卡的“样式”组中，单击“条件格式”按钮，选择“新建规则”，打开“新建格式规则”对话框，如图 2-3-13 所示。

（4）在“新建格式规则”对话框中选择规则类型为“使用公式确定要设置格式的单元格”。

（5）在“编辑规则说明”下的文本框中输入公式“=B4=B$15”（标识每列数值的最大值）。

（6）单击“格式”按钮，在“设置单元格格式”对话框中设置合适的格式后单击“确定”按钮。

（7）重复步骤（3）～（6），在重复步骤（5）时，在“编辑规则说明”下的文本框中输入公式“=B4=B$16”（标识每列数值的最小值）。

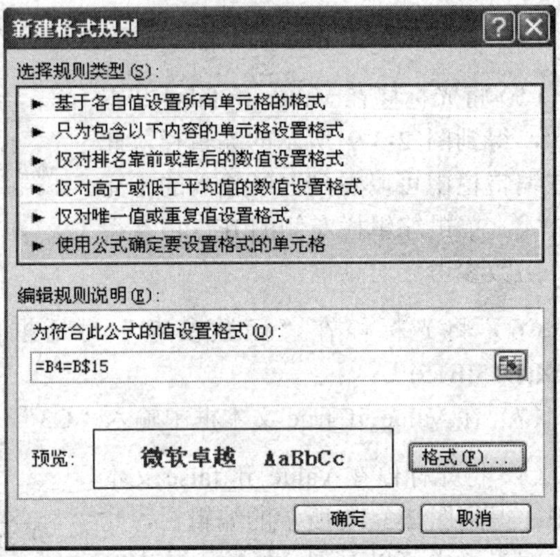

图 2-3-13　设置条件格式规则

（8）复制条件格式

① 选中“2012 年 11 月”表。

② 选择 B4:E13 区域。

③ 单击“开始”选项卡“剪贴板”组中的“格式刷”。

④ 单击“2012 年 12 月”表的表标签，选择 B4:E13 区域，将条件格式复制到此区域。

⑤ 重复完成其余 2 张表的条件格式复制。

至此，本任务全部完成。

相关知识

1．函数

函数是预先编写的公式，可以对一个或多个值执行运算，并返回一个或多个值。函数可以简化和缩短工作表中的公式，尤其在用公式执行很长或复杂的计算时。

函数一般包括 3 个部分：等号、函数名、参数。如 SUM(A1:C3,H1:J2)。

参数是函数中用来执行操作或计算的值，每个参数之间用逗号分割。函数中常用的参数类型包括数字、文本、单元格引用和名称。每个函数都有特定的参数语法，有些函数没有参数，有些函数仅有一个参数，有些函数有多个参数。

函数可以嵌套，是指在某些情况下，需要将某函数作为另一函数的参数使用，这一函数就是嵌套函数，例如在 if(a1>b1,max(c1:c5),min(c1:c5))中，max 和 min 函数作为参数被嵌套在 IF 函数中。

Excel 函数一共有 13 类，分别是财务函数、日期与时间函数、数学和三角函数、统计函数、查找与和引用函数、数据库函数、文本函数、逻辑函数、信息函数、工程函数、多维数据集函数、兼容性函数以及用户自定义函数。

2．输入函数公式的方法

1）直接输入

单击所需输入的单元格后，直接输入“=”号，接着输入函数名称、括号和参数。

2）使用“插入函数”输入

（1）单击单击所需输入的单元格。

（2）单击编辑栏上的 ，打开图 2-3-14 所示的“插入函数”对话框。

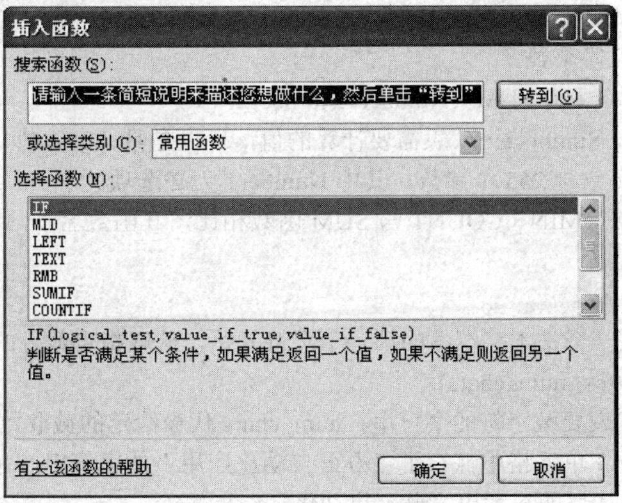

图 2-3-14 “插入函数”对话框

（3）在“或选择类别”文本框中选择所需函数类别（如果不清楚类别选“全部”）。

（4）在“选择函数”列表中选择函数。

（5）单击“确定”按钮，得到“函数参数”对话框。

（6）在“函数参数”对话框中输入参数。

（7）单击“确定”按钮，完成函数的输入。

3）使用“∑”自动求和输入

（1）单击所需输入的单元格。

（2）在“开始”选项卡的“编辑”组中，单击“∑”自动求和按钮旁的下拉箭头▼，在函数列表中选择所需函数。

（3）确认参数范围后单击✔按钮或按【Enter】键完成函数的输入。

4）嵌套函数的输入

（1）单击所需输入的单元格。

（2）单击编辑栏上的 fx 按钮，打开“插入函数”对话框。

（3）选择函数后单击“确定”按钮，得到“函数参数”对话框。

（4）在“函数参数”对话框中输入所有可以确定的参数。

（5）将光标停在欲嵌套函数的位置（此步骤是正确插入嵌套函数的关键）。

（6）单击编辑栏左面的下拉箭头，如图 2-3-15 所示，在函数列表中选择所需函数。

图 2-3-15　编辑栏左面

（7）重复步骤（4）～（6），直到嵌套函数输入完成。

使用此方法输入嵌套函数，可以将复杂的函数分解成单一的函数输入，使输入变得方便。

3．相关函数介绍

1）SUM、AVERAGE、MAX、MIN、COUNT 函数

SUM 用于计算所有参数数值的和；AVERAGE 用于计算所有参数的算术平均值；MAX 函数用于计算一组数中的最大值；MIN 函数用于计算一组数中的最小值；COUNT 函数用于计算区域中包含数字的单元格个数。

SUM 函数的语法格式为 SUM（Number1,Number2…）

参数中 Number1、Number2…代表需要计算的值，可以是具体的数值、引用的单元格、区域、逻辑值等，最多可包含 255 个参数，其中 Number1 为必选项。

AVERAGE、MAX、MIN、COUNT 与 SUM 函数相比，其函数名不同，功能不同，但具有相同的语法格式和参数。

2）LEFT 函数

LEFT 函数用于从一个文本字符串的第一个字符开始，截取指定数目的字符。

语法格式：LEFT(text,num_chars)

参数说明：text 代表要截字符的字符串；num_chars 代表给定的截取数目。

应用举例：假定 A3 单元格中保存了“办公自动化应用”的字符串，在某单元格中输入公式：=LEFT(A3,5)，确认后即显示出“办公自动化”5 个字符。

3）MID 函数

MID 函数用于从一个文本字符串的指定位置开始，截取指定数目的字符。

语法格式：MID(text,start_num,num_chars)

参数说明：text 代表一个文本字符串；start_num 表示指定的起始位置；num_chars 表示要截取的数目。

应用举例：假定 A4 单元格中保存了“办公自动化应用”的字符串，在某单元格中输入公式：=MID(A4,3,3)，确认后即显示出“自动化”3 个字符。

4）RIGHT 函数

RIGHT 函数用于从一个文本字符串的最后一个字符开始，截取指定数目的字符。

语法格式：RIGHT(text,num_chars)

参数说明：text 代表要截字符的字符串；num_chars 代表给定的截取数目。

应用举例：假定 A5 单元格中保存了“办公自动化应用”的字符串，在某单元格中输入公式：=RIGHT(A5,5)，确认后即显示出“自动化应用”的字符。

5）LEN 函数

LEN 函数用于统计文本字符串中字符数目。

语法格式：LEN(text)

参数说明：text 表示要统计的文本字符串。

应用举例：假定 A6 单元格中保存了“办公自动化应用”的字符串，在某单元格中输入公式：=LEN(A6)，确认后即显示出统计结果“7”。

注 意

LEFT、MID、RIGHT、LEN 使用时，无论是全角字符，还是半角字符，每个字符均计为 1。

6）INT 函数

INT 函数用于将数值向下取整为最接近的整数。

语法格式：INT(number)

参数说明：number 表示需要取整的数值或包含数值的引用单元格。

应用举例：输入公式：=INT(18.89)，确认后显示出 18。

7）MOD 函数

MOD 函数用于求出两数相除的余数。

语法格式：MOD(number,divisor)

参数说明：number 代表被除数；divisor 代表除数。

应用举例：输入公式：=MOD(13,4)，确认后显示出结果“1”。

8）YEAR 函数

YEAR 函数用于返回某日期对应的年份。返回值为 1900 到 9999 之间的整数。

语法格式：YEAR(serial_number)

参数说明：Serial_number 不能省略，为一个日期值，其中包含要查找年份的日期。

应用举例：假定 A9 单元格中保存了日期“2008-7-5”，在某单元格中输入公式：=YEAR(A9)，确认后显示出日期的年份“2008”。

9）MONTH 函数

MONTH 函数求出指定日期或引用单元格中的日期的月份。

语法格式：MONTH(serial_number)

参数说明：serial_number 代表指定的日期或引用的单元格。

应用举例：输入公式：=MONTH("2003-12-18")，确认后显示出日期的月份“12”。

10）NOW 函数

NOW 函数用于给出当前系统日期和时间。

语法格式：NOW()

参数说明：该函数不需要参数。

应用举例：输入公式：=NOW()，确认后即刻显示出当前系统日期和时间。如果系统日期和时间发生了改变，只要按一下【F9】功能键，即可让其随之改变。

11）IF 函数

IF 函数用于根据对指定条件的逻辑判断的真假结果，返回相对应的内容。

语法格式：=IF(Logical,Value_if_true,Value_if_false)

参数说明：Logical 代表逻辑判断表达式；Value_if_true 表示当判断条件为逻辑“真（TRUE）”时的显示内容，如果忽略，返回“TRUE”；Value_if_false 表示当判断条件为逻辑“假（FALSE）”时的显示内容，如果忽略，返回“FALSE”。

应用举例：在某单元格中输入公式：=IF(A12>=10,“符合要求”,“不符合要求”)，确定以后，如果 A12 单元格中的数值大于或等于 10，则该单元格显示“符合要求”字样，反之显示“不符合要求”字样。

12）ROUND 函数

ROUND 函数用于某个数字四舍五入为指定的位数。

语法格式：ROUND(number, num_digits)

参数说明：number 不能省略，为要四舍五入的数字。

num_digits 也不能省略，为位数，按此位数对 number 参数进行四舍五入。

（1）如果 num_digits 大于 0，则将数字四舍五入到指定的小数位。

（2）如果 num_digits 等 0，则将数字四舍五入到最接近的整数。

（3）如果 num_digits 小于 0，则在小数点左侧进行四舍五入。

应用举例：如果单元格 A14 含有 23.7825，在某单元格中输入公式：

=ROUND(A1, 2)，确认后此函数的结果为 23.78。

4. 日期转换示例

在日常的应用中，经常需要提取某个日期中的年份和月份构成统一 6 位长度的字符串来满足应用要求，但是由于用 MONTH 函数转换出来的月份数可能是 1 位，也可能是 2 位，如果简单地把经转换得到的年份和月份简单连接，会形成 5 位或 6 位的字符串，不能满足使用要求。综合运用字符串函数和日期函数，可以很好地解决这一问题。

在“函数应用.xlsx”文件的“日期转换”表中，A 列中保存着日期，使用不同的方法将进行日期转换，并将结果列于 B、C、D 列中，如图 2-3-16 所示。

	A	B	C	D
1	日期	日期转换1	日期转换2	日期转换3
2	2010-9-26	201009	201009	201009
3	2010-9-20	201009	201009	201009
4	2010-9-18	201009	201009	201009
5	2010-9-28	201009	201009	201009
6	2010-10-4	201010	201010	201010
7	2010-10-5	201010	201010	201010
8	2010-11-6	201011	201011	201011
9	2010-11-16	201011	201011	201011

图 2-3-16　日期转换示例

1）日期转换 1

日期转换 1 的方法是先用 YEAR 函数转换日期中的年份，再用 MONTH 函数转换日期中的月份，不管用 MONTH 函数转换出来的月份数是几位，先在前面补 1 位“0”，然后再截取右面的 2 位，拼在年份后面。在 B2 单元输入的公式是：

```
=YEAR(A2)&RIGHT("0"&MONTH(A2),2)
```

2）日期转换 2

日期转换 2 的方法是先用 YEAR 转换日期中的年份，再用 IF 函数判断是否需要在 MONTH 函数转换出来的月份数前补“0”，判断的依据是 LEN 函数计算的月份数长度否是 1，如果是 1 位，需要加“0”，否则不加。然后将 IF 函数判断的结果拼在年份后面。在 C2 单元的公式是：

```
=YEAR(A2)&IF(LEN(MONTH(A2))=1,"0"&MONTH(A2),MONTH(A2))
```

3）日期转换 3

日期转换 3 的方法是直接用 IF 函数判断，判断的依据是 LEN 函数计算的月份数长度否是 1，如果是 1 位，直接将经转换年份+“0”+经转换的月份。否则直接将经转换年份+经转换的月份。在 C3 单元输入的公式是：

```
=IF(LEN(MONTH(A2))=1,YEAR(A2)&"0"&MONTH(A2),YEAR(A2)&MONTH(A2))
```

上述 3 个公式输入后，将公式复制到 B2:D9 区域。

5. 获取身份证号码的信息

身份证号码中包含着许多有用信息，例如其中第 7 至 10 位表示出生年份，第 11 至 12 位表示出生月份，第 17 位如果是偶数，表示是女性，如果是奇数，则表示是男性。要求在“函数应用.xlsx”文件的“身份证号”表中，按图 2-3-17 显示的身份证号码，获取每个人的出身年月，年龄和性别信息。

	A	B	C	D	E
1	姓名	身份证号	出生年月	年龄	性别
2	张三	310110197805095052	1978年05月	33	男
3	李四	310109198003010827	1980年03月	31	女

图 2-3-17　获取身份证号码信息

身份证号码本身就是一个 18 位的字符串，要获取其中的信息，只需简单地截取，然后对截取信息进行简单地处理，就可得到需要的信息。

1）获取出生年月信息

出生年、月在身份证号码中是一个连续 6 位的字符串，如果直接截取，显示的结果会不太美观，需要在年份和月份之间及月份后添加文字使之美观和符合阅读习惯。

使用 MID 函数就可方便获取年份和月份信息。在 C2 单元输入的公式是：

```
=MID(B2,7,4)&"年"&MID(B2,11,2)&"月"
```

2）获取出生年份并计算年龄

年龄只需要使用系统当前日期中的年份数减去出生的年份数就可计算得到。获取系统当前日期可用 NOW 函数，获取出生年份可用 MID 函数，在 D2 单元输入的公式是：

```
=YEAR(NOW())-MID(B2,7,4)
```

3）获取性别信息并按照规定显示相应文字

身份证号码中第 17 位如果是偶数，表示是女性，如果是奇数，则表示是男性。可以用 MID 函数截取第 17 位，得到 0 到 9 之间的一个数。判断奇偶数可用 MOD 求余函数计算该数被 2 除以后的余数是 0 还是 1，当余数为 0 时表示偶数，当余数为 1 时表示奇数。在 E2 单元输入的公式是：

```
=IF(MOD(MID(B2,17,1),2)=0,"女","男")
```

上述 3 个公式输入后，将公式复制到 C2:E2 区域。

6. 工资单中的见分进角计算

在许多企业，对工资单的实发数需要进行见分进角计算（既凡是实发数中小数点后第 2 位不是 0，就在小数点第 1 位处加 1，凡是实发数中小数点后第 2 位是 0，保持原数），以避免工资发放时有零星的分币。

要求在“函数应用.xlsx”文件的“见分进角”表中，按图 2-3-18 用 3 种不同的方法完成计算。

	A	B	C	D
1	应发工资	实发工资1	实发工资2	实发工资3
2	2345.59	2345.6	2345.6	2345.6
3	7892.34	7892.4	7892.4	7892.4
4	8046.1	8046.1	8046.1	8046.1
5	3434.32	3434.4	3434.4	3434.4
6	3412	3412	3412	3412

图 2-3-18　见分进角示例

1）实发工资 1 计算

实发工资 1 计算的方法是用 MOD 函数计算得到实发工资除 0.1 以后的余数。再用 IF 函数判断：如果余数是 0，表示该实发工资小数第 2 位没有数字，不必处理；如果余数不是 0，表示该实发工资小数第 2 位没有数字，对实发工资要先减去小数第 2 位的数字（余数）后加上 0.1（即见分进角）。在 B2 单元输入的公式是：

```
=IF(MOD(A2,0.1)=0,A2,A2-MOD(A2,0.1)+0.1)
```

2）实发工资 2 计算

用 IF 函数对实发工资进行见分进角处理，公式不够简洁，可以用 ROUND 函数进行见分进角的处理。ROUND 是一个 4 舍 5 入函数，当舍入位是 5 时，自动进 1，而当舍入位是 4 时即被舍弃。如果将实发工资先加上 0.04，使得在小数第 2 位只要有最小的数 1，就会被变为 5，会自动进 1 为，相当于对函数做了 0 舍 1 入的改造。在 C2 单元输入的公式是：

```
=ROUND(A2+0.04,1)
```

3）实发工资 3 计算

还可以使用 INT 求整函数对实发工资进行见分进角处理。INT 求整函数可以自动截取数据的整数部分，舍弃小数。利用这一特点，可以将实发工资先乘 10（放大 10 倍）并加上 0.9（保证小数有数字就能进位），之后将放大并经过进位的数取整（舍弃小数部分），最后将经过取整的数除 10（缩小 10 倍，还原数据）。经此处理后，达到了使数据见分进角的目的。在 D2 单元输入的公式是：

```
=INT((A2)*10+0.9)/10
```

上述 3 个公式输入后，将公式复制到 C2:D6 区域。

7．条件格式

条件格式可帮助用户直观地解答有关数据的特定问题。条件格式易于达到以下效果：突出显示所关注的单元格或单元格区域；强调异常值；使用数据条、颜色刻度和图标集来直观地显示数据。条件格式基于条件更改单元格区域的外观。可以对单元格区域、表格或数据透视表应用条件格式。

在创建条件格式时，只能引用同一工作表上的其他单元格；有些情况下也可以引用当前打开的同一工作簿中其他工作表上的单元格。不能对其他工作簿的外部引用使用条件格式。

1）选择条件格式类型

在“开始”选项卡的“样式”组中，单击“条件格式”按钮，得到图 2-3-19 所示的条件格式列表，在图中，可选择某一列表项进行条件格式的设置，设置的效果如图 2-3-20 所示。

（1）使用“色阶”作为一种直观的指示，可以帮助了解数据分布和数据变化。颜色的深浅表示值的高低。

（2）使用“数据条”可帮助查看某个单元格相对于其他单元格的值。数据条的长度代表单元格中的值。数据条越长，表示值越高，数据条越短，表示值越低。在观察大量数据中的较高值和较低值时，数据条尤其有用。

（3）使用“图标集”可以对数据进行注释，并可以按阈值将数据分为 3 到 5 个类别。每个图标代表一个值的范围。用不同的颜色和符号表示数值的高低。

（4）使用“突出显示单元格规则”可以快速地设定简单的格式条件。格式条件包括“大于”“小于”“介于”等内容，可以为每项内容设置条件值。

（5）使用“项目选取规则”可以快速地设定所选区域中值最大、值最小的项数及比例、高于平均值、低于平均值数据，可以为每项内容设置条件值。

（6）使用“新建规则”可以选择、编辑规则类型，并可以使用公式设置格式。

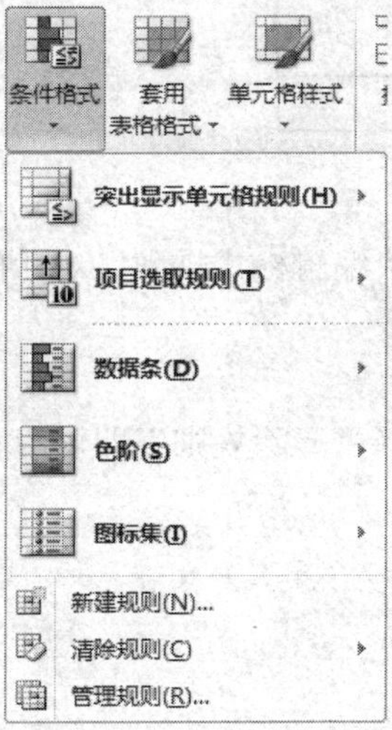

图 2-3-19　条件格式列表

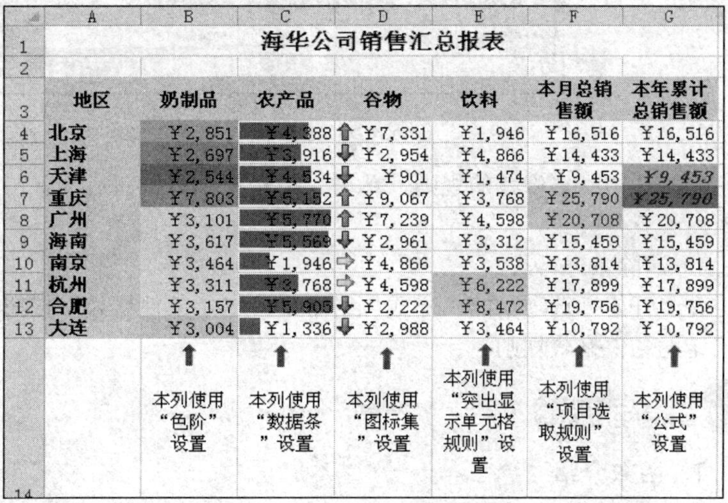

海华公司销售汇总报表

地区	奶制品	农产品	谷物	饮料	本月总销售额	本年累计总销售额
北京	¥2,851	¥4,388	¥7,331	¥1,946	¥16,516	¥16,516
上海	¥2,697	¥3,916	¥2,954	¥4,866	¥14,433	¥14,433
天津	¥2,544	¥4,534	¥901	¥1,474	¥9,453	¥9,453
重庆	¥7,803	¥5,152	¥9,067	¥3,768	¥25,790	¥25,790
广州	¥3,101	¥5,770	¥7,239	¥4,598	¥20,708	¥20,708
海南	¥3,617	¥5,569	¥2,961	¥3,312	¥15,459	¥15,459
南京	¥3,464	¥1,946	¥4,866	¥3,538	¥13,814	¥13,814
杭州	¥3,311	¥3,768	¥4,598	¥6,222	¥17,899	¥17,899
合肥	¥3,157	¥5,905	¥2,222	¥8,472	¥19,756	¥19,756
大连	¥3,004	¥1,336	¥2,988	¥3,464	¥10,792	¥10,792
	本列使用“色阶”设置	本列使用“数据条”设置	本列使用“图标集”设置	本列使用“突出显示单元格规则”设置	本列使用“项目选取规则”设置	本列使用“公式”设置

图 2-3-20　条件格式设置效果

2）使用公式设置条件格式

使用公式设置条件格式，可以更灵活地设置符合要求的条件格式。规则可以多次设置。在图 2-3-19 中，选择“新建规则”，即可得到“新建格式规则”对话框，如图 2-3-21 所示。选择“使用公式确定要设置格式的单元格”，在“编辑规则说明”下的“为符合此公式的值设置格式”文本框中可输入公式，公式以等号开始。

例如，图 2-3-20 中 G 列设置了 2 个公式，显示该列中最大和最小值，其公式分别为：“=G4=MAX($G$4:$G$13)”和“=G4=MIN($G$4:$G$13)”。

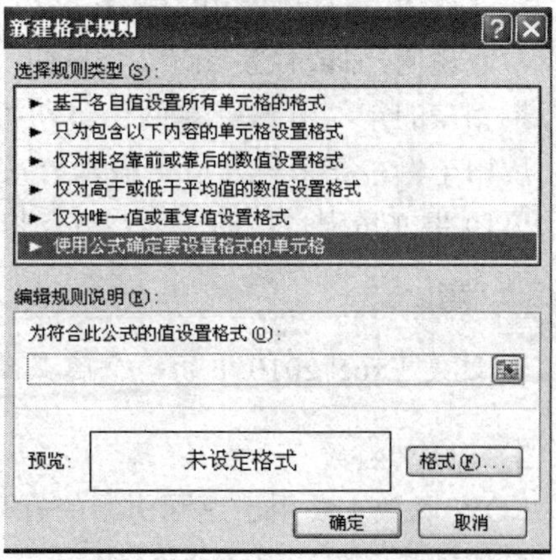

图 2-3-21　“新建格式规则”对话框

注 意

如果在使用公式设置条件前要选定好数据区域，参照选定区域的第一个单元设置公式。如果在使用公式设置条件前只选定了一个单元格，则设置完格式后需要进行格式复制。

3）编辑管理条件格式规则

（1）选中包含条件格式的数据区域。

（2）在“开始”选项卡的“样式”组中，单击“条件格式”按钮，选择“管理规则”，得到图 2-3-22 所示的“条件格式规则管理器”对话框。

图 2-3-22 “条件格式规则管理器”对话框

（3）选中需要修改的规则，单击“编辑规则”按钮后，就可进入“编辑格式规则”对话框修改所设条件公式。

4）清除条件格式

在“开始”选项卡的“样式”组中，单击“条件格式”按钮，选择“清除规则”即可清除所设定的条件格式规则。

拓展与提高

1. 函数介绍

1）DATEDIF 函数

DATEDIF 函数主要用于计算返回两个日期参数的差值。

语法格式：=DATEDIF(date1,date2,"y/m/d")

参数说明：date1 为前面一个日期；date2 为后面一个日期；y/m/d 只能选一个，用 y 计算两个日期相差的年，用 m 计算两个日期相差的月，用 d 计算两个日期相差的天。

应用举例：在某单元格中输入公式：=DATEDIF(A16,NOW(),"y")，确认后返回系统当前日期与 A16 单元格中日期的差值，并返回相差的年数。

注 意

这是 Excel 2010 中的一个隐藏函数，在函数向导中是找不到的，可以直接输入使用。

2）ROW 函数

ROW 函数主要用于返回引用的行号。

语法格式：ROW([reference])

参数说明：Reference 为可选，需要得到其行号的单元格或单元格区域。如果省略 reference，则假定是对函数 ROW 所在单元格的引用。

应用举例：在某单元格中输入公式：=ROW(A17)，确认后返回 A17 单元格所在的行号 17。

3）COLUMN 函数

COLUMN 函数用于返回指定单元格引用的列号

语法格式：COLUMN([reference])

参数说明：reference 为可选，如果省略参数 reference，则假定是对函数 COLUMN 所在单元格的引用。

应用举例：在某单元格中输入公式：= COLUMN (A18)，确认后返回 A17 单元格所在的列数 1。

4）OFFSET 函数

OFFSET 函数用于以指定的引用为参照系，通过给定偏移量得到新的引用。返回的引用可以为一个单元格或单元格区域。并可以指定返回的行数或列数。

语法格式：OFFSET(reference, rows, cols, [height], [width])

参数说明：Reference 不可省略，作为偏移量参照系的引用区域。Reference 必须为对单元格或相连单元格区域的引用；否则，OFFSET 返回错误值 #VALUE!。

Rows 不可省略，相对于偏移量参照系的左上角单元格上（下）偏移的行数。如果使用 5 作为参数 Rows，则说明目标引用区域的左上角单元格比 reference 低 5 行。行数可为正数（代表在起始引用的下方）或负数（代表在起始引用的上方）。

Cols 不可省略，相对于偏移量参照系的左上角单元格，左（右）偏移的列数。如果使用 5 作为参数 Cols，则说明目标引用区域的左上角的单元格比 reference 靠右 5 列。列数可为正数（代表在起始引用的右边）或负数（代表在起始引用的左边）。

Height 为可选，高度，即所要返回的引用区域的行数。Height 必须为正数。

Width 为可选，宽度，即所要返回的引用区域的列数。Width 必须为正数。

应用举例：在某单元格中输入公式：=OFFSET(A1,14,2)，将显示 C15 单元的内容（偏移 A1 单元 14 行，2 列）。

2．函数应用示例

【例 1】计算固定资产折旧

本例中固定资产月折旧额的计算公式是：月折旧额=（原值−残值）/总折旧月数，该计算没有难度。报表月底累计折旧用公式：报表月底累计折旧=月折旧额×累计折旧月份，其中累计折旧月份需要计算出自设备购入月与报表月之间共有几个月，用 DATEDIF 函数可以很容易的算出。

具体操作步骤如下：

（1）打开“函数应用.xlsx”文件，选择“折旧”表（见图 2-3-23）。

	A	B	C	D	E	F	G	H
1	20012年1月固定资产折旧明细表							
2	序号	品名	购入时间	折旧年限	原值	残值率%	月折旧额	报表月底累计折旧
3	1	起重机	20011-12-13	30	1000000	6		
4	2	卡车	20011-12-20	10	300000	6		
5	3	搅拌机	2001-1-21	10	100000	3		
6	4	电焊机	2002-12-3	10	50000	3		
7	5	液压机	2003-5-12	30	200000	2		
8	6	电梯	2004-12-1	15	800000	5		
9								
10		说明：月折旧额=(原值-残值)/总折旧月数						

图 2-3-23　固定资产折旧计算素材

（2）在 G3 单元输入公式：=(E3−E3*0.06)/(D3*12)。

（3）在 H3 单元输入公式：=G3*DATEDIF(C3,"2012-1-31","m")。

（4）之后将 G3:H3 区域中 2 个输入公式复制到 G4:H8 区域即可完成本示例的计算。

【例 2】为报表中的数据每隔一行设置底纹和粗字体

要设置图 2-3-24 所示的格式，如果数据行教少，手工设置还可应付，但是当数据行很多时，就非常花时间了，将 MOD 和 ROW 函数嵌套使用，在图 2-3-21 所示的“新建格式规则”对话框中输入公式：=MOD(ROW(),2)=1，就可解决问题。

	A	B	C	D	E	F	G	H
1	**订单号**	**产品号**	**车名**	**销售价格**	**数量**	**折扣**	**总价**	**雇员姓名**
2	10248	63	小飞龙 10	31770	4	0	127080	刘英玫
3	**10248**	**18**	**利亚纳两**	**91853**	**3**	**0**	**275559**	**刘英玫**
4	10248	3	奥迪A4 3.	805927	1	0	805927	刘英玫
5	**10248**	**12**	**索纳塔2.**	**233609**	**5**	**0**	**1168045**	**刘英玫**
6	10249	14	君越 2.4	245626	9	0	2210634	孙林
7	**10249**	**51**	**丰田大霸**	**592072**	**10**	**0**	**5920720**	**孙林**
8	10250	65	东风小王	70671	5	0.15	300351.7	郑建杰

图 2-3-24　隔行设置底纹

在上述公式中，MOD 函数返回一个数（第一个参数）除以除数（第二个参数）之后的余数。ROW 函数返回当前行编号。如果将当前行编号除以 2，那么对于偶数编号，余数始终为 0，对于奇数编号，余数始终为 1。由于 0 为 FALSE 而 1 为 TRUE，因此可以对每个奇数行设置格式。

具体操作步骤如下：

（1）打开“函数应用.xlsx”文件，选择“格式”表中所有数据区域。

（2）在“开始”选项卡的“样式”组中，单击“条件格式”按钮，在弹出的列表中选择“新建规则”。

（3）在打开的“新建格式规则”对话框中输入公式：=MOD(ROW(),2)=1。

（4）设置底纹和字体格式（本例采用淡绿底纹、加粗字体格式）。

【例 3】行转列

要求在“函数应用.xlsx”文件的“行转列结果”表中将“行转列”表的数据转换成列的形式。

在实际工作中，很多人都会建立图 2-3-25 所示的表格，但由于数据处理方式的限制及需要和数据库共享数据时，这种表格非常不合适，需要将表格形式的数据转换成图 2-3-26 所示的列表形式。在 Excel 2010 中，虽然提供了表格转置的功能，但没有现成的工具来直接完成这样的转换。要完成这样的转换，需要巧妙地使用 OFFSET、ROW、MOD、INT 函数嵌套组合。

	A	B	C	D	E	F
1	车名	刘鹏	尹歌	林彩瑜	潘杰	施德福
2	小飞龙 10	1	9	17	25	33
3	利亚纳两厢	2	10	18	26	34
4	奥迪A4 3.	3	11	19	27	35
5	索纳塔2.7	4	12	20	28	36
6	君越 2.4	5	13	21	29	37
7	丰田大霸王	6	14	22	30	38
8	东风小王	7	15	23	31	39
9	奔驰 SL35	8	16	24	32	40

图 2-3-25　待转换的行数据（甲表）

	A	B	C
1	车名	业务员	数量
2	小飞龙 1032v3JA4-1	刘鹏	1
3	利亚纳两厢手动实用型	刘鹏	2
4	奥迪A4 3.0	刘鹏	3
5	索纳塔2.7GLS GOLD	刘鹏	4
6	君越 2.4豪华版	刘鹏	5
7	丰田大霸王2.4L	刘鹏	6
8	东风小王子(EQ7101BP)	刘鹏	7
9	奔驰 SL350	刘鹏	8
10	小飞龙 1032v3JA4-1	尹歌	9
11	利亚纳两厢手动实用型	尹歌	10
12	奥迪A4 3.0	尹歌	11
13	索纳塔2.7GLS GOLD	尹歌	12
14	君越 2.4豪华版	尹歌	13
15	丰田大霸王2.4L	尹歌	14
16	东风小王子(EQ7101BP)	尹歌	15
17	奔驰 SL350	尹歌	16
18	小飞龙 1032v3JA4-1	林彩瑜	17
19	利亚纳两厢手动实用型	林彩瑜	18
20	奥迪A4 3.0	林彩瑜	19
21	索纳塔2.7GLS GOLD	林彩瑜	20

图 2-3-26　转换成列的数据（乙表）

OFFSET 函数有 3 个参数不可省略，第 1 个参数是引用基准，第 2 个参数是行偏移量，第 3 个参数是列偏移量，确定了这 3 个参数，就可在某个单元格显示按基准偏移行和列所在单元格的内容。因此，只要能找出甲乙 2 表行列之间的关系，就可嵌套使用 ROW、MOD、INT 函数，完成行转换列的任务。

（1）设置乙表车名列（A 列）的转换公式。

乙表 A 列显示的数据是按业务员的人数，不断重复的甲表 A 列数据。乙表中的 2、10、18…行内容都由甲表的第 2 行（B2 单元）转换而来。数据在显示的过程中，行发生了偏移，列没有偏移。

乙表 A 列的第一个数据在 A2 单元，所以引用基准选“行转列”表的 A2 单元。

乙表中的 3、11、19 行内容都由甲表的第 3 行（B3 单元）转换而来。甲乙 2 表中的行存在着规律：以甲表第 2 行为基准，“（乙表的行号−2）/8”的余数等于与基准的行偏移量，可用函数 MOD(ROW()-2,8)表示。

注 意

在公式中为为何要将行号减 2 呢？因为基准点设在第 2 行，而 ROW 函数求得的是行号，不是偏移量。所以为了消除偏差，在行号中先减去基准点的行号 2。

乙表中显示的数据都是甲表 A 列数据，与引用基准 A2 比较，偏移量为 0。

根据上述分析，要达到转换 A 列的目的，只要在“行转列结果”表中的 A2 单元直接输入公式：

```
=OFFSET(行转列!$A$2,MOD(ROW(A2)-2,8),0)
```

（2）设置乙表业务员列（B 列）的转换公式。

乙表 B 列显示的数据是甲表中车的 8 个品种，先连续 8 遍显示 B1 单元业务员的姓名，再连续 8 遍显示 C1 单元业务员的姓名，依次类推，直到 5 个操作员姓名全部显示完毕。数据在显示的过程中，行没有发生偏离，列发生了偏移。

甲表 B 列的第一个数据在 B1 单元，所以引用基准选“行转列”表的 B1 单元。

乙表显示的数据都是甲表第 1 行的数据，与引用基准 B1 比较，偏移量为 0

乙表中 B2:B9 的数据来自甲表的第 2 列（B1 单元），B10:B17 的数据来自甲表的第 3 列（C1 单元）甲乙 2 表中的列存在着规律：“（乙表的行号−2）/8”的整数等于与基准的列偏移量，可用函数 INT((ROW()−2)/8)表示。

根据上述分析，要达到转换 B 列的目的，只要在“行转列结果”表中的 B2 单元直接输入公式：

```
=OFFSET(行转列!$B$1,0,INT((ROW(B2)-2)/8))
```

注 意

基准点设在第 1 行，为了消除基准点偏差，只需在公式中减 1，为何在公式中为还要将行号减 2 呢？因为虽然基准点设在第 1 行，但是在乙表显示的第一个引用数值却在第 2 行，要再多减一个 1，所以还是要在公式中将行号减 2 来消除偏差。

（3）设置乙表数量列（C 列）的转换公式。

乙表 C 列显示的数据是甲表业务员的销售数据，先连续显示甲表 B 列业务员 8 个数据，再连续显示甲表 C 列业务员 8 个销售数据，依次类推，直到 5 个业务员的销售数据全部显示完毕。数据在显示的过程中，行、列都发生了偏移。

甲表 B 列的第一个数据在 B2 单元，所以引用基准选“行转列”表的 B2 单元。

行偏移量可用函数 MOD(ROW()-2,8)表示。

列偏移量，可用函数 INT((ROW()-2)/8)表示。

要达到转换 C 列的目的，只要在“行转列结果”表中的 C2 单元直接输入公式：

```
=OFFSET(行转列!$B$1,0,INT((ROW(B2)-2)/8))
```

（4）至此，“行转列结果”表中的 A2、B2、3 个公式全部设置完毕，只要利用填充柄拖动复制公式，直到出现“业务员”和“数量”列出现 0，表示数据全部转换完成，删除多复制的公式即可完成全部行转列的任务。

思考与练习

1．函数有哪些输入方法？如何输入嵌套函数比较方便？

2．本任务介绍了哪些字符串处理函数？各有什么功能？

3．Excel 2010 中有多种函数，怎么知道某个函数的功能是什么？

4．Excel 2010 复制公式的方法有几种？

5．列举几个可以使用 if 函数的示例。

6．条件格式有什么特点？如何在条件格式中使用函数？

7．要求使用素材文件“月度报表.xlsx”中“导入数据”表中的部分原始数据，完成的 2012 年报 1 月至 2013 年 2 月份的 4 张销售汇总月度报表。

8．在素材文件“函数应用.xlsx”文件的“日期转换”表中，A 列中保存着日期，使用不同的方法将进行日期转换后的结果列于 B、C、D 列中，如图 2-3-16 所示。

（1）日期转换 1 的方法要求先用 YEAR 函数转换日期中的年份，再用 MONTH 函数转换日期中的月份，不管用 MONTH 函数转换出来的月份数是几位，先在前面补 1 位“0”，然后再截取右面的 2 位，拼在年份后面。

（2）日期转换 2 的方法是先用 YEAR 转换日期中的年份，再用 IF 函数判断是否需要在 MONTH 函数转换出来的月份数前补“0”，然后将 IF 函数判断的结果拼在年份后面。

（3）日期转换 3 的方法是直接用 IF 函数判断，判断的依据是 LEN 函数计算的月份数长度否是 1，如果是 1 位，直接将经转换年份+“0”+经转换的月份。否则直接将经转换年份+经转换的月份。

9．要求在“函数应用.xlsx”文件的“身份证号”表中，按图 2-3-17 显示的身份证号码，获取每个人的出身年月，年龄、和性别信息。

10．工资单中的见分进角计算。要求在“函数应用.xlsx”文件的“见分进角”表中，按图 2-3-18 用 3 种不同的方法完成计算。

（1）实发工资 1 计算的方法是用 MOD 函数计算得到实发工资除 0.1 以后的余数，再用 IF 函数判断。

（2）实发工资 2 计算是将实发工资先加上 0.04，再用 ROUND 函数进行舍位操作。

（3）实发工资 3 计算是使用 INT 求整函数对实发工资进行见分进角处理。

11．工资单中的见角进元计算。要求在“函数应用.xlsx”文件的“见角进元”表中，用 3 种不同的方法完成计算。

12．设置条件格式。要求在“函数应用.xlsx”文件的“见角进元”表中，按表中要求完成条件格式的设置。

13．DATEDIF 函数的使用。要求在“函数应用.xlsx”文件的“折旧”表中，完成月折旧额和报表月底累计折旧的计算。

14．要求在“函数应用.xlsx”文件的“格式”表中，为报表中的数据每隔一行设置底纹和粗字体。

15．行转列。要求在“函数应用.xlsx”文件的“行转列结果”表中将“行转列”表的数据转换成列的形式。

16．列转行。要求在“函数应用.xlsx”文件的“列转行结果”表中将“列转行”表的数据转换成行的形式。

任务四　便民店收发存报表——函数的基本应用二

任务描述

收发存管理几乎是所有企业都必须进行的管理工作。虽然许多大企业都已使用专门的管理软件来辅助进行收发存管理工作，但是也有众多的小企业受资金、规模、业务量等各种因素的影响，尚无能力购买专用软件实现收发存的管理。在这些企业中，巧妙应用 Excel 2010 所提供各种函数，不用专用软件，同样可以实现小规模的收发存计算机辅助管理。

本任务要求根据素材中“收发存.xlsx”文件所提供的图 2-4-1～图 2-4-4 所提供的商品、201112、员工、流水 4 个原始数据表，完成以下 4 个表格的编制：

（1）收发存销售数据输入设计。

（2）编制动态结存数报表。

（3）编制收发存月报（2012 年 1 月与 2012 年 2 月）。

	A	B	C	D
1	商品目录			
2	商品号	商品名称	单价	单位
3	10	蕃茄酱	8	罐
4	11	胡椒粉	32	袋
5	12	黑奶糖	28.8	盒
6	13	浪花奶糖	2	盒
7	14	大众奶糖	16.8	盒
8	15	花奶糖	27.2	盒
9	16	白奶糖	25.6	盒
10	17	饼干	13.9	包
11	18	蛋糕	9.5	块
12	19	绿豆糕	10	块
13	20	桂花糕	64.8	块
14	21	棉花糖	24.9	袋
15	22	柳橙汁	36.8	盒
16	23	蜜桃汁	18	盒
17	24	绿茶	210.8	盒
18	25	海参	310.6	kg
19	26	黄豆	6.6	kg
20	27	花生	8	kg

图 2-4-1　商品表中的数据

	A	B	C	D	E	F
1	南新便民店收发存月报表					
2		统计期间：	2011-12-1	-----	2011-12-31	
3	商品号	商品名称	期初	进货	销售	结存
4	10	蕃茄酱	300		50	250
5	11	胡椒粉	350			350
6	12	黑奶糖	168	15	26	157
7	13	浪花奶糖	250		25	225
8	14	大众奶糖	120	12	50	82
9	15	花奶糖	780		103	677
10	16	白奶糖	600	50	52	598
11	17	饼干	300		135	165
12	18	蛋糕	350		100	250
13	19	绿豆糕	350		24	326
14	20	桂花糕	360		66	294
15	21	棉花糖	370	25	72	323
16	22	柳橙汁	380	15	48	347
17	23	蜜桃汁	390		46	344
18	24	绿茶	400	30		430
19	25	海参	410			410
20	26	黄豆	420	60	119	361
21	27	花生	430	14	181	263

图 2-4-2　2011 年 12 收发存报表中的数据

	A	B	C
1	员工号	名字	职务
2	1	张颖	销售代表
3	2	王伟	副总裁(销售)
4	3	李芳	销售代表
5	4	郑建杰	销售代表
6	5	赵军	销售经理
7	6	孙林	销售代表
8	7	金士鹏	销售代表
9	8	刘英玫	内部销售协调员
10	9	张雪眉	销售代表

图 2-4-3　员工表中的数据

	A	B	C	D	E	F	G	H
1	雇员	日期	业务类别	商品号	商品名称	单价	数量	售价
2	金士鹏	2012-01-01	销售	23			3	
3	张雪眉	2012-01-01	销售	26			7	
4	李芳	2012-01-02	销售	19			21	
5	张雪眉	2012-01-02	销售	27			40	
6	李芳	2012-01-03	销售	20			15	
7	郑建杰	2012-01-03	销售	22			60	
8	赵军	2012-01-03	销售	26			35	
9	金士鹏	2012-01-04	销售	18			30	
10	金士鹏	2012-01-04	销售	22			25	

图 2-4-4　流水表中的部分数据

（4）编制数据分析表（2012 年 1 月与 2012 年 2 月）。

要求：除收发存销售数据输入之外，在其余的表格中，除表头及表标题外的所有数据都用公式进行设置，即只要在流水表中添加输入 2012 年 1 月或 2 月间的任何一笔业务数据，立刻反映在报表中。

任务分析

1．收发存销售数据输入设计

观察图 2-4-4 可以看到，虽然在流水表中输入数据可以在 Excel 2010 中直接进行，但需要大量输入重复的数据，既费时费力，又可能发生输入错误。如果能直接选择其他表中已有的数据来减少数据的输入，就可大大提高工作效率，规范输入的数据。流水表中的输入项共有 8 列，对这 8 列数据逐一分析如下：

第 1 列中需要输入的雇员姓名，和图 2-4-3 员工表中的雇员姓名完全相同，由于雇员人数不多，可以采用数据有效性设置来设置下拉列表供选择输入。

第 2 列中需要输入日期，没有捷径可用，只能手工输入。

第 3 列中需要输入业务类别，从图 2-4-4 可以看到，该列只有“进货”和“销售”2 项内容，最适合采用数据有效性来设置下拉列表供选择输入。

第 4 列中输入商品号，该商品号是商品表中某个商品的商品号，由于商品号只限于 2 位且范围有限，可以利用数据有效性设置来限制输入值的区间以防止商品号的误输入。

第 5 列中输入的商品名称，是根据输入的商品号查找商品表中相同的商品号，然后输入该商品的名称。可以使用 VLOCKUP 函数来根据输入的商品号查找商品表中相同的商品号，并显示商品表中对应的商品名称。由于在表中要不断添加数据，必须事先（在相应行的商品号还未输入时）在本列的单元格中预先复制这公式。

第 6 列中输入的商品单价，也只需要用 VLOCKUP 函数查找商品表中与输入商品号相同的商品，显示该商品的单价，并且事先在本列的单元格中预先复制这公式。

第 7 列中需要数量，没有捷径可用，只能手工输入。

第 8 列中输入的商品售价，可用公式“=数量×单价”计算。也需事先在本列的单元格中预先复制这公式。

注 意

“流水”表中的业务数据有 142 行，本任务中事先将公式复制到 250 行，并按 250 行设置公式中的数据范围。

2．编制动态结存数报表

在动态结存数报表，一般需要显示商品号、商品名称、年期初数、累计进货数、累积销售数、结存数。按此想法编制完成的动态结存数报表如图 2-4-5 所示。

在该报表中，商品号、商品名称取自“商品”表。期初数取自“201112”表的结存数，要用 VLOCKUP 函数根据商品号在“201112”表中查找后获取。结存数由公式“=期初+进货−销售”计算得到。进货、销售数取自“流水”表。表中的某种商品进货数是“流水”表中满足与该商品号相同且业务类别为“进货”2 个条件的所有数据的数量合计。例如图 2-4-5 中的 D4 单元，就是流水表中所有商品号=“10”（番茄酱的代码）且业务类别=“进货”的所有销售数量的合计数。

	A	B	C	D	E	F
1	南新便民店收发存动态报表					
2						
3	商品号	商品名称	期初	进货	销售	结存
4	10	蕃茄酱	250	60	70	240
5	11	胡椒粉	350	0	174	176
6	12	黑奶糖	157	79	165	71
7	13	浪花奶糖	225	22	25	222
8	14	大众奶糖	82	12	50	44
9	15	花奶糖	677	0	103	574
10	16	白奶糖	598	60	76	582
11	17	饼干	165	135	238	62
12	18	蛋糕	250	16	161	105
13	19	绿豆糕	326	35	276	85
14	20	桂花糕	294	67	93	268
15	21	棉花糖	323	115	244	194
16	22	柳橙汁	347	60	214	193
17	23	蜜桃汁	344	0	99	245
18	24	绿茶	430	60	258	232
19	25	海参	410	0	30	380
20	26	黄豆	361	60	234	187
21	27	花生	263	226	293	196

图 2-4-5　动态结存数报表

3．编制收发存月报（2012 年 1 月与 2012 年 2 月）

收发存月报的要求和动态结存数报表基本相同。编制完成的动态结存数报表如图 2-4-6 所示。

	A	B	C	D	E	F
1	南新便民店收发存月报表					
2		统计期间：	2012-1-1	------	2012-1-31	
3	商品号	商品名称	期初	进货	销售	结存
4	10	蕃茄酱	250	0	50	200
5	11	胡椒粉	350	0	0	350
6	12	黑奶糖	157	15	26	146
7	13	浪花奶糖	225	0	25	200
8	14	大众奶糖	82	12	50	44
9	15	花奶糖	677	0	103	574
10	16	白奶糖	598	50	52	596
11	17	饼干	165	135	100	200
12	18	蛋糕	250	16	100	166
13	19	绿豆糕	326	35	24	337
14	20	桂花糕	294	0	81	213
15	21	棉花糖	323	115	228	210
16	22	柳橙汁	347	40	108	279
17	23	蜜桃汁	344	0	99	245
18	24	绿茶	430	60	123	367
19	25	海参	410	0	0	410
20	26	黄豆	361	60	154	267
21	27	花生	263	214	171	306

	I	J	K	L
1	南新便民店业务数据分析			
2	统计期间：	2012-1-1	------	2012-1-31
3	商品号	商品名称	销售笔数	平均销量
4	10	蕃茄酱	2	25
5	11	胡椒粉	0	0
6	12	黑奶糖	3	10
7	13	浪花奶糖	1	25
8	14	大众奶糖	1	31
9	15	花奶糖	4	26
10	16	白奶糖	3	26
11	17	饼干	2	78
12	18	蛋糕	4	23
13	19	绿豆糕	2	20
14	20	桂花糕	4	20
15	21	棉花糖	9	26
16	22	柳橙汁	4	25
17	23	蜜桃汁	6	17
18	24	绿茶	4	31
19	25	海参	0	0
20	26	黄豆	9	19
21	27	花生	5	55

图 2-4-6　收发存月报表及数据分析表

在该报表中，商品号、商品名称、结存数与动态结存数报表完全相同。2012 年 1 月报表的期初数取自“201112”表的结存数（2012 年 2 月报表的期初数取自 2012 年 1 月报表的结存数），要用 VLOCKUP 函数根据商品号在“201112”表中查找后获取。进货、销售数虽也取自“流水”表，但取出的是满足统计时间要求的部分数据。因此收发存月报表中“进货”列下的某种商品进货数是“流水”表中满足与该商品号相同、业务类别为“进货”、日期>=统计起始时间、日期<=统计截止时间 4 个条件的所有数据的数量合计。表中“销售”列下的某种商品进货数是“流水”表中满足与该商品号相同、业务类别为“销售”、日期>=统计起始时间、日期<=统计截止时间 4 个条件的所有数据的数量合计。也可以使用 Sumifs 直接计算得到。

4．编制数据分析表（2012 年 1 月与 2012 年 2 月）

数据分析表是为了满足管理需要所制作的表格，表中所设定的项目完全根据管理要求确定，图 2-4-6 中的分析表只是一个示例表，商品号和商品名称的取数与收发存月报表相同，销售笔数与平均销量取数要求也与收发存月报表相同，销售笔数使用 Countifs 函数计算，平均销量用“销售量/销售笔数”计算得到。

方法与步骤

1．收发存销售数据输入设计

（1）打开“收发存.xlsx”文件，选择“流水”表的 A2:A250 区域。

（2）在“数据”选项卡的“数据工具”组中，单击“数据有效性”按钮，在弹出的列表中选择“数据有效性”选项。

（3）在弹出的图 2-4-7 所示的“数据有效性”对话框中按图进行设置后单击“确定”按钮。

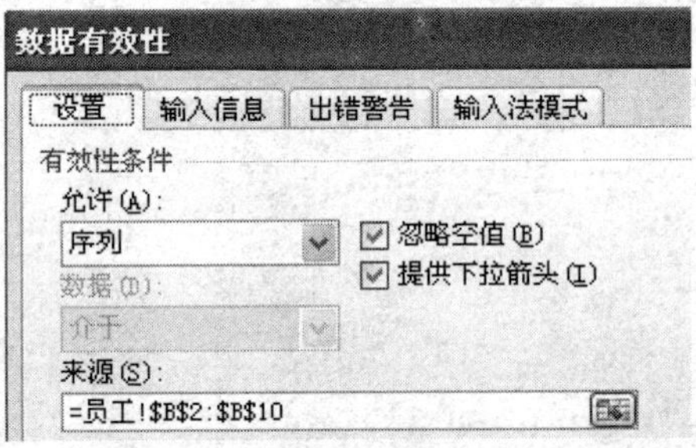

图 2-4-7　雇员列设置

（4）选择“流水”表的 C2:C250 区域，在“数据”选项卡上的“数据工具”组中，单击“数据有效性”按钮，在弹出的列表中选择“数据有效性”选项。

（5）在图 2-4-8 中进行设置后单击“确定”按钮。

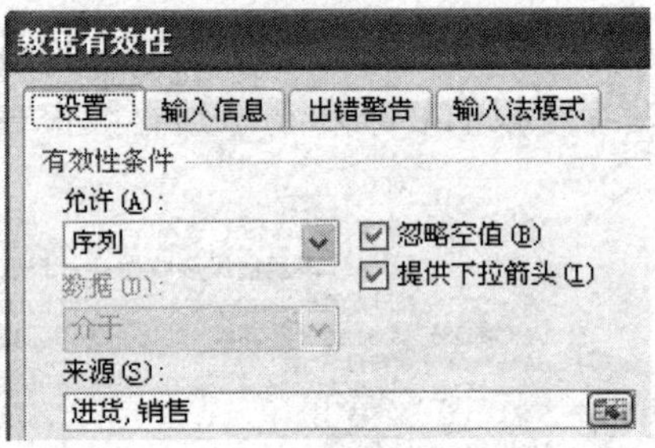

图 2-4-8　业务类别列设置

（6）选择“流水”表的 D2:D250 区域，在“数据”选项卡的“数据工具”组中，单击“数据有效性”按钮，在弹出的列表中选择“数据有效性”选项。

（7）按图 2-4-9 和图 2-4-10 进行设置后单击“确定”按钮。

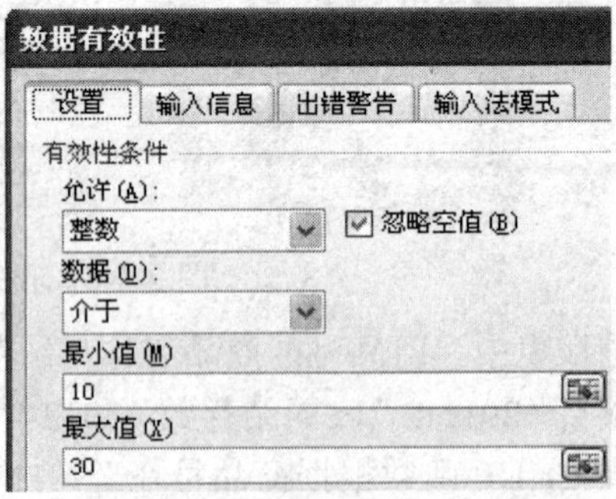

图 2-4-9　输入数据范围设置

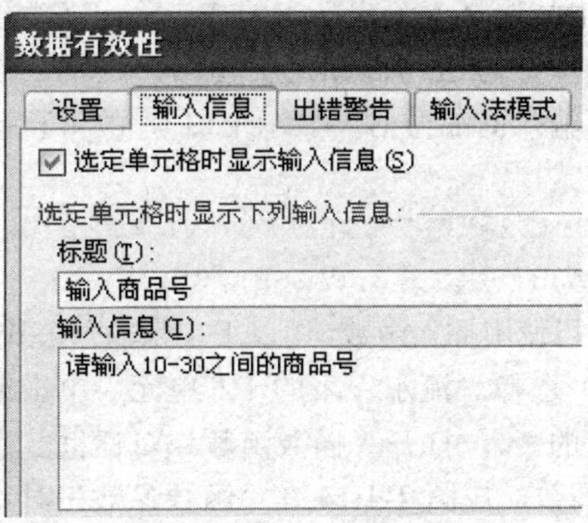

图 2-4-10　输入提示信息设置

（8）选择“流水”表的 E2 单元，单击“插入函数” *fx*，选择 VLOCKUP 函数后，按图 2-4-11 输入函数参数后输入公式：

=VLOOKUP(D2,商品!$A$3:$C$20,2,FALSE)

图 2-4-11　设置 VLOCKUP 函数的参数

（9）将公式复制到 E3:E250 区域后，可以看到在 E142 行以后的公式都出现了出错信息，如图 2-4-12 所示。这是因为这些单元前都没有输入商品号所致的函数出错，可以修改公式，嵌套使用 IFERROR 函数使出现出错信息时显示“无此商品”。将原公式修改为：

=IFERROR(VLOOKUP(D143,商品!$A$3:$C$20,2,FALSE),"无此商品")

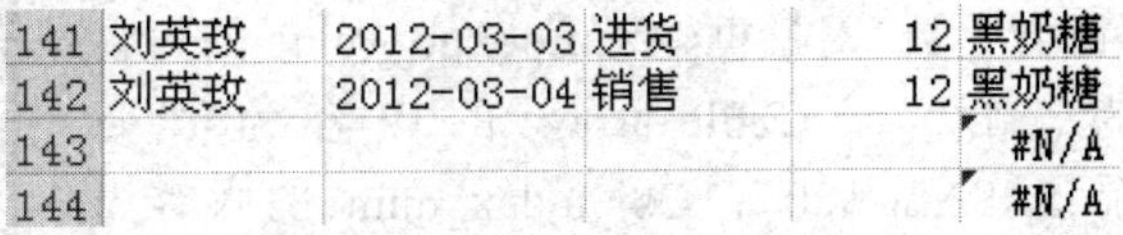

图 2-4-12　显示出错信息

（10）再次将公式复制到 E3:E250 区域后，可以看到在 E142 行以后虽然不出现出错信息，但是显示的都是“无此商品”，如图 2-4-13 所示。这一现象还是因为这些单元前都没有输入商品号，使 VLOCKUP 函数找不到对应的商品所致。如果希望未输入商品代码不显示任何数据。还可修改公式，再次嵌套使用 IF 函数使未输入商品代码时显示空白，修改后的公式为：

=IF(D2="","",IFERROR(VLOOKUP(D2,商品!$A$3:$C$20,2,FALSE),"无此商品"))

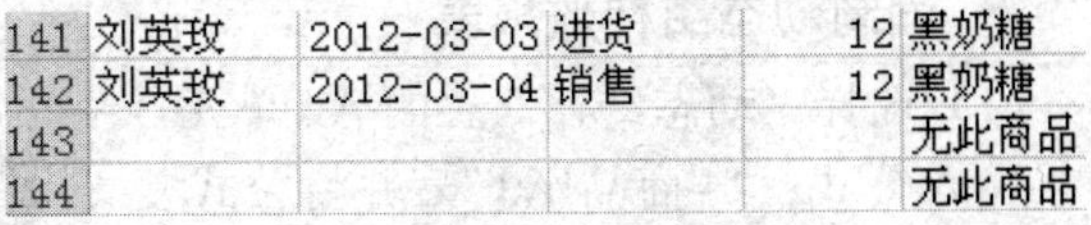

图 2-4-13　显示“无此商品”信息

（11）最后将公式复制到 E3:E250 区域，完成本公式输入。

（12）选择“流水”表的 F2 单元（由于单价的取数方法与商品名称相同，区别只是当没有输入商品号时，显示空白），故可直接输入公式：

```
=IF(D2="","",IFERROR(VLOOKUP(D2,商品!$A$3:$C$20,3,FALSE),""))
```

也可使用插入函数，用以下步骤输入公式：

① 选择“流水”表的 F2 单元，单击编辑栏上的 fx，打开“插入函数”对话框。选择 IF 函数，按图 2-4-14 在“函数参数”对话框输入 Logical_test 的内容为“D2=""”；Value_if_true 的内容为“""”，单击 Value_if_false 文本框，把光标放在文本框内。

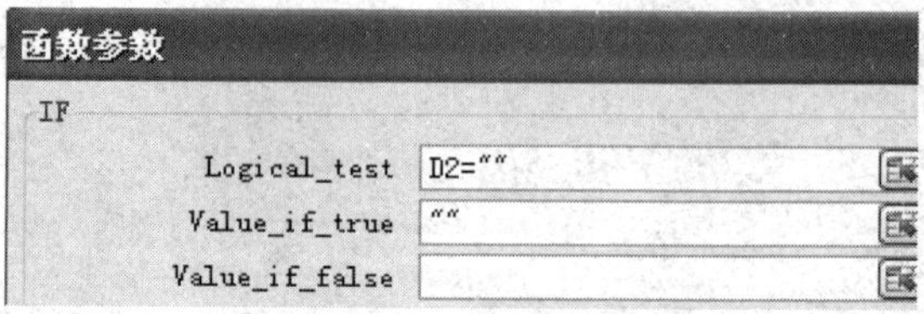

图 2-4-14 设置 IF 函数的参数

② 单击图 2-4-15 所示的编辑栏左面的下拉箭头，在函数列表中选择 IFERROR 函数，按图 2-4-16 在“函数参数”对话框输入 Value_if_error 的内容为“""”，单击 Value 文本框，把光标放在文本框内。

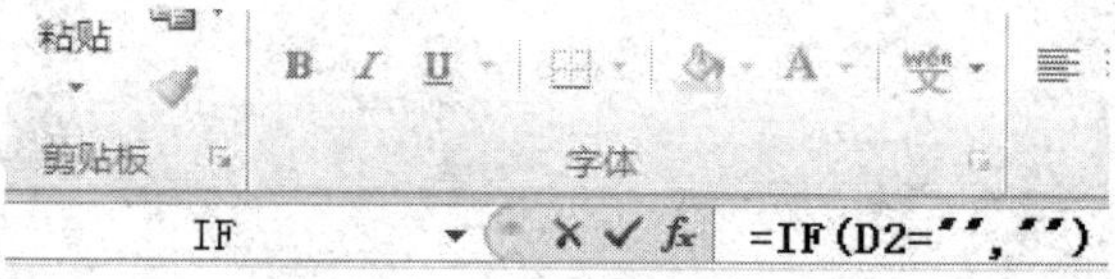

图 2-4-15 编辑栏左端

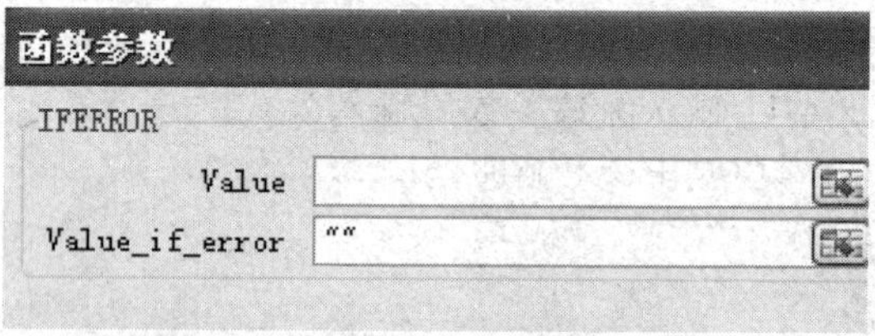

图 2-4-16 设置 IFERROR 函数的参数

③ 单击编辑栏左面的下拉箭头，在函数列表中选择 VLOOKUP 函数，按图 2-4-17 在“函数参数”对话框输入 Lookuo_value 的内容为“D2”；Table_array 的内容为“商品!$A$3:$C$20”；Col_index_num 的内容为“3”；Range_lookup 的内容为“FALSE”后单击“确定”按钮完成公式输入。

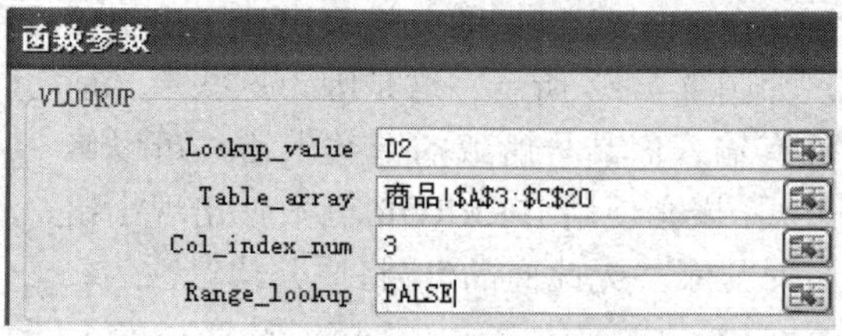

图 2-4-17 设置 VLOOKUP 函数的参数

④ 最后将所输入的公式复制到 F3: F250 区域，完成本公式输入。

（13）选择“流水”表的 H2 单元，如果直接输入公式：“= F2*G2”，在 142 行以后，由于单价的值被设置为“""”，故会出错。用 IF 函数来进行判断，可以解决问题，直接输入公式：“=IF(F2="","",F2*G2)”，之后将公式复制到 H2:H250 区域。

2. 编制动态结存数报表

（1）选择“动态结存”表的 A4 单元，直接输入公式：“=商品!A3”，并将公式复制到 B4 单元。

（2）选择“动态结存”表的 C4 单元，直接输入公式：“=VLOOKUP(A4,'201112'!A:F,6,FALSE)”或单击编辑栏上的 fx，打开“插入函数”对话框。选择 VLOOKUP 函数，如图 2-4-18 所示“函数参数”对话框输入参数后完成公式输入。

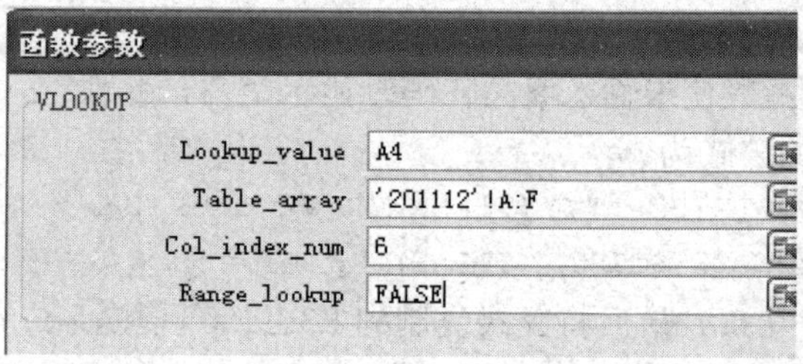

图 2-4-18 设置 VLOOKUP 函数的参数

（3）选择“动态结存”表的 D4 单元，直接输入公式：

=SUMIFS(流水!$G$2:$G$250,流水!$D$2:$D$250,$A4,流水!$C$2:$C$250,D$3)

或单击编辑栏上的 f_x，打开“插入函数”对话框。选择 SUMIFS 函数，如图 2-4-19 所示“函数参数”对话框输入参数后完成公式输入。

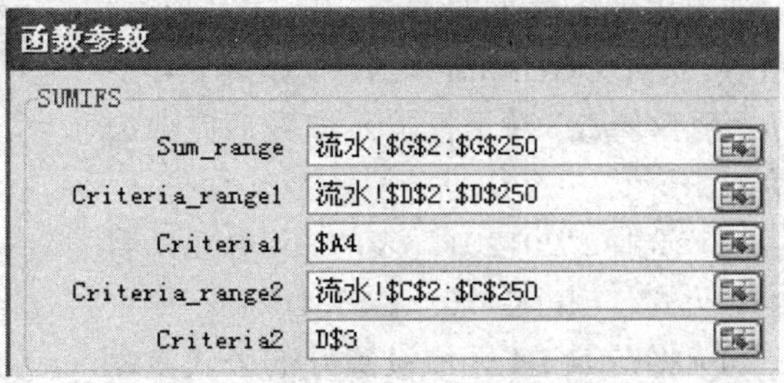

图 2-4-19　设置 SUMIFS 函数的参数

（4）选择“动态结存”表的 F4 单元，直接输入公式：“=C4+D4-E4”。

（5）将在 A4:F4 区域设置好的公式复制到 A5:F21 区域完成表格全部公式的设置。

3．编制收发存月报（2012 年 1 月与 2012 年 2 月）

（1）选择“201201”表的 A4 单元，直接输入公式：“=商品!A3”，并将公式复制到 B4 单元格。

（2）选择“201201”表的 C4 单元，直接输入公式：“=VLOOKUP(A4,'201112'!A:F,6,FALSE)”或单击编辑栏上的 f_x，打开“插入函数”对话框。选择 VLOOKUP 函数，如图 2-4-18 所示在“函数参数”对话框输入参数后完成公式输入。

（3）选择“201201”表的 D4 单元，直接输入公式：

=SUMIFS(流水!$G$2:$G$250,流水!$D$2:$D$250,$A4,流水!$C$2:$C$250,D$3,流水!$B$2:$B$250,">="&$C$2,流水!$B$2:$B$250,"<="&$E$2)

或单击编辑栏上的 f_x，打开“插入函数”对话框。选择 SUMIFS 函数，如图 2-4-20 所示“函数参数”对话框输入参数后完成公式输入，将公式复制到 E4 单元。

（4）选择“201201”表的 F4 单元，直接输入公式：=C4+D4-E4。

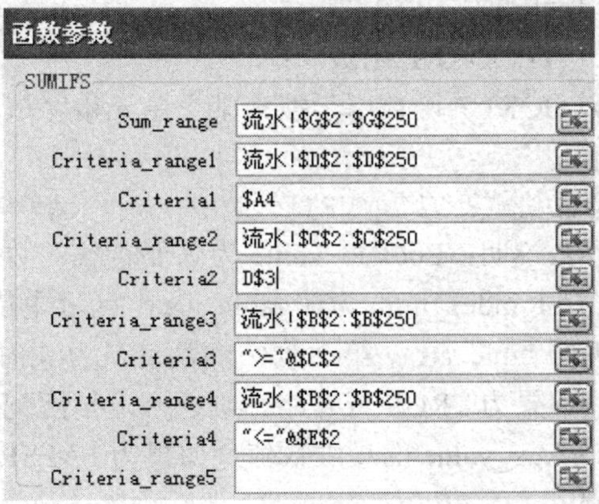

图 2-4-20　设置 SUMIFS 函数的参数

（5）将在 A4:F4 区域设置好的公式复制到 A5:F21 区域完成表格全部公式的设置。2012 年 1 月收发存月报编制完成。

（6）选中 A4:F4 区域，将该区域复制到“201202”表的相同位置。

（7）将“201202”表 C4 单元的内容修改为：=VLOOKUP(A4,'201201'!A:F,6,FALSE)

（8）将在 A4:F4 区域设置好的公式复制到 A5:F21 区域完成表格全部公式的设置。2012 年 2 月收发存月报编制完成。

4．编制数据分析表（2012 年 1 月与 2012 年 2 月）

（1）选择“201201”表的 I4 单元，直接输入公式：“=商品!A3”，并将公式复制到 J4 单元。

（2）选择“201201”表的 K4 单元，直接输入公式：

“=COUNTIFS(流水!$C$2:$C$250,$E$3,流水!$D$2:$D$250, I4, 流水!$B$2:$B$250, ">="&$J$2,流水!$B$2:$B$250,"<="&$L$2)”

或单击编辑栏上的 fx，打开“插入函数”对话框。选择 COUNTIFS 函数，如图 2-4-21 所示“函数参数”对话框输入参数后完成公式输入。

（3）选择“201201”表的 L4 单元，直接输入公式：=IF(K4=0,0,E4/K4)。

（4）将在 I4:L4 区域设置好的公式复制到 I5:L21 区域完成表格全部公式的设置。2012 年 1 月数据分析表编制完成。

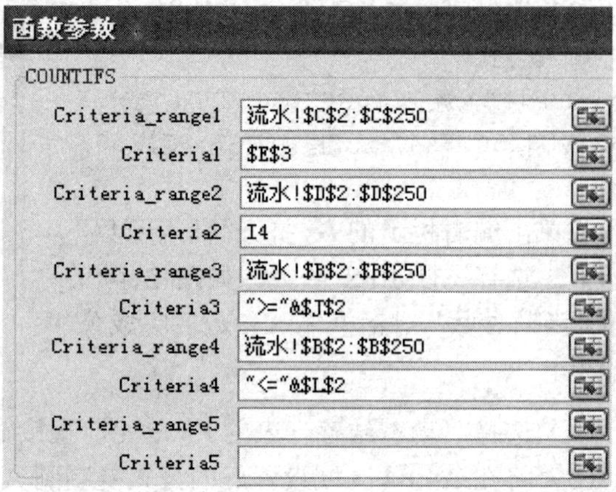

图 2-4-21　设置 COUNTIFS 函数的参数

（5）将“201201”表 I4:L21 区域的公式复制到“201202”表的相同区域，2012 年 2 月数据分析表也编制完成。

相关知识

相关函数

1）VLOOKUP 函数

VLOOKUP 函数用于搜索某个单元格区域的第一列，然后返回该区域相同行上任何单元格中的值。

语法格式：`VLOOKUP(lookup_value,table_array,col_index_num,range_lookup)`

参数说明：Lookup_value 为需要查找的数值；Table_array 为需要在其中查找数据的单元格区域；Col_index_num 为在 table_array 区域中待返回的匹配值的列序号（当 Col_index_num 为 2 时，返回 table_array 第 2 列中的数值，为 3 时，返回第 3 列的值……）；Range_lookup 为一逻辑值，如果为 TRUE 或省略，则返回近似匹配值，也就是说，如果找不到精确匹配值，则返回小于 lookup_value 的最大数值；如果为 FALSE，则返回精确匹配值，如果找不到，则返回错误值#N/A。

注 意

Lookup_value 参数必须在 Table_array 区域的首列中；如果忽略 Range_lookup 参数，则 Table_array 的首列必须进行排序。

VLOOKUP 函数应用示例 1

在“函数示例.xlsx”文件中，有一个“大气”表如图 2-4-22 所示，可输入下列公式来搜索“大气”表的“密度”列以查找“粘度”和“温度”列中对应的值。

（1）若在某单元格中输入“=VLOOKUP(1,A2:C10,2)”，显示结果为“2.17”。该公式使用近似匹配搜索 A 列中的值 1，在 A 列中找到小于等于 1 的最大值 0.946，然后返回同一行中 B 列的值。

（2）若在某单元格中输入“=VLOOKUP(1,A2:C10,3,TRUE)”，显示结果为“100”。该公式

使用近似匹配搜索 A 列中的值 1，在 A 列中找到小于等于 1 的最大值 0.946，然后返回同一行中 C 列的值。

	A	B	C
1	大气特征表		
2	密度	粘度	温度
3	0.457	3.55	500
4	0.525	3.25	400
5	0.606	2.93	300
6	0.675	2.75	250
7	0.746	2.57	200
8	0.835	2.38	150
9	0.946	2.17	100
10	1.09	1.95	50
11	1.29	1.71	0

图 2-4-22 大气特征表

（3）若在某单元格中输入“=VLOOKUP(0.7,A2:C10,3,FALSE)”，显示结果为“#N/A”。该公式使用精确匹配在 A 列中搜索值 0.7。因为 A 列中没有精确匹配的值，所以返回一个错误。

（4）若在某单元格中输入“=VLOOKUP(0.1,A2:C10,2,TRUE)”，显示结果为“#N/A”。该公式使用近似匹配在 A 列中搜索值 0.1。因为 0.1 小于 A 列中最小的值，所以返回一个错误。

（5）若在某单元格中输入“=VLOOKUP(2,A2:C10,2,TRUE)”，显示结果为“1.95”。该公式使用近似匹配搜索 A 列中的值 2，在 A 列中找到小于等于 2 的最大值 1.29，然后返回同一行中 B 列的值。

VLOOKUP 函数应用示例 2

在“函数示例.xlsx”文件中，有一个“列表”表如图 2-4-23 所示。在“列表”表中每种汽车的具体数据有 20 多项，查看不太方便。

	A	B	C	D	E	F	G	H	I
1	汽车编号	车名	厂商	厂商指导价	全国4S店最低价	发动机	变速箱	长×宽×高(mm)	车身结构
2	10	君威 2013款 1.6T 自动精英运动版	通用别克	20.99万	17.99万起	1.6T 184马力 L4	6挡手自一体	4830*1856*1484	4门5座三
3	11	君威 2012款 2.0L 舒适版	通用别克	18.59万	15.59万起	2.0L 147马力 L4	6挡手自一体	4830*1856*1484	4门5座三
4	12	君威 2012款 2.0L 豪华版	通用别克	20.39万	17.39万起	2.0L 147马力 L4	6挡手自一体	4830*1856*1484	4门5座三

图 2-4-23 列表中的部分数据

为了查看方便，可以增加一个“查询”表，在表中制作一个汽车查询界面，只要在表中输入一个汽车的编号，即可显示相应汽车的详细资料，制作完成的查询界面如图 2-4-24 所示。

制作汽车查询界面的关键是能根据输入的汽车编号，查找“列表”表中的“汽车编号”列，如果找到该与输入汽车编号相同的内容，显示该汽车编号右面列中相应的内容。使用 VLOOKUP 函数可方便地解决这一关键问题。

具体操作步骤如下：

（1）打开“函数示例.xlsx”文件，选中“查询”表，表中已输入了查询界面所需要查询的项目，按照图 2-4-24 设置查询界面的格式。

（2）在 A5 单元格输入“=C1”。

（3）在 A2 单元格输入“=VLOOKUP(C1,列表!A2:B34,2)”。该公式根据 C1 单元的输入内容查找“列表”表第 1 列的内容，并显示第 2 列对应的车名。

（4）在 B5 单元格输入“=VLOOKUP($C$1,列表!$A$2:$U$34,3)”。该公式根据 C1 单元的输入内容查找“列表”表第 3 列的内容，并显示第 3 列对应的厂商。

	A	B	C	D
1	请输入查询的汽车编号		23	
2	宝马3系 2013款 328Li 时尚型			
3				
4	汽车编号	厂商	厂商指导价	全国4S店最低价
5	23	华晨宝马	41.80万	37.10万起
6	发动机	变速箱	长×宽×高(mm)	车身结构
7	2.0T 245马力 L4	8挡手自一体	4734*1811*1455	4门5座三厢车
8	最高车速(km/h)	综合油耗(L)	整车质保	轴距(mm)
9	250	7.2	两年不限公里	2920
10	整备质量(Kg)	油箱容积(L)	发动机型号	进气形式
11	1590	60	N20B20	涡轮增压
12	最大马力(Ps)	最大功率(kW)	供油方式	环保标准
13	245	180	直喷	欧IV

图 2-4-24　汽车查询界面

（5）由于后面各个单元格所需显示的内容分别在第 4、5、6……列，逐个设置这些单元格的公式很麻烦，可使用“COLUMN(列表!C$1)”获取所需显示内容单元的列号，用 ROW 函数来获取当前单元的行号，并用“COLUMN(列表!C$1)+(ROW()-5)*2”计算当前单元显示的内容在“列表”表的第几列，用来的来替代公式中的参数“3”。因此可将 B5 单元的公式修改成

```
=VLOOKUP($C$1,列表!$A$2:$U$34,COLUMN(列表!C$1)+(ROW()-5)*2)
```

（6）将 B5 单元格修改后的公式复制到 C5、D5、A7、B7……单元格，即可完成查询界面的初步制作。

2）IFERROR 函数

IFERROR 函数用于捕获和处理公式中的错误。如果公式的计算结果为错误，则返回指定的值；否则将返回公式的结果。

语法格式：IFERROR(value, value_if_error)I

参数说明：value 不可省略，检查是否存在错误的参数。

value_if_error 不可省略，公式的计算结果为错误时要返回的值。计算得到的错误类型有：#N/A、#VALUE!、#REF!、#DIV/0!、#NUM!、#NAME? 或 #NULL!。

【例 1】 IFERROR 函数应用示例 1

在图 2-4-25 中，C 列中的平均价直接使用除法计算，由于 B2 单元的内容为“0”，所以 C2 单元格显示了出错信息“#DIV/0!”。这种情况在 Excel 中经常发生，对计算公式应用 IFERROR 函数稍加改进，就可避免这种情况的出现。

例如在 D2 单元输入公式“=IFERROR(A2/B2, " 计算中有错误")”，并将公式复制到 D3、D4 单元格，可得到图 2-4-25 所示的计算结果。该公式检查第一个参数中公式是否有错误，如未找到错误，返回公式结果；如检查第一个参数中公式有错误，返回第二个参数“计算中有错误”。

	A	B	C	D
1	销售价	销售量	平均价	应用IFERROR计算平均价
2	210	35	6	6
3	55	0	#DIV/0!	计算中有错误
4		23	0	0

图 2-4-25　IFERROR 函数应用

【例 2】IFERROR 函数应用示例 2

在图 2-4-24 汽车查询界面中，如果输入 1，由于找不到相对应的汽车资料，在汽车查询界面中就会出现图 2-4-26 所示的出错信息。

要避免图 2-4-26 所出现的错误信息，可对计算公式应用 IFERROR 函数稍加改进。

（1）修改 A2 单元的公式为：

```
=IFERROR(VLOOKUP(C1,列表!A2:B34,2,FALSE),"对不起,没有查到你需要的汽车资料")
```

应用这一公式后，如果找不到输入汽车编号相对应的汽车资料时，会显示“对不起，没有查到你需要的汽车资料”的提示。

（2）修改 B5 单元的公式为：

```
=IFERROR(VLOOKUP($C$1,列表!$A$2:$U$34,COLUMN(列表!C$1)+(ROW()-5)*2,FALSE),"")
```

应用这一公式后，如果找不到输入汽车编号相对应的汽车资料时，在单元格中不显示任何信息。

（3）将 B5 单元格的修改后的公式复制到 C5、D5、A7、B7 等单元格。

经过以上改进，查询界面的使用会显得较为友善，如图 2-4-27 所示。但此时如果删除输入的汽车编号，查询界面 A3 单元格还是显示“对不起，没有查到你需要的汽车资料”的提示。可以使用 IF 函数，检查输入单元格 C1 是否输入数据，如果未输入任何数据，则在 A3 单元不显示任何信息，如果输入了数据则正常显示。修改后的公式为：

```
=IF(C1="","",IFERROR(VLOOKUP(C1,列表!A2:B34, ,FALSE 2),"对不起,没有查到你需要的汽车资料"))
```

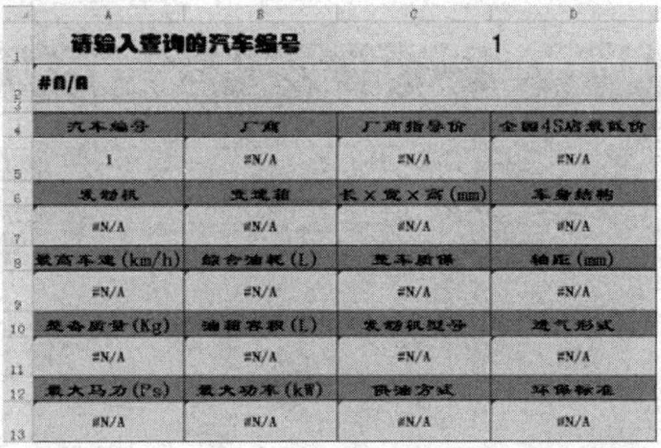

图 2-4-26　汽车查询界面出现的出错信息

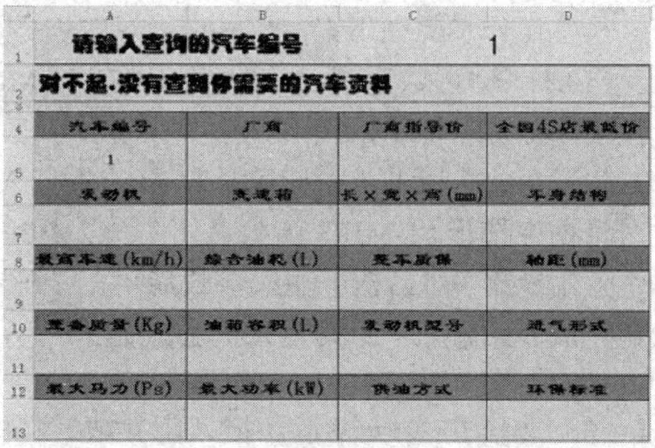

图 2-4-27　改进后的汽车查询界面

3）SUMIFS 函数

SUMIFS 函数用于对一组给定条件指定的单元格求和。它是在 Excel 2007 开始新增加的函数。

语法格式：

```
SUMIFS(sum_range,criteria_range1,criteria1,[criteria_range2,criteria2],…)
```

参数说明：sum_range 不可省略，对一个或多个单元格求和，包括数字或包含数字的名称、名称、区域或单元格引用。空值和文本值将被忽略。

criteria_range1 不可省略，在其中计算关联条件的第一个区域。

criteria1 不可省略，条件的形式为数字、表达式、单元格引用或文本，可用来定义将对 criteria_range1 参数中的哪些单元格求和。

criteria_range2, criteria2，…可选。附加的区域及其关联条件。最多允许 127 个区域/条件对。

注 意

SUMIFS 函数中每个 criteria_range 参数包含的行数和列数必须与 sum_range 参数相同。

【例 1】 SUMIFS 函数应用示例 1

要求在“函数示例.xlsx”文件的“SUMIFS 示例 1”表中，按照图 2-4-28 的计算要求，用 SUMIFS 函数完成计算。

	A	B	C	D	E
1	客户	月份	销售额	计算要求	计算结果
2	A	1	100	客户A的销售额	800
3	B	2	200	客户A的1月份销售额	100
4	A	3	300	客户A的1月份和2月份销售额	500
5	A	2	400	客户A的2月份和3月份销售额	700

图 2-4-28　SUMIFS 示例 1

分析图 2-4-28 的计算要求，这些计算不是简单相加就能计算得到的。要完成计算，必须满足以下计算条件：

（1）E2 单元格客户 A 的销售额计算要满足客户“=A”这一条件。

（2）E3 单元格客户 A 的 1 月份销售额计算要满足客户“=A”，月份=“2”这 2 个条件。

（3）E4 单元格客户 A 的 1 月份和 2 月份销售额要满足客户“=A”，月份“<=2”这 2 个条件。

（4）E5 单元格客户 A 的 2 月份和 3 月份销售额要满足客户“=A”，月份“>=2”这 2 个条件。

由于 SUMIFS 函数最多可以有 127 个条件，所以用 SUMIFS 函数可以方便的完成计算。

具体操作步骤如下：

（1）打开“函数示例.xlsx”文件，在“SUMIFS 示例 1”表中，选择 E2 单元格。

（2）在编辑栏上单击插入函数 *fx*，在插入函数对话框中选择 SUMIFS 函数后，在图 2-4-29 所示“函数参数”对话框中输入参数后单击“确定”按钮完成公式输入，最终输入的公式是：

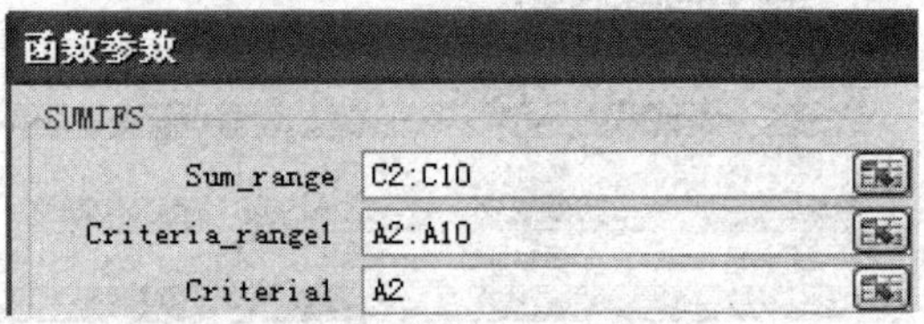

图 2-4-29　SUMIFS 函数参数设置

```
=SUMIFS(C2:C10,A2:A10,A2)
```

（3）选择 E3 单元格运用插入函数或直接输入公式：

```
=SUMIFS(C2:C10,A2:A10,A2,B2:B10,B2)
```

（4）选择 E4 单元格运用插入函数或直接输入公式：

```
=SUMIFS(C2:C10,A2:A10,A2,B2:B10,"<=2")
```

（5）选择 E5 单元格运用插入函数或直接输入公式：

```
=SUMIFS(C2:C10,A2:A10,A2,B2:B10,">="&B3)
```

注 意

此公式中的中使用了“">="&B3”来代替“">=3"”，这种表达方式在实际应用中更为常用。

【例 2】 SUMIFS 函数应用示例 2

在“函数示例.xlsx”文件的“SUMIFS 示例 2”表中，左面存放着一些销售数据，右面存放着一个待统计的表格，如图 2-4-30 所示。要求用 SUMIFS 函数，采用左面的销售数据，完成右面空白表格的计算（最右面是计算的结果）。

	A	B	C	D	E	F	G	H	I	J	K	L
1	月份	城市	商品	规格	类别	销售数量		城市	类别	袜子	帽子	拖鞋
2	7月	广州	袜子	单色	男	359		广州	男			
3	7月	武汉	袜子	黑色男	男	535		广州	女			
4	7月	青岛	帽子	带边	女	890		青岛	男			
5	7月	广州	拖鞋	带跟红色	女	605		青岛	女			
6	7月	青岛	拖鞋	带跟黑色	男	331		武汉	男			
7	8月	广州	袜子	单色	男	297		武汉	女			
8	8月	青岛	袜子	红色女	女	705						
9	8月	武汉	袜子	黑色男	男	308						
10	8月	青岛	帽子	带边	女	995						
11	8月	武汉	帽子	针织	女	960						
12	8月	广州	拖鞋	带跟红色	女	360						
13	9月	广州	袜子	单色	男	1021						
14	9月	青岛	袜子	红色女	女	547						
15	9月	广州	袜子	黄色女	女	658						
16	9月	青岛	帽子	带边	女	319						
17	9月	广州	拖鞋	带跟红色	女	884						

H	I	J	K	L
城市	类别	袜子	帽子	拖鞋
广州	男	1677	0	0
广州	女	658	0	1849
青岛	男	0	0	331
青岛	女	1252	2204	0
武汉	男	843	0	0
武汉	女	0	960	0

图 2-4-30　SUMIFS 函数示例 2

本例的统计要求在表的设计中表达的十分清楚，在每个待计算的单元格中，要将左面销售数据中同时等于该单元格 2 个行标题和列标题 3 个条件的销售数量相加。比如在 J2 单元格将数据区域中城市=“广州”、类别=“男”，商品=“袜子”的所有销售数量相加。用 SUMIFS 函数，只需在 J2 单元格设置一个公式，并设置合适的相对和绝对引用方式，就可将公式复制到所有待计算单元格，完成表格的计算。

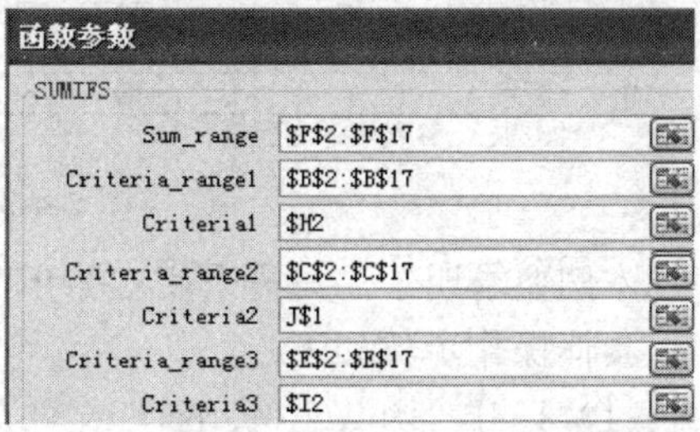

图 2-4-31　SUMIFS 函数参数设置

具体操作步骤如下：

（1）打开“函数示例.xlsx”文件，在“SUMIFS 示例 2”表中，选择 J2 单元。

（2）在编辑栏上单击插入函数 *fx*，在“插入函数”对话框中选择 SUMIFS 函数后，在图 2-4-31 所示“函数参数”对话框中输入参数后单击“确定”按钮完成公式输入，最终输入的公式是：

```
=SUMIFS($F$2:$F$17,$B$2:$B$17,$H2,$C$2:$C$17,J$1,$E$2:$E$17,$I2)
```

该公式中 F2:F17、B2:B17、C2:C17、E2:E17 这 4 个区域根据 SUMIFS 的语法规定要保持行数一致，考虑到需要复制且在任何待计算单元格这些区域都不会发生变化，所以全部采用绝对引用，H2、I2 单元在复制时只需保证列不变，所以使用混合引用锁住列，J1 单元在复制时只需保证行不变，所以使用混合引用锁住行。

（3）将 J2 单元格设置好的公式复制到 J2:L7 区域完成表格的统计计算。

4）COUNTIFS 函数

COUNTIFS 函数用于将条件应用于跨多个区域的单元格，并计算符合所有条件的次数。它是在 Excel 2007 开始新增加的函数。

语法格式：`COUNTIFS(criteria_range1,criteria1,[criteria_range2,criteria2]…)`

参数说明：criteria_range1 不可省略，在其中计算关联条件的第一个区域。criteria1 不可省略，条件的形式为数字、表达式、单元格引用或文本，可用来定义将对哪些单元格进行计数。

criteria_range2, criteria2,⋯可选，为附加的区域及其关联条件，最多允许 127 个区域/条件对。

注 意

每一个附加的区域都必须与参数 criteria_range1 具有相同的行数和列数，这些区域无须彼此相邻。

【例】COUNTIFS 函数应用示例

在“函数示例.xlsx”文件的“COUNTIFS 示例”表中，存放着 A、B 两张统计表，如图 2-4-32 所示。要求用 COUNTIFS 函数，按照表中说明，完成统计表的计算。

	A	B	C	D	E	F
1					A统计表	
2	数据	数据			说明	结果
3	1	5/1/2008	计算 1 和 6 之间（不包括 1 和 6）有几个数包含在单元格 A2 到 A7 中。			
4	2	5/2/2008	计算单元格 A2 到 A7 中包含小于 5 的数，同时在单元格 B2 到 B7 中包含早于 5/3/2008 的日期的行数。			
5	3	5/3/2008	说明与前例相同，但在条件中使用单元格引用而非常量。			
6	4	5/4/2008				
7	5	5/5/2008				
8	6	5/6/2008				
9						
10					B统计表	
11	销售人员	超出A配额	超出B配额	超出C配额	说明	结果
12	王伟	●			计数王伟超出A、A和C销售配额的次数。	
13	赵军	●	●		计算有多少销售人员同时超出其A计和B配额。	
14	张颖	●	●	●	计数李芳和赵军超出A、B和C销售配额的次数。	
15	李芳		●	●		
16	图例：	●表示超出配额				

图 2-4-32　COUNTIFS 函数应用示例

本例要求明了，只需采用 COUNTIFS 函数分别计算即可。

具体操作步骤如下：

（1）打开“函数示例.xlsx”文件，打开“COUNTIFS 示例”表。

（2）在 F3 单元输入公式：=COUNTIFS(A3:A8,"<6",A3:A8,">1")

（3）在 F4 单元输入公式：=COUNTIFS(A3:A8, "<5",B3:B8,"<5/3/2008")

（4）在 F5 单元输入公式：=COUNTIFS(A3:A8, "<" & A7,B3:B8,"<" & B5)

（5）在 F12 单元输入公式：=COUNTIFS(B12:D12,"=●")

（6）在 F13 单元输入公式：=COUNTIFS(B12:B15,"=●",C12:C15,"=●")

（7）在 F14 单元输入公式：=COUNTIFS(B13:D13,"=●",B15:D15,"=●")

（8）按图 2-4-32 所示完成格式设置。

拓展与提高

1. INDIRECT 函数

INDIRECT 函数用于返回由文本字符串指定的引用。此函数立即对引用进行计算，并显示其内容。当需要更改公式中单元格的引用，而不更改公式本身，需使用函数 INDIRECT。

语法格式：`INDIRECT(ref_text,a1)`

参数说明：

Ref_text 为对单元格的引用，此单元格可以包含 A1—样式的引用、R1C1—样式的引用、定义为引用的名称或对文本字符串单元格的引用。

如果 ref_text 是对另一个工作簿的引用（外部引用），则那个工作簿必须被打开。如果源工作簿没有打开，函数 INDIRECT 返回错误值 #REF!。

a1 为一逻辑值，指明包含在单元格 ref_text 中的引用的类型。a1 为 TRUE 或省略表示 A1—样式的引用；a1 为 FALSE，表示 R1C1—样式的引用。

【例 1】INDIRECT 函数应用示例 1

要求在“函数示例.xlsx”文件的“A1”表中按照图 2-4-33 的公式说明，用 INDIRECT 函数在 G2、G3、G4 单元输入公式。

	C	D	E	F	G
1		数据	数据	公式说明	公式
2		E2	1.333	单元格D2中的引用值(1.333)	1.333
3		E3	45	单元格D3中的引用值(45)	45
4		4	62	单元格D4中的引用值(62)	62

图 2-4-33 INDIRECT 函数示例

（1）要显示单元格 D2 中的引用值，可在 G2 单元输入公式：“=INDIRECT($D$2)”。

（2）要显示单元格 D3 中的引用值，可在 G3 单元输入公式：“=INDIRECT(D3)”。

（3）要显示单元格 D4 中的引用值，可在 G4 单元输入公式：“=INDIRECT("E"&$D$4)”。

【例 2】INDIRECT 函数应用示例 2

在“函数示例.xlsx”文件中有“A1”“A2”“A3”“A4”4 个表，要求按照图 2-4-34 在“A4”表中用 INDIRECT 函数表示工作表的引用，用更改公式中单元格的引用，而不更改公式的方法来显示“A1”“A2”“A3”中第 1 列的内容。

在“A4”表的 A1、B1、C1 单元设置“=A1!A1”“=A2!A1”“=A2!A1”3 个公式，然后分别复制这些公式得到图 2-4-35。

	A	B	C
1	A1表	A2表	A3表
2	1	11	21
3	2	12	22
4	3	13	23
5	4	14	24
6	5	15	25
7	6	16	26
8	7	17	27
9	8	18	28
10	9	19	29
11	10	20	30

图 2-4-34 在 A4 表中显示的内容

	A	B	C
1	=A1!A1	=A2!A1	=A3!A1
2	=A1!A2	=A2!A2	=A3!A2
3	=A1!A3	=A2!A3	=A3!A3
4	=A1!A4	=A2!A4	=A3!A4
5	=A1!A5	=A2!A5	=A3!A5
6	=A1!A6	=A2!A6	=A3!A6
7	=A1!A7	=A2!A7	=A3!A7
8	=A1!A8	=A2!A8	=A3!A8
9	=A1!A9	=A2!A9	=A3!A9
10	=A1!A10	=A2!A10	=A3!A10
11	=A1!A11	=A2!A11	=A3!A11

图 2-4-35 A4 表中的公式

观察图 2-4-35，可以看到图中公式非常有规律，公式中工作表名中“A”后面的数字与列号完全一致，单元格中“A”后面的数字与行号完全一致。

只在 A1 单元格设置公式，在向 B1、C1 单元格复制这公式时，公式中的工作表名不会改变。如果在复制公式时能改变工作表的名称，就可只设置一个公式，完成整个数据区的公式复制。

如果把 A1 单元的公式“=A1!A1”中等号后的内容看成是一个字符串，A1!A1 字符串可以表示成"A"&"1"&"A!"&"1"，因为工作表名中“A”后面的数字与列号完全一致，所以该字符串中第 1 个数字 1 可用 COLUMN(A1)函数表示。又因为单元格中“A”后面的数字与行号完全一致，所以该字符串中第 2 个数字 1 可用 ROW(A1)函数表示。做此变换后，字符串"A"&"1"&"A!"&"1"可以变形为"A"&COLUMN(A1)&"!A"&ROW(A1)，如果在该字符串前面加上“=”，可以看到显示的内容为“A1!A1”。复制此公式后可以看到公式变形后的显示内容如图 2-4-36 所示，该图中所有单元格的内容比图 2-4-35 就少了个“=”。

再对变形后的字符串套用 INDIRECT 函数，可以得到 A1 单元所需要的公式为：

```
=INDIRECT("A"&COLUMN(A1)&"!A"&ROW(A1))
```

将此公式复制到 A1:C11 区域，就可得到图 2-4-34，完成任务要求。

通过本例展示了更改公式中单元格的引用，而不更改公式本身的实现方法，在实际工作中会非常有用。

A1!A1	A2!A1	A3!A1
A1!A2	A2!A2	A3!A2
A1!A3	A2!A3	A3!A3
A1!A4	A2!A4	A3!A4
A1!A5	A2!A5	A3!A5
A1!A6	A2!A6	A3!A6
A1!A7	A2!A7	A3!A7
A1!A8	A2!A8	A3!A8
A1!A9	A2!A9	A3!A9
A1!A10	A2!A10	A3!A10
A1!A11	A2!A11	A3!A11

图 2-4-36　公式变形后的显示内容

【例 3】 INDIRECT 函数应用示例 3

按图 2-4-37 所示制作 2 级下拉列表。在“函数示例.xlsx”文件中有“LB”和“2 级下拉列表”2 个表，“LB”表中存放着按类别存放的车型资料如图 2-4-38 所示。要求在“2 级下拉列表”表中设置类别和车型 2 个下拉列表，当在类别下拉列表中选中某类别后，在车型下拉列表中显示“LB”中与该类别对应的所有车型供选择。

	A	B	C
1		2级下拉列表的示例	
2		类别	车型
3		商用车	昌河 单排CH1012LCEI
4		跑车	宝马 双门 645Ci
5		商用车	东风小王子(EQ7101BP)
6		SUV	途胜 2.0 两驱手动时尚

图 2-4-37　2 级下拉列表

	A	B	C	D	E	F
1	轿车	跑车	MPV	SUV	商用车	客车
2	奥迪A8 2.8 LWB 加长型	雷克萨斯（LEXUS）GS300	夏朗 2.8 豪华型	途胜 2.0 两驱手动时尚	小飞龙 1032v3JA4-1	顺途切诺基BJ6420EB
3	奥迪A4 1.8T	雷克萨斯（LEXUS）GS430	夏朗 1.8 豪华型	原动力SUV 舒适级	昌河 单排CH1012LCEI	江南自动奥拓
4	奥迪A4 2.0T	宝马 Z4	GL8陆尊CT1舒适版	奥迪Q7 4.2 基本型	东风小王子(EQ7101BP)	金杯优越者标准型
5	宝马 318i	宝马 敞篷 645Ci	GL8陆尊GT旗舰版	宝马 X5 4.4 越野车	南京跃进君达NJ6471FET	丰田HIACE 13人标准版
6	宝马 四门330i	宝马 双门 645Ci	别克GL8 2.5舒适型CT1	宝马 X5 4.6is 越野车	中誉奔驰凌特316CDI	丰田HIACE 10人标准版
7	保时捷 卡宴Cayenne 3.2	宝马 Z4 3.0i	路帝SV320-RH	保时捷 卡宴 越野车	福特顶级商务休旅车	
8	奔驰E 280	保时捷 911 GT3	路帝SV320-RS	奔驰 ML350(运动型)	雪佛兰顶级商务休旅车	
9	索纳塔2.7GLS GOLD	保时捷 911 Turbo	丰田大霸王3.3L	奔驰 ML320	雪佛兰高级佳房休旅车	
10	凯越 2.4豪华版 [illegible]	吉利美人豹标准型1.5L	丰田大霸王2.4L	途锐 4.2V8 6档手自一体	美亚顺风TM6408	
11	别克凯越HRV1.6LE AT		现代特杰	新胜达2.7 顶级版	雪佛兰S-10双排座2.4L	
12						

图 2-4-38　“LB”表中按类别存放的车型资料

使用 Excel 2010 可以设置 1 级下拉列表，但是当列表内容较多时，选择数据非常不便，解决这一问题的常用方法是将列表内容分类，但是 Excel 2010 并没有提供直接制作 2 级下拉列表的功能。要制作图 2-4-37 所示的 2 级下拉列表，关键问题是车型列表显示的内容要跟着类别的选定的内容进行变化，即车型下拉列表的数据源是需要变化的。可以按类别名建立若干个区域，并以类别名为名称。在类别下拉列表中，用这些名称作为数据源，在车型下拉列表中用类别下拉列表选定的名称作为数据源，并用 INDIRECT 函数将名称转换为数据区，解决车型列表显示的内容跟着类别的选定内容进行变化的关键问题。具体操作步骤如下：

1）建立数据区域的名称

（1）打开“函数示例.xlsx”文件中，选择“LB”表。

（2）选中 A2:A11 区域，在“公式”选项卡上的“定义的名称”组中，单击“定义名称”按钮，打开“新建名称”对话框，如图 2-4-39 所示。

（3）在“名称”文本框中输入类别名称“轿车”后单击“确定”按钮完成该数据区域名称的建立。

（4）为 B2:B11、C2:C11、D2:D11、E2:E11、F2:F11 这 5 个数据区域分别建立跑车、MPV、SUV、商用车、客车 5 个名称。

2）建立类别下拉列表

（1）选择“2 级下拉列表”表的 B3:B20 区域，在“数据”选项卡上的“数据工具”组中，单击“数据有效性”按钮，在弹出的列表中选择“数据有效性”选项。

（2）在弹出的图 2-4-40 所示的“数据有效性”对话框中选择“允许”列表框为“序列”、

设置“来源”文本框的数据源为“=lb!$A$1:$F$1”后单击“确定”按钮。

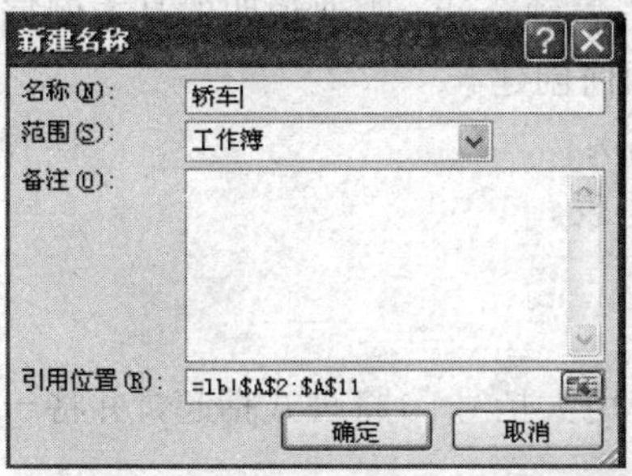

图 2-4-39 “新建名称”对话框

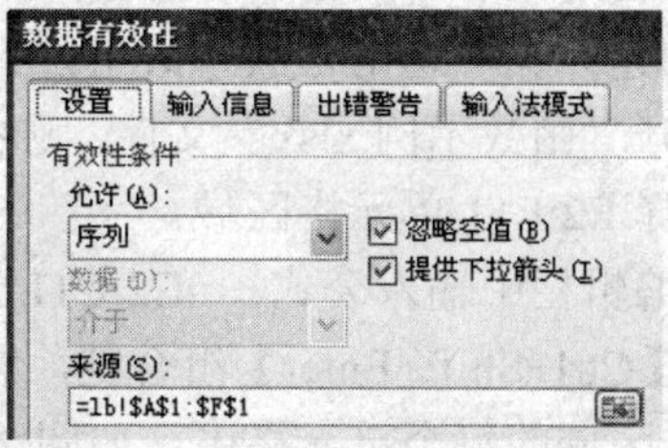

图 2-4-40 设置类别下拉列表

3）建立车型下拉列表

（1）选择“2 级下拉列表”表的 C3:C20 区域，在“数据”选项卡上“数据工具”组中，单击“数据有效性”按钮，在弹出的列表中选择“数据有效性”。

（2）在弹出的“数据有效性”对话框中选择“允许”列表框为“序列”、设置“来源”文本框的数据源为“=INDIRECT($B3)”后单击“确定”按钮。

2．了解数组公式

在 Excel 2010 中利用公式可以执行某些相当复杂的操作。但是，如果想精通 Excel 2010，还需要掌握如何使用数组公式。因为使用数组公式可以执行更多复杂的任务，例如：

- 计算包含在某个单元格区域中的字符数。
- 仅对满足特定条件的数字求和，如某一区域中的最小值或介于上限和下限之间的数字。
- 对一系列值中的每第 *n* 个值求和。

1）数组

在 Excel 2010 中数组是项的集合。这些项可以位于一行（称为一维水平数组）中，也可位于一列（称为一维垂直数组）中或多行和多列（二维数组）中。无法在 Excel 2010 中创建三维数组或三维数组公式。

2）数组公式是指可以在数组的一项或多项上执行多个计算的公式。数组公式可以返回多个结果，也可返回一个结果。例如，可以将数组公式放入单元格区域中，并使用数组公式计算列或行的小计。也可以将数组公式放入单个单元格中，然后计算单个量。位于多个单元格中的数组公式称为多单元格公式，位于单个单元格中的数组公式称为单个单元格公式。

3）数组公式语法简介

通常，数组公式使用标准公式语法。它们都以等号开始，可以在数组公式中使用任何内置 Excel 函数。使用数组公式的主要不同之处在于，必须按【Ctrl+Shift+Enter】组合键输入公式。执行此操作时，Excel 2010 将用大括号将数组公式括起来，但是如果手动输入大括号，公式将转换为文本字符串，并且不起作用。

注 意

每当需要输入或编辑数组公式时都要按【Ctrl+Shift+Enter】组合键。不能更改数组公式中单个单元格的内容。可以移动或删除整个数组公式，但无法移动或删除其部分内容。换言之，要缩减数组公式，需先删除现有公式再重新开始。

【例 1】 数组应用示例 1

使用数组公式计算图 2-4-41 中的总销售额和总销售额合计。需要说明的是本例完全可以用公式完成，使用数组公式主要是为了介绍数组公式如何创建。

（1）创建计算“总销售额”数组公式（多单元格）：

① 打开“函数示例.xlsx”文件，选择“数组 1”表。

② 选择 E2:E11 单元格区域。

③ 在编辑栏中输入公式：=C2:C11*D2:D11。

④ 按【Ctrl+Shift+Enter】组合键，然后 Excel 使用大括号{ }将公式括起，并将一个公式实例放入所选区域的每个单元格中，如图 2-4-42 所示。

	A	B	C	D	E
1	销售人员	汽车类型	销售数量	单价	总销售额
2	刘鹏	四门轿车	5	2200	
3		双门轿车	4	1800	
4	尹歌	四门轿车	6	2300	
5		双门轿车	8	1700	
6	林彩瑜	四门轿车	3	2000	
7		双门轿车	1	1600	
8	潘杰	四门轿车	9	2150	
9		双门轿车	5	1950	
10	施德福	四门轿车	6	2250	
11		双门轿车	8	2000	
12	合计				

图 2-4-41 “数组 1”表

E2 f_x {=C2:C11*D2:D11}

	A	B	C	D	E
1	销售人员	汽车类型	销售数量	单价	总销售额
2	刘鹏	四门轿车	5	2200	11000
3		双门轿车	4	1800	7200
4	尹歌	四门轿车	6	2300	13800

图 2-4-42 计算“总销售额”数组公式

（2）创建计算“总销售额合计”数组公式（单元格）：

① 选择单元格 E12。

② 在编辑栏中输入公式：=SUM(C2:C11*D2:D11)

③ 按【Ctrl+Shift+Enter】组合键，然后 Excel 使用大括号{ }将公式括起，并将一个公式实例放入所选单元格中，如图 2-4-43 所示。

【例 2】 数组应用示例 2

按图 2-4-44 中的说明，使用数组公式计算 A9、A10、A11 单元的结果。

E12 f_x {=SUM(C2:C11*D2:D11)}

	A	B	C	D	E
9		双门轿车	5	1950	9750
10	施德福	四门轿车	6	2250	13500
11		双门轿车	8	2000	16000
12	合计				111800

图 2-4-43 计算“总销售额合计”数组公式

	A	B
1	销售人员	发票
2	林丹	15,000
3	林丹	9,000
4	苏术平	8,000
5	苏术平	20,000
6	林丹	5,000
7	刘天妮	22,500
8	公式	说明（结果）
9		林丹或刘天妮的发票数 (4)
10		面额小于 9000 或大于 19000 的发票数 (4)
11		林丹的发票中面额小于 9,000 的发票数。(1)

图 2-4-44 “数组 2”表

打开“函数示例.xlsx”文件，选择“数组 2”表。

（1）选择 A9 单元格输入公式：{=SUM(IF((A2:A7="林丹")+(A2:A7="刘天妮"),1,0))}

（2）选择 A10 单元格输入公式：{=SUM(IF((B1:B6<9000)+(B1:B6>19000),1,0)}

（3）选择 A11 单元格输入公式：{=SUM(IF(A1:A6="林丹",IF(B1:B6<9000,1,0)))}

注 意

公式中的大括号{ }需按【Ctrl+Shift+Enter】组合键生成，不能自行输入。

思考与练习

1．使用 VLOOKUP 函数需要注意什么？

2．IFERROR 函数和 IF 函数有什么不同？

3．SUMIFS、SUM 函数与 COUNTIFS 和 COUNT 函数有什么不同？

4．INDIRECT 函数的作用是什么？

5．如何输入数组公式？

6．根据素材中“收发存.xlsx”文件所提供的如图 2-4-1～图 2-4-4 所提供的商品、201112、员工、流水 4 个原始数据表，完成以下 4 个表格的编制：

（1）收发存销售数据输入设计。

（2）编制动态结存数报表。

（3）编制收发存月报（2012 年 1 月与 2012 年 2 月）。

（4）编制数据分析表（2012 年 1 月与 2012 年 2 月）。

7．素材“函数示例.xlsx”文件中，有一个“大气”表，输入下列公式来搜索“大气”表的“密度”列以查找“粘度”和“温度”列中对应的值。

8．在素材“函数示例.xlsx”文件中，有一个“IFERROR 示例”表，应用 IFERROR 完成计算避免计算结果出现出错信息。

9．在素材“函数示例.xlsx”文件中，有一个“列表”表，要求在“查询”表中制作一个汽车查询界面，只要在表中输入一个汽车的编号，即可显示相应汽车的详细资料，制作完成的查询界面如图 2-4-24 所示。在 A2 单元如果找不到输入汽车编号相对应的汽车资料时，显示“对不起,没有查到你需要的汽车资料”的提示。在 B5、C5、D5、A7、B7……单元格，如果找不到输入汽车编号相对应的汽车资料时，在单元格中不显示任何信息。

10．在素材“函数示例.xlsx”文件的“SUMIFS 示例 1”表中表中的计算要求用 SUMIFS 函数完成计算。

11．在素材“函数示例.xlsx”文件的“SUMIFS 示例 2”表中，左面存放着一些销售数据，右面存放着一个待统计的表格，完成右面空白表格的计算。

12．在素材“函数示例.xlsx”文件的“A1”表中按照表中说明。用 INDIRECT 函数在 G2、G3、G4 单元输入公式。

13．在素材“函数示例.xlsx”文件中有“A1”“A2”“A3”“A4”4 个表，要求按照图 2-4-34 在“A4”表中用 INDIRECT 函数表示工作表的引用，用更改公式中单元格的引用，而不更改公式的方法来显示“A1”、“A2”、“A3”中第 1 列的内容。

14．按图 2-4-37 制作 2 级下拉列表。在素材“函数示例.xlsx”文件中有“LB”和“2 级下拉列表”2 个表，“LB”表中存放着按类别存放的车型资料如图 2-4-38 所示。要求在“2 级下拉列表”中设置类别和车型 2 个下拉列表，当在类别下拉列表中选中某类别后，在车型下拉列表中显示“LB”中与该类别对应的所有车型供选择。

15．在素材“函数示例.xlsx”文件中有“数组 1”表和“数组 2”表，根据表中提示用数组公示完成计算。

16．在素材“函数示例.xlsx”文件中有“指定显示”表，要求在表中 C2 单元输入一个页码数字后在表格中显示“LB”表中该页的内容（每页设定显示 5 行数据）。

任务五　机床改造计划——数据图表化

任务描述

在企业的日常经营中，为满足管理的要求，需要制作大量的业务报表。在这些报表中，包含了大量的数据，阅读这些报表，往往需要进行分析比较，花费较多的时间，才能对报表所表达的内容有所掌握。如果为某些报表配上合适的图表，将数据图表化，可以使报表阅读者更形象、一目了然地了解报表的内容。

新华机械公司欲对数控机床进行技术改造，并制定了改造计划，如图 2-5-1 所示。为了对该改造项目的可行性进行分析，需要针对数控机床改造计划制作合适的预计费用、数控机床改造时间费用对比及数控机床改造进度计划等统计图表来进行对比分析。本任务将制作如图 2-5-2～图 2-5-4 所示的图表来满足这一管理的需求。

数控机床改造计划

阶段	开始时间	工作天数	预计费用
市场调查	2013-3-1	15	12000
可行性分析	2013-3-10	11	5000
编制计划	2013-3-21	8	2500
设备采购	2013-3-29	10	20000
项目实施	2013-4-2	25	37500
项目验收	2013-4-28	2	7000

图 2-5-1　数控机床改造计划

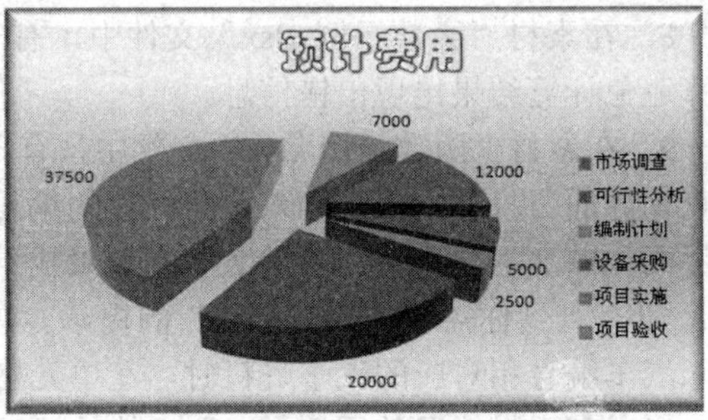

图 2-5-2　预计费用图

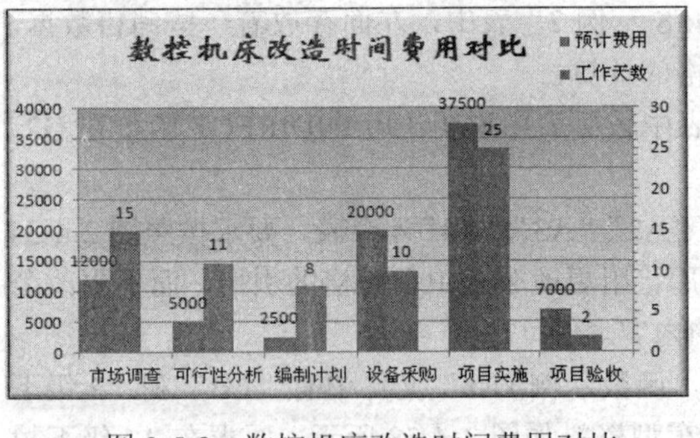

图 2-5-3　数控机床改造时间费用对比

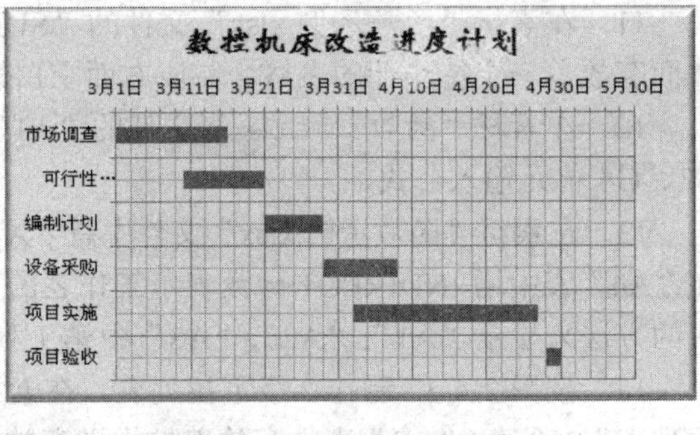

图 2-5-4　数控机床改造进度计划

任务分析

创建图表的数据源是工作表，在本任务中，已经在“图表.xlsx”文件的“计划”表中制定了简单的数控机床的改造计划。由于这个计划的数据比较简洁明了，可以直接作为创建图表的数据源。

在创建图表时，首先要注意选择恰当的图表类型来显示所要表达的数据类型。比如，预计费用图，选用“饼图”，能形象和直观地反映各项费用的大小；数控机床改造时间费用对比则用“柱形”图比较合适，而数控机床改造进度计划，则需对“堆积条形图”利用一点技巧来进行表达。

图表的位置，既可以在原来的工作表中，也可以单独插入一张新工作表，为便于分析和比较，本任务所制作的图表，插入在原来的工作表中。

图 2-5-2 所示的预计费用图只需选择合适的数据源后选择合适的图表类型，经过简单的格式化后即可制作完成。

图 2-5-3 所示的数控机床改造时间费用对比图中，由于工作时间和预计费用数据相差悬殊，直接制作完成的图表，时间的大小几乎无法看出，为此需要在图中设置双坐标。创建双坐标图表的关键是选数据源时要多选 1 列空数据，为图表设置次坐标并改变图中柱形的间隔和重叠。

图 2-5-4 所示的数控机床改造进度计划，直接在 Excel 2010 中查找图表类型，无法找到对应的图表。需要采用一点技巧对所制作生成的图表加以改造，达到所要求的图表显示要求。仔细观察图 2-5-4，可以看到图中的横道显示的是某工作的所需时间，而这些横道的起始位置对应的是该工作的开始时间。因此可以使用图 2-5-1 中的阶段、开始时间和工作天数作为数据源制作横向的堆积条形图，并设置坐标轴格式为：最小值固定值“2013-3-1”；“逆序类别”。并用“障眼法”将开始时间系列设置为白色使该系列不可见，达到横道图的显示效果。

方法与步骤

1. 创建预计费用图

（1）打开“图表.xlsx”文件的中的“计划”表，选中 A2:A8 区域，按住【Ctrl】键，同时选中 D2:D8 单元格区域。

（2）在“插入”选项卡的“图表”组中，单击“饼图”按钮，在弹出的列表中选择“三维饼图”组中的“分离三维饼图”选项，得到分离三维饼图的雏形。

（3）双击击图表区，打开“设置图表区格式”对话框。在对话框中选择“填充”选项，选择“渐变填充”单选按钮，并在“预设颜色”下拉列表中的“麦浪滚滚”预设色，如图 2-5-5 所示。

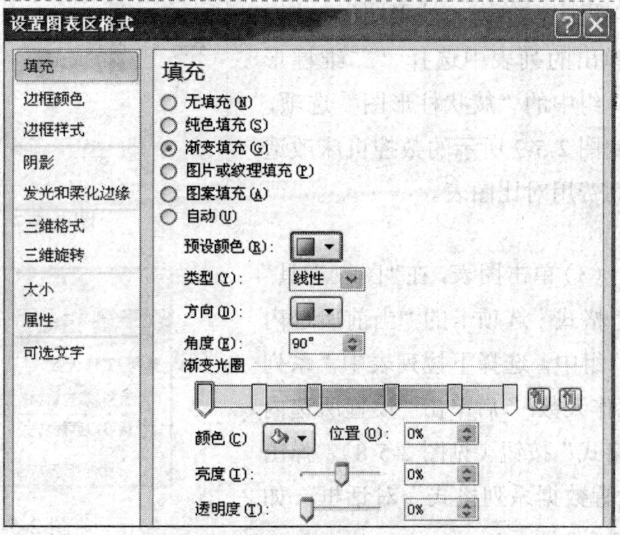

图 2-5-5　设置图表填充色

（4）在“设置图表区格式”对话框中选择“三维格式”选项，在“棱台”组中的“顶端”下拉列表中选择“圆”预设格式，如图 2-5-6 所示。

（5）右击图表中的饼图，在弹出的快捷菜单中选择“添加数据标签”命令，为图标添加数据标签。

（6）双击图表中的饼图，打开“设置数据系列格式”对话框，设置第一扇区起始角度为“40”度。

（7）单击图表标题“预计费用”，设置合适的大小和字体。

（8）将图表移到合适的位置并调整图表的大小完成图表创建。

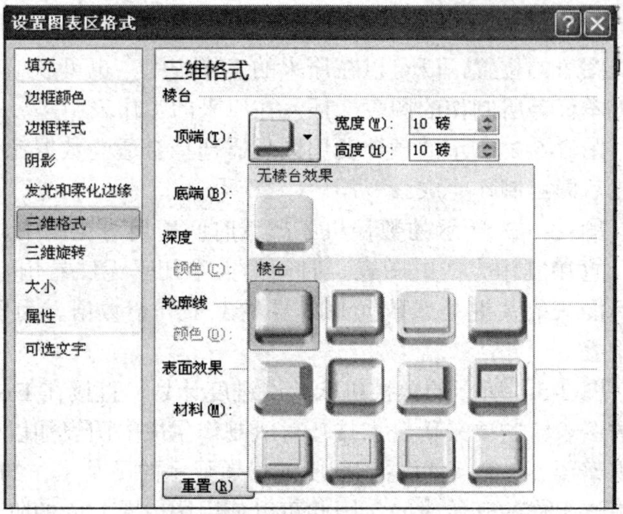

图 2-5-6　设置图表边框

2. 创建数控机床改造时间费用对比图表

（1）打开“图表.xlsx”文件中的“计划”表，选中 A2:A8 区域，按住【Ctrl】键，同时选中 C2:E8 单元格区域。

（2）在“插入”选项卡的“图表”组中，单击“柱形图”按钮，在弹出的列表中选择“二维柱形图”组中的“簇状柱形图”选项，得到图 2-5-7 所示的数控机床改造时间费用对比图表。

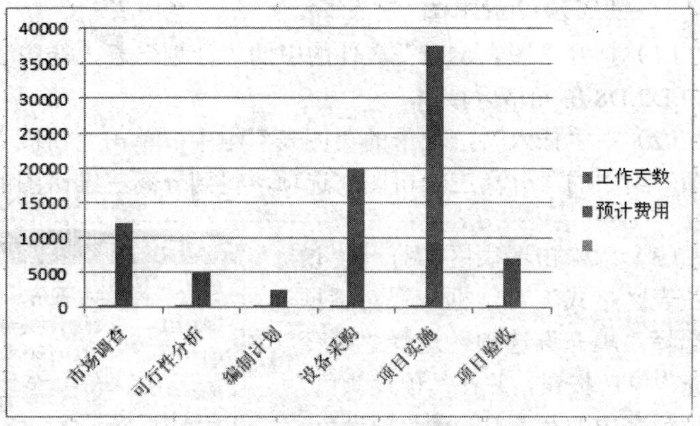

图 2-5-7　直接创建的时间费用对比表

（3）单击图表，在“图表工具”下“格式”选项卡的“当前所选内容”组中，选择下拉列表中“系列‘工作天数’”后单击“设置所选内容格式”按钮（见图 2-5-8），弹出“设置数据系列格式”对话框，如图 2-5-9 所示。

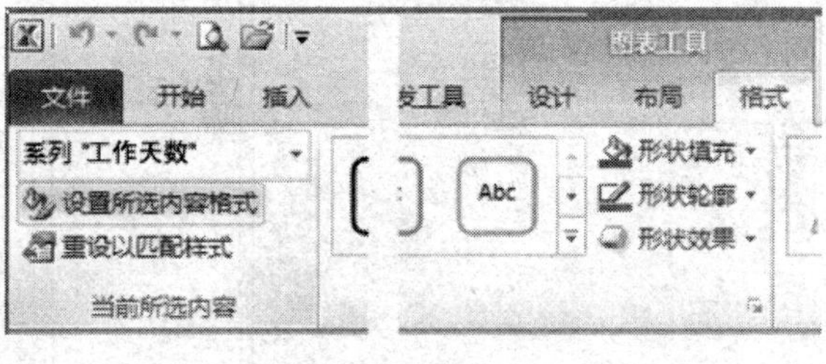

图 2-5-8　选择系列“工作天数”

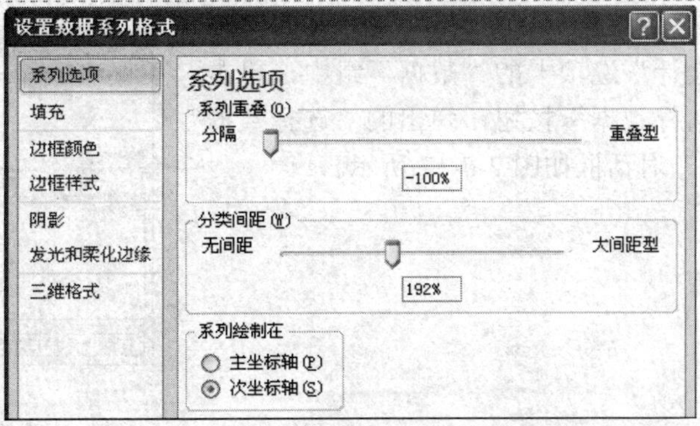

图 2-5-9　设置次坐标轴及系列重叠和间距

（4）选择对话框中的“系列选项”，选择“次坐标轴”单选按钮后将系列重叠设置为“-100%”，分类间距设置为“192%”。次坐标设置后图 2-5-7 变化为图 2-5-10。

（5）不关闭“设置数据系列格式”对话框，单击图 2-5-10 中的棕色柱（“预计费用”系列），再在“设置数据系列格式”对话框中将系列重叠设置为“-100”，分类间距设置为“0%”。

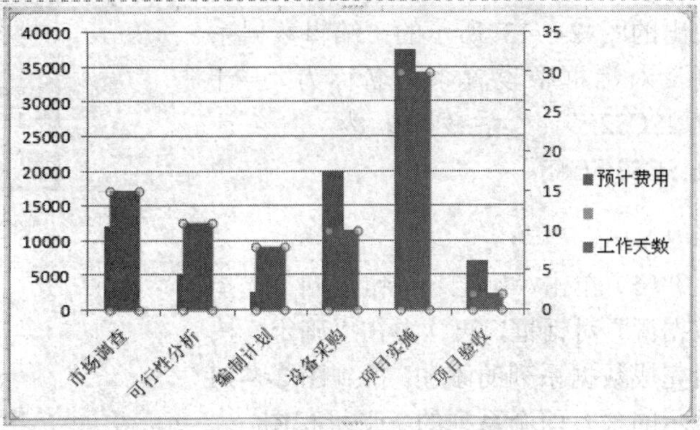

图 2-5-10　设置了次坐标的时间费用对比图

（6）双击图表，在“图表工具”下“布局”选项卡中“标签”组的图表标题下拉列表中选择“图表上方”为图表添加标题。添加图表标题后修改标题内容并设置标题的字体和大小。

（7）选中图例中间的空标记后将其删除。将图例拖动到图表标题旁的合适位置。

（8）选中图表绘图区域，拖动调整该区域大小和位置到合适的区域。

（9）设置图表区域和绘图区域的填充色和边框后完成图表创建。

3. 创建数控机床改造时间费用对比图表

（1）打开“图表.xlsx”文件的中的“计划”表，选中 A2:B8 区域。

（2）在“插入”选项卡的“图表”组中，单击“条形图”按钮，在弹出的列表中选择“二维条形图”中的“条形堆积图”选项，得到图 2-5-11 所示的只有一个数据系列的条形堆积图。

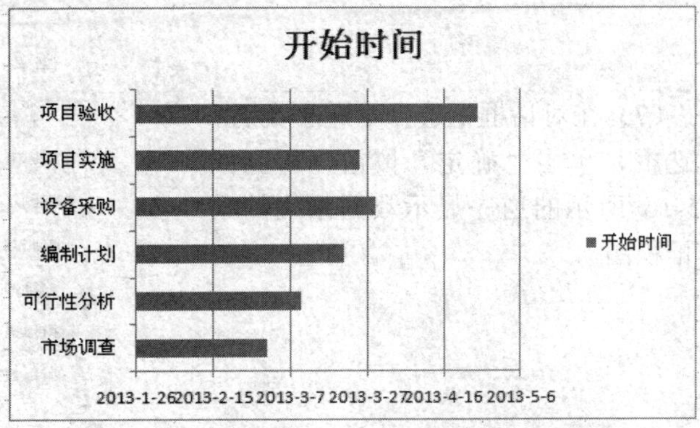

图 2-5-11　含有一个系列的条形堆积图

（3）选中图表，在“图表工具”下“设计”选项卡的“数据”组中，单击“选择数据”按钮，弹出的“选择数据源”对话框如图 2-5-12 所示。

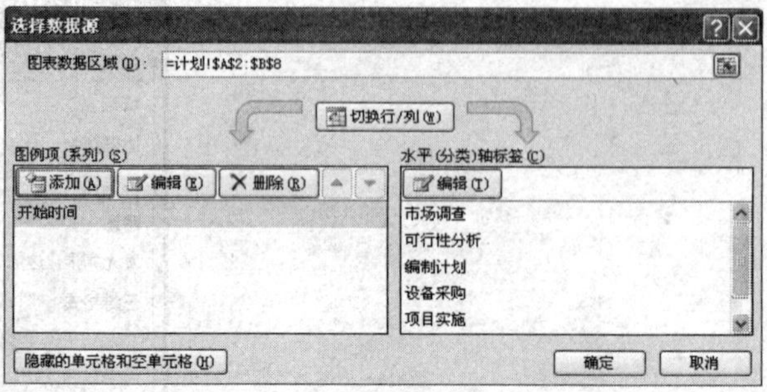

图 2-5-12 “选择数据源”对话框

（4）在图中单击“添加”按钮，在弹出的图 2-5-13 所示的“编辑数据系列”对话框中设置系列名称为“=计划!$C$2”；系列值为“=计划!$C$3:$C$8”。

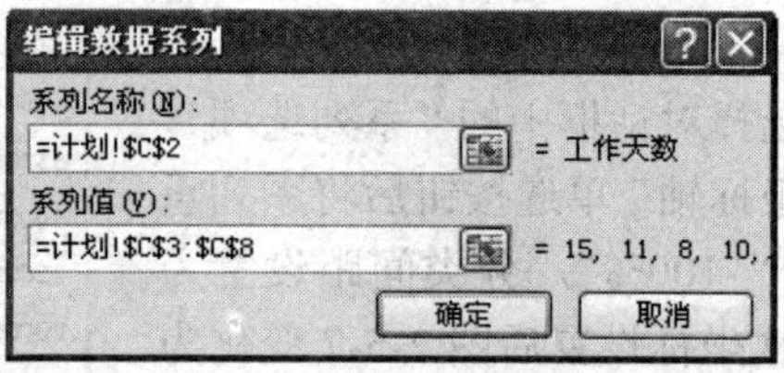

图 2-5-13 “编辑数据系列”对话框

（5）单击“确定”按钮返回“选择数据源”对话框，再次单击“确定”按钮完成数据系列的添加。得到图 2-5-14 所示的含有两个系列的条形堆积图。

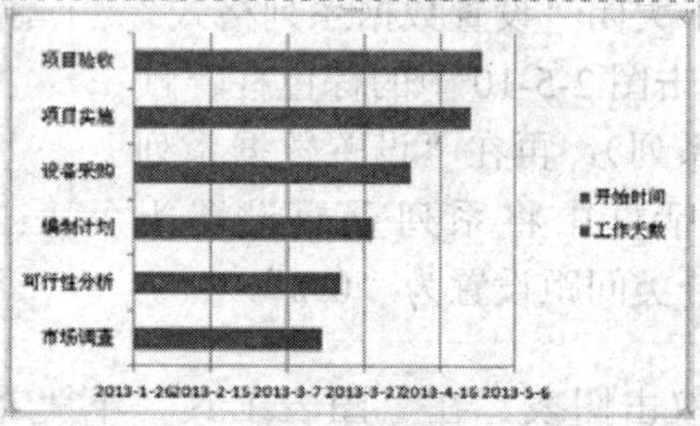

图 2-5-14 含有两个系列的条形堆积图

（6）双击图 2-5-14 中的纵向坐标轴标题，弹出图 2-5-15 所示的“设置坐标值格式”对话框。

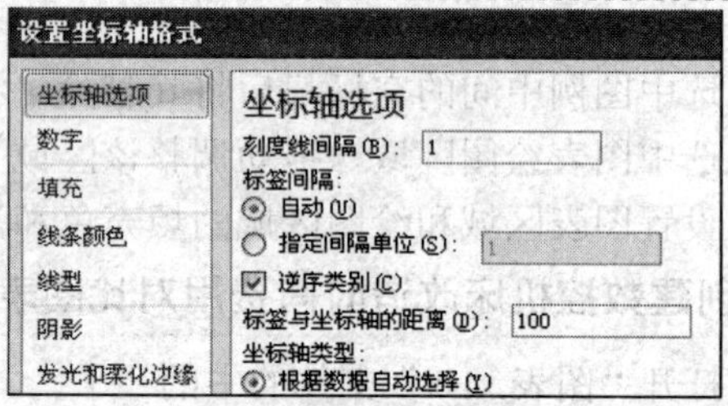

图 2-5-15 “设置坐标轴格式”对话框 1

（7）在对话框中选择“逆序类别”复选框，单击“确定”按钮，得到图 2-5-16 所示的逆序显示数据系列的条形堆积图。

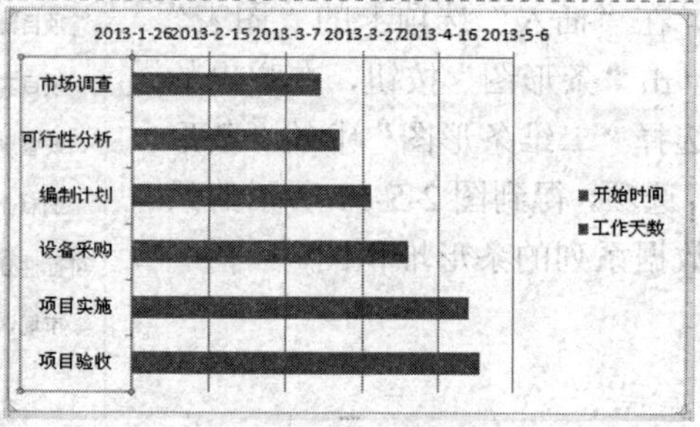

图 2-5-16 逆序显示数据系列的条形堆积图

（8）单击图 2-5-16 中的纵向坐标轴标题，切换到图 2-5-17 所示的“设置坐标值格式”对话框。

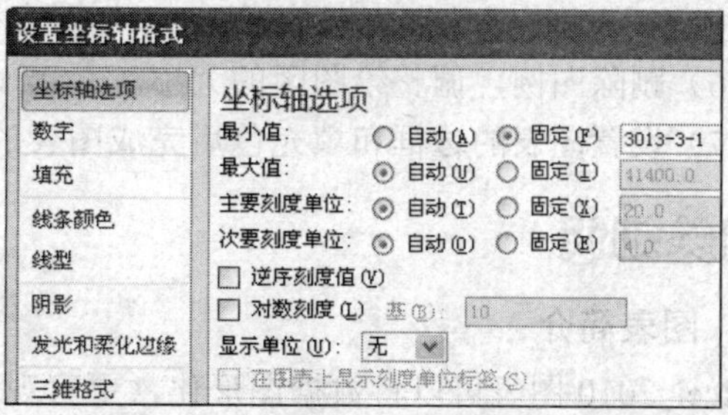

图 2-5-17　“设置坐标轴格式”对话框

（9）在对话框中选择“坐标轴选项”中最小值的“固定值”单选按钮，并输入固定值为“2013-3-1”，得到图 2-5-18 所示的时间坐标经过调整的条形堆积图。

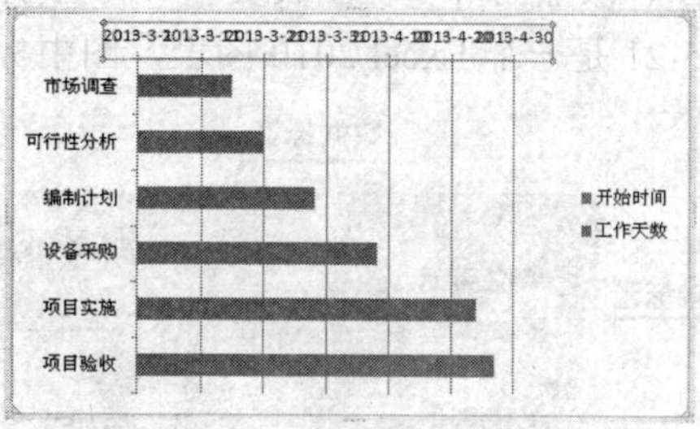

图 2-5-18　时间坐标经过调整的条形堆积图

（10）双击图 2-5-18 中的“开始时间”数据系列，切换到图 2-5-19 所示的“设置数据系列格式”对话框。

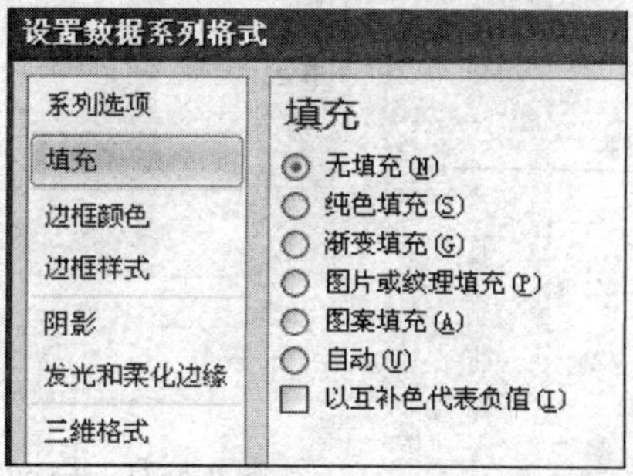

图 2-5-19　“设置数据系列格式”对话框

（11）在对话框中选择“填充”下的“无填充”单选按钮，在“边框颜色”选项中将边框线设置为“无”，使该系列数据在视觉上不可见。设置填充色和边框后得到图 2-5-20 所示的隐藏了开始时间数据系列的条形堆积图。

（12）单击图 2-5-20 中的横向坐标轴标题，切换到“设置坐标值格式”对话框。在“数字”选项下选择日期格式为“3 月 14 日”后单击“关闭”按钮。

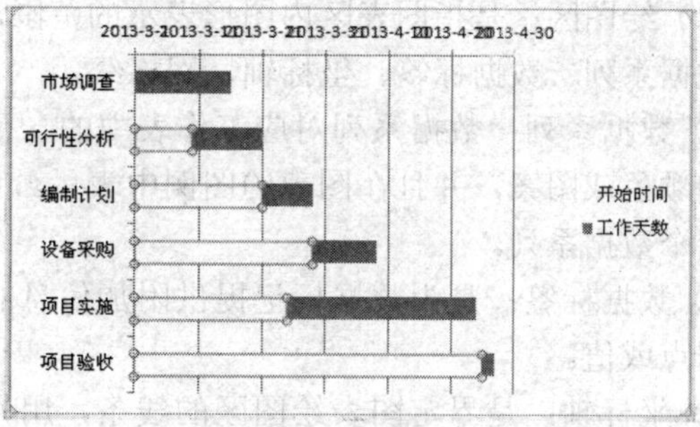

图 2-5-20　隐藏了开始时间数据系列的条形堆积图

（13）右击图 2-5-20 中的横向坐标轴标题，选择“设置次要网格线”。

（14）右击图 2-5-20 中的纵向坐标轴标题，选择“设置主要网格线”。

（15）单击图表，在“图表工具”下的“布局”选项卡中，在“标签”组的图表标题下拉列表中选择“图表上方”为图表添加标题。添加图表标题后修改标题内容并设置标题的字体和大小。

（16）删除图例，调整绘图区的大小。

（17）设置图表的边框和填充色后完成图表的制作。

相关知识

1．图表简介

Excel 2010 图表可以将数据图形化，更直观地显示数据，使数据的比较或趋势变得一目了然，从而更容易地分析数据和比较数据之间的差异。在 Excel 2010 中，有柱形图、折线图、饼图、条形图、散点图等多种图表类型，可分别适用于各种不同的场合。

图 2-5-21 是一个 Excel 2010 图表，图中标出了常用的图表元素。

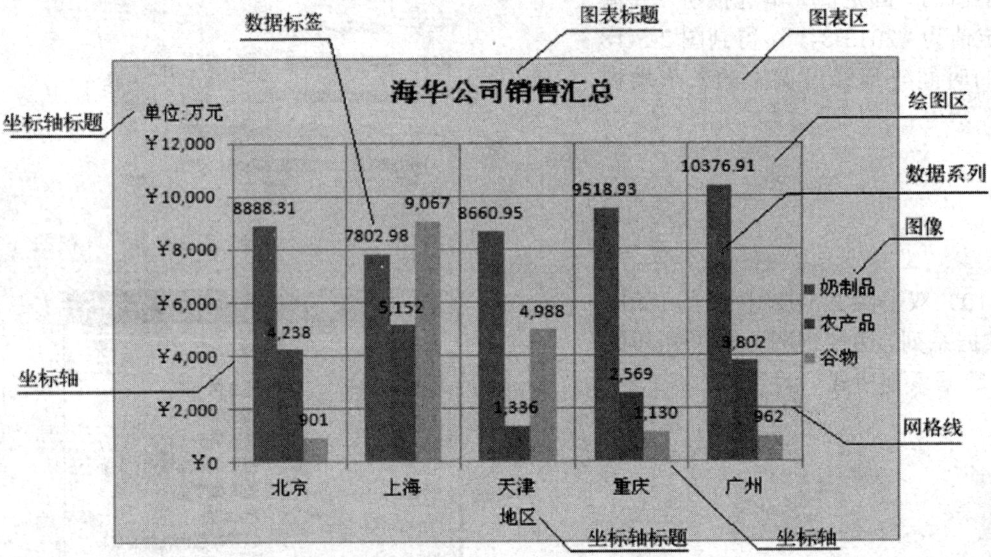

图 2-5-21　Excel 图表的常用图表元素

（1）图表区：图表区中包括整个图表及其全部元素。

（2）绘图区：是指图表区内图形表示的范围，即以坐标轴为边的长方形区域。绘图区中包含：数据系列、数据标签、坐标轴、网格线。

① 数据系列：数据系列对应工作表中的一行或者一列数据。图表中的每个数据系列具有唯一的颜色或图案，并且在图表的图例中表示。可以在图表中绘制一个或多个数据系列。饼图只有一个数据系列。

② 数据标签：是为数据标记提供附加信息的标签，数据标签代表源于数据表单元格的单个数据点或值。

③ 坐标轴：是界定图表绘图区的线条，用作度量的参照框架。数据沿着横坐标轴和纵坐标轴绘制在图表中。按位置不同可分为主坐标轴和次坐标轴，默认显示的是绘图区左边的主 Y 轴和下边的主 X 轴。

④ 坐标轴标题：是说明性的文本，可以自动与坐标轴对齐。

⑤ 网格线：网格线用于显示各数据点的具体位置，也有主次之分。

（3）图表标题：是显示在绘图区上方的文本框。

（4）图例：是显示各个系列代表的内容。由图例项和图例项标示组成。

图表中包含许多元素。默认情况下会显示其中一部分元素，而其他元素可以根据需要添加。可以通过将图表元素移到图表中的其他位置、调整图表元素的大小或更改格式来更改图表元素的显示，也可以删除不希望显示的图表元素。

2．创建图表

（1）若要基于默认图表类型迅速创建图表，可选择要用于图表的数据，然后按【Alt+F1】组合键或【F11】键。按【Alt+F1】组合键时，图表显示为嵌入图表；按【F11】键时，图表显示在单独的图表工作表上。

（2）在“插入”选项卡的“图表”组中，选择单击一种图表类型按钮，并在下拉列表中选择一种子类型按钮，即可创建一个图表。默认情况下，图表作为嵌入图表放在工作表上。

① 在插入图表后，会出现“图表工具”，下有 3 个选项卡：“设计”“布局”和“格式”。在这些选项卡上，可以找到操作图表所需的命令。完成图表后，单击非图表区域。“图表工具”将消失。若需要它们再次出现，单击图表即可。

② 如果需要将图表放在其他工作表中，可以单击图表，在“图表工具”下“设计”选项卡的“位置”组中，单击“移动图表”按钮，然后在“移动图表”对话框中选择图表放置的位置。

③ 如果不再需要图表，则可以将其删除。单击图表将其选中，然后按【Delete】键。

创建图表后，可以修改图表的任何一个元素。例如，可能想更改坐标轴的显示方式、添加图表标题、移动或隐藏图例，或显示更多图表元素。

3．更改图表的布局或样式

创建图表后，如需要更改它的外观。可以快速为图表应用预定义的布局和样式，或以手动方式更改各个图表元素的布局和格式，从而根据需要自定义布局或样式。

1）应用预定义图表布局

单击要使用预定义图表布局来设置其格式的图表中的任意位置。“图表工具”下“设计”选项卡的“图表布局”组如图 2-5-22 所示，单击要使用的图表布局或单击“其他”按钮，在列出的所有布局中选择所需要的图表布局，如图 2-5-23 所示。

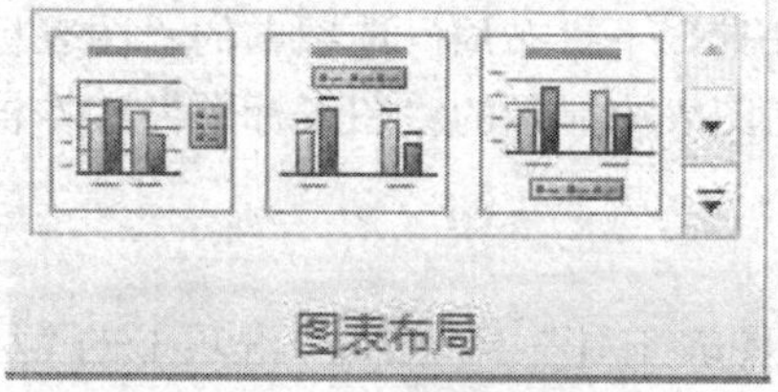

图 2-5-22 “图表布局”组

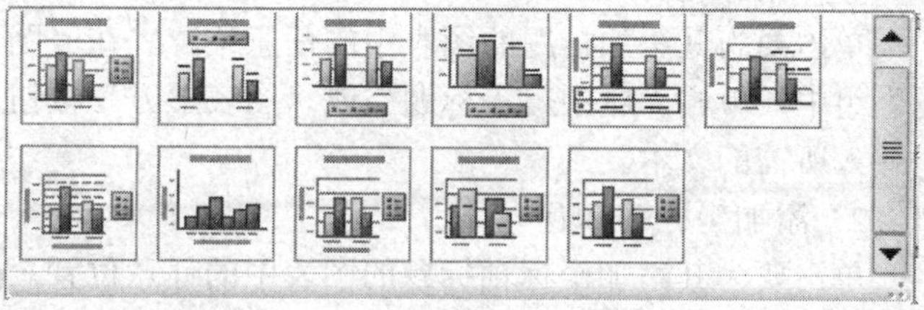

图 2-5-23　图表布局中的所有布局

2）应用预定义图表样式

单击要使用预定义图表样式来设置其格式的图表中的任意位置。在“图表工具”下“设计”选项卡的“图表样式”组中（见图 2-5-24）选择要使用的图表样式。

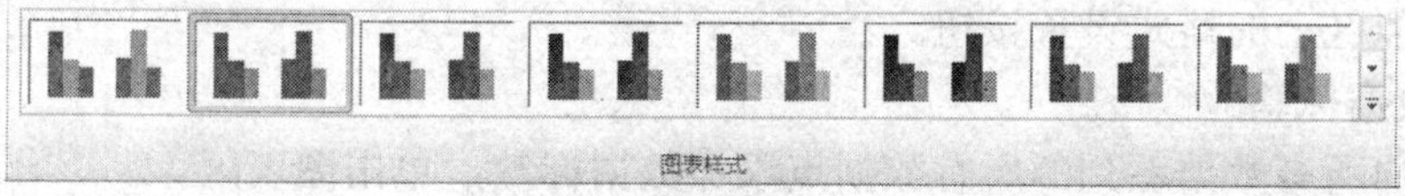

图 2-5-24　图表样式

3）手动更改图表元素的布局

单击要更改其布局的图表元素，或者单击图表内的任意位置，在“图表工具”下“布局”选项卡（见图 2-5-25）的“当前所选内容”组中，单击“图表元素”框中的箭头，选择所需的图表元素。在“标签”“坐标轴”或“背景”组中，单击与所选图表元素相对应的图表元素按钮，然后单击所需的布局选项。

图 2-5-25　布局选项卡

4）手动更改图表元素的格式

单击要更改其样式的图表元素，或者单击图表内的任意位置，“图表工具”下的“格式”选项卡，如图 2-5-26 所示。在“当前所选内容”组中，单击“图表元素”框中的箭头，选择所需的图表元素。在“形状样式”“艺术字”“排列”或“大小”组中，单击与所选图表元素相对应的图表元素按钮，然后单击所需的布局格式设置选项。

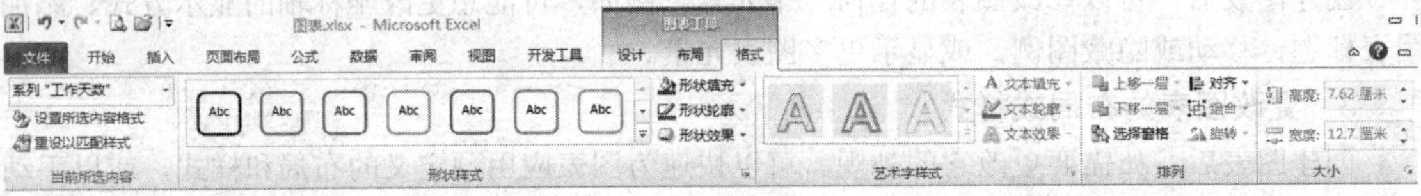

图 2-5-26　格式选项卡

4．添加或删除标题或数据标签

为了使图表更易于理解，可以添加图表标题和坐标轴标标题、数据标签。添加标题或数据标签后，如果不需要这些标题或数据标签，可以选中标题或数据标签，然后按【Delete】键删除。

1）添加图表标题

单击要为其添加标题的图表中的任意位置。在“图表工具”下“布局”选项卡的“图表标题”组中，单击“居中覆盖标题”或“图表上方”按钮。在图表中显示的“图表标题”文本框中输入所需的文本。

2）添加坐标轴标题

单击要为其添加坐标轴标题的图表中的任意位置。在“图表工具”下“布局”选项卡的“标签”组中，单击“坐标轴标题”按钮。选择“主要横坐标轴标题”“次要横坐标轴标题”“主要纵坐标轴标题”“次要纵坐标轴标题”之一。然后在图表中显示的“坐标轴标题”文本框中输入所需的文本。或者选中该文本框后在工作表上的编辑栏输入一个等号，然后选择包含要在图表中显示的数据或文本的工作表单元格。

如需设置文本的格式，可选择文本，然后在“浮动工具栏”上单击所需的格式设置选项。也可以使用功能区上的格式设置按钮。

3）添加数据标签

（1）若要向所有数据系列的所有数据点添加数据标签，单击图表区。

（2）若要向一个数据系列的所有数据点添加数据标签，单击该数据系列中需要标签的任意位置。

（3）若要向一个数据系列中的单个数据点添加数据标签，单击包含要标记的数据点的数据系列，然后单击要标记的数据点。

此操作将显示“图表工具”，其中包含“设计”“布局”和“格式”选项卡。

在“布局”选项卡中的“标签”组中，单击“数据标签”，然后单击所需的显示选项。

5．显示或隐藏图表坐标轴或网格线

1）显示或隐藏主要坐标轴

单击要显示或隐藏其坐标轴的图表（如果需要显示次坐标轴，需要先选中对应该轴的数据系列）。在“图表工具”下“布局”选项卡的“坐标轴”组中，单击“坐标轴”按钮。

选择“主要横坐标轴”“次要横坐标轴”“主要纵坐标轴”“次要纵坐标轴”之一，然后选择下列的某个操作：

（1）若要显示坐标轴，单击所需的显示选项。

（2）若要隐藏坐标轴，单击“无”。

（3）若要指定详细的坐标轴显示和刻度选项，选择其他主要坐标轴选项进行设置。

2）显示或隐藏网格线

单击要为其显示或隐藏图表网格线的图表。在“图表工具”下“布局”选项卡的“坐标轴”组中，单击“网格线”。

选择“主要横网格线”“次要横网格线”“主要纵网格线”“次要纵网格线”之一，然后选择下列的某个操作：

（1）若要显示网格线，单击所需的显示选项。

（2）若要隐藏网格线，单击“无”。

（3）若要指定详细的坐标轴显示和刻度选项，选择其他主要坐标轴选项进行设置。

6．移动图表或调整图表的大小

可以将图表移动到工作表上的任意位置，或移动到新工作表或现有工作表。也可以将图表调整为更适合的大小。

（1）移动图表：若要移动图表，将其拖到所需位置。

（2）调整图表大小：若要调整图表大小，可单击图表，然后拖动尺寸控点，将其调整为所需大小。也可在“格式”选项卡上的“大小”组中的“形状高度”和“形状宽度”框中输入大小。

7．设置图表的格式

设置各个图表元素的格式，能使图表具有自定义的醒目外观。可以应用特定的形状样式和艺术字样式，也可以手动设置图表元素的形状和文本的格式。例如使用颜色、纹理、图片和渐变填充使特定的图表元素引人注目。使用颜色、线条样式和线条粗细来强调图表元素。向图表元素形状应用特殊效果，使图表具有精美的外观。可以为图表上的标题、标签和文本框中的文本和数字设置格式。

设置图表格式，可以双击欲设置格式的图标元素，然后在弹出的相应格式设置对话框中进行设置。

在 Excel 2010 中创建图表后，有时需要不断地向源数据中添加数据，如果每次都用手工更改源数据的方法来更新图表显得有些烦琐。可以使用“表”和公式的方法来为图表设置一个动态数据源，当向图表数据源中添加或删除数据后，图表会自动更新。

8．创建动态图表

动态图表是图表分析的交互应用形式，一旦从静态图表跨入动态图表，则分析的效率和效果都会进入另一个境界。动态图表的制作并不复杂，技巧在于变化图表的数据源，一般可以使用 Excel 表、定义名称、添加辅助序列等方法来代替数据源，创建动态图表。

【例 1】 使用 Excel 表创建动态图表

图 2-5-27 是“图表.xlsx”文件中的“表滚动”表，要求并将其作为数据源，创建随数据增加而自动增加数据的“销售额”动态报表。

分析：Excel 表是一系列包含相关数据的行和列，表有一个特性，在表的后面添加数据时，Excel 表会自动扩展。利用表的这一特性，可以将图表的数据源转换为 Excel 的表来创建动态图表。

操作步骤如下：

（1）打开“图表.xlsx”文件，选中“表滚动”表的 A2:B9 区域，在“插入”选项卡的“表格”组中，单击“表格”按钮，弹出“创建表”对话框，如图 2-5-28 所示，单击“确定”按钮，Excel 2010 将图表数据源区域转换为 Excel 表。

	A	B
1	新华公司销售日表	
2	日期	销售额
3	1-1	4912
4	1-2	16177
5	1-3	9302
6	1-4	26395
7	1-5	6908
8	1-6	7719
9	1-7	20750

图 2-5-27 “表滚动”表

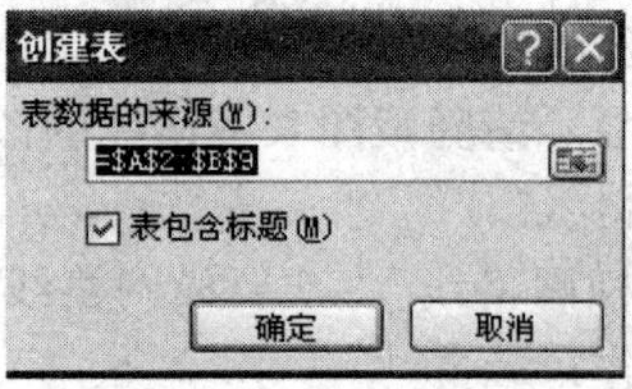

图 2-5-28 “创建”表对话框

（2）选中 A2:B9 区域或其中的任一单元，插入一个折线图，修改图的填充色、边框、删除图例，完成动态图表的创建，如图 2-5-29 所示。增加数据后的销售额报表如图 2-5-30 所示。

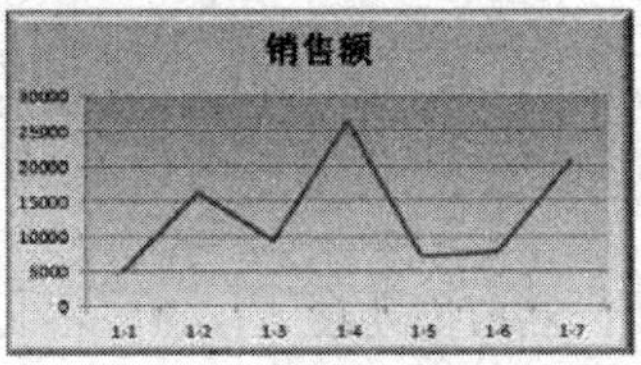

图 2-5-29 创建的销售额报表

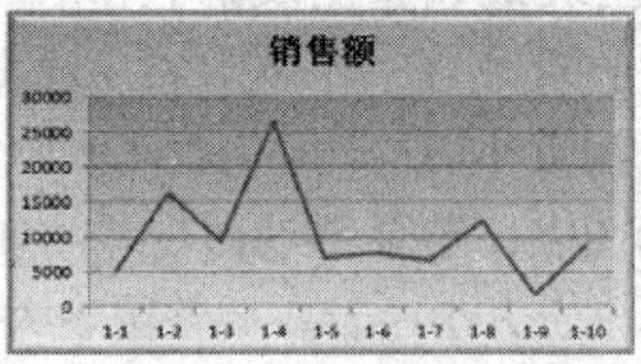

图 2-5-30 增加数据后的销售额报表

【例 2】 使用名称创建动态图表

在“图表.xlsx”文件中的“滚动日报”表中，有和图 2-5-27 相同的数据，要求并将其作为数据源，创建增加数据后永远显示最后 5 行数据的“最近 5 日销售额”动态报表如图 2-5-31 所示。

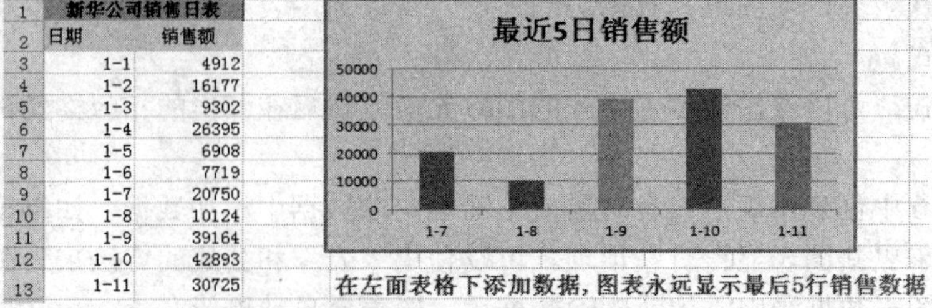

	A	B
1	新华公司销售日表	
2	日期	销售额
3	1-1	4912
4	1-2	16177
5	1-3	9302
6	1-4	26395
7	1-5	6908
8	1-6	7719
9	1-7	20750
10	1-8	10124
11	1-9	39164
12	1-10	42893
13	1-11	30725

图 2-5-31 最近 5 日销售额报表

分析：例 1 创建动态图表的方法虽然方便，但是有一个缺点，就是随着数据的增加，图表中的数据会越来越多，最终无法看清数据。解决的方法是不管增加多少数据，只显最近一段时间的图表。但做了这一改进后，就无法再使用 Excel 表创建动态图表。可以使用 COUNTA 先计算出有多少行数据，再使用 OFFSET 函数来根据数据的总行数动态地确定所需要显示的数据区域。如果能将这一公式直接写在图表的系列值中，就可解决问题。但遗憾的是，Excel 图表的系列值引用的不能是可变的表达式，所以需要将这个公式定义为名称的数据源，之后在图表的数据系列中引用确定的名称代替数据源，来动态地显示指定最近一段时间段的图表。

在 OFFSET 函数中，有 5 个参数，用 A1 单元格作为第 1 个是指定的基点参数；用 COUNTA (滚动日报!$A:$A)−5 作为第 2 个行偏移量参数。式中 COUNTA 计算出总的数据行数，随着数据的增加，得到的结果数值也不断的增加。将计算得到的总行数减去 5 作为行偏移量（减 5 是因为题中要求显示 5 天的数据）；第 3 个参数是列的偏移量，对于时间列其值为 0，对于销售额其值为 1；第 4 个参数是返回数据区域的行数，由于要求显示 5 天，所以取值 5；第 5 个参数是返回数据区域的列数，取值为 1。

根据以上分析，可以得到用 OFFSET 函数确定所需要显示的数据区域 A 列和 B 列的 2 个公式为：

```
=OFFSET(滚动日报!$A$1,COUNTA(滚动日报!$A:$A)-5,0,5,1)
=OFFSET(滚动日报!$A$1,COUNTA(滚动日报!$A:$A)-5,1,5,1)
```

创建图表的操作步骤如下：

1）定义名称

打开“图表.xlsx”文件，选择“滚动日报”表。

先在表的空白单元格输入需要显示的数据区域 A 列和 B 列的 2 个公式(因为直接在名称管理器中输入公式比较麻烦，在空白单元格输入公式后可能会显示出错提示，可不必理会)。

复制 A 列公式，在功能区中选择“公式”选项卡的“定义的名称”组，单击“名称管理器”图标，打开“名称管理器”对话框。

单击“新建”按钮，打开“新建名称”对话框，如图 2-5-32 所示，在对话框的“名称”文本框中输入“WWWW”，在“引用位置”文本框中粘贴 A 列的公式后单击“确定”按钮。

复制 B 列公式，单击“新建”按钮，打开“新建名称”对话框，在对话框的“名称”文本框中输入“SSSS”，在“引用位置”文本框中粘贴 B 列的公式后单击“确定”按钮。可以看到在“名称管理器”中已经建好的 2 个名称，如图 2-5-33 所示。

删除在空白单元格输入的 A 列和 B 列的 2 个公式。

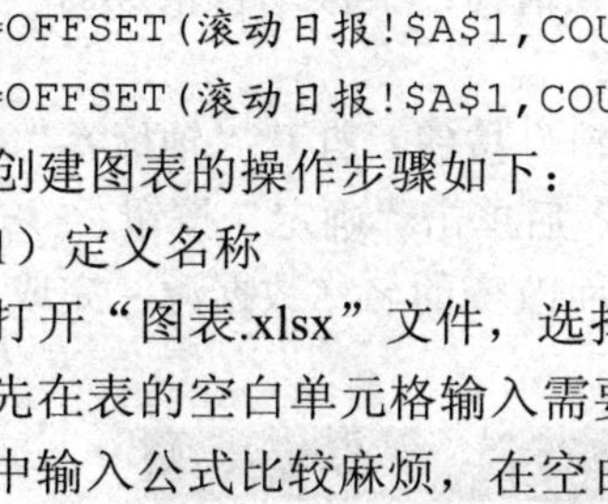

图 2-5-32　“新建名称”对话框

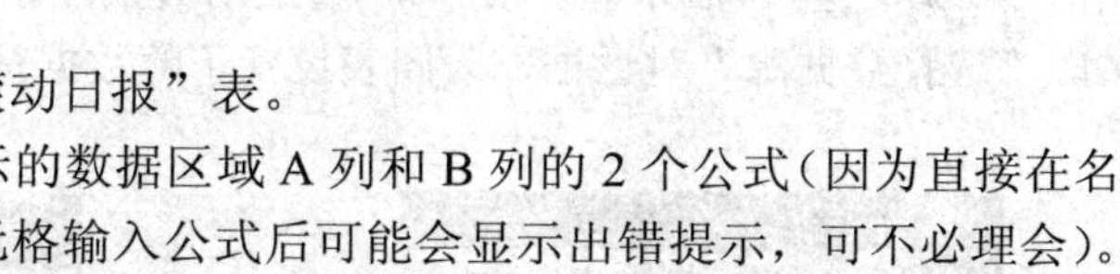

图 2-5-33　名称管理对话框

2）创建图表

选择“滚动日报”表的 A2:B13 区域，创建一个簇状条形图。

填加图表标题，删除图例，设置填图表充色，设置边框、调整图表的大小和位置。创建完成的图表如图 2-5-34 所示。

3）在报表数据源中应用名称

单击图表中的任意位置。在“图表工具”下“设计”选项卡的“数据”组中，单击“选择数据”按钮，打开“选择数据源”对话框，如图 2-5-35 所示。

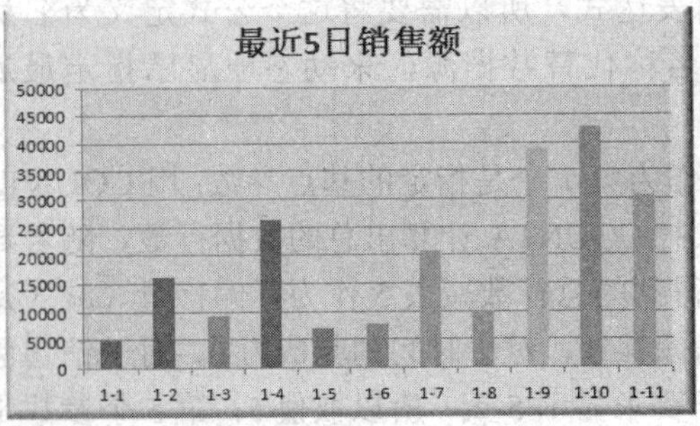

图 2-5-34　创建完成的销售额图表

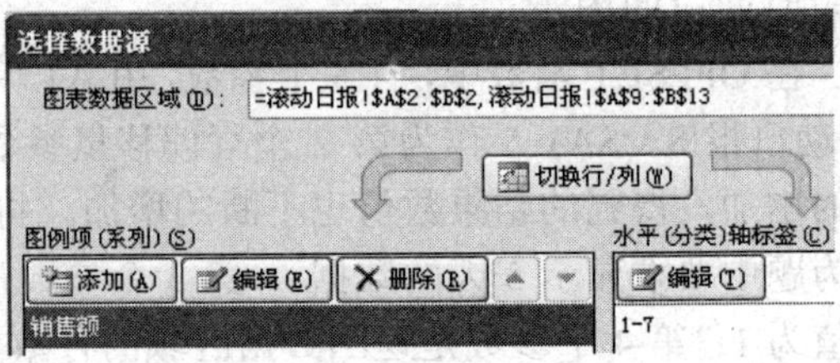

图 2-5-35　“选择数据源”对话框

单击选择数据源”对话框左面的“销售额”系列的“编辑”按钮，打开“编辑数据系列”对话框，按图 2-5-36 设置系列名称为“=滚动日报!$B$2”，系列值为：“=滚动日报!ssss”后单击“确定”按钮。

单击“选择数据源”对话框右面的“轴标签”系列的“编辑”按钮，打开“轴标签”对话框，按图 2-5-37 设置“轴标签区域”为“=滚动日报!WWWW”后单击“确定”按钮。

关闭“选择数据源”对话框，为图表设置了随数据行增加而改变的名称数据源，完成图表创建。

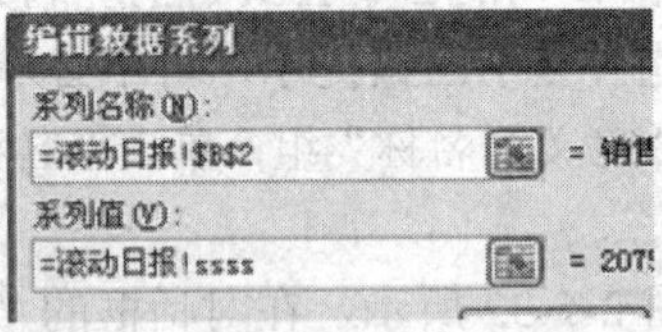

图 2-5-36　编辑销售额系列数据来源

图 2-5-37　编辑日期系列数据来源

【例 3】　添加辅助序列创建动态图表

在“图表.xlsx”文件中的“费用”表中，保存着新华公司 3 年费用支出表，如图 2-5-38 所示，如果绘制某一年的公司费用支出比例图，用饼图绘制的图表能很清楚地把支出费用显示清楚。但是如果需要 3 年的比例图，则要绘制三个“饼图”图表，比较麻烦。要求创建一个使用控件或数据有效性，通过下拉菜单，选择需要显示年份，动态显示对应年份的年度费用支出比例图，如图 2-5-39 所示。

	A	B	C	D	E	F	G	H
1	新华公司三年费用支出表(单位:万元)							
2								
3		职工工资	职工福利	职工培训	基建	广告	研究开发	其他
4	2010年	126	98	34	168	75	56	26
5	2011年	131	102	45	36	85	78	57
6	2012年	151	123	66	89	96	89	69

图 2-5-38　费用支出表

分析：本例可以用添加辅助序列创建动态图表的方法实现。为图表添加辅助序列来实现一些特殊的显示要求，是一种很常用的办法，比较直观和容易理解。其原理是设置一个辅助数据区域，根据用户的操作选择，将目标数据从源数据区域引用到辅助数据区域，用辅助数据作图。之后使用控件或数据有效性，提供选择需要引用的数据手段，当选择不同的引用数据时，辅助区域的数据随之变化，图表也随之变化。

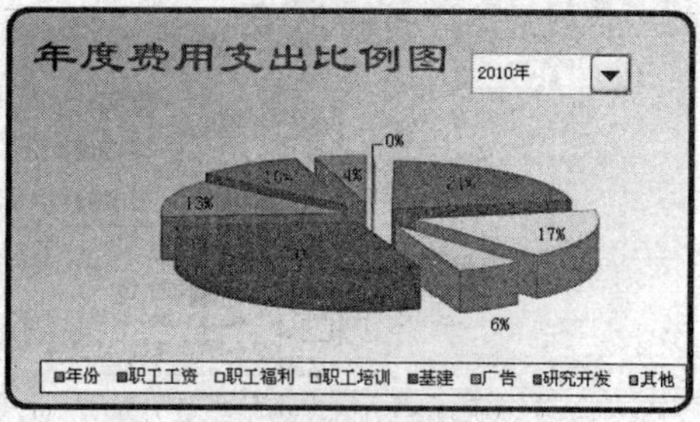

图 2-5-39　动态年度费用比例图

本例中，可以通过添加一个控件，提供一个下拉菜单为用户提供选择显示图表的年份来设置 A8 单元的值（实质是提供 OFFSET 函数的偏移行数值），并添加一个辅助区 B8:H8。此区域根据 A8 单元的值，用 OFFSET 函数，将 B4:H6 区域中的某行数据显示在 B8:H8 的区域。当在下拉菜单中选择不同的年份时，随着 A8 单元值的变化，B8:H8 区域的数值也发生变化，使依据该区域制作的图表也动态发生变化。

操作步骤如下：

1）用 OFFSET 函数，添加取值年份行的辅助数据区域

在 A8 单元格中，先输入数值“1”，在 B8 单元格中输入公式“=OFFSET(B$3,$A$8,0)”，该公式表示：在 B8 单元中，以 B3 单元为基准，以 A8 单元的值为偏移量，引用 B 列中某单元格的数值。

将 B8 单元的公式复制到 C8:H8 区域，完成辅助数据的添加。

2）绘制 2010 年的费用支出比例图

同时选中 B3:H3 和 B8:H8，制作一个“分离型三维饼图”。

设置图表标题“年度费用支出比例图”，将图例设置在“底部”，添加按百分比显示的数据标签，设置图表的边框、填充色，调整各图表元素的大小和位置，将图表置于底层。

3）设置“组合框”控件

如果功能区中没有“开发工具”选项卡，则需先在“文件”选项卡的“选项”组中，选择“自定义功能区”，单击“开发工具”，使功能区中显示“开发工具”选项卡，如图 2-5-40 所示。

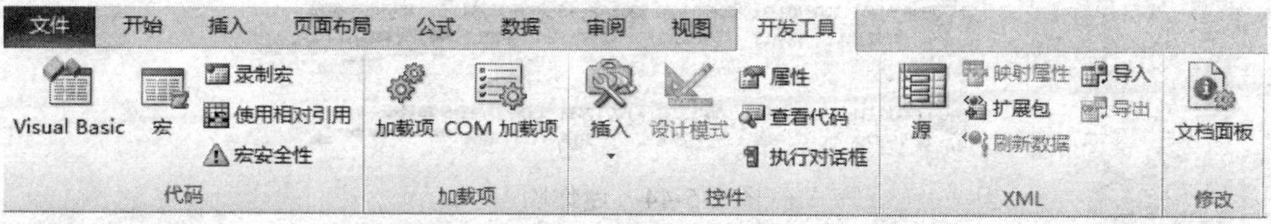

图 2-5-40　添加了“开发工具”的功能区

在“开发工具”选项卡的“控件”组中，单击“插入”按钮，在弹出的列表框中选择“表单控件”中的“组合框（窗体控件）”如图 2-5-41 所示。

在图表的恰当位置拉出合适大小的组合框。

右击组合框，在弹出的快捷菜单中选择“设置控件格式”命令，在弹出的“设置控件格式”对话框中，输入数据源区域文本框的内容为“$A$4:$A$6”；输入单元格链接文本框内容为：“$A$8”；输入下拉显示项数的内容为“3”，如图 2-5-42 所示。

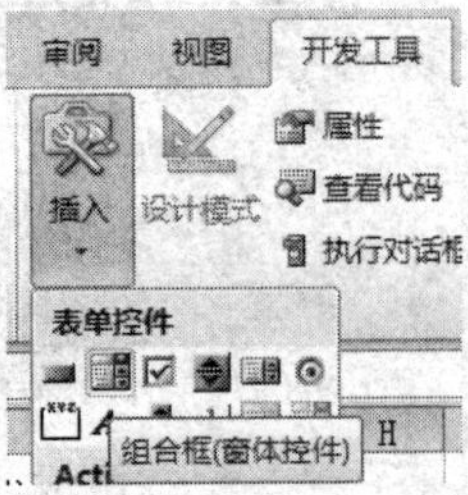

图 2-5-41　插入组合框

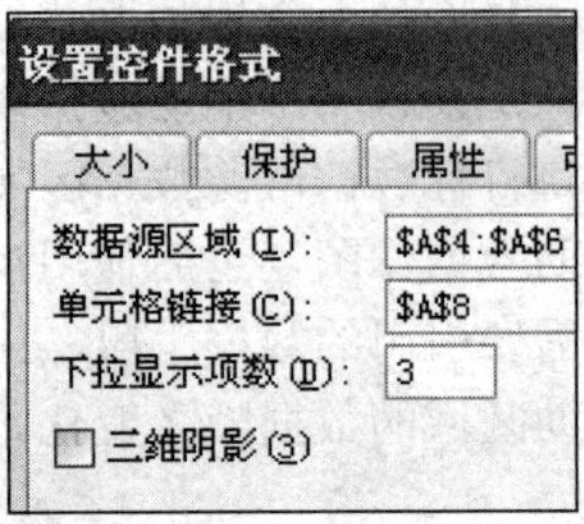

图 2-5-42　“设置控件格式”对话框

将图表移到 A8 开始的单元，档住辅助数据区域。至此年度费用支出比例图制作完成。

单击下拉框按钮，选择“2012 年”，图表立即显示 2012 年的相关数据，如图 2-5-43 所示。

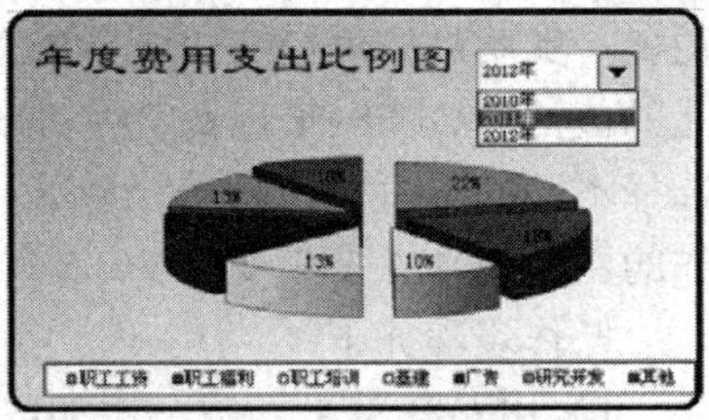

图 2-5-43　选择图表显示年份

拓展与提高

1．迷你图

1）迷你图简介

Excel 2010 中新增了迷你图，它是工作表单元格中的微型图表，可提供数据的直观表示。使用迷你图以一系列值显示趋势，或突出显示最大值和最小值。将迷你图放在其数据附近可发挥最大作用。

与 Excel 2010 工作表上的图表不同，迷你图并非对象——它实际上是在单元格背景中显示的微型图表。如图 2-5-44 中显示单元格 F2 中的柱形迷你图和 F3 中的折线迷你图，这两个迷你图均获取从单元格 A2 到 E2 的数据，并在一个单元格中显示图表。图表按季度显示值，突出显示高值（2008 年 3 月 31 日）和低值（2008 年 12 月 31 日），显示所有数据点并揭示该年的下跌趋势。单元格 F6 中的迷你图揭示了某投资 5 年内的市场表现，但显示的是一个盈亏条形图，图中只显示当年是盈利（2004 年到 2007 年）还是亏损（2008 年）。此迷你图使用从单元格 A6 到 E6 的数据。

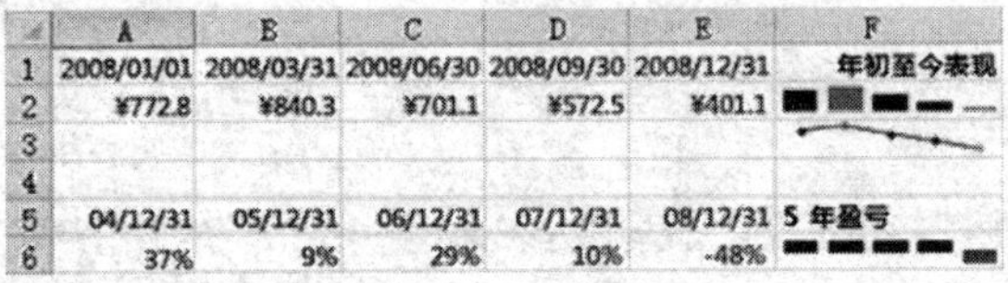

图 2-5-44　迷你图

2）创建迷你图的步骤

（1）选择要在其中插入一个或多个迷你图的一个或一组空单元格。

（2）在“插入”选项卡的“迷你图”组中，单击要创建的迷你图类型：折线图、柱形图或盈亏条形图。

（3）在“数据”框中，输入包含迷你图所基于的数据的单元格区域。

（4）选中一个或多个迷你图时，将出现“迷你图工具”，显示“设计”选项卡。在“设计”选项卡包含迷你图、类型、显示/隐藏、样式和组。使用这些组中的按钮可创建新的迷你图、更改其类型、设置其格式、显示或隐藏折线迷你图上的数据点或设置迷你图组中的纵坐标轴格式。

3）迷你图示例

在“图表.xlsx”文件中的“迷你图”表中，保存着新华公司5年的费用支出，在表中的N4:N9和B10:M10区域添加迷你图，并用颜色突出显示数据的高点和低点，如图2-5-45所示。

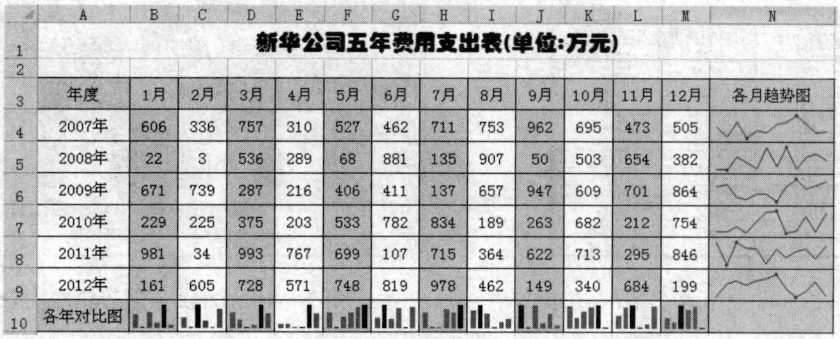

新华公司五年费用支出表(单位:万元)

年度	1月	2月	3月	4月	5月	6月	7月	8月	9月	10月	11月	12月	各月趋势图
2007年	606	336	757	310	527	462	711	753	962	695	473	505	
2008年	22	3	536	289	68	881	135	907	50	503	654	382	
2009年	671	739	287	216	406	411	137	657	947	609	701	864	
2010年	229	225	375	203	533	782	834	189	263	682	212	754	
2011年	981	34	993	767	699	107	715	364	622	713	295	846	
2012年	161	605	728	571	748	819	978	462	149	340	684	199	
各年对比图													

图2-5-45 新华公司五年的费用支出迷你图

操作步骤如下：

（1）打开“图表.xlsx”文件，选择“迷你图”表

（2）选择N4:N9区域。

（3）在“插入”选项卡的“迷你图”组中，单击要创建的迷你图类型：折线图。

（4）在“创建迷你图”对话框中，输入包含迷你图所基于的数据的单元格区域“B4:M9”，如图2-5-46所示。

（5）选择“迷你图工具”选项卡中的“样式选项组”中的“标记颜色”下拉列表，设置高、低点的颜色，如图2-5-47所示。

（6）选择B10:M10区域，插入柱形图并设置样式和颜色。

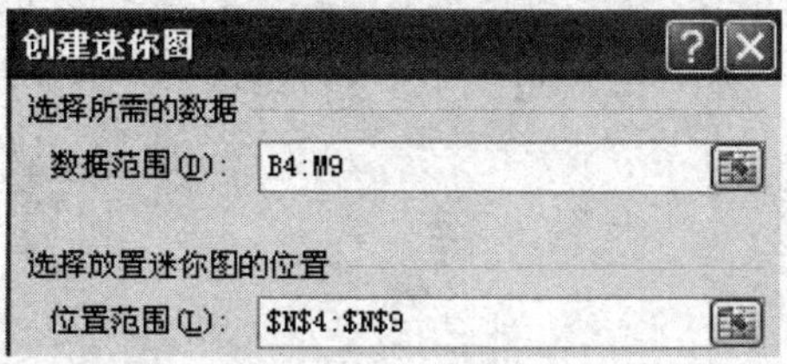

图2-5-46 “创建迷你图”对话框

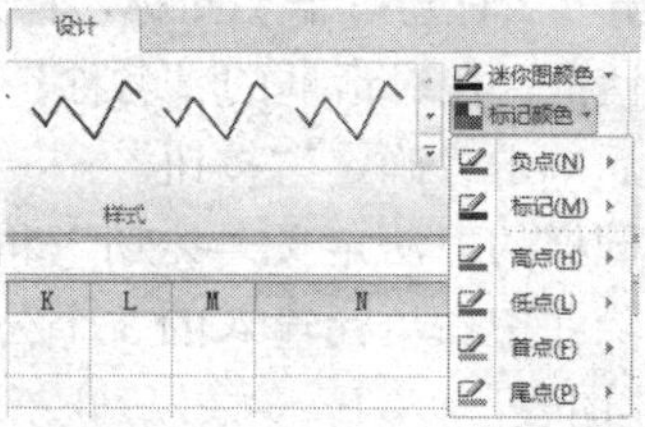

图2-5-47 设置高、低点的颜色

2．绘制带滚动条的图表

利用窗体中的滚动条按钮，可以创建带滚动条的图表，通过移动滚动条来演示图表，可以达到幻灯片的层层推进效果。

在“图表.xlsx”文件中的“轿车”表中，保存着新华公司2012年度轿车销售计划数和实际销售额的对比表，如图2-5-48所示，为这张表创建带滚动条的2012年轿车销售图表，如图2-5-49所示。

分析：本例要求创建带滚动条的2012年轿车销售图表，就是要求当滚动条移动时，图表显示的内容随之改变，其实质就是建立一个动态图表。由于图中有计划销售额、实际销售额和月份3个内容要随滚动条的移动进行变化。所以本例的关键是要定义3个数据区域的名称，每个名称使用OFFSET函数，以滚动条的选定值来确定显示区域的大小，作为名称的数据源，并将这些名称分别作为图表的数据源。最后在图表中插入一个滚动条控件向数据 OFFSET 函数传送控制值。

新华公司2012年轿车销售报表

单位:万元

月份	计划销售额	实际销售额
1月	780	986
2月	1000	1056
3月	300	523
4月	500	650
5月	850	1023
6月	350	280
7月	200	250
8月	400	189
9月	650	795
10月	800	865
11月	600	723
12月	900	1024

图 2-5-48 “轿车”表

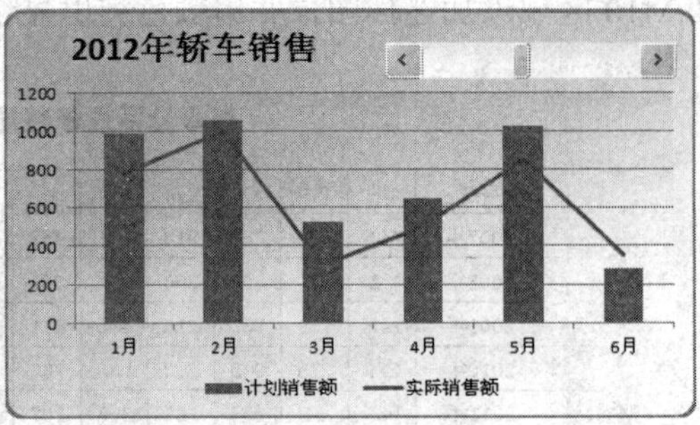

图 2-5-49 2012 年轿车销售图表

操作步骤如下：

1）定义数据区域名称

（1）打开“图表.xlsx”文件选中“轿车”表。

（2）先在表的空白单元格输入需要显示的数据区域 3 个公式：

① 显示月份数的公式为：=OFFSET(轿车!$B$4,0,0,轿车!$F$1,1)

② 显示计划数的公式为：=OFFSET(轿车!$C$4,0,0,轿车!$F$1,1)

③ 显示实际数的公式为：=OFFSET(轿车!$D$4,0,0,轿车!$F$1,1)

公式说明：月份数公式中，用“轿车!$B$4”作为基准；第 2、3 个参数取“0”，表示不需要行、列偏移；第 4 个参数用“轿车!$F$1”来确定显示区域的行数，其值由滚动条设置；第 5 个参数表示要显示的列数，取“1”。

（3）定义“月份“名称。复制月份数公式，在功能区中选择“公式”选项卡的“定义的名称”组，单击“名称管理器”图标，打开“名称管理器”对话框。单击“新建”按钮，打开“新建名称”对话框，在对话框的“名称”文本框中输入“月份”，在“引用位置”文本框中粘贴月份数的公式后单击“确定”按钮。

（4）用同样的方法定义“计划”和“实际”2 个名称。

（5）删除在空白单元输入的 3 个公式。

2）创建图表

选择 B3:D15 的数据区域，创建一个簇状柱形图。

单击图中实际销售数据系列中的任一根柱形，更改图表类型为折线图。

设置图表标题。将图例设置在“底部”。设置图表的边框、填充色。调整各图表元素的大小和位置。将图表置于底层。

3）编辑图表数据源

单击图表中的任意位置。在“图表工具”下“设计”选项卡的“数据”组中，单击“选择数据”按钮，打开“选择数据源”对话框。

单击“选择数据源”对话框左面的“计划销售额”系列的“编辑”按钮，打开“编辑数据系列”对话框，设置系列值为：“=轿车!计划”后单击“确定”按钮。

单击“选择数据源”对话框左面的“实际销售额”系列的“编辑”按钮，打开“编辑数据系列”对话框，设置系列值为：“=轿车!实际”后单击“确定”按钮。

单击“选择数据源”对话框右面的“轴标签”系列的“编辑”按钮，打开“轴标签”对话框，设置轴标签区域为“=滚动日报!月份”后单击“确定”按钮。

关闭“选择数据源”对话框，为图表设置了图表数据源。

4）添加滚动条

在“开发工具”选项卡的“控件”组中，单击“插入”按钮，选择“表单控件”中的“滚动条（窗体控件）”。在图表的合适位置拉出合适大小的滚动条。

右击组合框，在弹出的快捷菜单中选择“设置控件格式”命令，在弹出的“设置控件格式”对话框中，设置：当前值“12”、最小值“1”、最大值“12”、步长“1”、页步长“3”，在“单元格链接”文本框中输入“F1”。

单击“确定”按钮，将图表移到 F1 单元格，带滚动条的图表即制作完成。移动图表中的滚动条，可以改变图表的显示数据，如图 2-4-50 和图 2-4-51 所示。

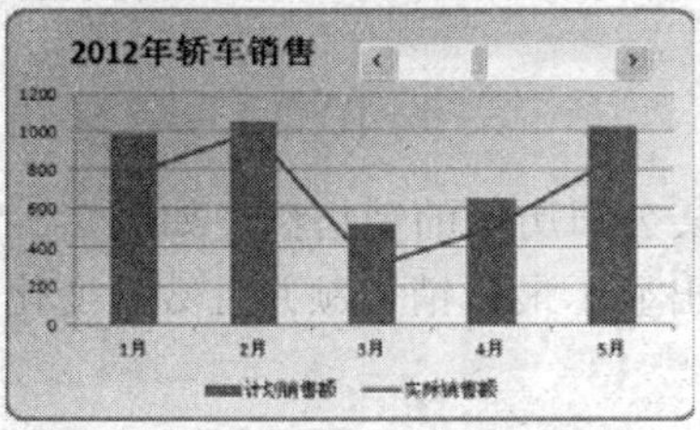

图 2-5-50　显示 5 个月数据图表

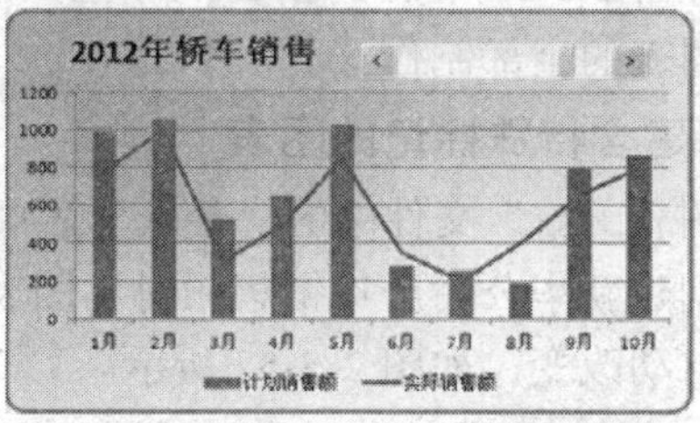

图 2-5-51　显示 10 个月数据图表

3. 创建图表相叠的图表

在“图表.xlsx”文件中的“管理费”表中，保存着新华公司历年的管理费用，如图 2-5-52 所示，为这张表创建新华公司历年管理费用图表，如图 2-5-53 所示。

	A	B	C
1	新华公司历年管理费用		
2	年份	计划数	实际数
3	2005年	78049	89999
4	2006年	57714	48152
5	2007年	37437	28608
6	2008年	95728	86601
7	2009年	22365	13729
8	2010年	64236	71198
9	2011年	94255	95848
10	2012年	17226	44446

图 2-5-52　管理费表

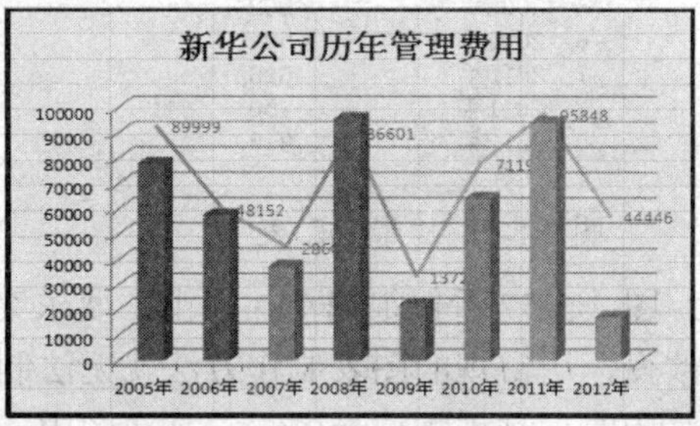

图 2-5-53　新华公司历年管理费用图表

分析：要求创建的表，看似简单，其实不然。图中显示的计划数是一个三维簇状柱形图，而实际数是一个二维的折线图，这两个图无法简单地在一个图表中制作。

要制作出本例所要求的图表，简单的办法是制作 2 个图表，其中 1 个只保留数据系列和数据标签可见，然后 2 个图表相叠，再仔细调整 2 图的位置，使 2 张图表看起来像一张图表一样，得到所要求的图表。这种方法可用于制作一些有特别要求图表。

操作步骤如下：

（1）打开“图表.xlsx”文件，选择“管理费”表。

（2）选择 A2:B10 区域，制作一个三维簇状柱形图。

（3）删除图例；修改标题；设置背景色、边框。制作完成后效果如图 2-5-54 所示。

（4）同时选中 A2:A10 和 C2:C10 区域，制作一个二维折线图。

（5）添加数据标签；删除标题、图例、网格线、坐标轴。

（6）设置图表区和绘图区为无填充色，置于底层。制作完成后效果如图 2-5-55 所示。

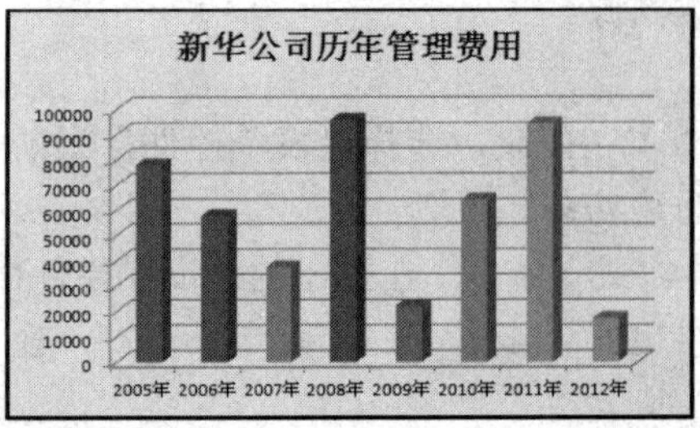

图 2-5-54　计划数三维簇状柱形图

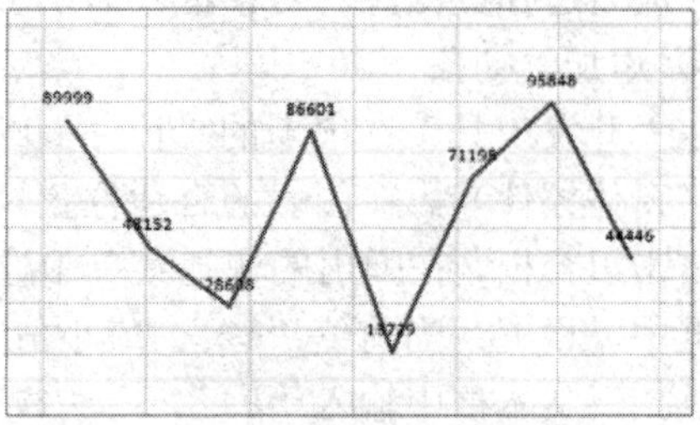

图 2-5-55　实际数二维折线图

（7）将图 2-5-55 叠放到图 2-5-54 上，仔细调整绘图区的大小，使 2 个图表在视觉上融为一体，完成图表的全部制作。

4．创建含特殊标记的图表

在“图表.xlsx”文件中的“最低”表中，保存着某公司历年的销售额，如图 2-5-56 所示，为这张表创建新华公司历年销售额对比图表。要求突出显示最低销售额并且数据变化时，图中箭头位置自动改变，如图 2-5-57 所示。

	A	B
1	年份	销售额(万元)
2	2005年	564.25
3	2006年	867
4	2007年	333
5	2008年	502
6	2009年	504
7	2010年	686
8	2011年	450
9	2012年	897

图 2-5-56　“最低”表

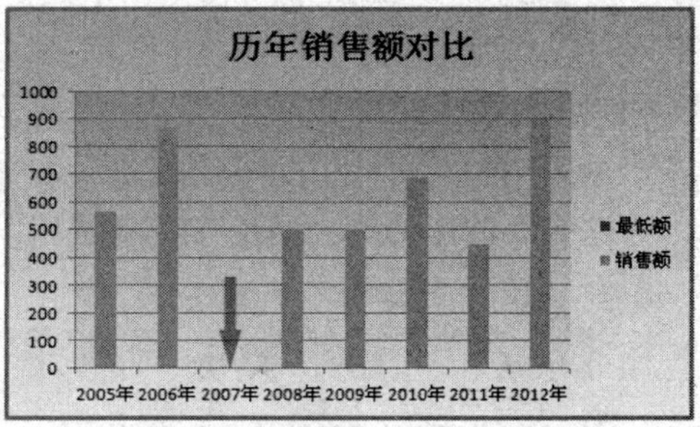

图 2-5-57　历年销售额对比图表

分析：图 2-5-57 看似很简单，但由于要求突出显示最低销售额并且数据变化时，图中箭头位置自动改变，用常规的图表制作方法就无法制作出这个图表。

在图表中有一种堆积柱形图，它是在图中一根柱子上堆叠需要表示的几个数据，每个数据用不同的颜色表示。例如，以图 2-5-58 所示的工作表数据制作堆积柱形图，可得图 2-5-59。

	A	B	C
1	年份	销售额A	销售额B
2	2005年	564	564
3	2006年	867	867
4	2007年	333	333
5	2008年	357	357
6	2009年	241	241
7	2010年	556	556

图 2-5-58　制作堆积图的数据

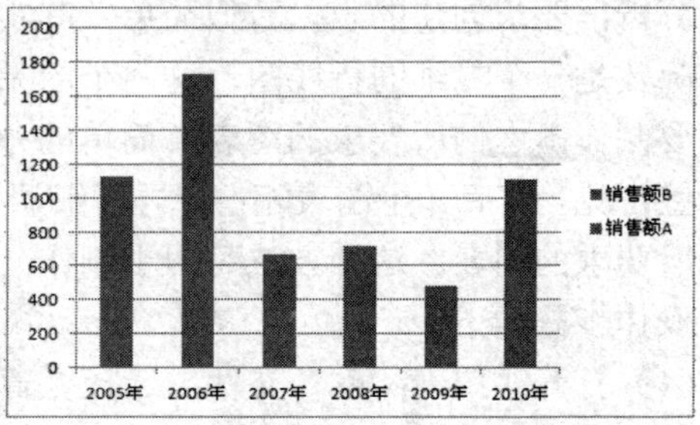

图 2-5-59　堆积柱形图

在 B 列保留最小数，其余数据都修改为 0，在 C 列只将最小数修改为 0，其余数据保持不变，可以得到图 2-5-60 和图 2-5-61。

	A	B	C
1	年份	销售额A	销售额B
2	2005年	0	564
3	2006年	0	867
4	2007年	0	333
5	2008年	0	357
6	2009年	241	0
7	2010年	0	556

图 2-5-60　修改后制作堆积图的数据

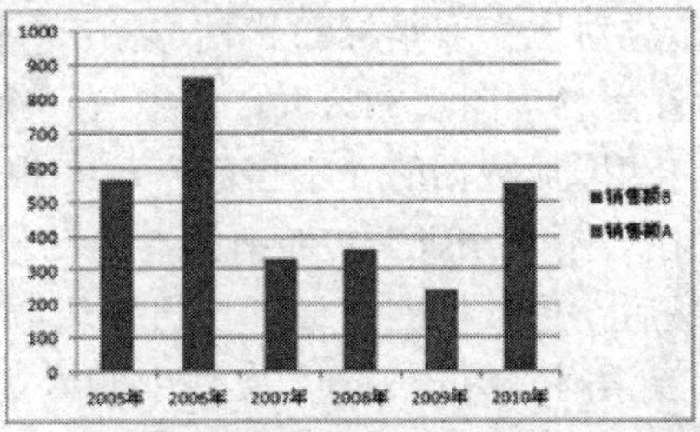

图 2-5-61　修改数据后得到的堆积柱形图

从形式上看，图 2-5-61 是一个柱形图，但它实际上是堆积柱形图，只不过在每根柱形中有一个特殊的数 0，另一个数据就占据了整个柱子区域，看起来就是只有一种颜色的一根根柱形。

图 2-5-57 可以利用上面这个例子的想法制作，但需要添加 2 列辅助列 C 和 D，在 C 列中用 IF 函数进行判断，使这列只显示 B 列的最小值，其他的数据全部为“0”。D 也用 IF 函数进行判断，使这列只显示 B 列的最小值为 0，其他数据全部为 B 列对应行的数。添加了辅助列后，使用辅助列的数据作为图表的数据源制作图表。在经过表格的格式化后即可制作出符合题目要求的图表。

操作步骤如下：

1）添加辅助区域

打开“图表.xlsx”文件，选择“最低”表。

单击 C2 单元格输入以下公式：=IF(B2=MIN($B$2:$B$9),B2,0)

单击 D2 单元格输入以下公式：=IF(B2=MIN($B$2:$B$9),0,B2)

将这 2 个公式复制到 C3:D9 区域，完成辅助数据列的添加。

2）制作图表

同时选中 A1:A9 和 C1:D9 区域，制作堆积柱形图。

设置图表的填充色、边框等的格式。

调整图表的大小，将图表移到 C1 单元挡住辅助数据区域。

3）绘制箭头

在“插入”选项卡的“插图”组中，单击“形状”按钮，选择“箭头总汇”下的下箭头图形并设置箭头图形的填充色。

选择箭头图形并用【Ctrl+C】组合键复制该图形，单击堆积柱形图最小值的柱形，按【Ctrl+V】组合键将箭头图形粘贴到柱形上作为填充图形。

至此，图表制作完成，调整数据区域的数据，图表中最小值箭头位置会随着变化。

思考与练习

1．在图表中添加组合框和滚动条的作用是什么？

2．图表区和绘图区有什么不同？

3．在图表中怎样增加或删除数据系列？

4．如果对所选的图表不满意，怎样改变图表类型？

5．在素材“图表.xlsx”文件的中，根据“计划”表的数据，制作合适的预计费用、数控机床改造时间费用对比及数控机床改造进度计划等统计图表。

6．据“图表.xlsx”文件“巡回展销”表中的素材，制作“销售数量”三维分离饼图；“销售数量金额对比”双坐标簇状柱形图；“手机巡回展销计划”横道计划。

7．在素材“图表.xlsx”文件中有一个“表滚动”表，要求并将其作为数据源，创建随数据增加而自动增加数据的“销售额”动态报表。

8．在“图表.xlsx”文件中的“滚动日报”表中，要求将其作为数据源，创建增加数据后永远显示最后 5 行数据的“最近 5 日销售额”动态报表，如图 2-5-31 所示。

9．在素材“图表.xlsx”文件中的“费用”表中，保存着新华公司 3 年费用支出表。要求创建一个使用控件或数据有效性，通过下拉菜单，选择需要显示年份，动态显示对应年份的年度费用支出比例图，如图 2-5-39 所示。

10．在素材“图表.xlsx”文件中的“迷你图”表中，保存着新华公司 5 年的费用支出，在表中的 N4:N9 和 B10:M10 区域添加迷你图，并用颜色突出显示数据的高点和低点，如图 2-5-45 所示。

11．在素材“图表.xlsx”文件中的“轿车”表中，保存着新华公司 2012 年度轿车销售计划数和实际销售额的对比表，如图 2-5-48 所示，为这张表创建带滚动条的 2012 年轿车销售图表，如图 2-5-49 所示。

12．根据“图表.xlsx”文件“费用”表中的素材，使用数据有效性和 VLOOKUP 函数，参考图 2-5-62 制作动态图表。

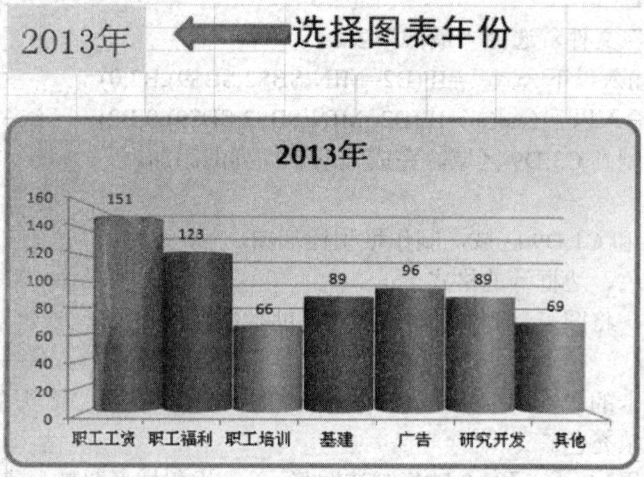

图 2-5-62　使用数据有效性制作的动态图表

13．在素材“图表.xlsx”文件中的“管理费”表中，保存着新华公司历年的管理费用，如图 2-5-52 所示，为这张表创建新华公司历年管理费用图表，如图 2-5-53 所示。

14．在素材“图表.xlsx”文件中的“最低”表中，保存着某公司历年的销售额，如图 2-5-56 所示，为这张表创建新华公司历年销售额对比图表。要求突出显示最低销售额并且数据变化时，图中箭头位置自动改变，如图 2-5-57 所示。

15．根据“图表.xlsx”文件“平均”表中的素材，制作一个簇状柱性形图，要求用不同的颜色显示高于或低于平均销售额的数据条，数据变化时，颜色自动调整并在图中添加一条平均线。

16．根据“图表.xlsx”文件“A 产品”表中的素材，制作一个簇状柱性形图，如图 2-5-63 所示。

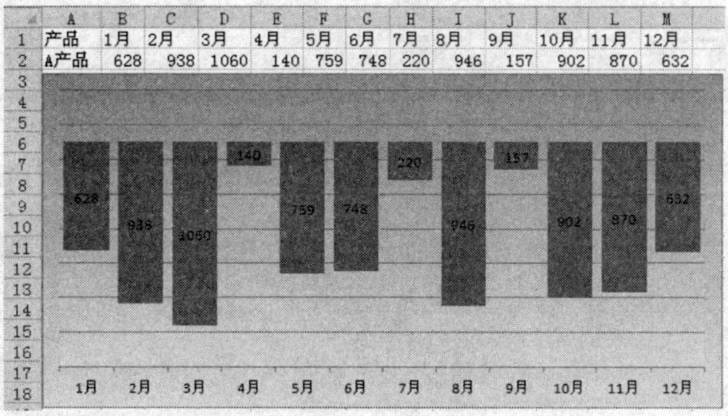

图 2-5-63　A 产品簇状柱性形图

17．根据“图表.xlsx”文件“单品”表中的素材，制作一个图 2-5-64 所示的簇状柱性形图“A-B 产品对比图”。

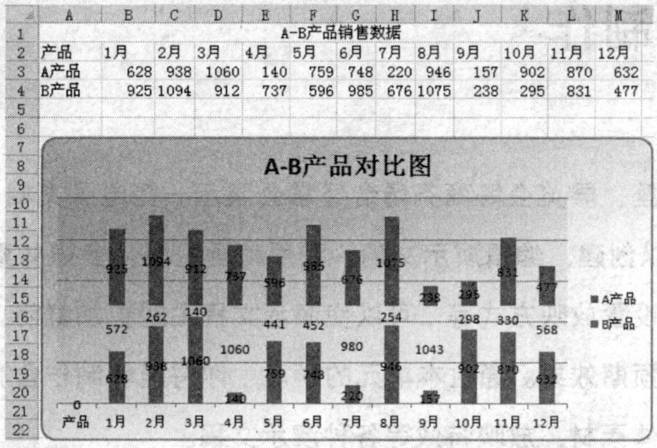

图 2-5-64　A-B 产品对比图

单元三

演示文档制作

在讲座、展览会等商务场合经常会演示一些电子文稿，使用 PowerPoint 2010 可以创建、编辑演示文稿。利用动画设置、多媒体素材、超链接、幻灯片切换、设置放映方式等，可以使演示文稿主题更加鲜明、生动活泼、美观有趣、达到预期效果。通过本单元的学习，你将能够制作含有动画、超链接、切换、多媒体素材、放映特效等各种演示文稿。

学习目标

- 能创建及编辑演示文稿、设置超连接、切换、动画
- 在演示文档中插入多媒体素材
- 能利用 SmartArt 图形和图片处理来设计演示文档
- 能进行幻灯片母版和放映设置
- 能正确设置幻灯片的放映方式

任务一 自然奇观——创建和编辑演示文稿

任务描述

大自然是神秘的，有许许多多的奇观、谜团困扰着我们。天空像是一个“奇观制造厂”，在这里上演的壮观而奇特的自然现象可谓数不胜数。这些自然现象是否预示着什么，需要大家不断探索。

为使大家对某些自然现象有所了解，用科学的方法解开这些谜团。请运用所给的素材，制作一个介绍“自然奇观”、能自动循环播放的演示文稿。

介绍自然奇观主要采用展示图片，并在展示过程中添加少量简要文字解说的方式进行。要求在展示图片的同时，缓慢地逐步显示文字说明。完成的作品以“自然奇观.pptx”为文件名，保存在指定盘中。

任务分析

自然奇观数不胜数，不可能用一个演示文稿囊括全部内容，为适合循环播放，演示文稿以7～8张幻灯片为宜，不要超过10张。

由于所制作的演示文稿不是用于演讲，重点在展示各种自然奇观，要以展示图片为主，文字说明要简洁，以免过多遮挡画面。如果必须显示较多文字，需要设置文字滚动。

在幻灯片中要设置动画效果，并控制动画显示的次序和时间。

幻灯片制作好后，需要进行放映计时。

本任务的关键是幻灯片的动画效果设置及动画的先后播放次序和时间。制作完成的首张幻灯片如图3-1-1所示。

图3-1-1 制作的首张幻灯片

方法与步骤

1. 首张幻灯片的建立和编辑

（1）启动PowerPoint 2010，可以得到图3-1-2所示的启动界面。此时PowerPoint自动在文档中插入了一张“标题幻灯片”。

（2）单击“单击此处添加标题”文本框，输入标题“自然奇观”。

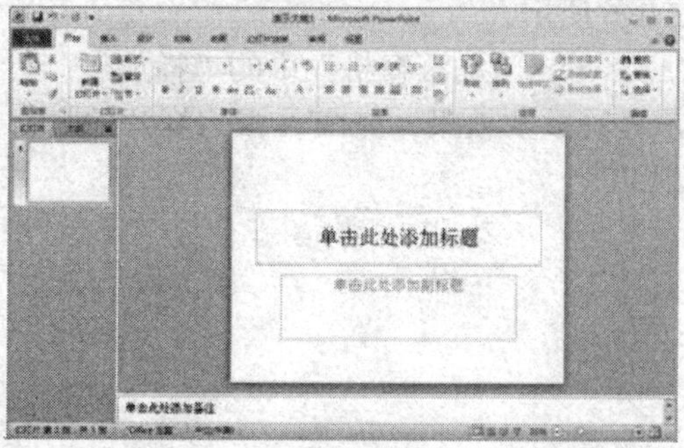

图3-1-2 PowerPoint 2010启动界面

（3）单击“单击此处添加副标题”文本框，输入副标题，内容如图 3-1-3 所示。

（4）在“设计”选项卡的“背景”组中，单击“背景样式”按钮，在弹出的列表中选择“设置背景格式”命令。

（5）在“设置背景格式”的“填充”选项组中，选择“图片或纹理填充”单选按钮，再单击“文件”按钮，插入素材文件夹中的“沙漠里的海市蜃楼.jpg”，作为背景图片，单击“关闭”按钮。

图 3-1-3　建立的第一张幻灯片

（6）设置标题和副标题的字体、大小、颜色、调整其位置。

（7）选中主标题，在“动画”选项卡的“高级动画”组中，单击“添加动画”命令按钮，在弹出的列表中选择“强调”选项组中的“放大/缩小”选项。

（8）在“动画”选项卡的“计时”组中，选择开始下拉列表框中的“与上一动画同时”，设置持续时间为 6 秒。

（9）选中副标题，在“动画”选项卡的“动画”组中，单击“出现”命令按钮。

（10）在“动画”选项卡的“高级动画”组中，单击“动画窗格”按钮。在“动画窗格”中，右击动画对象，在弹出的快捷菜单中，选择“效果选项”命令，如图 3-1-4 所示”。

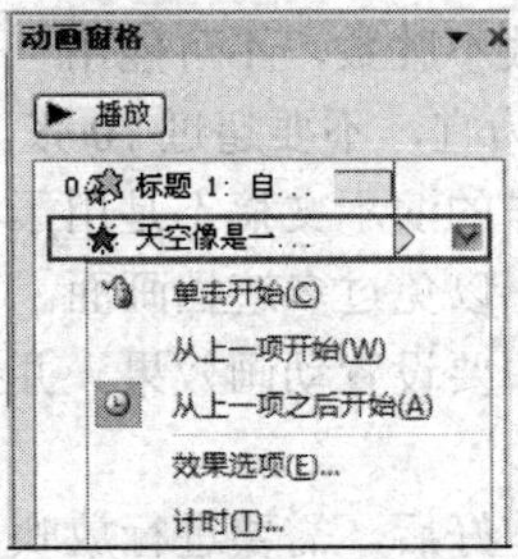

图 3-1-4　动画窗格

（11）在弹出的“出现”对话框中，选择“效果”选项卡，“动画文本”内容为“按字母”，如图 3-1-5 所示。选择“计时”选项卡中的“开始”时间为“上一动画之后”，如图 3-1-6 所示。

（12）单击“动画窗格”中的“播放”按钮，查看放映效果，完成首张幻灯片的制作。

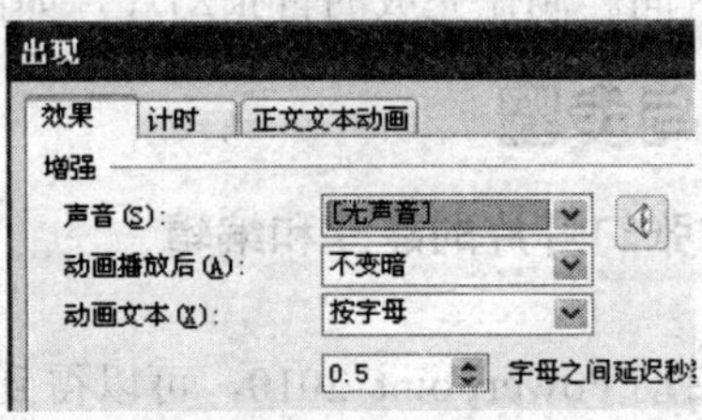

图 3-1-5　设置动画文本

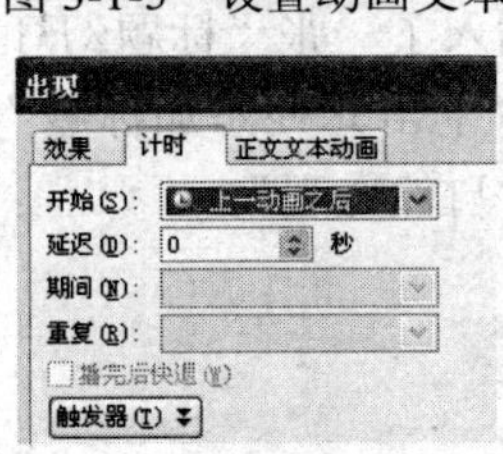

图 3-1-6　设置开始方式

2. 第 2 张幻灯片的建立和编辑

（1）在“开始”选项卡的“幻灯片”组中，单击“新建幻灯片”按钮，新建一张幻灯片。

（2）插入背景图片“倒悬的彩虹.jpg”。

（3）输入标题“倒悬的彩虹”。

（4）在“插入”选项卡的“文本”组中，单击“文本框”按钮，在幻灯片的空白处单击插入一个文本框，在文本框中输入第一段解说文本。由于本章幻灯片的解说词较长，全部解说词需要再插入 2 个文本框，并分别输入内容。

（5）设置标题的动画效果为“淡出”，开始时间为“上一动画之后”。

（6）设置第 1 段解说词的进入动画效果为“出现”，开始时间为“上一动画之后”。“效果”选项卡中的“动画文本”内容为“按字母”，字母之间的延迟为“0.3”秒。

（7）在第 1 段解说词上再添加一个退出动画效果为“淡出”。

（8）按同样的方法设置 2 段解说词的进入和退出 2 种动画效果。

（9）按同样的方法设置 3 段解说词的进入动画效果。

（10）设置标题和解说文本的字体、颜色和大小。并将 3 个文本框设置成相同的大小并重叠在一起。

（11）查看放映效果，完成第 2 张幻灯片的制作。

3. 其余幻灯片的建立和编辑

按照上述方法完成其余幻灯片的建立和编辑。

4. 排练计时

为了实现自动播放幻灯片，需要使用排练计时的功能，录制排练计划。具体方法是将全部幻灯片放映一遍，并记录下放映的过程，然后在设置循环放映时使用这一排练计划。操作过程如下：

（1）在“幻灯片放映”选项卡的“设置”组中，单击“排练计时”按钮，开始放映幻灯片，此时屏幕上除了放映的幻灯片外，在左上角出现一个“录制”对话框，如图 3-1-7 所示。在该对话框中显示当前幻灯片的放映时间及总的放映时间。

图 3-1-7　“录制”对话框

（2）按照需要，确定每张幻灯片的放映时间，逐张放映幻灯片至结束后会弹出图 3-1-8 所示的询问是否保留幻灯片排练时间对话框。

图 3-1-8　询问是否保留幻灯片排练时间对话框

（3）单击“是”按钮，结束排练计时。如果对本次排练不满意，可以重新进行排练直至满意。录制了排练计划之后，可以使用这一排练时间来播放幻灯片。

5. 设置循环播放

在“幻灯片放映”选项卡的“设置”组中，单击“设置幻灯片放映”按钮，会弹出图 3-1-9 所示的“设置放映方式”对话框，在对话框中，可以设置各种放映方式。选中“循环放映，按 Esc 键终止”复选框及“如果存在排练时间，则使用它”单选按钮后，单击“确定”按钮完成循环播放设置。

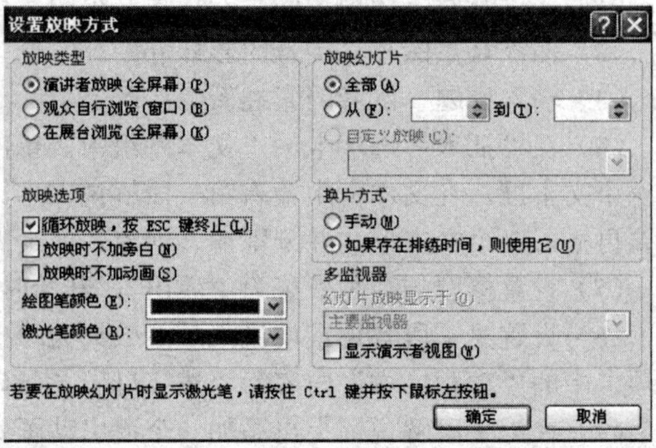

图 3-1-9 “设置放映方式”对话框

6. 文稿保存

完成的作品以“自然奇观.pptx”为文件名，保存在指定盘中。

相关知识

1. 了解 PowerPoint 2010

PowerPoint 2010 是幻灯片制作软件，可以制作出集文字、图形、图像、动画、声音和视频等多种媒体元素于一体的各种类型的幻灯片演示文稿，然后在计算机屏幕或大屏幕投影仪上播放幻灯片，动态地播放演示文稿的内容。

启动 PowerPoint 2010，可得图 3-1-10 所示的界面。此界面主要由功能区、幻灯片窗格、幻灯片选项卡、大纲选项卡、备注窗格、视图切换按钮等部分组成。

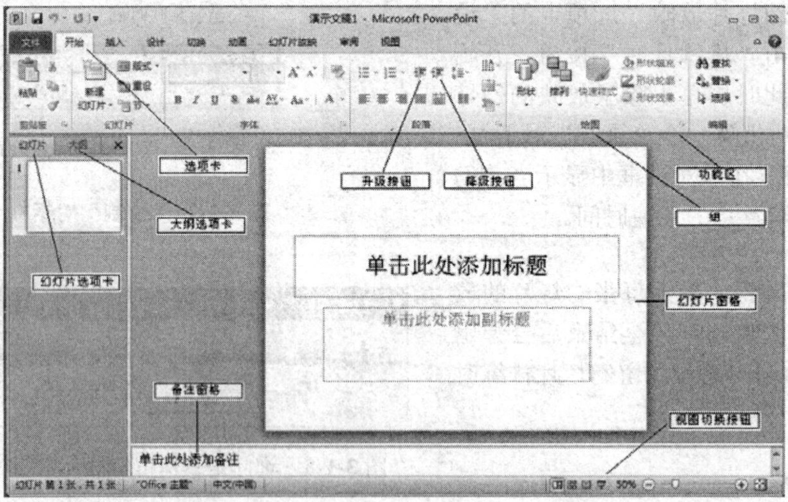

图 3-1-10 PowerPoint 2010 界面介绍

（1）功能区：此区域中包含一些包含命令的选项卡，每个选项卡对应着某个明确的操作主题并包含着若干个组，每个组内又包含着若干个命令按钮。幻灯片的所有操作，几乎都可以在此区域找到对应的命令按钮。

（2）幻灯片窗格：显示当前幻灯片的大视图，在此视图中显示当前幻灯片时，可以直观地添加文本，插入图片、表格、SmartArt 图形、图表、图形对象、文本框、电影、声音、超链接和动画。

（3）大纲选项卡：此区域是撰写幻灯片内容的理想场所，在这里可以移动幻灯片和文本，并以大纲形式显示幻灯片文本。

（4）幻灯片选项卡：在编辑时以缩略图大小的图像在演示文稿中观看幻灯片。使用缩略图能方便地遍历演示文稿，并观看任何设计更改的效果。还可以重新排列、添加或删除幻灯片。

（5）备注窗格：可以输入要应用于当前幻灯片的注释或提示信息。以后，可以将备注打印出来并在放映演示文稿时进行参考。但这些信息不会在幻灯片上显示出来，幻灯片播放时如需查看注释或提示信息，需将它们显示在另外的显示屏上。

（6）制作幻灯片时，升级按钮和降级按钮用于对文本内容的项目级别进行升级、降级操作。

（7）视图切换按钮从左到右分别是“普通视图”“幻灯片浏览”“阅读视图”“幻灯片放映”4 个按钮。可以单击某个按钮进行视图切换。

① 普通视图如图 3-1-10 所示，在普通视图中可以在同一位置使用演示文稿的各种功能，是幻灯片制作的主要场所。

② 幻灯片浏览视图如图 3-1-11 所示，通过幻灯片浏览视图，可以在屏幕上看到演示文稿中的所有幻灯片缩略图，完成快速浏览、移动、复制、删除幻灯片等操作。

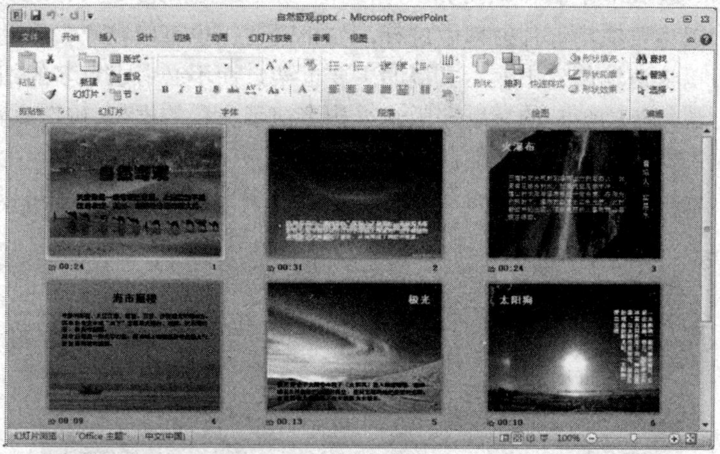

图 3-1-11　幻灯片浏览视图

③ 阅读视图：切换到幻灯片放映视图，从当前幻灯片开始放映幻灯片。

④ 幻灯片放映：切换到幻灯片放映视图，从第一张幻灯片开始放映幻灯片。

（8）大纲选项卡：此区域是始撰写内容的理想场所；在这里可以移动幻灯片和文本，并以大纲形式显示幻灯片文本。

（9）幻灯片选项卡：在编辑时以缩略图大小的图像在演示文稿中观看幻灯片。使用缩略图能方便地遍历演示文稿，并观看任何设计更改的效果。还可以重新排列、添加或删除幻灯片。

2. PowerPoint 2010 使用的文件类型

PowerPoint 通常使用以下几种文件类型：

（1）扩展名为“.pptx”的是常规演示文稿文件（早期的版本使用“.ppt”为扩展名），这是 PowerPoint 2010 使用的默认文件。一般制作完成的演示文稿没有特别需要，都使用这种类型。

（2）扩展名为“.ppsx”的是打开时始终以“幻灯片放映”模式显示的演示文稿文件。

（3）扩展名为“.potx”的是 PowerPoint 2010 模板文件。PowerPoint 2010 提供的设计模板使用这种格式，如果需要，可以自行制作模板文件。

3．演示文稿格式设置

在演示文稿中，可以对幻灯片中的各种对象进行格式设置。对幻灯片进行格式设置与在 Word 中对文档进行格式设置有许多相似之处，具体方法如下：

1）字符格式的设置

选中文字对象后，在“开始”选项卡的“字体”组中，单击相应的按钮，设置字体格式。

2）段落格式的设置

段落格式主要设置行距、段前行距、段后行距。将光标停在欲设置的行上，在“开始”选项卡的“段落”组中，单击相应的按钮，设置段落格式。

3）艺术字/图片格式的设置

选中艺术字对象，在绘图工具的“格式”选项卡的相应组中，单击所需的按钮，可分别设置图片样式、形状、排列、大小等艺术字属性。

选中图片对象，在图片工具的“格式”选项卡的相应组中，单击所需的按钮，可分别设置样式、排列、大小等艺术字属性。

4．在“大纲”选项卡中制作幻灯片

制作幻灯片一般主要在幻灯片窗格中进行，如果需要，也可以在“大纲”选项卡中进行。在大纲选项卡中可以快速地创建出演示文稿的主要框架，而不必考虑过多的细枝末节。可以在大纲选项卡中只创建每张幻灯片的标题和版式来构造演示文稿的框架。构造完整框架后再在“幻灯片”选项卡中添加图片、背景等其他内容。

选择“大纲”选项卡后，可以得到图 3-1-12 所示的界面，在选项卡中可以添加、删除、移动、编辑幻灯片。

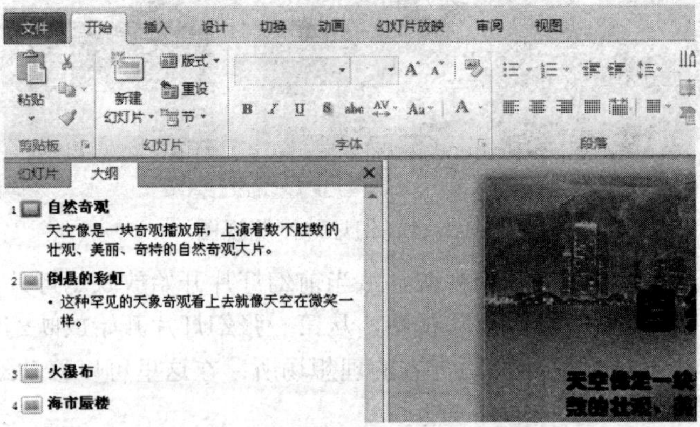

图 3-1-12　含有选项卡的 PowerPoint 设计界面

在“大纲”选项卡中，演示文稿以大纲形式显示，大纲由每张幻灯片的标题和正文组成。每张幻灯片的标题都会出现在编号和图标的旁边，正文在每个标题的下面并设置多级项目符号，按项目符号的级别逐级多层缩进。

在“大纲”选项卡中创建演示文稿的一般步骤如下：

（1）在“开始”选项卡的“幻灯片”组中，单击“新建幻灯片”按钮，PowerPoint 2010 将

插入一张新的“标题和文本”幻灯片。

（2）根据需要在在“开始”选项卡的“幻灯片”组中，单击“版式”按钮，为新插入的幻灯片选择版式。

（3）输入幻灯片标题后按【Enter】键。在“大纲”工具栏上单击“降级”按钮可以创建一级项目符号。

（4）利用“升级”“降级”按钮创建并输入幻灯片中不同层次的项目文本。

（5）在一张幻灯片最后一个项目文本输入完后，按【Ctrl+Enter】组合键开始下一张幻灯片的制作。

使用大纲是组织和开发演示文稿内容的好方法，因为工作时可以看见屏幕上所有的标题和正文。可以在幻灯片中重新安排要点，将整张幻灯片从一处移动到另一处，或者编辑标题和正文等。例如，如果要重排幻灯片或项目符号，只要选定要移动的幻灯片图标或文本符号，再拖动到新位置即可。

5. 文档打印

演示文稿制作完成之后，可以通过打印机打印出来供审阅或存档。PowerPoint 2010 可以打印幻灯片、备注和大纲。在“文件”选项卡的列表中，选择“打印”选项，如图 3-1-13 所示。

单击“幻灯片”下的下三角按钮，弹出列表框如图 3-1-14 所示。在该列表框中，可以设置打印的版式，在“讲义”栏下，可设置每页打印几张幻灯片。

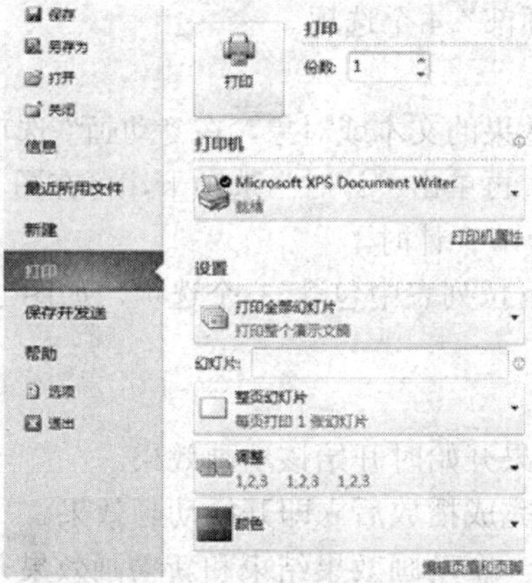

图 3-1-13 “打印”选项

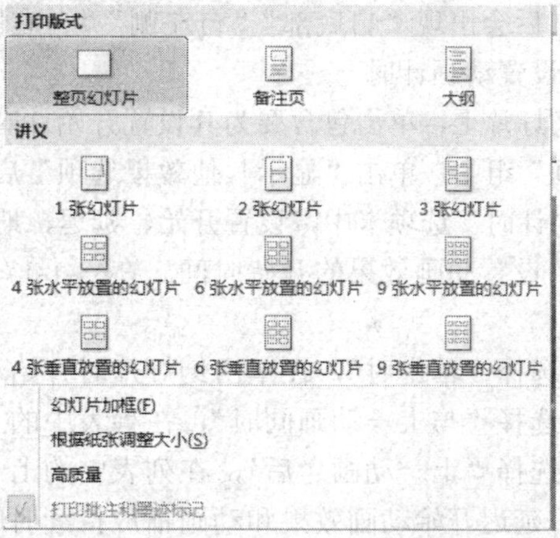

图 3-1-14 “打印版式”列表框

选择好打印内容，再根据需要进行其他选项的选择，然后单击“确定”按钮即可打印输出所需要的演示文稿。

6. 设置动画

动画可使 Microsoft PowerPoint 2010 演示文稿更具动态效果，并有助于提高信息的生动性。最常见的动画效果类型包括进入和退出。也可以添加声音来增加动画效果的强度。例如，可以使文本项目符号点逐字从左侧飞入，或在显示图片时播放掌声。

可以自定义动画效果的计时，包括计时和各动画效果开始的顺序，以及动画效果是否重复。

1）向文本或对象添加动画

（1）选择要制成动画的文本或对象。

（2）在“动画”选项卡的“动画”组中，从动画库中选择一个动画效果。单击“更多”箭头查看更多选项，会显示图 3-1-15 所示的基本动画库。在图中，进入效果图标呈绿色、强调效果图标呈黄色、退出效果图标呈红色。如果在图 3-1-15 中找不到满意的动画效果，可以选择左下部分的命令菜单，显示更多的动画效果，如图 3-1-16 所示。

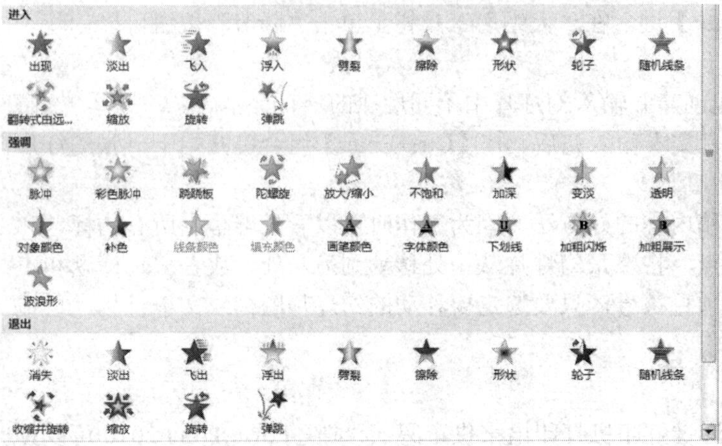

图 3-1-15 基本动画库

图 3-1-16 “更多进入效果”对话框

（3）若要更改所选文本的动画方式，请单击“效果选项”，然后单击要具有动画效果的对象，但是并非所有动画效果都提供相同的效果选项。例如选择了退出的擦除效果后，单击“效果选项”后会出现“自底部”“自左侧”“自右侧”“自顶部”4 个选项。

2）设置动画计时

在幻灯片上，单击包含要为其设置开始计时的动画效果的文本或对象，在“动画”选项卡上的“动画”组中，单击“显示其他效果选项”启动器，再单击“计时”选项卡，可在图 3-1-17 所示的“计时”选项卡中，设置开始、延迟、期间、重复 4 个计时。

（1）设置动画效果的开始时间。在 3-1-17 中开始下拉列表中包含 3 个选项，如图 3-1-18 所示。

① 选择“单击时”，在单击幻灯片时开始动画效果。

② 选择“与上一动画同时”，在列表中的上一个效果开始时开始该动画效果。

③ 选择“上一动画之后”，在列表中的上一个效果完成播放后立即开始动画效果。

（2）延迟开始动画效果和动画播放持续时间。要在一个动画效果结束和新动画效果开始之间创建延迟，可在“延迟”框中输入一个数字。

要指定动画效果的时间长度，可在“期间”框中输入数字。

（3）重复或快退动画效果。要重复播放某个动画效果，可在“重复”列表中选择相应的选项，如图 3-1-19 所示。

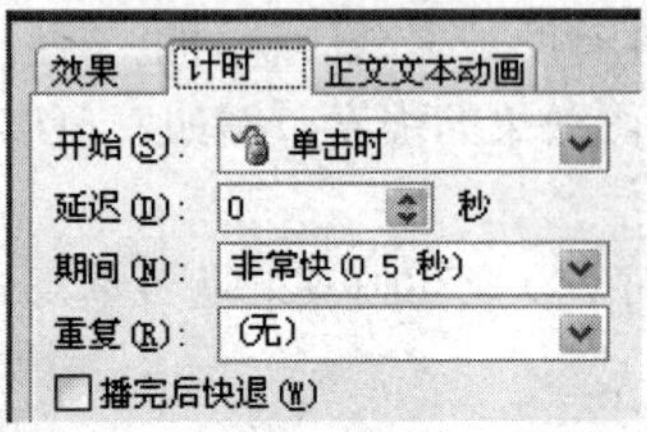

图 3-1-17 “计时”选项卡

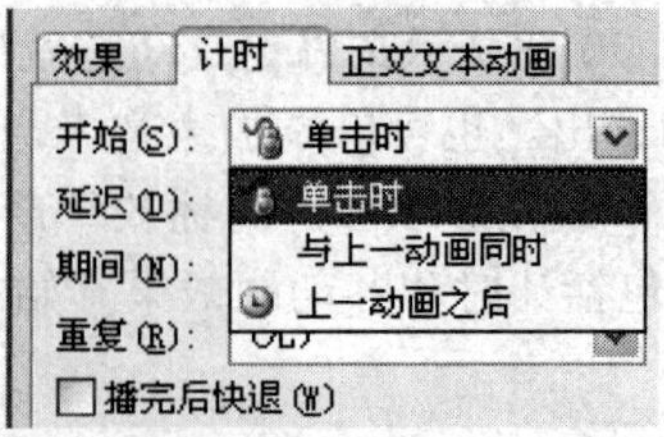

图 3-1-18 “开始”选项

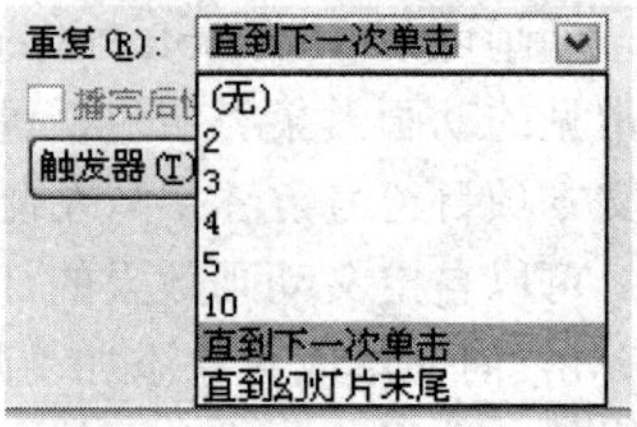

图 3-1-19 “重复”选项

要使某个动画效果在播完后自动返回到其最初的外观和位置，可选中“播完后快退”复选框。例如，在“飞出”退出效果播完后，该项目将重新显示在它在幻灯片的最初位置上。

3）设置动画效果

在图 3-1-17 中，再选择“效果”选项卡，设置动画播放后、动画文本的播放效果，如图 3-1-20 和图 3-1-21 所示。

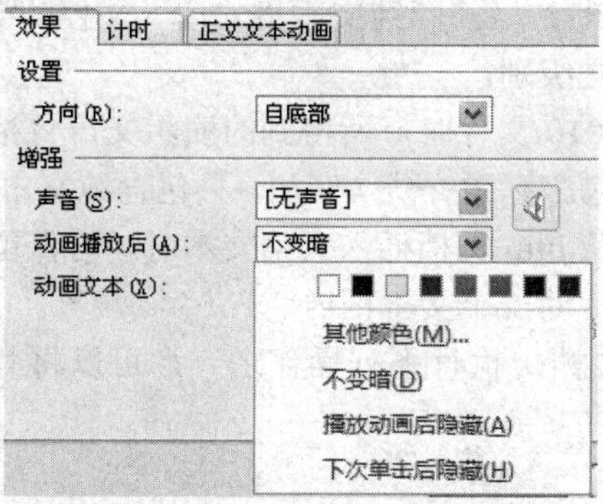

图 3-1-20　动画播放后效果设置

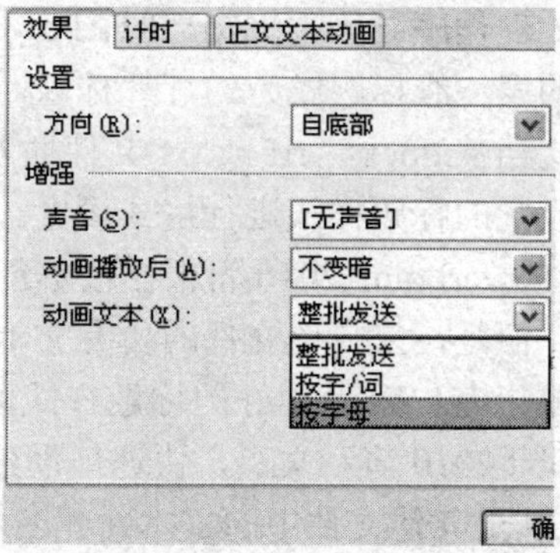

图 3-1-21　动画文本效果设置

4）对动画效果重新排序

在幻灯片上，单击某个动画，然后在“动画”选项卡上“计时”组中的“对动画重新排序”下，单击“向前移动”或“向后移动”。

5）在某个对象上设置多个动画

如果为某个对象设置了动画后还要再添加其他动画，可在“动画”选项卡上的“高级动画”组中，单击“添加动画”按钮后添加。添加多个动画要注意设置动画的开始播放选项。

在“动画”选项卡上的“高级动画”组中，单击“动画窗格”。通过在列表中向上或向下拖动对象来更改顺序，或者单击要移动的项目，然后使用“动画窗格”上的“重新排序”箭头设置。可以单击“动画窗格”中的对象，然后在“计时”组中的“对动画重新排序”下，单击“向前移动”或“向后移动”。

6）编辑动画设置

当动画设置完后，如果预览后不满意动画的效果，可以对设置好的动画进行修改。修改的方法是在“动画”选项卡的“高级动画”组中，单击“动画窗格”按钮。在“动画窗格”中，右击动画对象，在弹出的下拉列表中，选择“效果选项”。在弹出的该动画设置的对话框中，对“效果”选项卡和“计时”选项卡中的相关设置进行参数修改即可完成对该动画对象的修改。

7）动画刷

在 PowerPoint 2010 中又新增了一个很有用的工具：动画刷。利用它可快速设置动画效果。动画刷工具还可以在不同幻灯片或 PowerPoint 2010 文档之间复制动画效果。当鼠标指针右边出现刷子图案时可以切换幻灯片或 PowerPoint 2010 文档以将动画效果复制到其他幻灯片或 PowerPoint 2010 文档。

例如 A 对象是一个已经设置了动画效果的对象，现在要让 B 对象也拥有 A 对象的相同的动画效果，可用“动画刷”工具进行如下操作：

选中 A 对象，单击“动画”选项卡的“动画”组中的“动画刷”按钮，此时如果把鼠标指针移入幻灯片中，指针图案的右边将多一个刷子的图案。将鼠标指针指向 B 对象，并单击 B 对象，B 对象将会拥有与 A 对象相同的动画效果，同时鼠标指针右边的刷子图案会消失。

拓展与提高

1．插入其他应用程序创建的大纲文档

PowerPoint 2010 中可以插入其他应用程序创建的大纲文档，例如 Word 中的大纲文档。从其他字处理程序导入大纲文档时，PowerPoint 2010 以 RTF 格式和纯文本格式读入文档。导入大纲文档的第一级标题成为幻灯片标题，而正文成为缩进级别。

将文档从.docx、.rtf 或.txt 文件插入 PowerPoint 2010 文件时，所得到的演示文告将按照源文档中设置的标题样式进行格式设置。如果源文档不包含标题样式（例如，只包含纯文本的.txt 文件），PowerPoint 2010 将根据段落创建大纲文档。从.htm 文档插入大纲文本时，将保留源标题结构；但是，来自该文件的所有文本将显示在幻灯片的一个文本框内。

如果已有一个设计好的标题样式的 Word 大纲文档，执行下列操作之一，可以将其插入 PowerPoint 2010 演示文稿，快速地创建演示文稿。

1）基于其他文件中的文本新建演示文稿

（1）在“文件”选项卡中，选择“打开”命令。

（2）在“文件类型”框中，单击“所有大纲”。

（3）在文件列表中，双击要使用的文档。

2）在现有演示文稿中插入文本

（1）在大纲窗格中选择要在其后插入的大纲文本的幻灯片。

（2）在“开始”选项卡的幻灯片组中，单击“新建幻灯片”按钮右下方的下三角按钮，在弹出的“office 主题”面板中，执行“幻灯片（从大纲）”命令。

（3）在“插入大纲”对话框中，找到要将其中的文本插入演示文稿的文档。

（4）双击该文件以插入文档。

2．添加幻灯片编号或备注页编号

在“视图”选项卡上的“演示文稿视图”组中，选择“普通视图”。

在屏幕左侧的带有“大纲”选项卡和“幻灯片”选项卡的窗格中，单击“幻灯片”选项卡，然后单击演示文稿中的第一个幻灯片缩略图。

在“插入”选项卡的“文本”组中，单击“幻灯片编号”，在弹出的“页眉和页脚”对话框中，执行下列操作之一：

（1）若要添加幻灯片编号，请单击“幻灯片”选项卡，然后选中“幻灯片编号”复选框。

（2）若要添加备注页编号，请单击“备注和讲义”选项卡，然后选中“页码”复选框。

（3）若要在演示文稿中添加所有幻灯片或备注页的编号，单击“全部应用”按钮。

若要更改起始幻灯片编号，执行下列操作：

（1）在“设计”选项卡的“页面设置”组中，单击“页面设置”。

（2）在“幻灯片编号起始值”框中，输入要在第一张幻灯片或备注页上打印的编号，之后的幻灯片的编号都在该编号之后。

3．添加日期和时间

在“视图”选项卡上的“演示文稿视图”组中，选择“普通视图”。

在屏幕左侧的带有“大纲”选项卡和“幻灯片”选项卡的窗格中，单击“幻灯片”选项卡，

然后单击演示文稿中的第一个幻灯片缩略图。

在“插入”选项卡上的“文本”组中，单击“日期和时间”。

在“页眉和页脚”对话框中，执行下列操作之一：

（1）若要向幻灯片中添加日期和时间，单击“幻灯片”选项卡。

（2）若要向备注页中添加日期和时间，单击“备注和讲义”选项卡。

选中“日期和时间”复选框，然后执行下列操作之一：

（1）若要将日期和时间设置为特定的日期，请选择“固定”单选按钮，然后在“固定”框中，输入期望的日期。

（2）若要指定在每次打开或打印演示文稿时反映当前日期和时间的更新，选择“自动更新”复选框，然后选择所需的日期和时间格式。

（3）若要向演示文稿中的所有幻灯片或备注页添加日期和时间，单击“全部应用”按钮。

4. 应用主题

主题是一组统一的设计元素，使用颜色、字体和图形设置文档的外观。使用主题可以简化专业设计师水准的演示文稿的创建过程。不仅可以在 PowerPoint 2010 中使用主题颜色、字体和效果，而且还可以在 Excel 2010、Word 2010 和 Outlook 2010 中使用它们。通过使用主题，演示文稿、文档、工作表和电子邮件就可以具有统一的风格。

1）选择应用主题

在“设计”选项卡的“主题”组中，单击“其他”按钮，得到图 3-2-22 所示的所有主题缩略图。

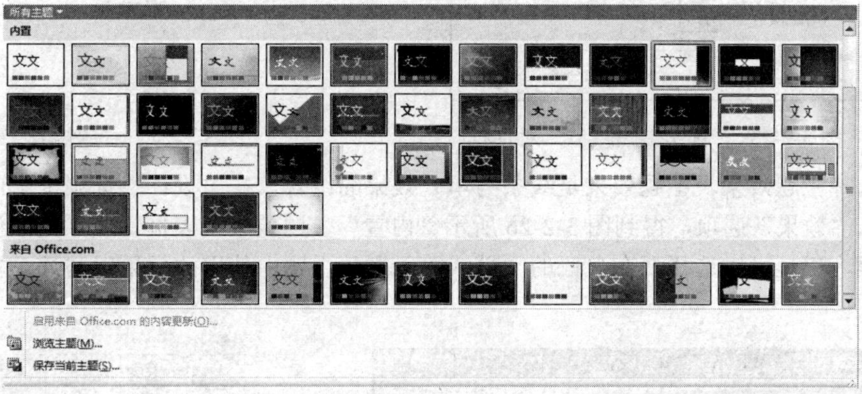

图 3-2-22 幻灯片主题

如要尝试不同的主题，可将指针停留在主题库中的相应缩略图上，并注意文档将如何变化。应用新的主题会更改文档的主要详细信息。艺术字效果将应用于 PowerPoint 2010 中的标题。表格、图表、SmartArt 图形、形状和其他对象将进行更新以相互补充。此外，在 PowerPoint 2010 中，甚至可以通过变换不同的主题来使幻灯片的版式和背景发生显著变化。当将某个主题应用于演示文稿时，如果喜欢该主题呈现的外观，则通过一个单击操作即可完成对演示文稿格式的重新设置。如果要进一步自定义演示文稿，则可以更改主题颜色、主题字体或主题效果。

2）自定义主题

Microsoft PowerPoint 2010 提供了多个标准的预建主题。查找具有所需外观的标准主题，接着通过更改颜色、字体或者线条与填充效果来修改它，然后，可以将它保存为自定义主题，然后将这些设置作为新主题保存在库中。

（1）更改主题颜色。在“设计”选项卡上的“主题”组中，单击“颜色”选项，然后在弹出的列表中选择“新建主题颜色”命令，得到图 3-2-23 所示的“新建主题颜色”对话框。主题颜色包含 4 种文字和背景颜色、6 种强调文字颜色及两种超链接颜色。决定颜色组合之前，可以在“示例”下查看文本字体样式和颜色的显示效果。

单击要更改颜色右侧的下三角按钮，然后从列表中选择颜色，重复此过程直至满意后，在“名称”框中，为新主题颜色输入适当的名称，然后单击“保存”按钮。

（2）更改主题字体。在“设计”选项卡上的“主题”组中，单击“字体”选项，弹出列表如图 3-2-24 所示，在图中选择“新建主题字体”命令，弹出图 3-2-25 所示的“新建主题字体”对话框。更改主题的标题和正文文本字体至满意后，在“名称”框中，为新主题字体输入适当的名称，然后单击“保存”按钮。

图 3-2-23 “新建主题颜色”对话框

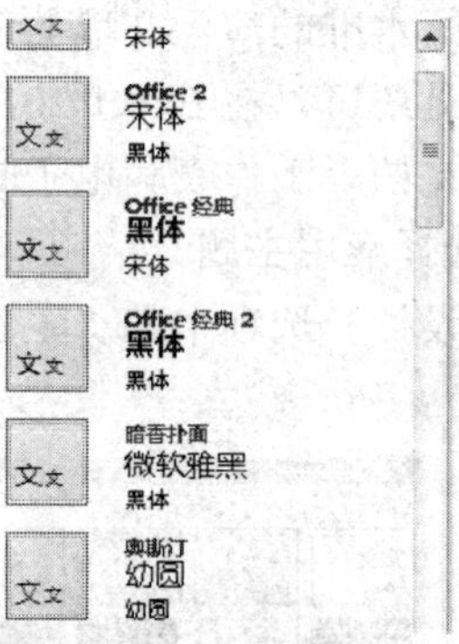

图 3-2-24 主题内置字体

（3）选择主题效果。主题效果是线条与填充效果的组合。在“设计”选项卡上的“主题”组中，单击“效果”选项，得到图 3-2-26 所示“内置”主题效果列表框。虽然无法创建自己的主题效果集，但是可以选择要在自己的文档或演示文稿主题中使用的效果以与演示文稿的样式保持一致。

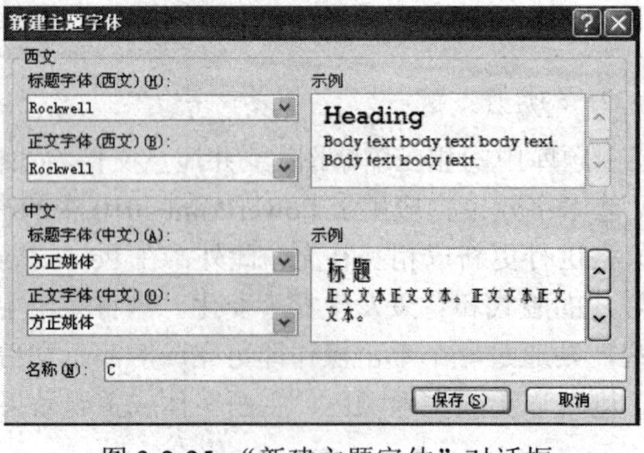

图 3-2-25 “新建主题字体”对话框

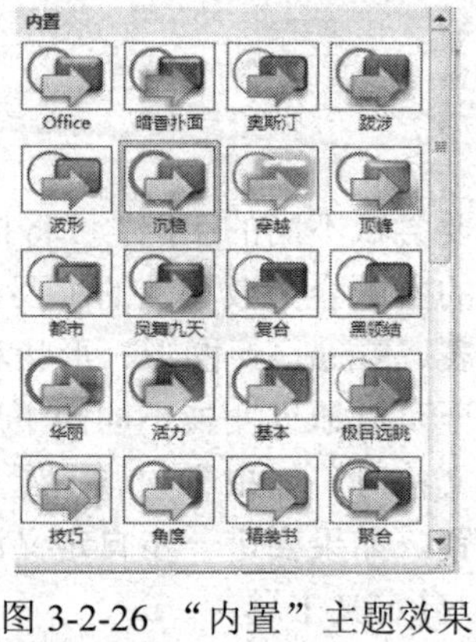

图 3-2-26 “内置”主题效果

5. 应用导入文件和设置主题创建演示文稿的实例

任务：将素材文件夹中的“饮水十问.docx”文件导入演示文稿，应用主题生成快速制作文件名为“饮水十问.pptx”的演示文稿。

分析：本任务的要求非常明确。完成任务的关键点是在导入文件之前，要先按素材文件中的内容将每张幻灯片的标题和文本设置成“标题 1”和“标题 2”格式，设为“标题 1”的部分在导入后是幻灯片的标题，设为“标题 2”的部分在导入后是每张幻灯片文本。导入文件内容之后，对所有幻灯片应用相同的主体就可完成演示文稿的制作。

操作步骤：

（1）打开 Microsoft PowerPoint 2010。

（2）在“文件”选项卡中，选择“打开”命令。

（3）在“文件类型”框中，单击“所有文件”。

（4）找到要将其中的文本插入演示文稿的文档，双击该文件以插入文档。

（5）在“设计”选项卡的“主题”组中，单击“其他”按钮，得到图 3-2-22 所示的所有主题缩略图。

（6）选择合适的主题，保存文件就可快速完成“饮水十问.pptx”演示文稿的制作。

思考与练习

1．可以用哪些方法创建演示文稿？

2．在 Word 中如何设置格式使 Word 文件可直接生成演示文稿？

3．Word 中的图片是否可直接转换成演示文稿中的图片？

4．在大纲窗格中编辑幻灯片与在幻灯片窗格中编辑演示文稿有什么区别？

5．如何设置文本的动画效果？如何使文本内容逐字显示？

6．如何修改已设置的动画效果？

7．制作演示文稿主题有什么作用？

8．设计介绍沙漠奇观的“6 大令人惊叹的沙漠风景.pptx”演示文稿。要求说明文字用动画设置；以所给图片为背景，且在放映时滚动循环播放。

9．根据素材库中的“自然奇观.doc”文件，经编辑修改后，快速制作一份精美的演示文稿。

任务二　3D 打印——设置幻灯片背景、超链接

任务描述

很多人对 3D 打印不太了解，但 3D 打印已经悄然成为全球最热门的科技名词之一，目前，3D 打印技术已能打印出无人驾驶小型飞机、文物、小零件、食物、自行车、小建筑等。3D 打印的应用已风靡全球，它让传统制造瞬间过时，规模经济的铁律将被打破。它将跨越虚拟世界与实体世界的鸿沟，颠覆人们的物理世界。一场产品制造和设计的革命已经开始，第三次工业革命的序幕拉开了！

为了揭开 3D 打印的神秘面纱，请运用所给的素材，制作一个介绍 3D 打印的演示文稿。完成的作品以“3D 打印机.pptx”为文件名保存。

任务分析

根据素材的内容，可以考虑从演讲主题、3D 打印机及其工作原理、3D 打印的发展、3D 打印将掀起一场制造业革命、3D 打印机的部分应用、3D 打印的未来几个方面来设计演示文稿。

在演讲现场，在没有正式开始演讲之前，可能会有较长时间的等待，第一张演讲主题幻灯片可能需要长时间播放。为此第一张演讲主题幻灯片要尽可能吸引眼球，可以在该幻灯片上设置自定义动画路径的动画，使得长时间放映该幻灯片不显得单调。

3D 打印机的部分应用由于内容较多，可以用 SmartArt 图形只列出应用标题和相关图片，用超链接连接到相应的幻灯片。

虽然介绍 3D 打印可能需要较长的文字，但是在每张幻灯片中，文字要力求简洁，不能太多，并配上相关的图片。

为使整个演示文稿有统一的风格，可以在所有幻灯片中应用相同的主题，并设置统一的图片背景。

为增强播放效果，可以在幻灯片中设置幻灯片之间的切换效果。

本任务的关键是幻灯片的自定义动画路径动画效果设置、超链接、SmartArt 图形等内容，制作完成的参考演示文稿样张如图 3-2-1 所示。

图 3-2-1　3D 打印机参考样张

方法与步骤

1. 首张幻灯片的制作

1）创建幻灯片

（1）启动 PowerPoint 2010。

（2）单击“单击此处添加标题”文本框，输入标题“把梦想塑造成型”。

（3）单击“单击此处添加副标题”文本框，输入副标题“带您认识神奇的 3D 打印机”。

（4）在“设计”选项卡的“背景”组中，单击“背景样式”按钮，在弹出的列表中选择“设置背景格式”选项。

（5）在“设置背景格式”对话框的“填充”选项组中，选择“图片或纹理填充”单选按钮，再单击“文件”按钮，插入素材中的“背景.jpg”文件作为背景图片后，单击“关闭”按钮。

（6）设置标题和副标题的字体、大小、颜色、调整其位置。

2）设置副标题动画

（1）选中副标题，将其水平拖动到幻灯片右侧画面外，如图 3-2-2 所示。

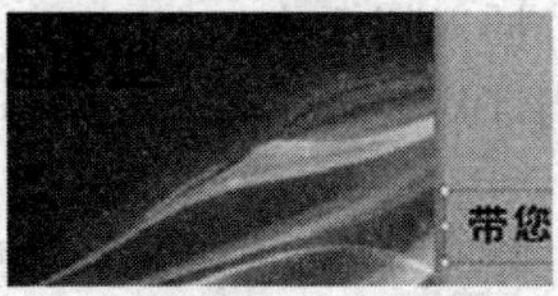

图 3-2-2　移动副标题

（2）选中副标题，在“动画”选项卡的“动画”组中，选择“其他”列表按钮，如图 3-2-3 所示。

图 3-2-3　单击“其他”列表按钮

（3）在列表中选择“其他动作路径”选项，在弹出的“更改动作路径”对话框中，选择“直线和曲线”选项组下的“向左”选项。

（4）此时，在副标题上会出现一根虚线连接的红、绿 2 个箭头，如图 3-2-4 所示。表明动画放映时，该对象会以绿箭头为起点，红箭头为终点，沿着虚线移动。

图 3-2-4　自定义路径

（5）选中红色箭头，将鼠标指针在红箭头上慢慢移动，当鼠标指针变为双向箭头时，向左移动拉伸箭头，直到箭头移到距幻灯片左边画面边界外大约 5 个汉字左右的距离，将自定义路径拉长（如果一次拉伸不能完成，可以调整幻灯片窗格的滚动条位置后反复操作，直至完成操作），设置完成后如图 3-2-5 所示。

图 3-2-5　拉伸自定义路径长度

（6）在“动画”选项卡的“预览”组中，单击“预览”命令按钮，观察动画演示完成后是否在屏幕上看到副标题，如果还能看到副标题，可以继续上一步骤，继续向左拉伸自定义路径长度。

3）设置副标题动画放映效果

（1）在“动画”选项卡的“高级动画”组中，单击“动画窗格”按钮。在“动画窗格”中，右击动画对象，在弹出的快捷菜单中，选择“效果选项”命令。

（2）在弹出的“向左”对话框中，选择“计时”选项卡中的“开始”时间为“上一动画之后”；“期间”为非常慢；“重复”为“直到下一次单击”。

（3）单击“动画窗格”中的“播放”按钮，查看放映效果。

4）添加图片并设置自定义路径动画

（1）在“插入”选项卡的“图像”组中，单击“图片”命令按钮，在素材中选择“气球.png”文件，将图片插入幻灯片。

（2）在幻灯片上复制4～5个气球图片，并调整这些图片的为不同的大小。

（3）选中某个图片，在“动画”选项卡的“动画”组中，打开其列表框，选择“自定义路径”命令按钮。用笔形鼠标指针在屏幕上选择该图片移动的起始位置，按住鼠标不放，在屏幕上随意画出希望该图片的移动路径，直至双击确定结束位置，如图3-2-6所示（为显示移动路径，本图临时改变了背景颜色）。

图3-2-6　画图片移动路径

（4）在“动画”选项卡的“高级动画”组中，单击“动画窗格”按钮。在“动画窗格”中，右击动画对象，在弹出的快捷菜单中选择“效果选项”按钮。

（5）在弹出的“出现”对话框中，选择“效果”选项卡中，选择“计时”选项卡中的“开始”时间为“上一动画之后”；“期间”为25秒；“重复”为“直到下一次单击”。

（6）单击“动画窗格”中的“播放”按钮，查看放映效果。如不满意，修改路径或动画效果设置。

（7）用同样的方法为其余的气球图片设置自定义路径动画。需要注意的是，针对本幻灯片，所有的动画播放“期间”的值要设置为大于20且每个动画不能相同，这样可使播放时动画移动显得平缓，并且画面没有规律。

2．导入其余幻灯片的文本

（1）在大纲窗格中选择已制作的幻灯片。

（2）在“开始”选项卡的“幻灯片”组中，单击“新建幻灯片”按钮右下方的下三角按钮，在弹出的“Office主题”面板中，执行“幻灯片（从大纲）”命令。

（3）在“插入大纲”对话框中，找到要素材中的“3D打印机.rtf”文件。

（4）双击该文件插入文档。

3．在幻灯片上添加图片

（1）选中导入的标题为“3D打印机及其工作原理”的幻灯片，单击幻灯片中的文本，将文本框的右边框向左拖动，将宽度调整为原来的一半。

（2）在“插入”选项卡的“插图”组中，单击“形状”按钮。在弹出的“最近使用的形状”对话框中，单击“矩形”选项组下的某个矩形，在幻灯片的右侧空白区域中，拖动出合适大小的所选矩形。

（3）右击该矩形，在弹出的快捷菜单中，选择“设置形状格式”命令，在弹出的“设置形状格式”对话框中，选择“填充”选项下的“图片合纹理填充”，插入文件名为“3D打印.jpg”

的图片。

（4）用上述方法为其余需要插入图片的幻灯片插入图片。

4．添加 SmartArt 图

（1）选中标题为“3D 打印机的部分应用”幻灯片。在“插入”选项卡的“插图”组中，单击“SmartArt”按钮。

（2）在出现的“选择 SmartArt 图形”对话框中，单击“水平图片列表”，插入 SmartArt 图形，如图 3-2-7 所示。

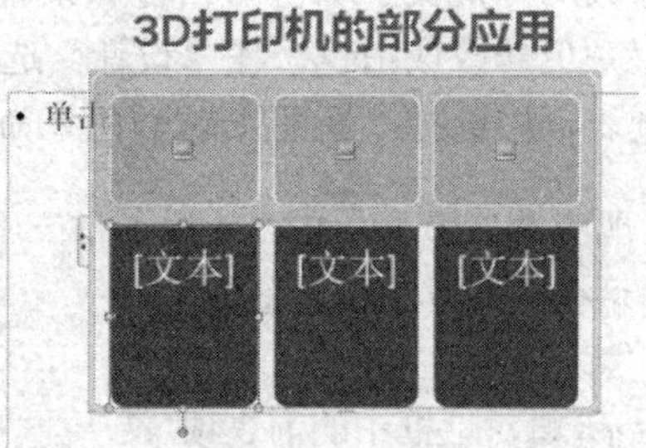

图 3-2-7　水平图片列表 SmartArt 图

（3）同时选中“水平图片列表”中的图片框和文本框，复制 3 列，复制后效果如图 3-2-8 所示。

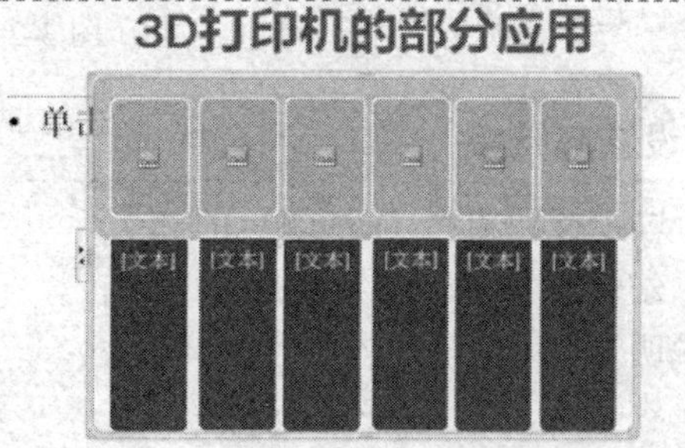

图 3-2-8　复制 3 列后的 SmartArt 图

（4）单击 SmartArt 图，直接在图中或左侧的输入对话框中分别添加相应图片和输入文字，如图 3-2-9 所示。

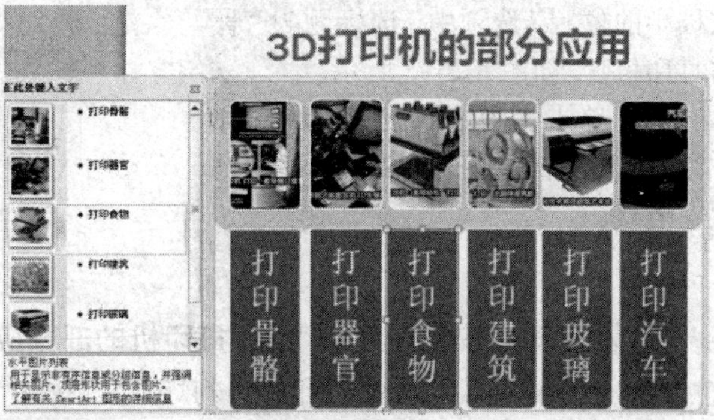

图 3-2-9　在 SmartArt 图中添加图片和输入文字

5．插入背景

（1）选中除首张幻灯片外的全部幻灯片，在“设计”选项卡的“背景”组中，选择“背景样式”。

（2）在弹出的“设置背景格式”对话框中，选择“填充”选项中的“图片或纹理填充”选项后，单击“文件”按钮。

（3）选择素材中的“背景.jpg”文件，插入幻灯片的背景图片。

6．设置主题

（1）选中除首张幻灯片外的全部幻灯片，在“设计”选项卡的“主题”组中，选择“跋涉”

主题。

（2）如果对幻灯片的字体不满意，可以在“设计”选项卡的“主题”组中，选择“字体”按钮字体，在“内置”列表框中，选择所需要的幻灯片字体。

（3）修改幻灯片文字颜色为白色。设置了背景图片后，文字和背景图片的颜色反差不大，需要将文字颜色修改成白色。在“设计”选项卡的“主题”组中，单击“颜色”按钮颜色，在弹出的列表框中选择“新建主题颜色”命令。

（4）出现图 3-2-10 所示的“新建主题颜色”对话框，此时图中显示的是已经选定的“跋涉”主题默认色。如图 3-2-11 所示，将对话框中的前 3 项“文字/背景”色全部设置为白色后，为此创建的主题色起一个名字后保存。

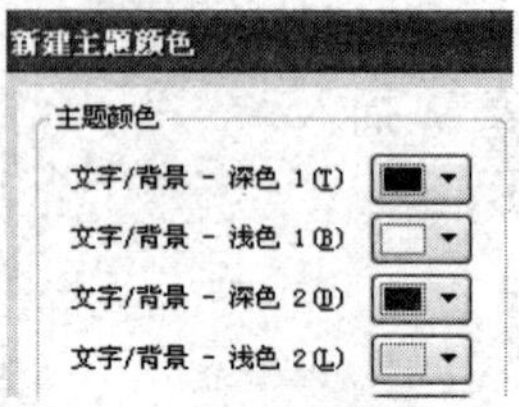

图 3-2-10 “跋涉”主题默认色

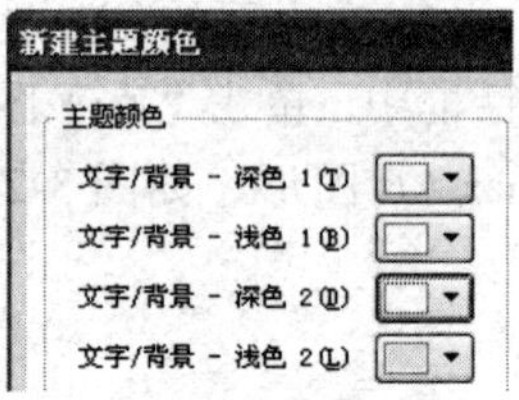

图 3-2-11 新建主题颜色

7. 设置超链接

（1）选中标题为“3D 打印机的部分应用”幻灯片 SmartArt 形状中的第一列的说明文字。

（2）在“插入”选项卡“链接”组中，单击“超链接”按钮，在弹出的“插入超链接”对话框中，在“本文档中的位置”选项中，选标题为“骨骼打印机”，如图 3-2-12 所示。

（3）单击“确定”按钮。用同样方法将其余列与后面的相关幻灯片设置超链接。

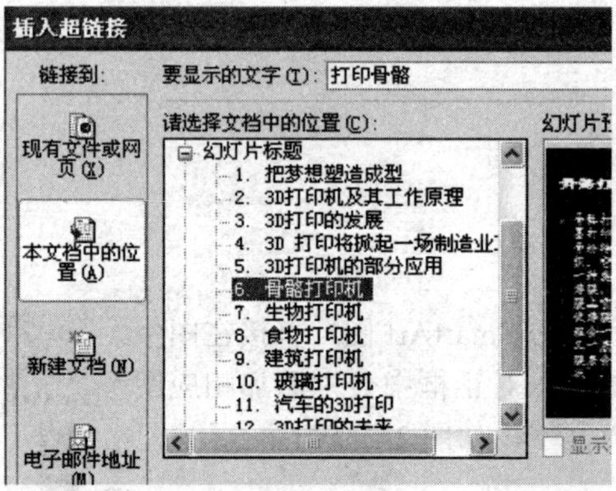

图 3-2-12 “设置超链接”对话框

8. 设置动作按钮，返回“3D 打印机的部分应用”幻灯片

（1）选中标题为“骨骼打印机”幻灯片。单击“插入”选项卡“插图”组的“形状”按钮。

（2）在弹出的“最近使用的形状”列表框中，选择“动作按钮”组中的“上一张”形状，在幻灯片的右下角空白处，拖动出一个“上一张”按钮。

（3）在弹出的“动作设置”对话框中，选择“超链接”到“幻灯片”，如图 3-2-13 所示。

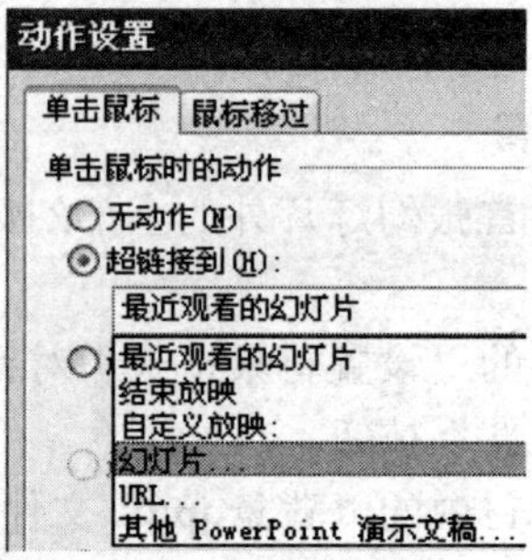

图 3-2-13 “动作设置”对话框

（4）在弹出的“超级链接到幻灯片”对话框中，选择标题为“3D打印机的部分应用”幻灯片，如图 3-2-14 所示。

（5）单击“确定”按钮。用同样的方法，制作其余需要返回“3D打印机的部分应用”幻灯片的动作按钮。

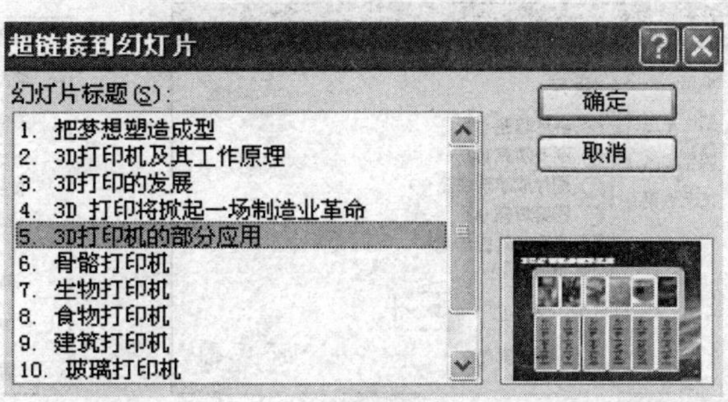

图 3-2-14 “超级链接到幻灯片”对话框

9．设置幻灯片切换

（1）选中第一张幻灯片，在“切换”选项卡的“切换到此幻灯片”组中，选择图 3-2-15 中的某个合适的切换方式。

（2）在“切换”选项卡的“计时”组中，单击“全部应用”按钮，将整套幻灯片设置为统一的切换方式。

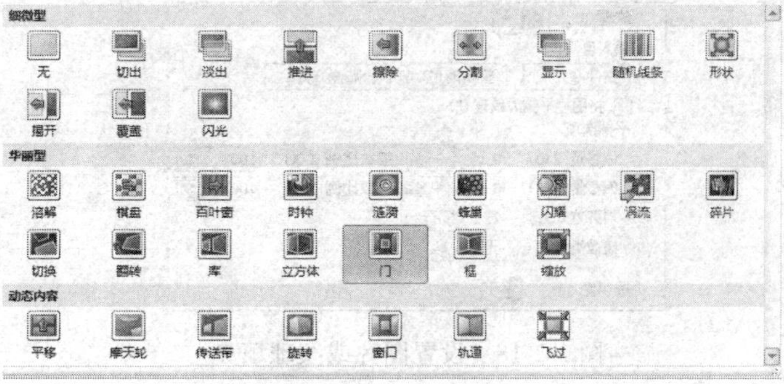

图 3-2-15　切换方式

10．保存文件

保存文稿为“3D 打印机.pptx”，演示文稿制作完成。

相关知识

1．背景设置

背景设置可以使 PowerPoint 2010 演示文稿更具特色。纯色、渐变色、图片、纹理、图案都能用于幻灯片背景设置。可以为每张幻灯片设置不同背景，也可以为所有幻灯片设置统一的背景。

在“设计”选项卡“背景”组中，单击“背景样式”按钮，在弹出的列表中，提供了一些预设的颜色。如果对这些颜色不满意，可以选择“设置背景格式”选项，弹出图 3-2-16 所示的“设置背景格式”对话框。在对话框中可以进行各种背景的设置。

（1）纯色填充。用选择的单一颜色为幻灯片设置背景色，颜色的选择只需在图 3-2-16 中的“填充颜色”中选取。

（2）渐变填充。用选择的渐变色为幻灯片设置背景色，当在图 3-2-16 中选择“渐变填充”单选按钮后，图的下半部分会发生变化，如图 3-2-17 所示。在图中可以对渐变色背景的预存颜色、类型、方向角度、渐变光源等进行设置。

（3）图片或纹理填充。图片填充可使用图片文件、剪贴板、剪贴画来填充幻灯片背景，纹理填充效果主要用各种材料的纹理图片来填充幻灯片背景。当在图 3-2-16 中选择“渐变填充”按钮后，图的下半部分会发生变化，如图 3-2-18 所示。

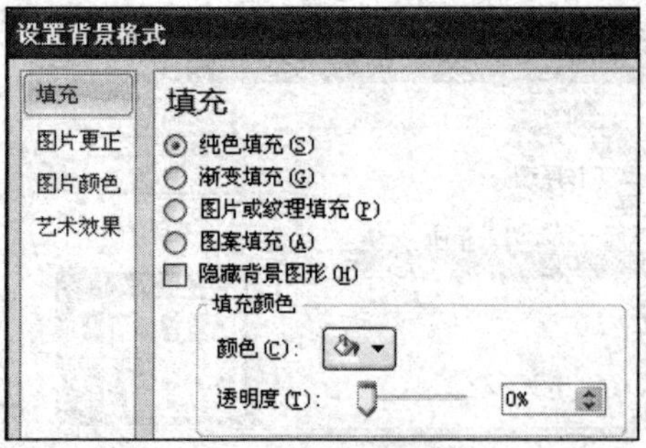

图 3-2-16 “设置背景格式”对话框

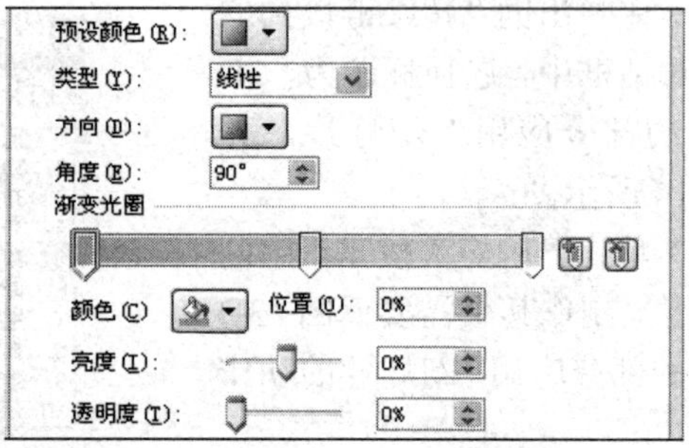

图 3-2-17 设置背景渐变填充

当选择图中的“纹理”下拉列表后，可得到图 3-2-19 所示的各种纹理图片，可在这些图片中选择某张图片作为幻灯片背景。

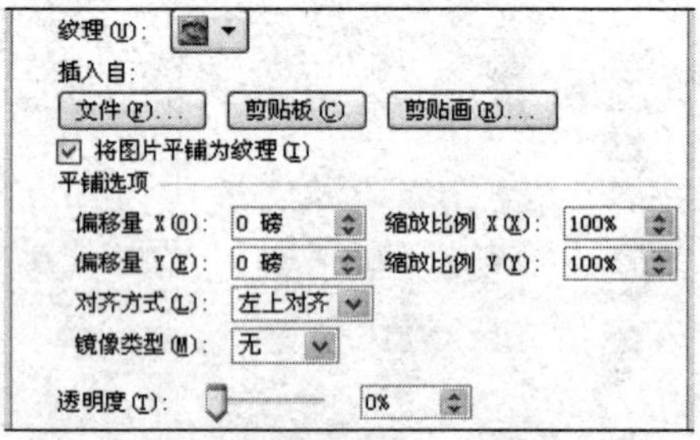

图 3-2-18 设置图片或纹理填充

图 3-2-19 纹理图片

当选择“文件”“剪贴板”“剪贴画”3 个按钮中的某个按钮后，可以插入对应的图片作为幻灯片背景。

（4）图案填充。图案填充效果主要用各种图案搭配不同的前景色和背景色来填充幻灯片背景，当在图 3-2-16 中选择“图案填充”单选按钮后，图的下半部分会发生变化，如图 3-2-20 所示。在图中选择不同的前景色和背景色后，选择合适的图案填充幻灯片背景。

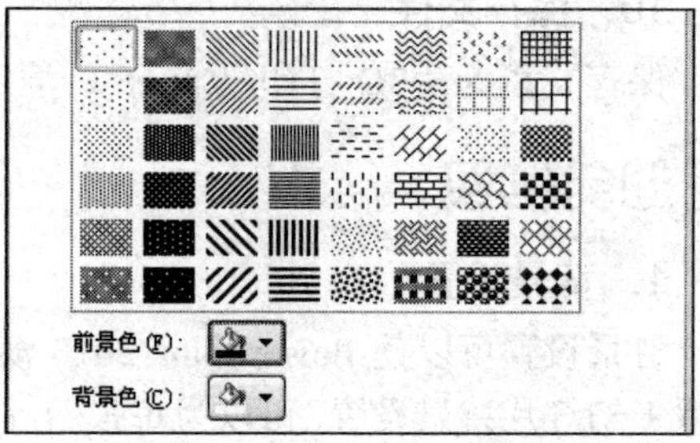

图 3-2-20 设置背景图案填充

2. 设置超链接

超链接是从一张幻灯片到另一张幻灯片、自定义放映、网页或文件的连接。超链接本身可以是文本或对象，可以在演示文稿中添加超链接，然后通过该超链接跳转到不同的位置。例如：图片、图形、形状或艺术字自定义放映、演示文稿中的某张幻灯片、其他演示文稿、Microsoft Word 文档、Microsoft Excel 电子表格、Internet、公司内部网或电子邮件地址，都可以创建超链接。

放映演示文稿时，当鼠标指针指向超链接时，指针变成“手”形，表示可以单击它。超链接的文本用下画线显示，并且文本采用与配色方案一致的颜色。图片、形状和其他对象超链接没有附加格式。如果链接指向另一个幻灯片，目标幻灯片将显示在 PowerPoint 2010 演示文稿中。如果它指向某个网页、网络位置或不同类型文件，则会在适当的应用程序或 Web 浏览器中显示目标页或目标文件。在 PowerPoint 2010 中，超链接可在运行演示文稿时激活，而不能在创建、编辑时激活。

下面以在“3D 打印机.pptx”演示文稿后添加一张图 3-2-21 所示的幻灯片为例，介绍超链接的各种具体应用。

打开“3D 打印机.pptx”演示文稿，输入图 3-2-21 中的文本。

1）创建指向当前演示文稿中第 5 张幻灯片的超链接

选择幻灯片中的“链接到本演示文稿的某个幻灯片”文本，在“插入”选项卡的“链接”组中，单击“超链接”按钮，在弹出图 3-2-12 所示的“插入超链接”列表框中，在“本文档中的位置”选项中，选序号为 5。

2）创建指向“自定义放映 1”的超链接

选择幻灯片中的“链接到自定义放映”文本，在“插入”选项卡的“链接”组中，单击“超链接”按钮，在弹出图 3-2-12 所示的“插入超链接”列表框中，在“本文档中的位置”选项中，选择“自定义放映 1”并选中“显示并返回”复选框。

注 意

有关自定义放映的内容在任务 4 介绍。

3）创建指向“自然奇观.pptx”演示文稿中第 4 张幻灯片的超链接

选择幻灯片中的“链接到其他演示文稿的特定网页”文本，在“插入”选项卡的“链接”组中，单击“超链接”按钮，在弹出图 3-2-12 所示的“插入超链接”列表框中，选择“现有文件或网页”选项，定位并选择含有要链接到的幻灯片的演示文稿。单击“书签”，然后选择第 4 张幻灯片“火瀑布”，如图 3-2-22 所示。

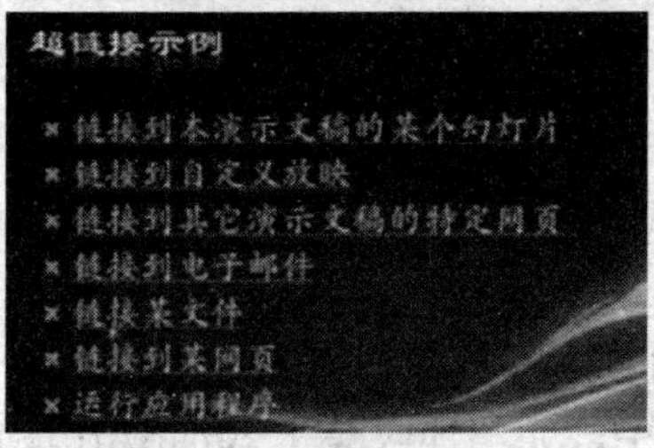

图 3-2-21　超链接示例

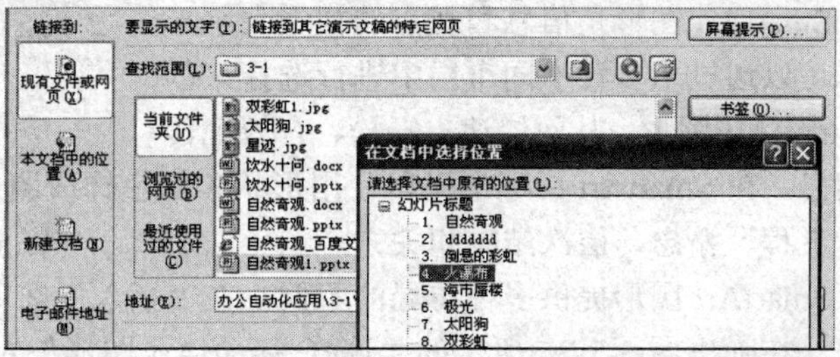

图 3-2-22　链接“自然奇观”演示文稿中的第 4 张幻灯片

4）创建电子邮件的超链接

选择幻灯片中的“链接到电子邮件”文本，在“插入”选项卡的“链接”组中，单击“超链接”按钮，在弹出图 3-2-12 所示的“插入超链接”列表框中，单击“电子邮件地址”选项。在“电子邮件地址”框中输入所需的电子邮件地址，或者在“最近用过的电子邮件地址”框中选取所需的电子邮件地址，如图 3-2-23 所示。主题框中，输入电子邮件消息的主题。

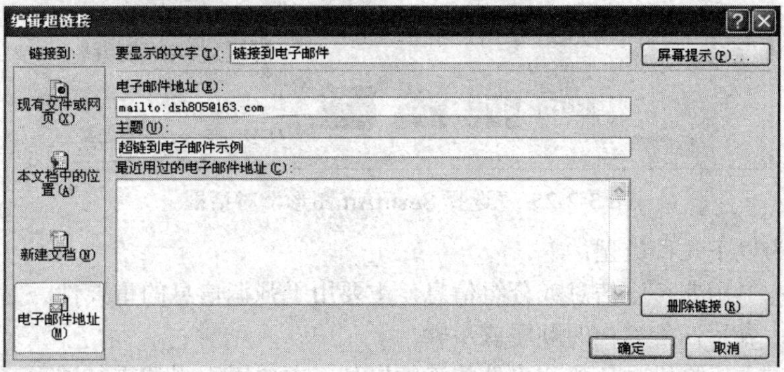

图 3-2-23　链接到电子邮件

5）创建链接到 Word 文件的超链接

选择幻灯片中的“链接到某文件”文本，在“插入”选项卡的“链接”组中，单击“超链接”按钮，在弹出图 3-2-12 所示的“插入超链接”列表框中，单击“现有文件或网页”。在“查找范围”框中选择素材“3D 打印机.rtf”文件后单击“确定”按钮。

6）创建指向 http://www.163.com 网页的超链接

选择幻灯片中的“链接到某网页”文本，在“插入”选项卡的“链接”组中，单击“超链接”按钮，在弹出图 3-2-12 所示的“插入超链接”文本框中，单击“现有文件或网页”，在对话框的地址栏中输入欲链接网页的 URL 地址：http://www.163.com。

7）创建运行应用程序的超链接

选择幻灯片中的“运行应用程序”文本，在“插入”选项卡的“链接”组中，单击“超链接”按钮，在弹出图 3-2-12 所示的“插入超链接”文本框中，单击“现有文件或网页”，在“最近使用过的文件”框中选择画图程序“windows\system32\mspaint.exe”。如图 3-2-24 所示。

若要创建鼠标指针停留在超链接上时显示的屏幕提示或简短批注，请单击“插入超链接”对话框中的“屏幕提示”，再输入所需的文本。

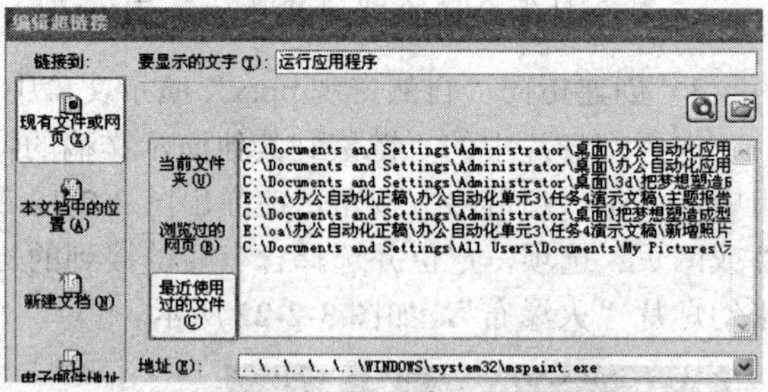

图 3-2-24　链接到应用程序

3．设置 SmartArt 图形

SmartArt 图形是信息和观点的视觉表示形式。可以通过从多种不同布局中进行选择来创建 SmartArt 图形，从而快速、轻松、有效地传达信息。在 SmartArt 图形中可以使用形状和颜色构成图形，从而使列表变得更加生动。直观地显示流程、概念、层次结构和关系。

SmartArt 图形提供多种布局的示例。在“插入”选项卡的“插图”组中，单击“SmartArt”按钮，在弹出图 3-2-25 所示的“选择 SmartArt 图形”对话框中，完整地收集了 SmartArt 图形的布局。

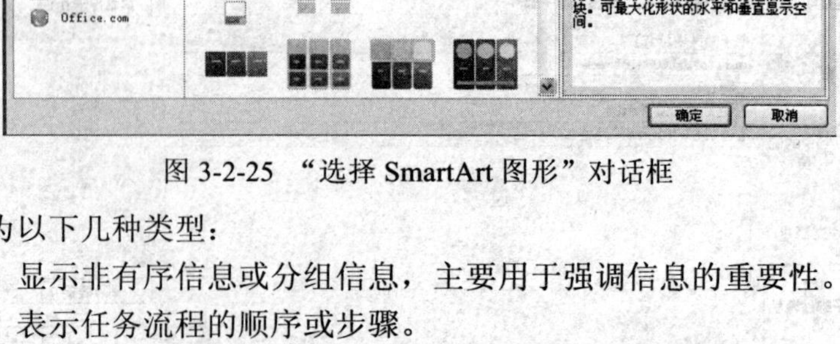

图 3-2-25　“选择 SmartArt 图形”对话框

这些布局分为以下几种类型：

（1）列表型：显示非有序信息或分组信息，主要用于强调信息的重要性。

（2）流程型：表示任务流程的顺序或步骤。

（3）循环型：表示阶段、任务或事件的连续序列，主要用于强调重复过程。

（4）层次结构型：用于显示组织中的分层信息或上下级关系，最广泛地应用于组织结构图。

（5）关系型：用于表示两个或多个项目之间的关系，或者多个信息集合之间的关系。

（6）矩阵型：用于以象限的方式显示部分与整体的关系。

（7）棱锥图型：用于显示比例关系、互连关系或层次关系，最大的部分置于底部，向上渐窄。

（8）图片型：主要应用于包含图片的信息列表。

在图 3-2-25 中，选择某个 SmartArt 图形后，单击“确定”按钮，即可在所选幻灯片中插入 SmartArt 图形，按照要求对 SmartArt 图形的文字和图片输入后即可完成 SmartArt 图的制作。

4．设置切换

在幻灯片之间使用切换效果，创建的演示文稿将更引人注目。幻灯片切换效果是在演示期间从一张幻灯片移到下一张幻灯片时在“幻灯片放映”视图中出现的动画效果。可以控制切换效果的速度、添加声音，甚至还可以对切换效果的属性进行自定义。

1）向幻灯片添加切换效果

（1）在包含“大纲”和“幻灯片”选项卡的窗格中，单击“幻灯片”选项卡。

（2）选择要向其应用切换效果的幻灯片的幻灯片缩略图。

（3）在“切换”选项卡的“切换到此幻灯片”组中，单击“其他”按钮，得到图 3-2-26 所示的幻灯片切换效果。

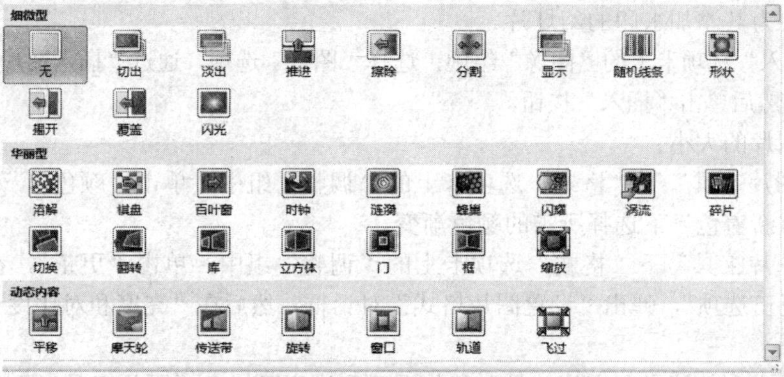

图 3-2-26　幻灯片切换效果

（4）选择要应用于该幻灯片的幻灯片切换效果完成切换效果添加。

向演示文稿中的所有幻灯片应用相同的幻灯片切换效果可以执行以上第（2）步到第（4）步，然后在“切换”选项卡的“计时”组中，单击“全部应用”按钮。

2）设置切换效果的计时

若要设置上一张幻灯片与当前幻灯片之间的切换效果的持续时间，可在图 3-2-27 所示的“切换”选项卡上“计时”组中的“持续时间”框中，输入或选择所需的速度。

指定当前幻灯片在多长时间后切换到下一张幻灯片，采用下列步骤之一：

（1）若要在单击鼠标时换幻灯片，请在“切换”选项卡的“计时”组中，选择“单击鼠标时”复选框。

（2）若要在经过指定时间后切换幻灯片，请在“切换”选项卡的“计时”组中，在“设置自动换片时间”框中输入所需的秒数。

3）向幻灯片切换效果添加声音

在“切换”选项卡的“计时”组中，单击“声音”旁的箭头，得到图 3-2-28 所示的声音列表。

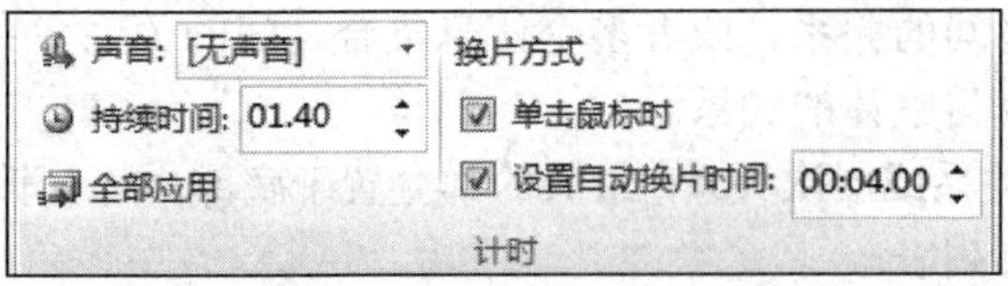

图 3-2-27　切换效果的计时

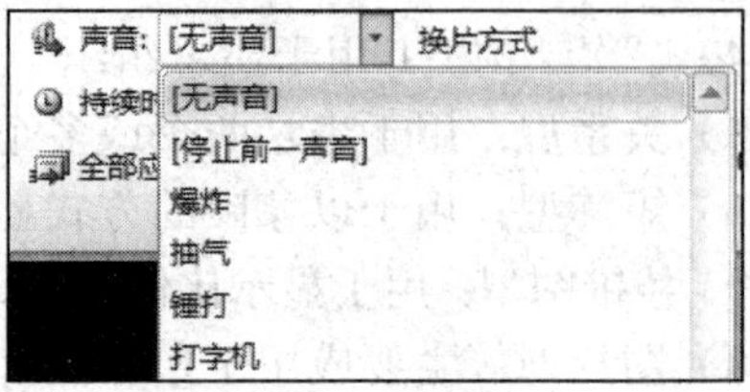

图 3-2-28　切换声音列表

（1）若要添加列表中的声音，请选择所需的声音。

（2）若要添加列表中没有的声音，请选择“其他声音”，找到要添加的声音文件，然后单击“确定”按钮。

拓展与提高

1. 设置水印

水印是通常用于信函和名片的半透明图像。水印比较灵活，更改它们在幻灯片上的大小和位置，能淡化图片、剪贴画或颜色，使其不会对幻灯片的内容产生干扰。演示文稿中的部分或全部幻灯片都能应用水印。

使用图片作为水印的步骤：

（1）单击要为其添加水印的幻灯片。

（2）在“插入”选项卡上的“图像”组中，选择“图片”选项，通过“插入图片”对话框，找到所需的图片，然后单击“插入”按钮。

（3）调整图片的大小。

（4）在“图片工具”下“格式”选项卡上的“调整”组中，单击“颜色”，然后在弹出的列表框中的“重新着色”下选择所需的颜色渐变。

（5）在“图片工具”下“格式”选项卡上的“调整”组中，单击“更正”，在弹出的列表中选择“图片更正选项”，弹出“设置图片格式”对话框，然后在“亮度和对比度”下选择所需的亮度百分比。

（6）完成对水印的编辑和定位并且对其外观感到满意时，在“图片工具”下“格式”选项卡上的“排列”组中，单击“下移一层”旁边的箭头，然后选择“置于底层”，将水印置于幻灯片的底层。

2. 对 SmartArt 图形设置动画

创建运动的动态 SmartArt 图形能够进一步强调或分阶段显示信息。可以将整个 SmartArt 图形制成动画，或者只将 SmartArt 图形中的个别形状制成动画。例如，可以让维恩图的每个圆圈一次一个地飞入，或者创建一个按级别淡入的组织结构图。

应用到 SmartArt 图形的动画与可应用到形状、文本或艺术字的动画有以下几方面的不同：

- 形状之间的连接线通常与第二个形状相关联，且不将其单独地制成动画。
- 一些动画效果（如“旋转”进入效果或“翻转”退出效果）只能用于形状。无法用于 SmartArt 图形的效果将显示为灰色。

1）添加动画

（1）单击要将其制成动画的 SmartArt 图形。

（2）在“动画”选项卡上的“动画”组中，打开其下拉列表，然后选择所需的动画。

2）设置动画效果选项

（1）选择含有要添加动画的 SmartArt 图形。

（2）在“动画”选项卡上的“高级动画”组中，单击“动画窗格”。

（3）在“动画窗格”列表中，单击要修改的动画右侧的箭头，然后选择“效果选项”。

（4）在弹出对话框的“SmartArt 动画”选项卡的“组合图形”列表中，选择下列选项之一：

① 作为一个对象：将整个 SmartArt 图形当作一个大图片或对象来应用动画。

② 整批发送：同时将 SmartArt 图形中的全部形状制成动画。当动画中的形状旋转或增长时，该动画与“作为一个对象”的不同之处会很明显。使用“整批发送”时，每个形状单独旋转或增长。使用“作为一个对象”时，整个 SmartArt 图形旋转或增长。

③ 逐个：一个接一个地将每个形状单独地制成动画。

④ 逐个按分支：同时将相同分支中的全部形状制成动画。该动画适用于组织结构图或层次结构布局的分支，与“逐个”相似。

⑤ 一次按级别：同时将相同级别的全部形状制成动画。例如，如果有一个布局，其中，3 个形状包含 1 级文本，3 个形状包含 2 级文本，则首先将包含 1 级文本的 3 个形状一起制成动画，然后再将包含 2 级文本的 3 个形状一起制成动画。

3）将 SmartArt 图形中的个别形状制成动画

（1）单击要将其制成动画的 SmartArt 图形。

（2）在“动画”选项卡上的“动画”组中，单击“其他”，然后选择所需的动画。

（3）在“动画”选项卡上的“动画”组中，单击“效果选项”，在弹出的列表框中选择“逐个”。

（4）在“动画”选项卡上的“高级动画”组中，单击“动画窗格”。

（5）在“动画窗格”列表中，单击展开 V 形图标来显示 SmartArt 图形中的所有形状。

（6）在“动画窗格”列表中，按住【Ctrl】键并依次单击每个形状来选择不希望制成动画的所有形状。

（7）在“动画”选项卡上的“动画”组中，单击“无”。这将从形状中删除动画效果，但不会从 SmartArt 图形中删除形状本身。

（8）对于其余每个形状，通过选择“自定义动画”列表中的形状，然后右击形状或单击“更改”来选择所需的具体动画选项。

（9）完成选择所需的动画选项后，关闭“动画窗格”。

4）颠倒动画的顺序

（1）单击包含要颠倒顺序的动画的 SmartArt 图形。

（2）在“动画”选项卡上的“高级动画”组中，单击“动画窗格”。

（3）右击“动画窗格”列表中的自定义动画，在弹出的快捷菜单中选择“效果选项”命令。

（4）单击“SmartArt 动画”选项卡，然后选择“倒序”复选框。

5）移除动画

（1）单击包含要移除的动画的 SmartArt 图形。

（2）在“动画”选项卡的“动画”组中，单击“无”。

3. 使用表格

在 PowerPoint 2010 中创建表格有多种方式，包括直接创建表格及设置表格格式、从 Word 中复制和粘贴表格、从 Excel 中复制和粘贴一组单元格，在 PowerPoint 中插入 Excel 电子表格。

1）直接创建表格及设置表格格式：

（1）选择要向其添加表格的幻灯片。

（2）在“插入”选项卡上的“表格”组中，单击“表格”。在弹出的“插入表格”列表框中，执行下列操作之一：

① 单击并移动指针以选择所需的行数和列数，然后释放鼠标。

② 选择“插入表格”命令，然后在弹出对话框的“列数”和“行数”列表中输入数字。

（3）要向表格单元格添加文字，请单击某个单元格，然后输入文字。

（4）输入文字后，单击该表格外的任意位置。

2）在 PowerPoint 中插入 Excel 电子表格

在向演示文稿中插入 Excel 电子表格时，可以利用某些 Excel 电子表格函数的优点。在 PowerPoint 2010 中，最新添加的电子表格会成为 OLE 嵌入对象。因此，如果对演示文稿的主题进行更改，则应用于电子表格的主题不会更新已添加的电子表格。此外，也不能使用 PowerPoint 2010 中的选项来编辑表格。

向演示文稿中插入 Excel 电子表格的步骤如下：

（1）选择要在其上插入 Excel 电子表格的幻灯片。

（2）在“插入”选项卡上的“表格”组中，单击“表格”，然后选择“Excel 电子表格”命令。

（3）若要向表格单元格中添加文字，请单击相应单元格，然后输入文字。

（4）输入文字后，单击该表格外的任意位置。若要在取消选择 Excel 电子表格后对其进行编辑，双击该表格即可。

思考与练习

1. 渐变色背景与图片背景是否可以同时设置？
2. 设置动画路径中的路径指的是什么？
3. 建立超链接时，需要输入 URL 地址，查找资料，了解什么是 IP 地址、域名地址、URL 地址。
4. 如何改变超链接文本的字体颜色？
5. 动画和幻灯片切换有何区别？
6. 动作设置和动作按钮的操作结果有何区别？
7. 在演示文稿中链接文件和嵌入文件有何区别？
8. 根据所给的“二十四节气素材.docx”素材，制作一个演示文稿。要求演示文稿中要有自定义路径的动画、图片、SmartArt 图、超链接、动作按钮、页面切换，幻灯片数量至少 25 张以上。

任务三　中国昆曲介绍——添加多媒体素材

任务描述

具有六百多年历史的中国昆曲，于 2001 年被联合国教科文组织列为“人类口述和非物质遗产代表作”。昆曲发源于 14 到 15 世纪苏州昆山的曲唱艺术体系，糅合了唱念做打、舞蹈及武术的表演艺术。昆曲因其历史之悠久、艺术精妙、体系完备，被尊为“百戏之祖”，对整个戏曲的发展都有着深远的影响，在中国戏剧文化史上，昆曲占有很高的地位。

任务分析

昆曲是我国最古老的剧种之一，也是我国传统文化艺术中的珍品。为推动我国非物质文化遗产的抢救、保护与传承，请运用所给的素材，制作介绍“中国昆曲”的多媒体电子演示文稿。完成的作品以“中国昆曲.pptx”为文件名，保存在指定位置。

根据素材内容，可以考虑从昆曲的艺术特点、舞台美术、昆剧行当、曲牌伴奏、剧目介绍、昆剧脸谱、非遗文化 7 个方面来设计宣传演示文稿。

需要根据确定主题及素材，合理安排各张幻灯片的内容，确定昆曲介绍演示文稿的内容如下：

（1）第 1 张幻灯片是主题“中国昆曲”，展示一幅昆曲剧照，用 SmartArt 图形来展示昆曲的 7 个方面的标题文字，并插入背景音乐。

（2）从第 2 张幻灯片起，每一张幻灯片，介绍昆曲的一个方面，并插入相关标题、图片和文字介绍。

（3）在第 3、4 张幻灯片中，各插入一段“昆曲”视频。

（4）第 5 张幻灯片插入介绍昆曲特点的 Flash 动画，并配上解说词。

完成本任务只要处理好声音文件、电影短片的插入和播放插入，Flash 动画的嵌入播放及录制旁白几个关键点，其他的问题就迎刃而解了。

方法与步骤

1．新建幻灯片文件

（1）新建 PPT 文件：运行 PowerPoint 2010，在“开始”选项卡的“幻灯片”组，单击“新建幻灯片”按钮，在弹出的列表框中，选择“标题和内容”幻灯片。用同样方法，共设计整套幻灯片文件为 8 张。

（2）设置背景主题：在“设计”选项卡的“主题”组，选择合适的主题样式，本例选“模块”并右击，在弹出的快捷菜单中选择“应用于所有幻灯片”命令。

（3）插入艺术字：选中第一张幻灯片，在“插入”选项卡的“文本”组，单击“艺术字”按钮，在弹出的列表框中，选择合适的艺术字样式，本例选择 5 行 3 列的“填充—水绿色，强调文字颜色 2，暖色粗造棱台”，设置艺术字字体：华文行楷、88 磅、居中。

（4）插入文本框：在“插入”选项卡的“文本”组，单击“文本框”按钮，在弹出的列表框中，选择“横排文本框”，用鼠标在第一张幻灯片中，拖动出一个“文本框”，将素材中的相关资料复制到文本框中，并且设置合适的字体、大小、颜色和对齐方式。

（5）插入 SmartArt 图形：在“插入”选项卡的“插图”组中，单击“SmartArt”按钮，打开列表框，在“循环”区域，选择“射线循环”，单击“确定”按钮，右击该图形外圈的一个形状，在弹出的快捷菜单中，选择“添加形状”→“在后面添加形状”，如图 3-3-1 所示。则在形状中加了一个形状，用此方法，将该形状设计成外圈有 7 个圆形的图形。

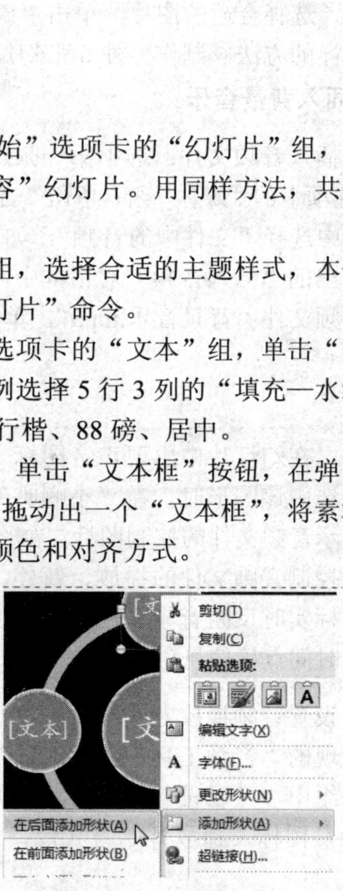

图 3-3-1　添加形状

选中该图形的外框线，在“SmartArt 工具—设计”的“SmartArt 样式”组，打开“更改颜色”列表框，选择“彩色”区域中的第一种样式和“强烈效果”。

选中其中一个圆形，右击，在弹出的快捷菜单中，选择“编辑文字”命令，将昆曲的 7 个方面标题文字，分别输入到形状中，并且设置合适的字体、大小、颜色和位置。在中间的形状中，填充一张图片，并适当拖动形状至椭圆样式，设置完成的 SmartArt 形状如图 3-3-2 所示。

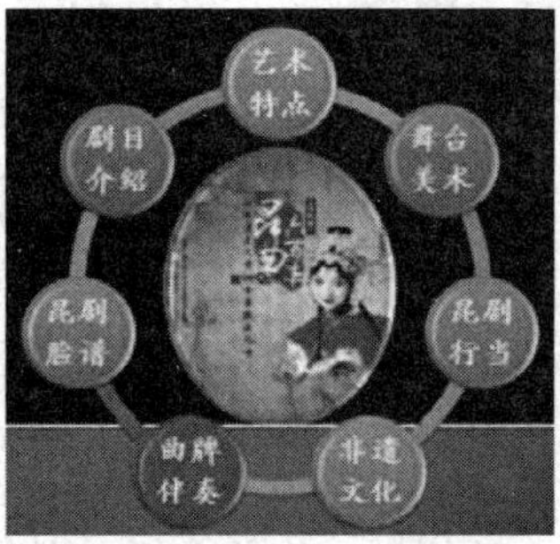

图 3-3-2　设置完成的形状

（6）制作第 2～8 张幻灯片：在第 2 张幻灯片的标题处，输入文字“艺术特点”，并且设置字体和颜色，放置在合适的位置，再插入相关图片和说明文字。

插入图形图片：在“插入”选项卡的“插图”组，单击“形状”按钮，在弹出的列表框中，选择“基本形状”组中的“六角形”形状，在第一张幻灯片中，拖动出一个“六角形”图形，右击该图形，在弹出的快捷菜单中，选择“设置形状格式”命令，在弹出的“设置形状格式”对话框中，选择合适的图片，单击“确定”按钮。

用同样的方法，制作另外 6 张幻灯片，插入不同形状的图片。

2．插入背景音乐

（1）插入音频文件：选中第一张幻灯片，在“插入”选项卡的“媒体”组，单击“音频”按钮，在列表框中选择“文件中的音频”，如图 3-3-3 所示。在弹出的“插入音频”对话框中，选择需要插入的音频文件“背景音乐.mp3”，单击“插入”按钮。

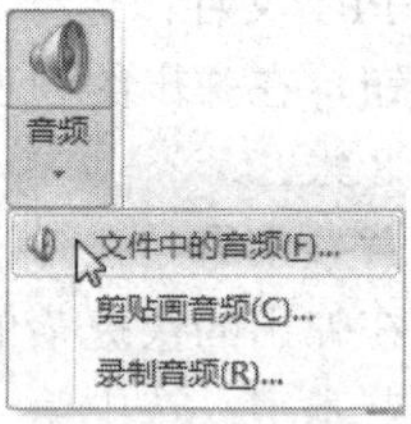

图 3-3-3　插入音频文件

这时，在幻灯片中出现声音图标“小喇叭”图形，当选中该图形时，在“小喇叭”图形的下方，会显示音频文件的控制图标，如图 3-3-4 所示，可以控制音频文件的播放、暂停、结束等，该控制图标实时反映音频文件的总长度，以及当前播放的时间点等信息。

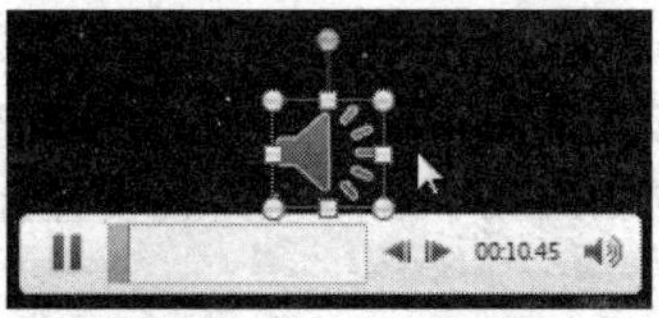

图 3-3-4　音频控制

（2）设置音频播放方式：单击“小喇叭”图形，在出现的“音频工具—播放”选项卡的“音频选项”组中，可以设置音频音量、循环播放、放映时隐藏图标、播放开始方式等，如图 3-3-5 所示。

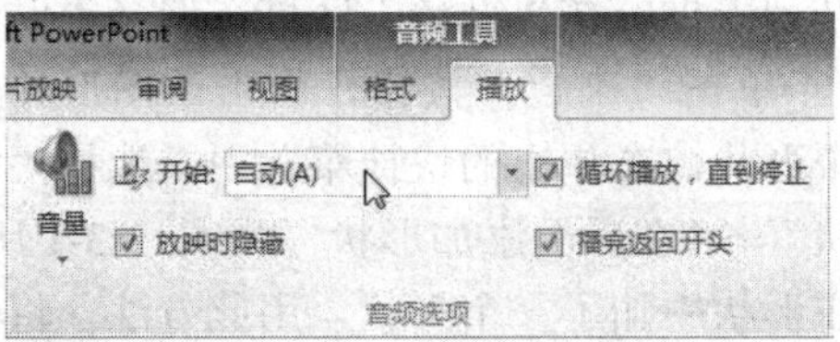

图 3-3-5　设置自动播放

由于要求放映幻灯片时自动播放背景音乐，在“开始”中选择“自动”。

希望幻灯片上的“小喇叭”图标在幻灯片放映时不显示，可以选择“放映时隐藏”复选框。

提 示

如果在“开始”中选择“在单击时”按钮，幻灯片放映时需要单击喇叭图标才能播放声音。

（3）设置音频放映时长：在“动画”选项卡“高级动画”组中，单击“动画窗格”，在屏幕右侧弹出的“动画窗格”中，可以看到插入的声音文件出现在任务窗格列表中，右击列表中“背景音乐.mp3”文件，在弹出的快捷菜单中选择“效果选项”，如图 3-3-6 所示。

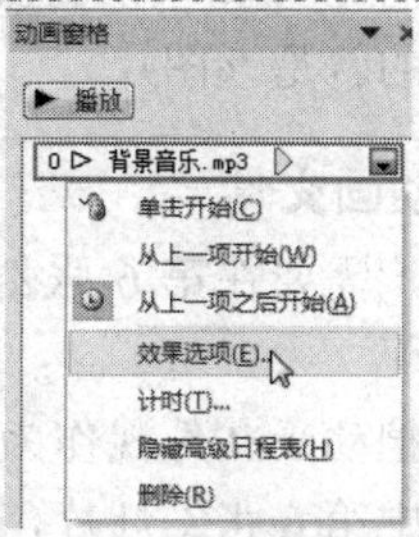

图 3-3-6　动画窗格

选择“效果选项”后，弹出“播放音频”对话框，为使幻灯片播放时背景音乐延续到第 3 张幻灯片放完时停止，在“停止播放”区域中，选择并设置“在 3 张幻灯片后”。为使播放动画时隐藏喇叭图标，选择“动画播放后”下拉列表框中的“播放动画后隐藏”选项，如图 3-3-7 所示。

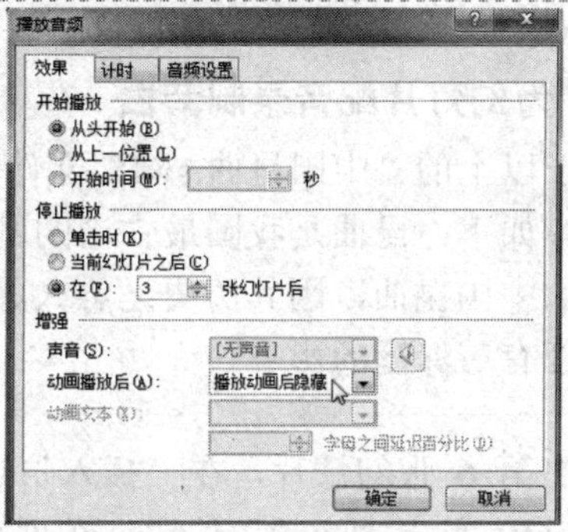

图 3-3-7　播放声音效果设置

3．插入视频文件

（1）插入视频文件：选中第 5 张幻灯片，在“插入”选项卡的“媒体”组，单击“视频”按钮，在打开的列表框中选择“文件中的视频”选项，如图 3-3-8 所示。在弹出的“插入视频文件”对话框中，选择需要插入的视频文件“昆曲 牡丹亭.mp4”，单击“插入”按钮。

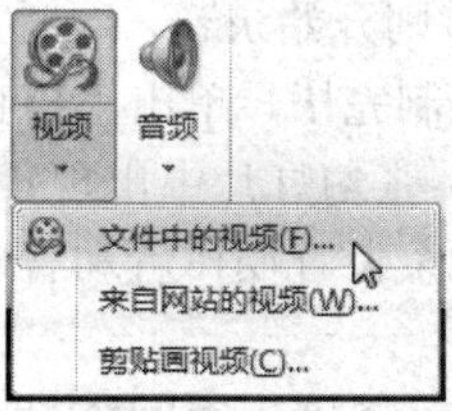

图 3-3-8　插入视频文件

这时，在幻灯片中出现视频图框和控制图标，通过控制图标中的按钮，可以控制视频文件的播放、暂停、结束等，控制图标实时反映视频文件的总长度、当前播放的时间点等信息。

（2）设置视频文件播放格式：单击视频图框，在出现的“视频工具—播放”选项卡的“视频选项”中，可以设置视频音量、播放开始方式、全屏播放、循环播放、放映时隐藏图标等，如图 3-3-9 所示。

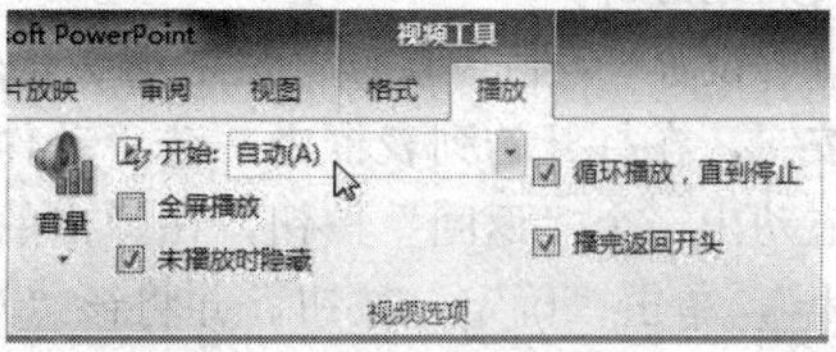

图 3-3-9　设置视频播放方式

（3）更改视频图框上的图像：选中视频图框，在“视频工具—格式”选项卡的“调整”组，单击“标牌框架”，在其列表框中选择“文件中的图像”，如图 3-3-10 所示，在弹出的“插入图片”对话框中，选择合适的图片即可。当幻灯片播放过程中，如果没有播放视频，则视频图框上显示的就是该图片。

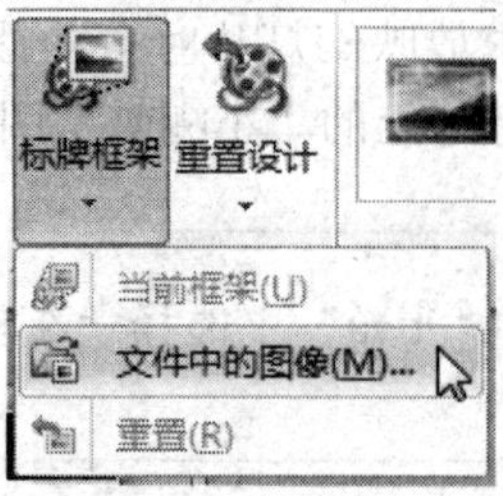

图 3-3-10 更改标牌框架

4. 插入动画文件

根据设计，需要在第 6 张幻灯片播放一个昆曲的 Flash 动画，动画文件为素材中的“中国昆曲.swf”。

一般可以把动画文件视作为一个“视频”文件来对待，其操作步骤就和插入“视频”文件是一样的。选中第 6 张幻灯片，在“插入”选项卡的“媒体”组，单击“视频”按钮，在列表框中选“文件中的视频”，在弹出的“插入视频文件”对话框中，选择需要插入的动画文件“中国昆曲.swf”，单击“插入”按钮。

5. 为幻灯片配音录制旁白

由于以上的“中国昆曲.swf”文件没有解说词，要求配上旁白（即解说词）。

内容如下：昆曲是我国最古老的剧种之一，也是我国传统文化艺术中的珍品。具有六百多年历史的中国昆曲，因其历史之悠久、艺术精妙、体系完备，被尊为“百戏之祖”，对整个戏曲的发展都有着深远的影响。

选中第 6 张幻灯片，在“插入”选项卡的“媒体”组，单击“音频”按钮，在列表框中选“录制音频”，弹出“录音”对话框，如图 3-3-11 所示，在名称栏中输入“昆曲动画配音”，单击“录音”按钮，则开始录音，同时“声音总长度”开始计时，录制完毕，单击“停止”按钮即可。这时，在第 6 张幻灯片中出现声音图标“小喇叭”图形，其余设置操作就和音频文件相同。

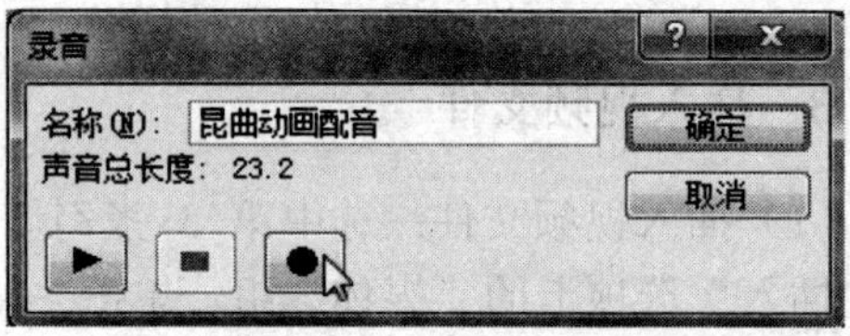

图 3-3-11 录制配音

6. 设置超链接、返回按钮

（1）设置超链接：选中第一张幻灯片上的 SmartArt 图形中的“艺术特点”4 个字，选择“插入”选项卡的“链接”组，单击“超链接”按钮，在弹出的“插入超链接”对话框中，选择“第 2 张幻灯片”，单击“确定”按钮。以此类推，将昆曲的另外 6 个方面标题文字设置超链接到相关的幻灯片。

（2）设置“返回”按钮：选中第 2 张幻灯片，选择“插入”选项卡的“插图”组，单击“形状”按钮，在打开的列表框中，选“动作按钮”组中的“返回”形状，在幻灯片的右下角空白处，拖动出一个“返回”按钮，在弹出的“动作设置”对话框中，选择“超链接”到“第 1 张幻灯片”，单击“确定”按钮。并将该“返回”按钮，复制到第 3～8 张幻灯片中。

7. 幻灯片的切换和动画设置

（1）幻灯片切换：选中第一张幻灯片，在“切换”选项卡的“切换到此幻灯片”组中，选择合适的切换方式。如果要把整套幻灯片设置成相同的切换方式，则单击“全部应用”按钮即可，即将整套幻灯片设置为统一的切换方式。

（2）设置动画：选中要设置动作的对象，在“动画”选项卡的“动画”组中，选择合适的动画动作，要将别的对象设置成相同的动画动作，可以利用“动画刷”来完成。

8. 保存文件

选择“文件”选项卡的“另存为”命令，将文件以“中国昆曲.PPTX”为文件名，保存在指定盘中。完成的作品如图3-3-12所示。

图 3-3-12　完成的作品样张

相关知识

1. 播放声音和影片

最常见的方式包括：

（1）放映幻灯片时自动播放，或者只在单击时播放声音或影片图像。

（2）在多张幻灯片中反复连续播放。

（3）在整套幻灯片放映过程中连续播放。

（4）全屏播放影片。

2. 插入声音或影片

（1）如果希望声音或影片在幻灯片放映时自行播放，选择“自动”。这时如果幻灯片上没有其他媒体效果，则会在显示幻灯片之后播放声音或影片。如果幻灯片上已经有其他效果（如动画、声音或影片），则会在播放这些效果之后播放声音或影片。

（2）如果希望在单击幻灯片上的声音图标或影片区域时播放声音或影片，则选择“在单击时”。

设置了声音或影片播放方式之后，如需改变它，可以在“动画”选项卡“动画窗格”中的“效果选项”中设置。

3. 将播放和暂停效果，用于自动开始播放的影片

当插入影片，且播放方式选择“自动”时，“动画窗格”中会添加两种效果：暂停效果和播放效果，如图3-3-13所示。如果不使用暂停效果，则每次单击影片时，它都会从头开始重

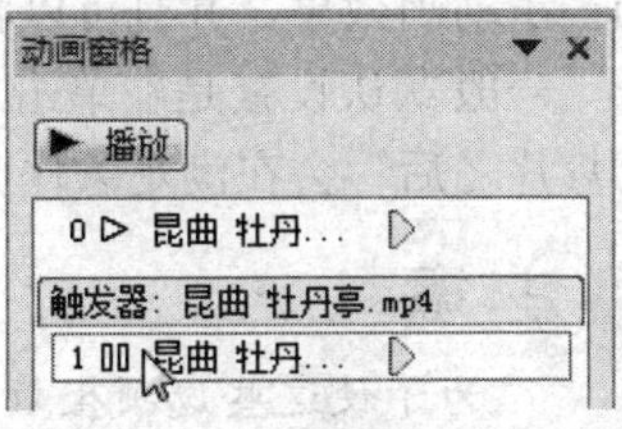

图 3-3-13　影片的两种播放效果

新播放，而不是先暂停然后在再次单击时继续播放。

在该图像中，第一行带一个“0”为播放效果。它表示自动开始，称为“从上一项之后开始”。显示幻灯片或播放完另一个效果后，可以使用该设置自动播放影片。三角图标类似于 VCR 或 DVD 播放器播放按钮上的符号，是播放效果的指示符。

第二行是“触发器”，其下方一行中带一个“1”是暂停效果。还有一个双杠符号 ⏸，类似于 VCR 或 DVD 播放器上的暂停符号。不论影片是自动开始播放还是通过单击鼠标开始播放，都会添加该效果。它位于“触发器”下方，表示必须手动单击影片才能开始播放。

如果不希望所插入的影片在幻灯片播放时自动播放，可以删除图 3-3-13 中“触发器”上方带三角图标的行。这样，声音或影片的播放方式就从“自动”切换到“在单击时”，幻灯片放映时单击声音的喇叭图标或影片区域后才播放声音或影片（注意：插入声音时，会添加一个“播放”触发器效果，但在插入影片时，添加的是“暂停”触发器效果）。在幻灯片放映中，单击影片区域可暂停播放，再次单击可继续播放。

4. 插入剪贴画视频

在“插入”选项卡的“媒体”组，单击“视频”按钮，在列表框中选“剪贴画视频”，如图 3-3-14 所示。在弹出的“剪贴画”窗格中，找到所需的剪贴画，将其添加到幻灯片中。

图 3-3-14　插入剪贴画视频

系统的“剪贴画”窗格中，最初包括一个动态 GIF 集合。GIF 是一种图形文件格式，用于在网上显示彩色图形。它最多支持 256 种颜色，而且使用的是无损压缩，这意味着压缩文件时没有损失任何图像数据。虽然“剪贴画视频”不是技术意义上的影片，但仍包含多个通过流动产生动态效果的图像，它们通常用于装点设计或网站。

5. 插入多个声音文件

如果在同一张幻灯片上插入其他声音，则声音图标会交叠在一处。如果打算通过单击每个声音的图标来播放它，需要在插入声音之后拖动它们的图标，使其互相分离。

在默认情况，声音将按照插入顺序进行播放。

6. 继续播放声音

在插入声音之后，可能不需要对其执行任何操作。如果插入的声音播放时间很短，在按照所设置的方式进行播放时，它瞬间就会停止。

但是，如果插入的声音是音乐片段或效果，但希望在单击其他对象时，在幻灯片中连续播放这些声音或者在幻灯片结束之后仍播放，需要设置停止选项，指定应当在何时停止它。否则，它将在下次因某种原因而单击该幻灯片时停止。

停止选项位于“动画窗格”中，可以在该窗格中设置许多声音选项，这是由于在此处声音相当于动画效果，并且可以将其设置为与动画和其他媒体效果配合播出。

一般默认设置是在单击鼠标时停止声音。另外两个选项“当前幻灯片之后”“指定数量的幻灯片之后”会在满足条件时停止播放声音。

注意

为了使这些选项生效，声音的长度需要足以显示指定数量的幻灯片。

7. 录制语音旁白的选项

如果希望在放映幻灯片时，用声音讲解该幻灯片的主题内容，可以在幻灯片中录制旁白。在放映时，PowerPoint 2010 会自动播放幻灯片上的声音旁白对幻灯片进行讲解。现在电子数据产品很发达，可以通过录音机、手机等设备，先行录制好声音文件，再插入到幻灯片中，这样更容易操作。

8. 删除声音、影片和旁白

在插入了声音、影片和旁白后，如果需要删除这些对象，可以选中这些对象，然后再按【Delete】键。要注意的是，对于旁白，需要逐张幻灯片删除添加的旁白。

9. 链接和嵌入声音文件

默认情况下，如果*.wav 声音文件超过 100 KB，它们将被链接到文件中，而不是嵌入到文件中。

1）链接对象和嵌入对象的不同之处

链接对象和嵌入对象的主要不同之处是存储这些对象的位置和在将这些对象放到演示文稿后的更新方式。

链接对象：链接对象是在单独的源文件中创建并存储的，然后它被链接到目标文件。因为两个文件链接在一起，当更改一个文件时，更改会在源文件和目标文件中同时显示。

嵌入对象：嵌入对象也是在单独的源文件中创建的，但是它随后被插入目标文件，成为该文件的一部分。如果更改原来的源文件，更改不会在目标文件中显示。

2）使用其他计算机播放演示文稿

如果计划使用创建演示文稿的计算机播放演示文稿，可以随意使用嵌入文件或链接文件。

如果计划在另一台计算机上播放演示文稿，则必须小心使用链接文件。要确保包含链接的声音文件的源文件以及所在的文件夹存储在要进行演示的计算机上。否则，不会播放声音文件，因为演示文稿不知道链接到何处。

将演示文稿存储在闪存盘或 CD-ROM 上，确保链接文件转移到新计算机的一种方法是使用“打包成 CD”功能。

拓展与提高

“打包成 CD”播放

使用 Microsoft Office PowerPoint 2010 中的“打包成 CD”功能，可以将一个或多个演示文稿连同支持文件一起复制到 CD 中。默认情况下，Microsoft Office PowerPoint Viewer 包含在 CD 上，即使其他某台计算机上未安装 PowerPoint 2010，它也可在该计算机上运行打包的演示文稿。如果使用的是 Microsoft Windows 7 或更高版本，并且有 CD 刻录程序，则可以将演示文稿和支持文件刻录到 CD 中。

在 PowerPoint 的早期版本中，“打包成 CD”功能称为“打包”。Microsoft Office PowerPoint 2010 中，增强了这一功能，将其重命名为“打包成 CD”。

对演示文稿进行打包的具体操作步骤如下：

（1）在 PowerPoint 2010 中打开需要“打包”的演示文稿。

（2）执行“文件”→“保存并发送”→“将演示文稿打包成 CD”命令，单击“打包成 CD”选项，如图 3-3-15 所示，打开图 3-3-16 所示的“打包成 CD”对话框，在此对话框中可做不同的选择。

① 单击对话框中的“选项”按钮，将出现“选项”对话框，如图 3-3-17 所示。在此对话框中可以选择：链接文件还是嵌入文件；是否在文档中使用 TrueType 字体，以确保在不同的计算机上运行演示文稿时该字体可用；是否为演示文稿设定打开或修改密码来保护 CD 上的内容，该密码将适用于所有打包的演示文稿。

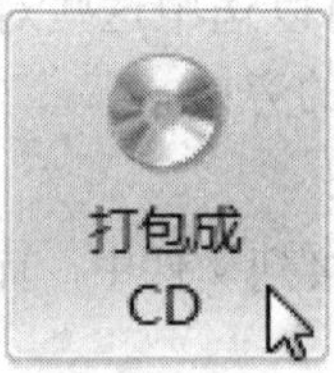

图 3-3-15　打包成 CD

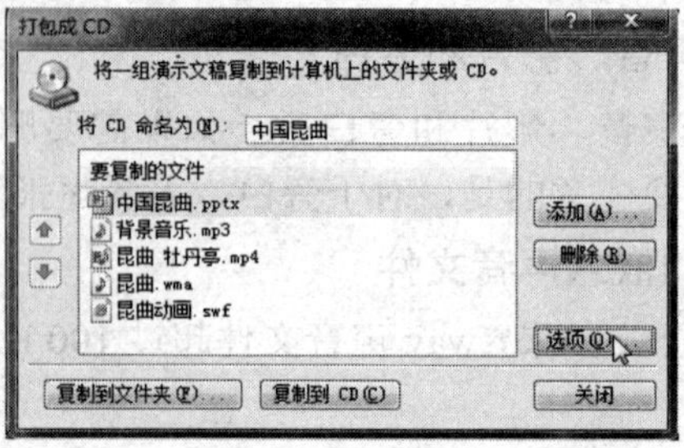

图 3-3-16　“打包成 CD”对话框

② 单击对话框中的“添加”按钮，将出现“添加文件”对话框，在此对话框中可以添加其他需要一同打包的演示文稿。例如：原来已打开的“中国昆曲.pptx”演示文稿，在打包时再添加音频、视频、动画等文件。

③ 单击对话框中的“复制到文件夹”按钮，将出现“复制到文件夹”对话框，如图 3-3-18 所示。在对话框中输入文件夹名称、选择保存位置后，单击“确定”按钮，即可完成打包操作。

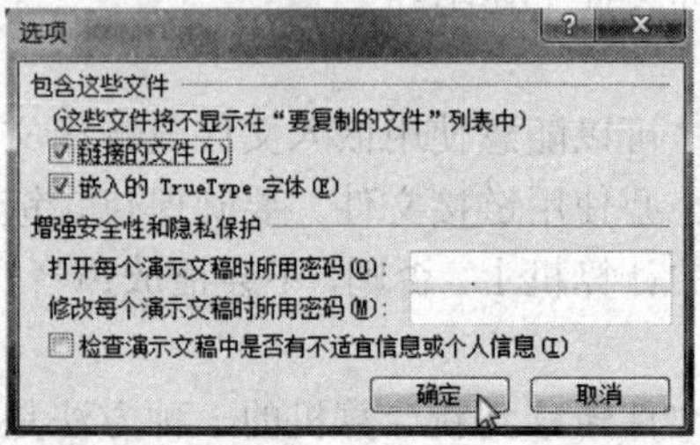

图 3-3-17　“选项”对话框

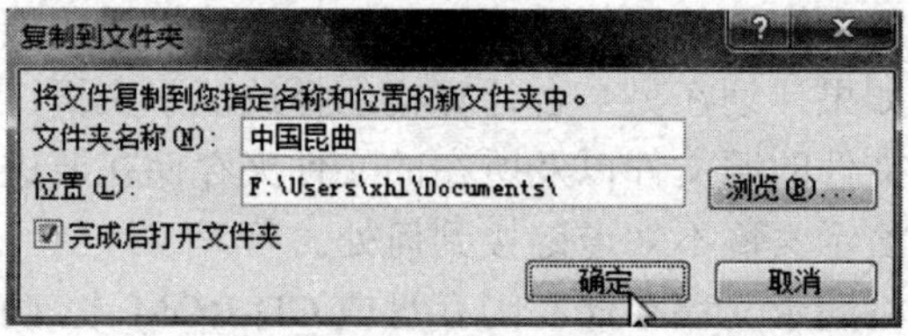

图 3-3-18　“复制到文件夹”对话框

④ 如果有 CD 刻录硬件设备，选择对话框中的“复制到 CD”按钮，则“打包成 CD”功能可将演示文稿复制到空白的可写入 CD（CD-R）、空白可重写 CD（CD-RW）或已经包含内容的 CD-RW 中。但是，CD-RW 上的现有内容将被覆盖。

思考与练习

1．如果在一张幻灯片上插入两个声音文件且都设置其为“自动播放”，在放映会出现什么样的结果？

2．先在幻灯片中插入影片，再插入声音，两者都设置为自动播放，放映该幻灯片时影片和声音会同时播放吗？

3．如何在幻灯片中插入 Flash 动画？

4．在一张幻灯片中，如何设计影片、音乐、旁白三者中的声音播放？

5．在演示文稿中链接文件和嵌入文件有何区别？

6．请自己收集图片、音乐、文字等素材，制作一个介绍自己学习生活的演示文稿。

7．幻灯片中插入 Flash 动画文件和视频文件有哪些区别？

8．框架图片有什么作用？

任务四　前滩国际商务区项目介绍——幻灯片母版和放映设置

任务描述

黄浦江畔被誉为继外滩、陆家嘴之后，即将冉冉升起的第三颗耀眼明珠——前滩国际商务区，已列入上海“十二五”期间六大重点开发区域，随着前滩国际商务区数个项目开工建设，标志着这块承载城市转型发展重任的热土正式拉开了开发建设的帷幕，预计将建设“24 小时城市”，实现与纽约、伦敦等国际金融中心的“零时差”，成为未来上海行政经济文化中心。

任务分析

请运用所给的素材，制作介绍“前滩国际商务区项目”的多媒体电子演示文稿。完成的作品以“前滩.pptx”为文件名，保存在指定位置中。

根据素材内容，可以考虑从上海行政经济文化中心、传媒体育文化艺术功能、中外公司总部集聚功能、商业零售休闲娱乐功能、现代大型国际社区功能等几方面来设计该项目的演示文稿。

（1）第 1 张幻灯片是主题“前滩国际商务区”，展示一幅规划图，以及该项目的 5 个方面的标题文字，方便与后面幻灯片做超链接。

（2）为使幻灯片放映时能够随意的向前、向后选择幻灯片，可以在幻灯片母板上设置一组动作按钮。

（3）为突出标题，考虑为幻灯片设置页眉“前滩国际商务区”，并设计一个徽标。

（4）整套幻灯片放映时间约 2 分钟，并能自动循环播放，配上合适的背景音乐。

完成本任务的重点是在用母版设置页眉页脚、放映时用排练计时等几个关键点，其他的问题前几个任务已经都解决了。

方法与步骤

1. 新建文件、设置背景主题

（1）新建演示文稿：启动 PowerPoint 2010，新建 6 张新的幻灯片。在第一张幻灯片上插入艺术字“前滩国际商务区”，插入一张相关图片。

（2）设置幻灯片背景主题：选中任一张幻灯片，选择“设计”选项卡的“主题”组，选择合适的背景主题，本例选择“相邻”主题，右击该主题样式，在弹出的对话框中，选择“应用于所有幻灯片”，则将整套幻灯片设置成统一风格的主题背景。

2. 母版设置

（1）进入幻灯片母版的编辑模式：单击“视图”选项卡“母板设置”组的“幻灯片母版”按钮，如图 3-4-1 所示。进入幻灯片母版的编辑模式，同时出现“幻灯片母版视图”预览窗格。当鼠标指针指向预览窗中的任何一张幻灯片，系统会提示该母版设置适用于哪些幻灯片。例如：当鼠标指针指向第一张幻灯片时，指针下方会出

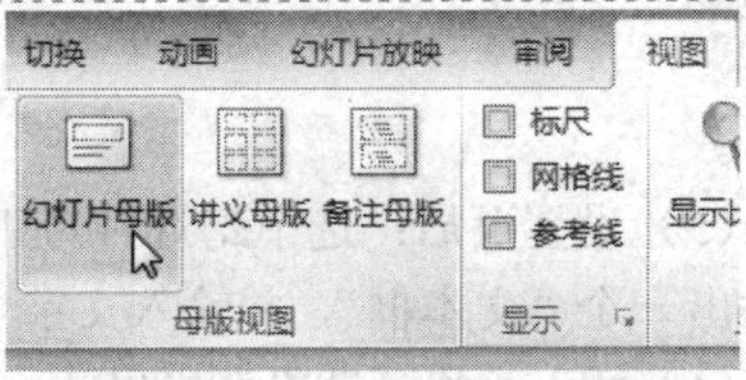

图 3-4-1　幻灯片母版

例如：当鼠标指针指向第一张幻灯片时，指针下方会出现一行文字“相邻幻灯片母版由幻灯片 1～6 使用”；其中“相邻”是指幻灯片的背景主题。而预览窗中的第 2 张幻灯片，是为幻灯片的第 1 张（也就是标题幻灯片）设置母版。

（2）制作徽标：从打开的“幻灯片母版视图”预览窗格中，选中幻灯片母版编辑模式中的第 1 张幻灯片。单击“插入”选项卡“插图”组的“形状”按钮，在弹出的列表框中，选择“星与旗帜”组中的“双波形”形状，在第一张幻灯片的右上角，拖动一个“双波形”图形。

（3）设置徽标格式：单击该图形，在“绘图工具—格式”选项卡中，在“形状样式”组中单击“形状填充”按钮，打开“形状填充”列表框，选择“标准色”→“红色”；在“形状样式”组中单击“形状轮廓”按钮，打开“形状轮廓”列表框，选择“茶色强调文字颜色 5 淡色 40%”，如图 3-4-2 所示。

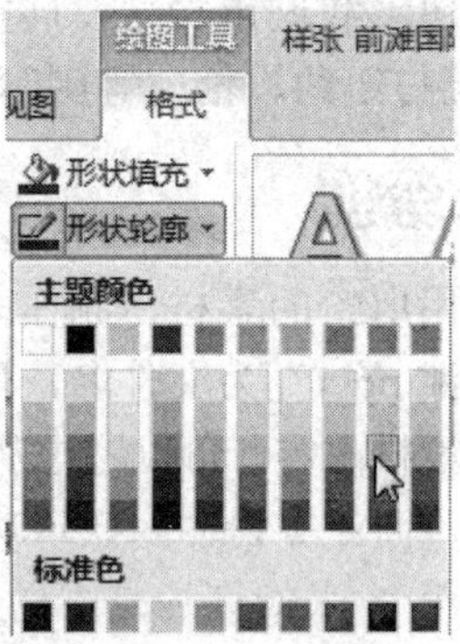

图 3-4-2　形状轮廓颜色

右击该图形，在快捷菜单中，选择“编辑文字”命令，输入“前滩”，设置合适的字体、大小、颜色，单击“确定”按钮。做好的徽标如图 3-4-3 所示。

图 3-4-3　徽标

（4）设置动作按钮：选中幻灯片母版编辑模式中的第 1 张幻灯片，单击“插入”选项卡“插图”组的“形状”按钮，在弹出的列表框中，选择“动作按钮”组中的“第一张”形状，在第 1 张幻灯片的右下角空白处，拖动出一个“第一张”按钮，在弹出的“动作设置”对话框中，选择“超链接”到“第一张幻灯片”，单击“确定”按钮，如图 3-4-4 所示。用同样的方法，制作另外两个“后退”和“前进”按钮。

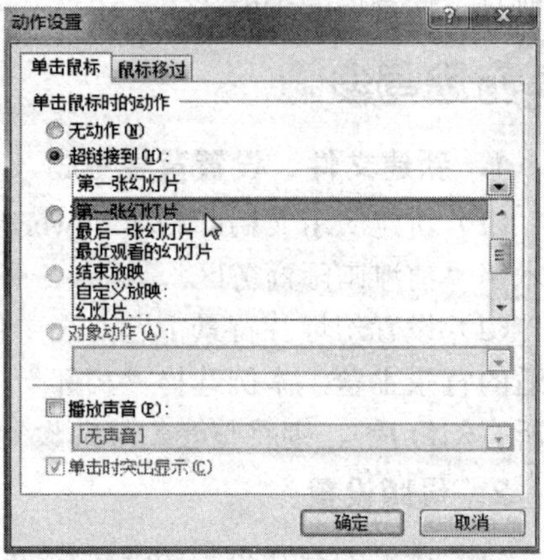

图 3-4-4　动作设置对话框

（5）设置页眉：选中幻灯片母版编辑模式中的第一张幻灯片，在幻灯片的左上角空白处，拖动出一个“文本框”，并输入文字“前滩国际商务区”。设置字体：华文行楷、18 磅、粉红色。

（6）插入表格、设置表格格式：在母版中删除页脚部分的所有内容，在母版右侧页脚区域，插入一个垂直文本框，然后在文本框中插入一个4行1列的表格，设置表格的文字方向为“垂直”；分别在表格的4个单元格中输入：“总部商务”“文化传媒”“体育休闲”“国际社区”等文本内容。设置表格中的文字字体为：幼圆、16磅、白色、加粗。选中表格，在“表格工具—设计”的“表格样式”组中，取消所有边框线和底纹。

（7）设置母版字体格式：在母版编辑模式中的第1张幻灯片中，选中母版“标题”区域中的文字“单击此处编辑母版标题样式”。设置字体为：隶书、40磅、颜色为标准色“蓝色”。

选中母版“文本”区域中的文字“单击此处编辑母版文本样式”及第二、第三级文本，设置字体为华文新魏、28磅、颜色为标准色“蓝色”。删除第四、第五级文本。

（8）取消项目符号：选中母版中“文本”区域的所有文本，在“开始”选项卡的“段落”组，单击“项目符号”按钮，取消项目符号，如图3-4-5所示。

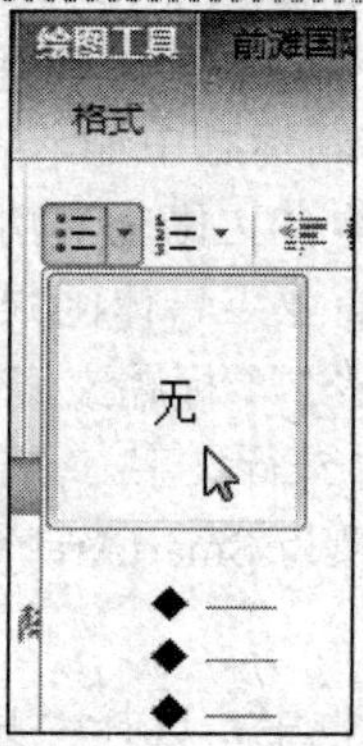

图 3-4-5　取消项目符号

设置完毕的母版如图3-4-6所示。

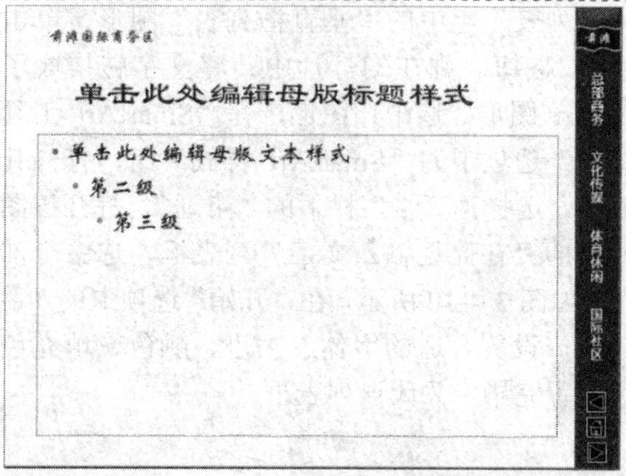

图 3-4-6　母版设置完毕的样张

（9）退出母版编辑：以上各项设置完毕，单击“关闭母版视图”按钮，如图3-4-7所示。返回幻灯片普通视图页面。这时，可以看到整套幻灯片每张左上角都有徽标，右上角都有页眉“前滩国际商务区”，在右下角都有三个动作按钮，分别是“返回第一张”“后退”和“前进”按钮。而右侧文字是文本框和表格的效果。

图 3-4-7　关闭母版视图

（10）取消第一张幻灯片的页眉、徽标和按钮：第一张幻灯片不需要动作按钮、页眉、徽标这些标识，可以选中第一张幻灯片，在“设计”选项卡中的“背景”组，将“隐藏背景图形”复选框前的“√”选中，如图 3-4-8 所示。

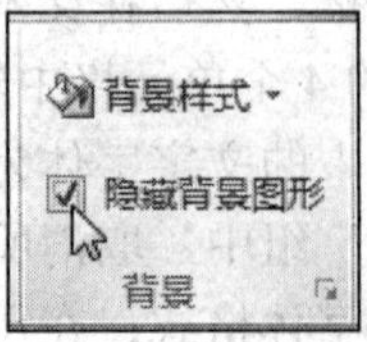

图 3-4-8　隐藏背景图形

3．将标题文字转换为 SmartArt 图形和设置超链接

（1）将标题文字转换为 SmartArt 图形：选中第一张幻灯片，在副标题中输入“上海行政经济文化中心”“传媒体育文化艺术功能”“中外公司总部集聚功能”“商业零售休闲娱乐功能”“现代大型国际社区功能”5 个标题文字，每个标题是一个并列项，选中这 5 行文字，右击，在弹出的快捷菜单中选择“转换为 SmartArt”命令，如图 3-4-9 所示。

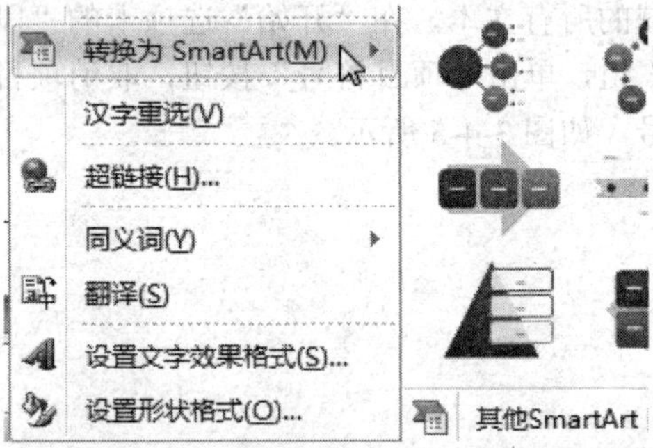

图 3-4-9　将文字转换为 SmartArt 形状

在弹出的列表框中，选择“其他 SmartArt 图形”，在打开的“选择 SmartArt 图形”对话框中，选中“列表”组中的“垂直框列表”图形，单击“确定”按钮。则在幻灯片中，将文字转换成了 SmartArt 图形。选中该图形，在“SmartArt 工具—设计”选项卡的“SmartArt 样式”组，打开其列表框，选择“三维”栏下的“卡通”，打开该图形左侧的“在此处输入文字”列表框，选中全部文字，如图 3-4-10 所示，在“开始”选项卡的“字体”组，设置合适的字体、大小、颜色、填充色等，设置完毕，关闭该列表框。

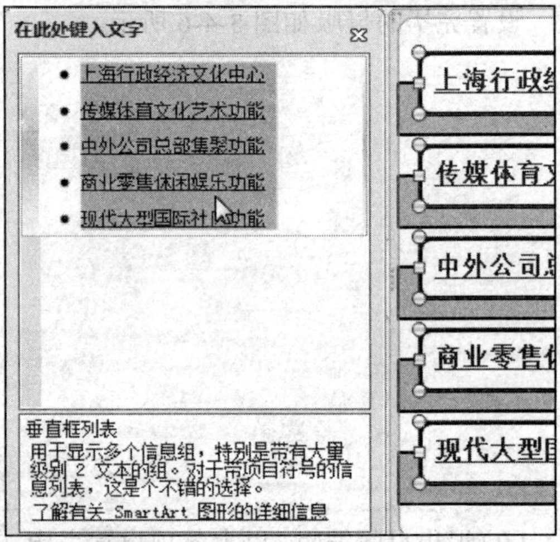

图 3-4-10　设置 SmartArt 样式

（2）制作第 2～6 张幻灯片：在第 2 张幻灯片的标题处，输入文字“上海行政经济文化中心”作为标题，在下面的文本框中，输入或从素材中复制相关的文字资料。在幻灯片的空白处，插入一张相关图片。用同样的方法，制作另外 4 张幻灯片，为使幻灯片更加美观生动，可以给全部图片加上不同的形状和边框。

（3）设置超链接：选中第一张幻灯片 SmartArt 形状中的第一个目录，单击“插入”选项卡“链接”组“超链接”按钮，在弹出的“插入超链接”列表框中，选择“第二张幻灯片”，单击“确定”按钮。用同样方法将其余 4 个目录与后面的相关幻灯片设置超连接。

4. 插入背景音乐

选中第一张幻灯片，在“插入”选项卡的“媒体”组，单击“音频”按钮，在列表框中选择“文件中的音频”，在弹出的“插入音频”对话框中，选择需要插入的音频文件“影视原声.mp3”，单击“插入”按钮。设置音频文件：自动循环播放，播完返回开头。

单击“小喇叭”图形，在“动画”选项卡“高级动画”组中，单击“动画窗格”，在屏幕右侧弹出的“动画窗格”中，可以看到插入的声音文件“影视原声.mp3”，右击该文件，在弹出的快捷菜单中选择“效果选项”命令。

选择“效果选项”后，为使幻灯片播放时，背景音乐延续到第6张幻灯片放完时停止，在弹出的“播放音频”对话框中的“停止播放”区域中，选择并设置“在6张幻灯片后”。为使播放动画时隐藏喇叭图标，选择“动画播放后”下拉列表框中的“播放动画后隐藏”选项，单击“确定”按钮。

5. 为各幻灯片设置合适的切换方式，文字和图片都加上合适的动画效果

（1）设置幻灯片切换方式：选择“切换”选项卡的“切换到此幻灯片”组的“立方体”，效果选项为“自顶部”，并单击“全部应用”。

（2）设置幻灯片动画效果：选中第一张幻灯片中的艺术字，选择“动画”选项卡的“动画”组中的“进入：缩放”；效果选项为“对象中心”。

（3）利用“动画刷”设置动画：选中已经设置好动画效果的艺术字，双击“动画”选项卡的“高级动画”组中的“动画刷”，分别单击第一张幻灯片中的图片和SmartArt图形等对象，则快速将这两个对象的动画也设置成和艺术字一样的动画效果了。

注 意

单击“动画刷”，只能用一次；双击“动画刷”就可以用任意次。当不需要用时，再单击“动画刷”就可以了。

6. 为演示文档设置播放时间和放映方式

1）排练计时

（1）选中第一张幻灯片，单击“幻灯片放映”选项卡“设置”组的“排练计时”按钮，如图3-4-11所示，进入“排练计时”状态。

图 3-4-11 排练计时

（2）此时，单张幻灯片放映所耗用的时间和文稿放映所耗用的总时间显示在“预演”对话框中。

（3）手动播放一遍文稿，并利用“预演”对话框中的“暂停”和“重复”等按钮控制排练计时过程，以获得最佳的播放时间。

（4）播放结束后，系统会弹出一个提示是否保存计时结果的对话框，单击其中的“是”按钮即可。

根据每张幻灯片的内容，控制排练计时过程，设置该幻灯片的放映总时间在2分钟左右，以获得最佳的播放效果。

2）设置放映方式

循环放映：单击“幻灯片放映”选项卡“设置”组的“设置幻灯片放映”按钮，如图 3-4-12 所示。打开“设置放映方式”对话框，在“放映选项”区域中，选中“循环放映，按 ESC 键终止（L）”前的单选按钮的“√”，如图 3-4-13 所示，单击“确定”按钮。请把它改为 2 个段落，分别放在图 3-4-12，图 3-4-13 左边。

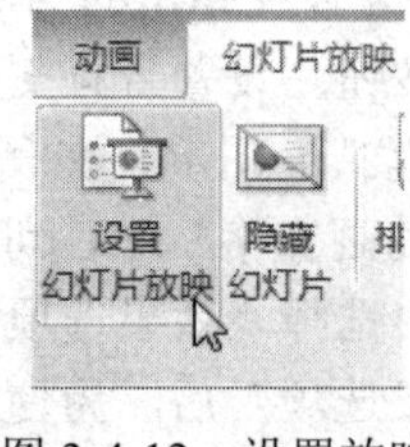

图 3-4-12　设置放映

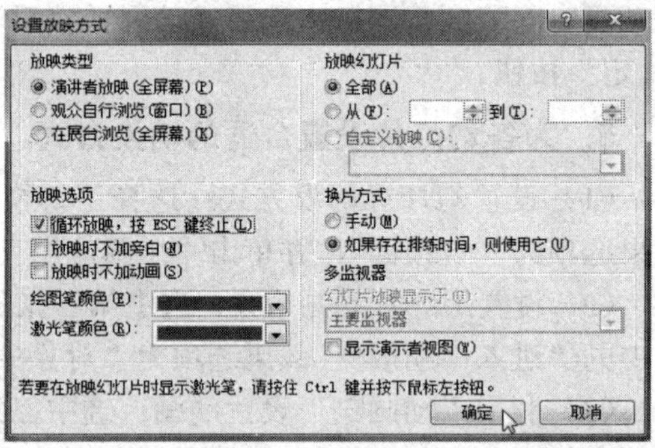

图 3-4-13　“设置放映方式”对话框

7．保存文件

选择“文件”选项卡的“另存为”命令，将文件以“前滩.PPTX”为文件名，保存在指定的文件夹中。

8．参考样张

“前滩.PPTX”参考样张如图 3-4-14 所示。

图 3-4-14　完成的演示文稿样张

相关知识

一、PPT 制作中母版的使用

幻灯片母版是幻灯片层次结构中的顶层幻灯片，用于存储有关演示文稿的主题信息，包括背景、颜色、字体、效果、占位符大小和位置，以及动作按钮等。

每个演示文稿至少包含一个幻灯片母版。修改和使用幻灯片母版的主要优点是可以对演示文稿中的每张幻灯片（包括以后添加到演示文稿中的幻灯片）进行统一的样式更改。

使用幻灯片母版时，由于无须在多张幻灯片上输入相同的信息，因此节省了时间。如果演示文稿非常长，其中包含大量幻灯片，则使用幻灯片母版设置就显得特别方便。

由于幻灯片母版影响整个演示文稿的外观，因此在创建和编辑幻灯片母版或相应版式时，将在“幻灯片母版”视图下操作。

母版通常包括幻灯片母版、标题母版、讲义母版、备注母版 4 种形式。常用的是“幻灯片母版”和“标题母版”两个主要母版的建立和使用。

1. 幻灯片母版

幻灯片母版通常用来统一整个演示文稿的幻灯片格式，一旦修改了幻灯片母版，则所有采用这一母版建立的幻灯片格式也随之发生改变，可以快速统一演示文稿的格式要素。

2. 标题母版

演示文稿中的第一张幻灯片通常使用“标题幻灯片”版式。为这张相对独立的幻灯片建立一个“标题母版”，是为了突出显示演示文稿的标题。“标题母版”只对使用了“标题幻灯片”版式的幻灯片有效。

3. 讲义母版

如果要把幻灯片打印出来，可以先将幻灯母版片设置成讲义母版，每张纸可供选择的幻灯片数是 1、3、4、6、9 张，可大大节约纸张，这是打印演示文稿的人要经常用到的功能。

4. 备注母版

向各幻灯片添加“备注”文本的默认样式。如果演讲者把所有内容，以及要讲的话都放到幻灯片上，演讲就会变成照本宣科。因此制作演示文稿时，把需要展示给观众的内容做在幻灯片里，不需要展示给观众的内容（如话外音、专家与领导指示、与同事同行的交流启发）写在备注里。

幻灯片在播放时，备注页的内容是不放映的，如果需要把备注显示或打印出来，可以在“视图”选项卡的“演示文稿视图”组，单击“备注页”按钮，打开“备注页”即可。

对于提倡无纸化办公的单位，编写备注是保存交流资料的一种方法。不过，一般人们的备注习惯于用 Word 编写，或者写在纸质讲义的记录本上，因此备注母版就很少有人使用，

也就是说，需要什么统一格式，只需编辑母版，该文件中的所有幻灯片都会统一应用其格式，当然还可以对每一张幻灯片，再进一步修改成所需要的效果。

二、PPT 制作中模板的使用

PowerPoint 2010 模板可以包含版式、主题颜色、主题字体、主题效果和背景样式，甚至还可以包含内容。

通俗地说，模板是已经做好了的幻灯片“样板”，这个样板就是在“母版”设定好、甚至

已经输入内容，比如文字、图片、动画、声音等，已经制作出一套比较完美的幻灯片，以后凡是遇到类似的内容，就可以直接“替换”和“套用”，不需要再一个个版面地从头做起，可以节省时间和精力。

PowerPoint 2010 系统提供了多种不同类型的内置免费模板供大家使用，也可以在 Office.com 和其他合作伙伴网站上获取数百种演示文稿的免费模板。

当然也可以创建自己的自定义模板，然后存储、供重用以及与他人共享。

三、自动播放文稿

1. 循环放映文稿

演示文稿的播放，大多数情况下是由演示者手动操作控制播放的，如果文稿在展览会等公共场所播放，通常需要设置成自动循环播放的方式。

如果要让其自动播放，需要进行“排练计时”，操作方法已经在本任务操作步骤中详细表述清楚。

设置排练计时后，如果播放时还需要手动操作，可以打开“幻灯片放映”选项卡“设置”组的“设置幻灯片放映”按钮，打开“设置放映方式”对话框，如图 3-4-15 所示，选中其中的“手动”选项，单击“确定”按钮。

选中“循环放映，按 Esc 键中止”复选框和“如果存在排练时间，则使用它”单选按钮，单击“确定”按钮退出。

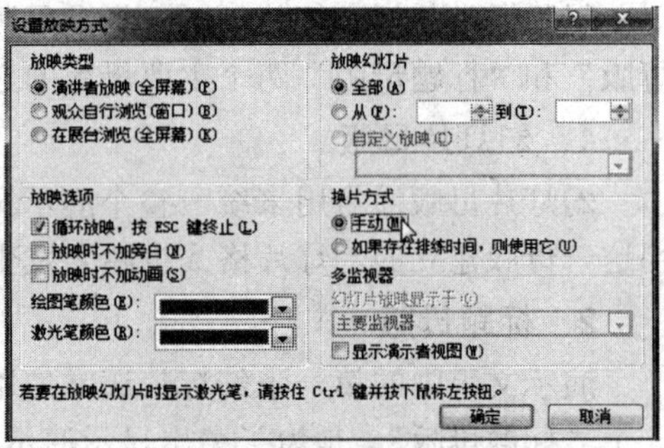

图 3-4-15 “设置放映方式”对话框

2. 隐藏部分幻灯片

如果文稿中某些幻灯片只提供给特定的对象，不妨先将其隐藏起来。操作过程如下：

（1）选中需要隐藏的幻灯片，单击“幻灯片放映”选项卡“设置”组的“隐藏幻灯片”按钮。

（2）选中需要隐藏的幻灯片，右击，在弹出的快捷菜单中选择“隐藏幻灯片”命令。

此时，在幻灯片浏览视图中，该幻灯片左上角序号处出现一个斜杠，在一般播放时，该幻灯片不能显示出来。如果再执行一次这个命令，则取消隐藏。

在进行放映时，如果临时要让隐藏的幻灯片播放出来，可用下面两种方法来实现：

① 右击，在弹出的快捷菜单中，选择“定位至幻灯片”命令，然后选择隐藏的幻灯片（隐藏的幻灯片序号有一个括号）即可，如图 3-4-16 所示。

② 在播放到隐藏幻灯片前面一张幻灯片时，按下【H】键，则将隐藏的幻灯片播放出来。

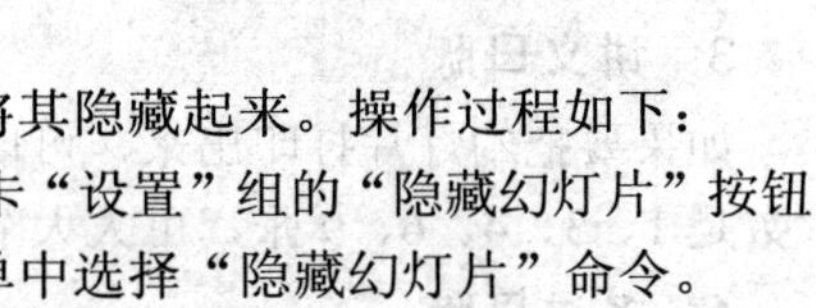

图 3-4-16 播放隐藏的幻灯片

3. 在放映时跳转

在放映文稿时，常常需要从一张幻灯片跳转到另一张幻灯片，可以根据需要，选择下面的方法来实现。

（1）定位法：右击，在弹出的快捷菜单中，选择“定位至幻灯片”命令，再选择要跳转的幻灯片即可。

（2）序号法：如果知道跳转的幻灯片序号，可以用键盘直接输入相应的序号，然后按下【Enter】键即可跳转过去。

（3）链接法：如果跳转的幻灯片是固定的，可以在幻灯片制作时，将两张幻灯片超链接起来。

4．自定义放映

如果希望将一个完整演示文稿中的部分内容组合成几个重点不同的演示文稿，给特定的观众放映演示文稿的特定部分，不必重新复制演示文稿。利用自定义放映功能，在现有演示文稿中将幻灯片组到不同的自定义放映方案中。具体方法如下：

（1）单击“幻灯片放映”选项卡的“自定义幻灯片放映”按钮，弹出“定义自定义放映”对话框，如图 3-4-17 所示。

（2）单击“新建”按钮，会弹出“定义自定义放映”对话框，可以在该对话框中选择需要的幻灯片添加到“在自定义放映中的幻灯片”列表中，如图 3-4-18 所示。

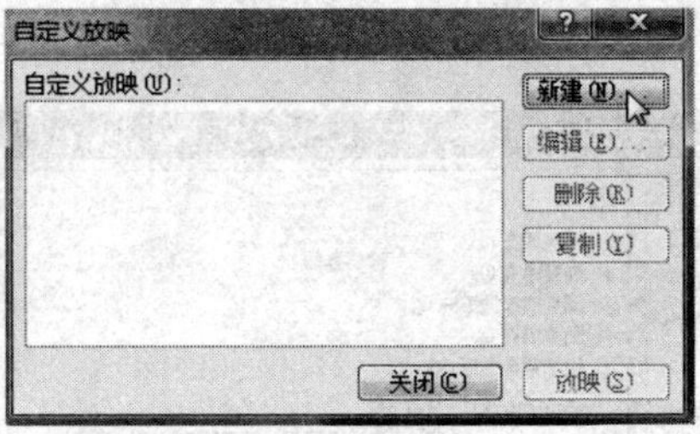

图 3-4-17 “自定义放映”对话框 1

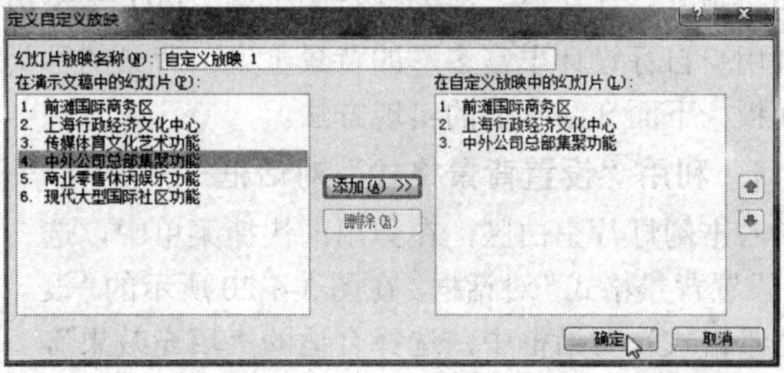

图 3-4-18 “自定义放映”对话框 2

（3）在图 3-4-17 中选择自定义放映名称后，单击“放映”按钮，即可进行自定义放映。

5．在文稿放映过程中的常用快捷键

（1）按【B】键或【.】键使屏幕暂时变黑（再按一次恢复）。

（2）按【W】或【,】键使屏幕暂时变白（再按一次恢复）。

（3）按【E】键清除屏幕上的画笔痕迹。

（4）按【Ctrl+P】组合键切换到“画笔”（按【Esc】键取消）。

（5）按【Ctrl+H】组合键隐藏屏幕上的指针和按钮；同时按住鼠标左、右键 2 秒钟，快速回到第 1 张幻灯片上。

（6）在文稿放映过程中，按下【F1】功能键，放映时可以使用的全部快捷键即刻显示在屏幕上，如图 3-4-19 所示。

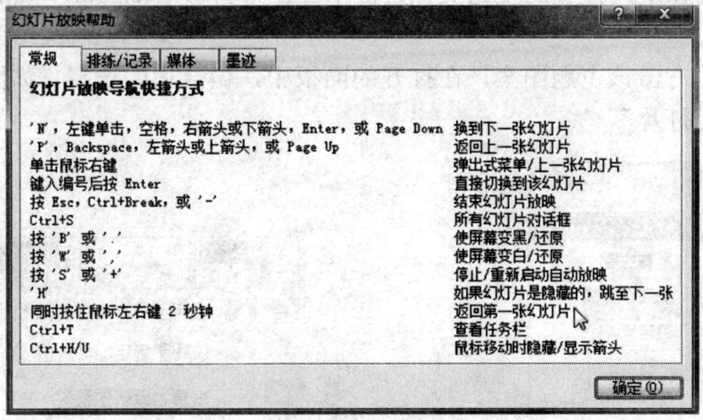

图 3-4-19 “幻灯片放映帮助”对话框

拓展与提高

一、自定义 PPT 主题

幻灯片的背景是指在 PPT 页面上烘托主题的材料。比如某个页面是蓝底白字、黄底红字，那么，这些颜色就是背景。另外用图片来衬托 PPT 内容，比如表现“春天”，就用鲜花图案做“底子”，表现“秋天”，就用几片黄叶子做“底子”，等等，有时还可以用动画、声音来烘托主题，这些图片、动画和声音，就是制作 PPT 的背景。

幻灯片的主题指的是幻灯片的背景底色，PPT 默认的幻灯片背景为白色。为了提升演示文稿的可视性，往往要改变幻灯片的主题，PPT 系统内置了许多主题供选用。也提供了多种方法允许用户自行设计丰富多彩的背景主题。背景的种类包括单色、渐变、纹理、图案、图片和设计模板，下面介绍它们的实现方法。

1. 利用“设置背景格式”对话框

右击幻灯片空白区，在弹出的快捷菜单中，选择“设置背景格式”对话框。在图 3-4-20 所示的“设置背景格式”对话框中，选择合适的“填充效果”，单击“全部应用”按钮。

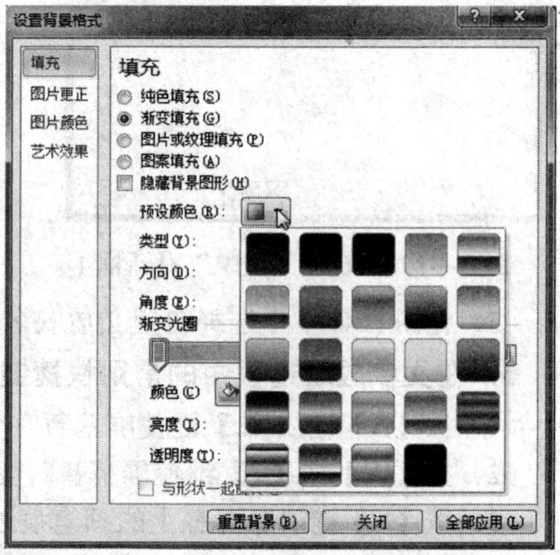

图 3-4-20 “设置背景格式”对话框

2. 选择内置主题

除了可以使用“背景”对话框设置背景外，PPT 还提供了应用设计模板作为主题背景。设计模板是一种 PPT 文件，其中规定了背景图像和各级标题的字体、字号，可供用户直接使用。在“设计”选项卡的“主题”组，选择系统主题背景，如图 3-4-21 所示。

（1）若要应用内置主题，请在“内置”下，单击需要的主题。

（2）若要应用新创建的主题或已修改并保存的现有主题，请在“自定义”下，单击需要的主题。

（3）要应用存储在不同位置的主题文档，请单击“来自 Office.com”，然后查找并选中所需的主题。

选中主题背景，右击该主题图案，在打开的面板中，做合适的选择，如图 3-4-22 所示，是选择“应用于所有幻灯片”。

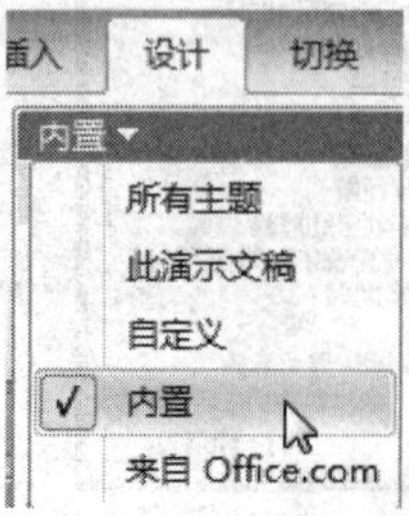

图 3-4-21 选择主题

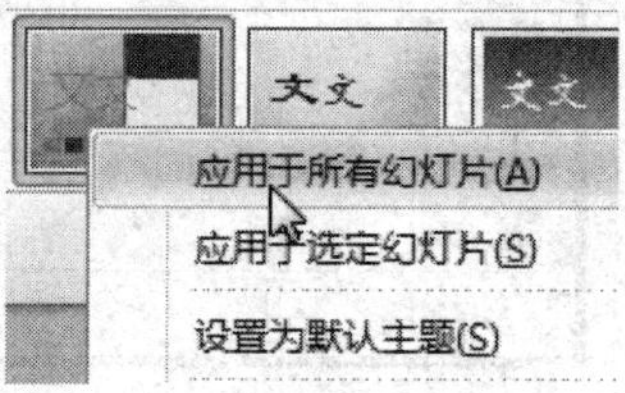

图 3-4-22 选择系统内置主题背景

3. 自定义背景主题

用户既可以使用 PPT 内置的设计模板，也可以自己制作设计模板供以后使用。

（1）进入幻灯片母版设置：在“视图”选项卡的“母版视图”组，单击“幻灯片母板”按钮，进入母版编辑状态。

（2）插入图片：选择“插入”选项卡“插图”组的“图片”按钮，在打开的对话框中，选择要做为模板的图片，单击“确定”按钮。并调整图片大小，使之与母版大小一致。

（3）将图片置于底层：在图片上右击，在弹出的快捷菜单中选择“叠放次序→置于底层”命令，使图片不能影响对母版排版的编辑。

（4）退出“幻灯片母版”，单击“关闭母版视图”按钮，返回“普通视图”状态。

（5）保存背景主题：在“设计”选项卡的“主题”组，在其列表框中选择“保存当前主题”选项，如图 3-4-23 所示。则打开“保存当前主题”对话框，此时程序将打开默认的文件保存位置，不用更改它，在“保存类型”中选择“Office Theme”在“文件名”中输入一个便于记忆的名字，单击“确定”按钮保存，如图 3-4-24 所示。

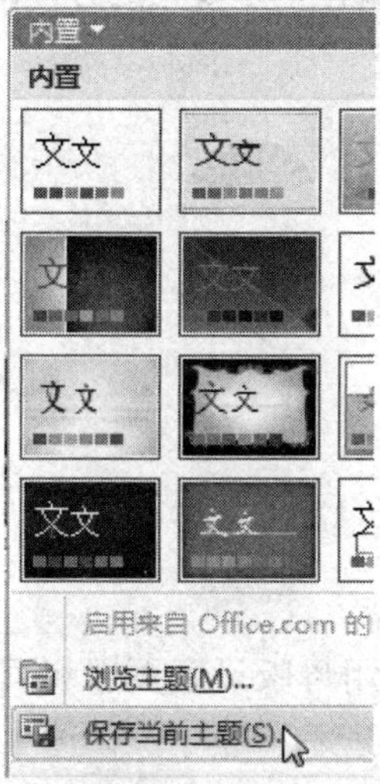

图 3-4-23　选择“保存当前主题”命令

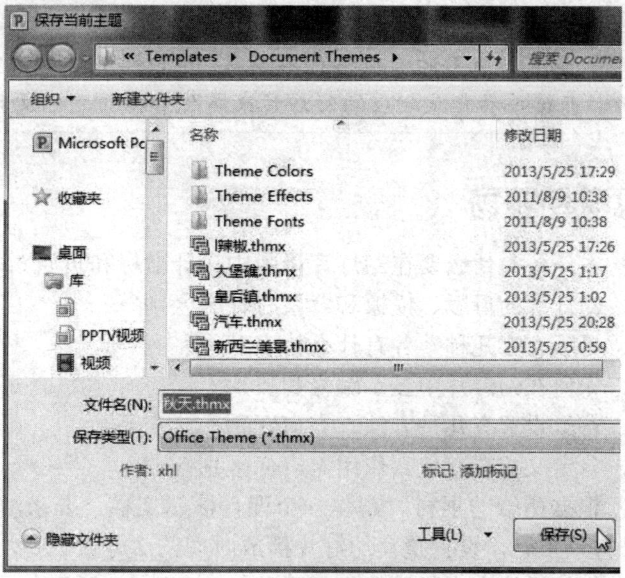

图 3-4-24　保存自定义的背景主题

二、自定义 PPT 模板

1. 打开母版视图

打开 PowerPoint 2010，在“视图”选项卡的“母版视图”组，打开“幻灯片母版”。

2. 自定义主题和母版

在“母版编辑”状态下，编辑所希望的效果。如果插入了图片，则右击该图片，在弹出的快捷菜单中选择“置于底层”命令。设置完毕，退出“母版视图”。

3. 编辑演示文档

插入艺术字和图片、输入标题和文字，设置好对象的动画和幻灯片切换。

4．保存模板

选择“文件”→“另存为”命令，给该模板取名、文件类型选择“演示文稿设计摸板(*.potx)”保存的路径选默认，无须更改，单击“确定”按钮即可。

5．使用自定义模板

在“文件”→“新建”→“我的模板”中，找到自定义的模板文件，打开即可修改使用。

小技巧

在大纲区中，按住【Shift】键，单击前、后两张幻灯片，可以同时选中连续的多张幻灯片；按住【Ctrl】键，分别单击相应的幻灯片，可以同时选中不连续的多张幻灯片。

注 意

1．“标题母版”只对使用了“标题幻灯片”版式的幻灯片有效。

2．如果发现某个母版不能应用到相应的幻灯片上，说明该幻灯片没有使用母版对应的版式，请修改版式后重新应用。

3．如果对应用的母版格式不满意，可以仿照上面建立母版的操作，对母版进行修改，或者，直接手动修改相应的幻灯片来美化和修饰演示文稿。

思考与练习

1．本任务为什么要在幻灯片母版中设计徽标和页眉？

2．幻灯片的母版、模板和背景有什么区别？

3．母版有哪几种？各有什么特点？

4．如何在幻灯片中显示编号和日期？

5．背景设置有几种方法？有何区别？

6．自定义放映有什么作用？有何区别？

7．根据所给的素材，制作一个课件演示文稿。要求演示文稿中用母版设置页眉和页脚，自定义背景主题，设置整套幻灯片播放时间约 2 分钟。

8．如何设计文字竖排的幻灯片？

单元四

集成办公

本单元围绕某集团销售部进行的一系列管理工作，介绍使用 Microsoft Outlook 2010 收发邮件，进行邮件和通讯簿管理，使用日历功能创建约会、事件、安排会议，使用任务功能创建、分派、响应、跟踪、管理任务的一些基本方法。要求通过本单元的学习，掌握 Outlook 2010 在集成办公中的基本使用方法。

学习目标

- 能进行日程安排
- 能进行任务安排
- 能进行邮件及通讯簿管理
- 能创建和管理通知

任务一　通知的创建和分发——收发邮件

任务描述

某集团新产品投放市场。由于前期周密的销售策划、强大的宣传、产品优异的性能及众多经销商的努力，销售火暴。为此，销售人员经常在全国各地奔波，难以集中。要将某一情况或者通知告知所有销售人员，发送消息和接收反馈信息要花费大量的时间，销售管理工作遇到了困难。在此情况下，销售部开始使用 Microsoft Outlook 2010 这个“电子秘书”来帮助工作。首先做的第一件事是利用 Outlook 2010 创建通知并将通知同时发给多个人。

任务分析

日常工作学习中经常使用 Outlook 2010 创建、发送通知，其实质是将通知的内容通过电子邮件进行发送。

在使用 Outlook 2010 之前，需要事先从 ISP 服务商或网络管理员处获得邮件账户，也可从许多网站上申请邮件账户。并在初次启动 Outlook 时，配置 Internet 邮件账户。

对于较短的通知，可以直接在 Outlook 2010 中编辑，而较长的通知可以使用字处理软件（如 Word）进行编辑，并将文件作为附件随同邮件一起发送。

要成功发送电子邮件，必须在邮件中正确填写收件人的电子邮件地址。因此，在发送邮件之前，要收集好所有收件人的电子邮件地址。如果要将通知同时发送给几个人，可以在创建邮件时，在收件人处输入所有的收件人邮件地址。

方法与步骤

1. 配置邮件账户

（1）启动 Outlook 2010，选择“文件”选项卡，如图 4-1-1 所示。

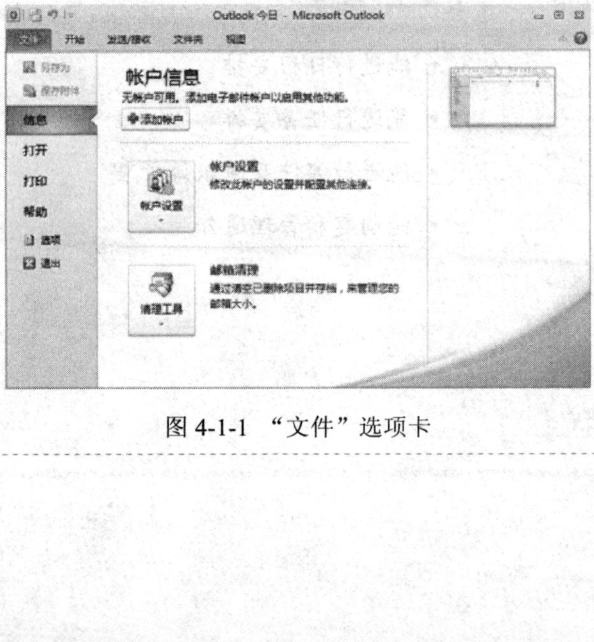

图 4-1-1 “文件”选项卡

（2）在“账户信息”下，单击“添加账户”按钮，弹出“添加新账户”对话框，如图 4-1-2 所示。

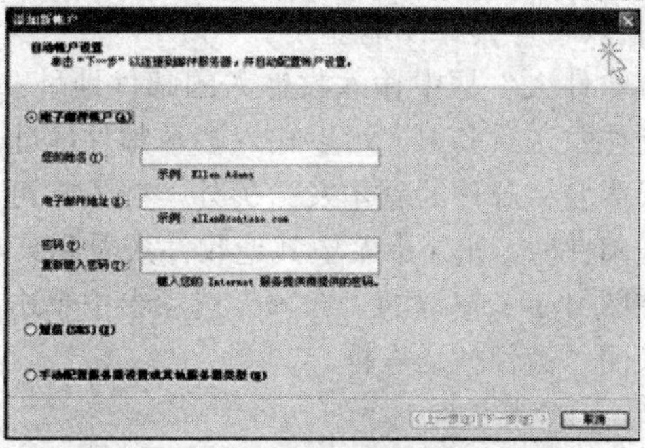

图 4-1-2 “添加新账户”对话框

（3）输入姓名、电子邮件地址和密码，然后单击“下一步”按钮。在配置账户时，会显示一个进度指示器。设置过程可能需要几分钟时间，完成后会弹出一个提示框，如图 4-1-3 所示。

图 4-1-3 配置账户进度指示器

（4）单击“允许”按钮，则会出现“恭贺您！”的提示信息。如图 4-1-4 所示。

（5）单击“下一步”按钮，再单击“完成”按钮，完成邮件账户的设置。

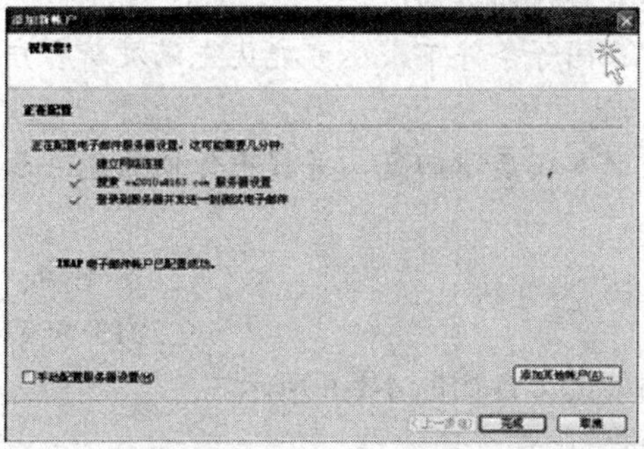

图 4-1-4 配置账户完成提示

2. 撰写通知

1）创建邮件

撰写通知前要创建一个新电子邮件，在“开始”选项卡上的“新建”组中，单击“新建电子邮件”按钮。Outlook 2010 会打开一个标题为“未命名—邮件（HTML）”的新邮件编辑对话框，如图 4-1-5 所示。

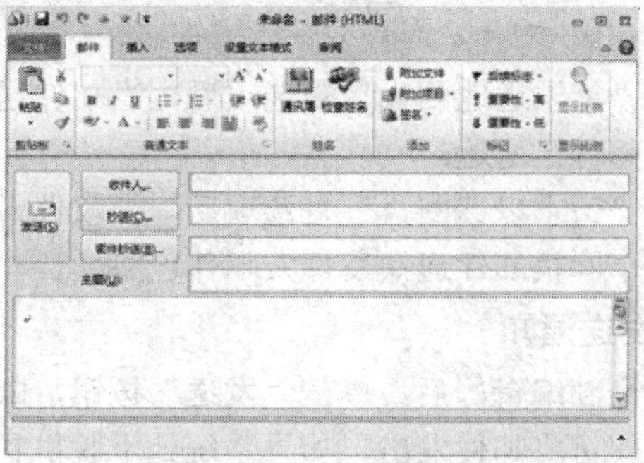

图 4-1-5 未命名的邮件的新邮件对话框

2）输入收件人邮件地址

在“收件人”框中输入收件人的邮件地址：oa2010a@163.com；oa2010b@163.com（需要同时将邮件发送给多人，可以输入多个邮件地址，邮件地址之间用分号“;”分隔）。

如果需要将邮件的副本发给另外一些人，可以在“抄送”框中输入一个或多个邮件地址。

抄送邮件时，如果不希望其他收件人看到某收件人，可以将收件人地址输入在“密件抄送”框中。在图 4-1-5 窗口的“选项”选项卡中单击“显示字段”组中的“密件抄送”按钮，可以显示或关闭“密件抄送”框。

3）输入邮件主题

在“主题”框中，输入邮件主题：“通知”。输入的主题会显示在收件人的邮件列表中。

4）在邮件正文中输入通知的具体内容

各位销售员：

鉴于目前***数码单反相机销售十分火爆，为保证货源的充足供应，需要尽可能地快速回笼资金。为保证资金的快速回笼，希望大家在销售过程中做好以下几点：

一、明确告之客户，在提货前必须付清所有货款，否则不予发货。

二、不要接受客户给予的各种名目的招待，为客户谋取特殊的待遇。

三、在同等条件下，尽可能优先满足新客户的订货要求。

以上通知阅后请回复，并提出你们的想法和建议。

销售部

2013-9-11

编辑好的邮件如图 4-1-6 所示。

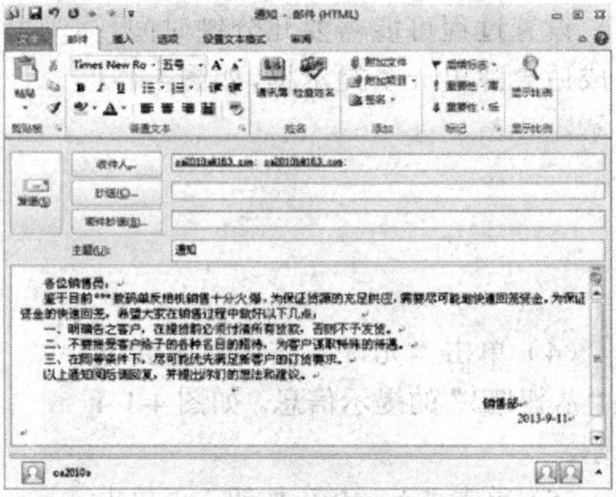

图 4-1-6　编辑好的邮件

5）设置邮件选项

在图 4-1-5 窗口的“选项”选项卡的“跟踪”组中，选择“请求送达回执”及“请求以读回执”2 个复选项，如图 4-1-7 所示。

图 4-1-7　“邮件选项”对话框

设置“请求送达回执”复选项后，当邮件送达后 Outlook 2010 会自动生成一个回执邮件通知发件人邮件已送达。

设置“请求以读回执”复选项后，当收件人阅读该邮件时，邮件送达后 Outlook 2010 会自动生成一个回执邮件通知发件人邮件已阅读。

3. 发送通知

邮件全部编辑好后，单击“发送”按钮，邮件将被发送到发件箱。此时，如果系统处于联机状态，即可将邮件发出，如果系统处于脱机状态，邮件将被暂时保存，直到系统联机时自动发送。

相关知识

1. Outlook 2010 简介

Outlook 2010 是 Office 2010 的组件之一，它是一个信息管理和处理的应用软件。使用 Outlook 2010，可以妥善地处理每天遇到的大量信息冲击，管理日常工作，将生活和工作安排安排的有条不紊。Outlook 2010 提供了多个基本功能模块，如邮件管理、日历管理、任务管理等功能。正是这些集成的信息管理功能，使得 Outlook 2010 成为日常集成办公的好帮手，被赋予“电子秘书”的美称。

2. 在邮件中插入附件

除了可以在邮件中撰写邮件内容以外，还可以将计算机中的一个文件作为附件插入到邮件中，随邮件一起发送，使用这个功能可以很容易地和他人交流资料和信息。

插入附件的操作步骤如下：

（1）在创建、编辑邮件时，在图 4-1-5 中，选择“插入”选项卡的“添加”组中单击 “添加附件”按钮，打开“插入文件”对话框。

（2）选择需要作为附件插入的文件。

（3）单击“插入”按钮即可将文件作为附件插入邮件。

（4）如果需要添加其他附件，重复（1）～（3）的步骤。图 4-1-8 所示是一个插入了 2 个附件的邮件编辑对话框。

图 4-1-8　插入 2 个附件的邮件编辑对话框

默认情况下，Outlook 2010 阻止具有潜在不安全因素的、可能包含病毒的附件文件（如.bat、.exe、.vbs 等类型的文件）。如果将这类文件附加到邮件中，系统会提示是否要发送具有潜在不安全因素的附件。如果回答“是”，Outlook 2010 将发送此附件。

3. 接收、阅读、保存邮件

1）接收邮件

在 Outlook 2010 中邮件的接收有自动和手动两种方式。

启动 Outlook 时，如果处于联机状态，Outlook 将自动检查发件箱中是否有未发邮件，如果有未发邮件则立刻将其发送，然后自动接收新邮件。如果需要，可选择“文件”选项卡中的“选项”命令，得到“Outlook 选项”对话框。在对话框中选择“高级”按钮，接着单击“发送和接收”选项中的“发送/接收”按钮后可设置自动接收邮件的周期。

如果需要手动接收邮件，可选择“发送/接收”选项卡的“发送和接收”组中单击“发送/接收所有文件夹”按钮。

2）阅读邮件

单击导航窗格中的某个账号下的收件箱文件夹，得到图 4-1-9 所示窗口，图中列出了收件箱中的邮件列表。选择一个邮件，在右面的预览框中会出现该邮件的内容。已经阅览过的邮件用打开的信封图标表示，未阅览过的邮件用未打开的信封图标表示，包含附件的邮件在信封图标后加一个回形针图标。

双击列表中的邮件，可以打开邮件窗口，双击邮件中的附件可以打开或保存附件。

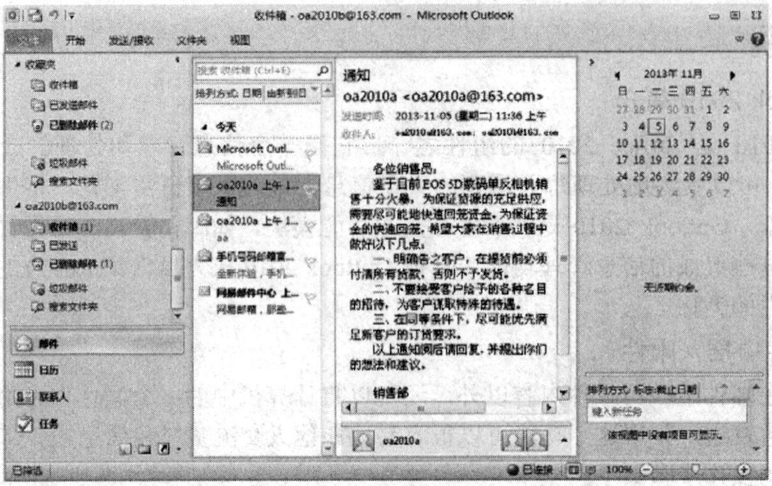

图 4-1-9　收件箱

3）保存邮件

如须保存邮件，可执行邮件“文件”选项卡中的“保存”命令。如须另存邮件，可执行邮件“文件”选项卡中的“另存为”。如须保存附件，也可执行邮件“文件”选项卡中的“保存附件”命令。

4．回复和转发邮件

对于收到的邮件，可以进行回复和转发。

回复邮件只须单击“邮件”选项卡中的“答复”组中的“答复”按钮，在弹出的“答复”邮件窗口中输入回复内容后发送邮件即可。

转发邮件只须单击“邮件”选项卡中的“答复”组中的“转发”按钮，在弹出的“转发:”邮件窗口中输入转发邮件地址及内容后发送邮件即可。

回复和转发邮件的区别在于：选择回复 Outlook 2010 会自动添加收件人邮件地址，并在原邮件的主题前自动加上“答复”。选择转发 Outlook 2010 需自行输入收件人地址，并在原邮件的主题前自动加上“转发”。

5．删除邮件

如果需要删除收件箱中的某邮件，只需在邮件列表中选中该邮件，然后单击“删除“按钮 ✕，后确认删除即可。被删除的邮件将保存在“已删除邮件”文件夹中，如要彻底删除邮件，需要在“已删除邮件”文件夹中再次删除该文件。

思考与练习

1．如果给一个未使用 Outlook 2010 的收件人发送一封需要收件回执的邮件，是否能够收到收件回执？

2．使用 Outlook 2010 的帮助功能，了解是否能够撤回或替换已发送的邮件？

3．如果设置了多个邮件账户，如何使用不同的账户发送邮件？

4．向辅导老师获取练习用的邮件账号进行收发电子邮件练习。要求在学校的局域网内练习邮件的收、发、回复、转发，在邮件中添加附件，并在练习的过程中设置不同的邮件选项，体会各种选项的作用。

5．在 www.163.com 网或其他网站上申请一个免费邮件账户，在 Outlook 2010 添加此账户。

任务二 提高工作效率——邮件和通讯簿管理

任务描述

销售部使用 Outlook 2010 发送通知以后，要求所有的销售人员都使用 Outlook 2010 进行通信联系，但一段时间以后，如何高效率地同时给一批人发送邮件，有效管理大量同事和客户的邮件地址、邮件？对付垃圾邮件的频繁光顾，成了大家都很头痛的事。如何提高 Outlook 2010 的使用效率，成了大家使用 Outlook 2010 瓶颈。在本任务中要求在“收件箱”文件夹中创建“回复过”“已处理”“待处理”3 个子文件夹进行邮件分类管理、用颜色标记邮件类别、使用联系人管理邮件地址、使用通讯组发送邮件。

任务分析

提高 Outlook 2010 的使用效率，其实质是利用 Outlook 2010 所提供的邮件管理、邮件地址、筛选垃圾邮件、建立联系人，应用联系人等功能来收发邮件。

使用 Outlook 2010 收发的电子邮件比较多时，如果不能对电子邮件进行有效地组织和管理，会严重影响使用效率，有效管理电子邮件的方法是使用不同文件夹、不同颜色、不同视图对邮件进行归类、标志、管理。

当需要反复使用某些邮件地址发送邮件时，每次反复输入这些地址是一件效率十分低下、令人十分烦恼且经常会出差错的事情。可以使用 Outlook 2010 的联系人功能对这些地址进行有效的管理。

可以应用联系人创建通讯组来发送邮件，大大提高发送邮件的效率，并可对联系人分别加以管理。

方法与步骤

1. 使用文件夹对邮件分类

右击导航窗格中“Outlook 数据文件”下的收件箱，在弹出的快捷菜单中选择“新建文件夹”命令，在弹出的图 4-2-1 所示的“新建文件夹”对话框中输入文件夹名“回复过”后单击“确定”按钮。

按照相同的方法再创建其余 2 个“已处理”“待处理”文件夹，创建完成文件夹后如图 4-2-2 所示。

可以将收件箱中的文件直接拖动到所创建的文件夹中完成邮件的手工分类。

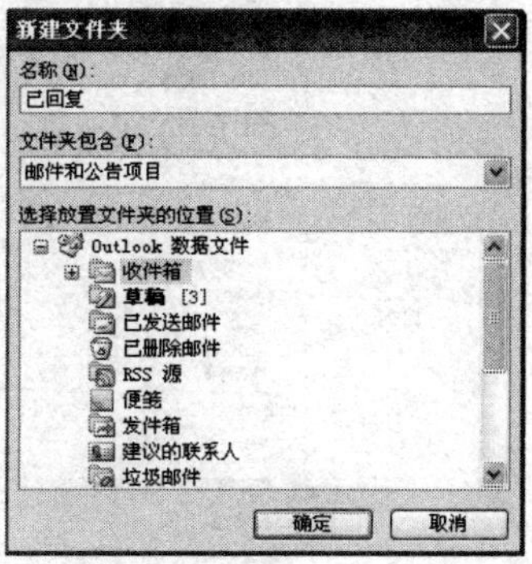

图 4-2-1 “新建文件夹”对话框

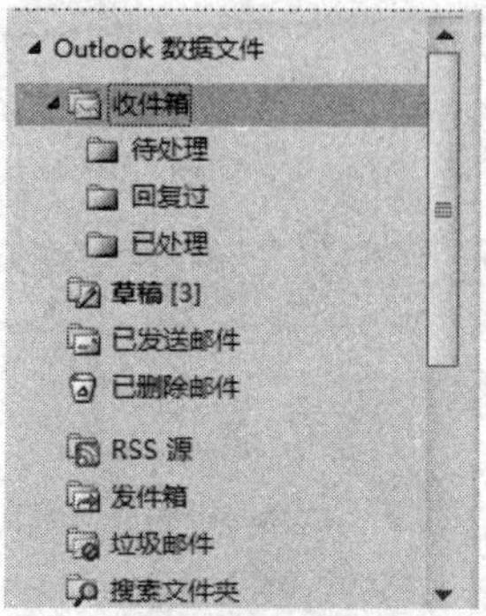

图 4-2-2 建好的 3 个文件夹

2．用颜色标记邮件类别

选择“收件箱”中的某个邮件，在“开始”选项卡的“标记”组中，单击“分类”按钮，得到图4-2-3所示的选择邮件类别颜色列表框，选择某个类别的颜色后，“收件箱”中的邮件会自动按颜色分类，如图4-2-4所示。

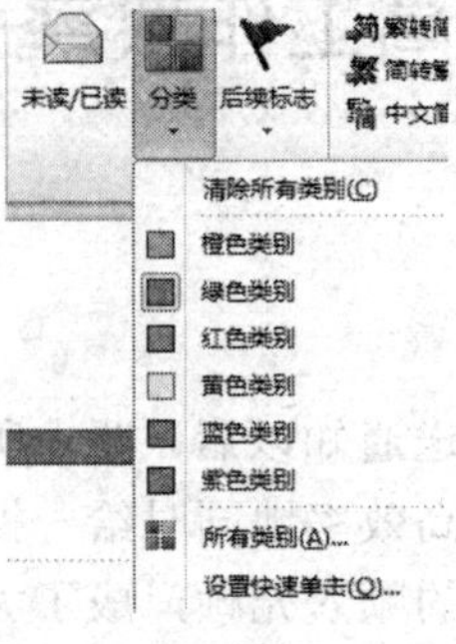

图4-2-3　邮件类别颜色菜单

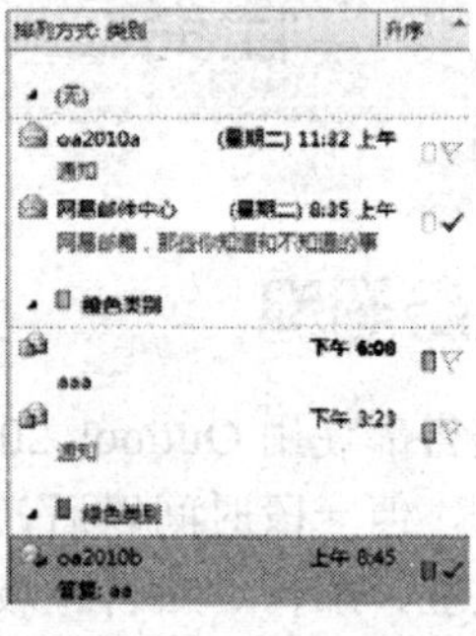

图4-2-4　按颜色分类的收件箱

3．创建联系人

选择导航窗格中的“联系人”，得到空的联系人窗格，如图4-2-5所示。

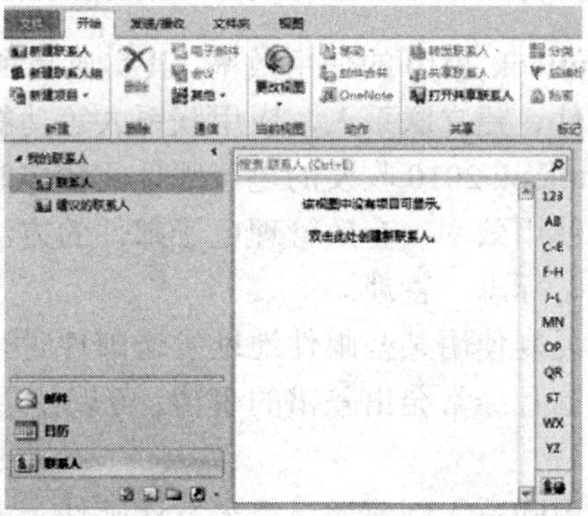

图4-2-5　空的联系人窗格

在“开始”选项卡上的“新建”组中，单击“新建联系人”按钮，得到“未命名—联系人”窗口，如图4-2-6所示。

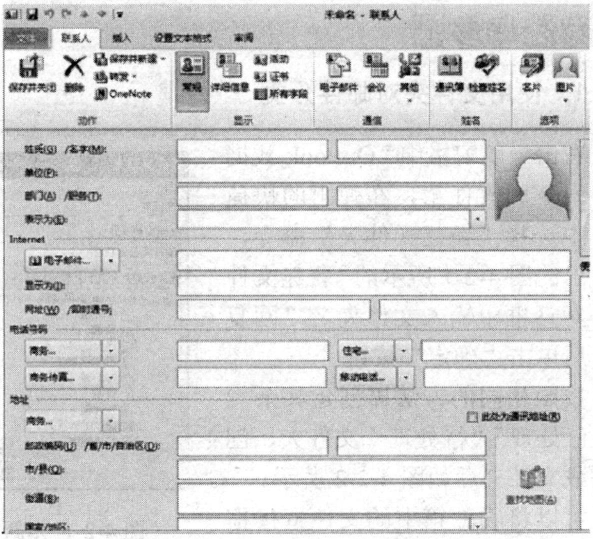

图4-2-6　“未命名—联系人”窗口

输入联系人姓名，以及有关该联系人的其他信息。

（1）在“姓氏”文本框中输入“王”，在“名字”文本框中输入“小航”，此时，在“表示为”文本框中将显示“王小航”。

（2）在“单位”文本框中输入“海燕集团”，在“部门”文本框中输入“销售部”，在“职务”文本框中输入“职员”。

（3）在“电子邮件”文本框输入 xiaoshou1@163.com，输入之后，在“显示为”文本框中自动显示“王小航（xiaoshou1@163.com）。

联系人信息有很多项，可以根据需要确定输入哪几项，但是如果需要发送邮件，至少需要输入邮件地址和姓名。完成联系人输入，在“联系人”选项卡上的“动作”组中，单击“保存并关闭”。创建了一个联系人并输入了该联系人的基本信息，如图 4-2-7 所示。按照上述步骤再添加若干联系人，输入完成后如图 4-2-8 所示。

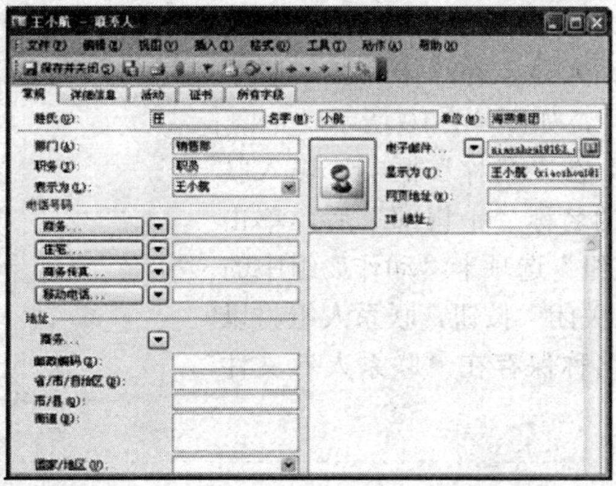

图 4-2-7　王小航的基本信息

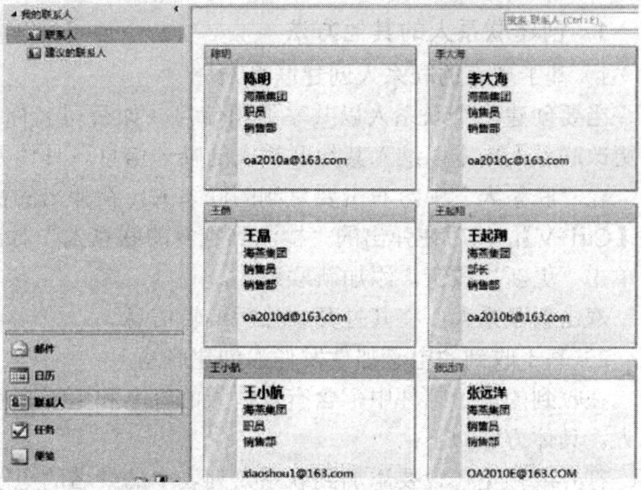

图 4-2-8　有若干联系人的文件夹

4. 创联系人组“销售部”

（1）选择导航窗格中的“联系人”，得到空的联系人窗格，在“开始”选项卡上的“新建”组中，单击“新建联系人组”。

（2）在“联系人组”选项卡上的“成员”组中，单击“添加成员”，然后单击“来自 Outlook 联系人”。

（3）在“通讯簿”下拉列表中，单击包括在联系人组中的电子邮件地址所属的通讯簿。

（4）在姓名列表中，逐一单击所需的姓名，如图 4-2-9 所示。

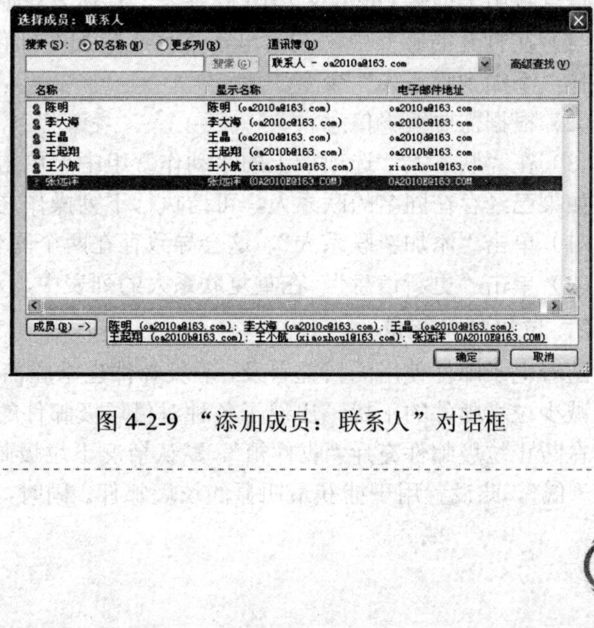

图 4-2-9　“添加成员：联系人”对话框

（5）单击“确定”按钮，所选定的联系人显示在“未命名—联系人组”中，如图 4-2-10 所示。

（6）在“名称”框中，输入联系人组的名称“销售部”后，单击“联系人组”选项卡“动作”组中的“保存并关闭”按钮，联系人组将以输入的名称保存在“联系人”文件夹中。

图 4-2-10 未命名-联系人组

相关知识

1．创建联系人的其他方法

1）基于现有的联系人创建联系人

当要创建多个联系人以共享通用信息（如公司名称和地址），可以复制现有的联系人，然后更改联系人副本以纳入其他联系人的唯一信息。具体方法如下：

在“联系人”中，右击要复制的联系人，在弹出的快捷菜单中选择“复制”命令后按组合键【Ctrl+V】，然后在弹出的“检测到重复的联系人”对话框中选择“添加新联系人”单选按钮后单击“更新”按钮，添加新联系人。

双击新联系人以将其打开，然后编辑信息。

2）基于收到的电子邮件发件人创建联系人

在收到的电子邮件中，含有发件人的姓名和电子邮件信息，可以利用这些信息直接创建联系人。具体方法如下：

打开或预览包含要添加到联系人列表中的姓名的电子邮件。

右击所需人员的姓名，在弹出的快捷菜单中选择“添加到联系人”命令。

3）根据电子名片创建联系人

其他 Outlook 2010 用户可能会在电子邮件中附加电子名片。当保存电子名片时，名片中包含的信息将用于创建 Outlook 2010 联系人。具体方法如下：

（1）在打开的邮件中，右击电子名片或附加在邮件头中的 .vcf 文件，在弹出的快捷菜单中选择“添加到联系人”命令。

（2）根据需要编辑信息。

（3）在“联系人”选项卡上的“动作”组中，单击“保存并关闭”。

如果已经存在同名的联系人，可请执行下列操作之一：

（1）单击“添加新联系人”，这会导致存在两个同名的联系人。

（2）单击“更新信息”，在重复联系人的列表中，双击要用电子名片信息更新的联系人。

2．垃圾邮件筛选

随着电子邮件使用的日益普及，垃圾邮件也乘虚而入，严重干扰了邮件的正常收发和处理。为了减少垃圾邮件的干扰，出现了各种对付垃圾邮件的方法。Outlook 2010 中的垃圾邮件筛选器旨在防止垃圾邮件充斥“收件箱”。默认情况下垃圾邮件筛选器处于打开状态，且保护级别设置为“低”，此设置用于捕获最明显的垃圾邮件。同时，由垃圾邮件筛选器捕获的所有邮件都将移至“垃圾邮件”文件夹。可以在此文件夹中检索或审阅垃圾邮件。可以对“垃圾邮件筛选”默认的级别进行修改，使之符合使用需要。

更改垃圾邮件保护级别的方法如下：

（1）在“邮件”中，在“开始”选项卡上的“删除”组中，单击“垃圾邮件”按钮，如图 4-2-11 所示，然后选择“垃圾邮件选项”，得到“垃圾邮件选项”对话框如图 4-2-12 所示。

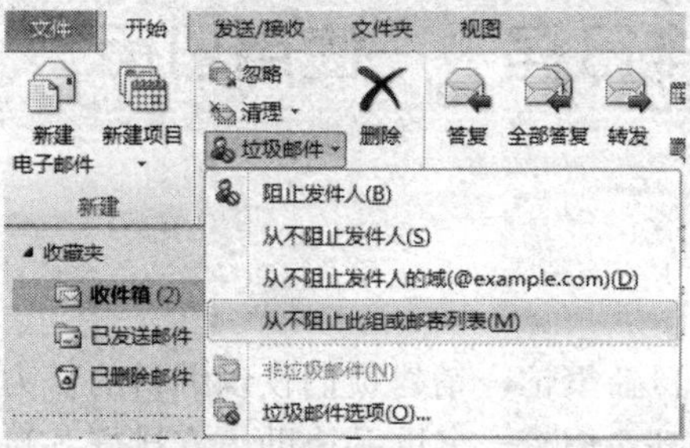

图 4-2-11　“垃圾邮件”按钮下的命令项

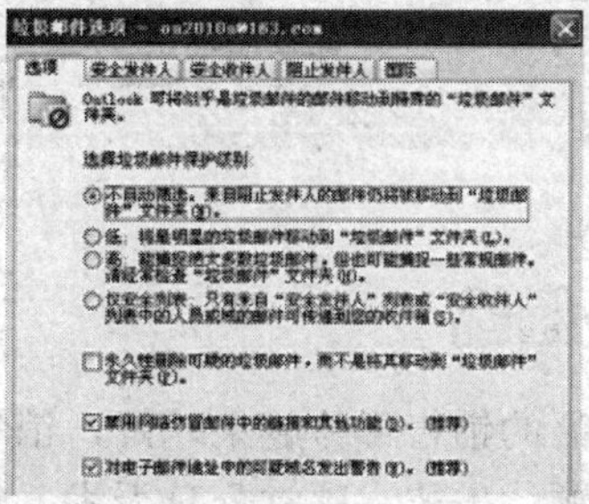

图 4-2-12　“垃圾邮件选项”对话框

（2）在“选项”选项卡上，选择所需的保护级别：

① 不自动筛选：虽然这样会关闭自动垃圾邮件筛选器，但 Outlook 2010 会继续使用“阻止发件人列表”中的域名和电子邮件地址来评估邮件。

② 低：如果没有收到大量垃圾邮件，或只希望筛选出最明显的垃圾邮件，可选择此选项。

③ 高：如果收到了大量垃圾邮件，但不希望将所看到的邮件限定为来自安全列表中的发件人的邮件，请选择此选项。不过，应该定期审阅移动到“垃圾邮件”文件夹中的邮件，因为某些合法的邮件可能也移到了这里。

④ 仅安全列表：如果收到了大量电子邮件，则可以选择此选项。对于任何电子邮件，只要其发件人不在“安全发件人列表”中，收件人也不在“安全收件人列表”中，都将被视为垃圾邮件。

3．通讯簿

“Outlook 通讯簿”是根据“联系人”文件夹中的联系人项目自动创建的通讯簿，当创建或修改“联系人”文件夹中的联系人项目后，“Outlook 通讯簿”会自动进行相应的更新。

使用“通讯簿”在发送邮件时查找和选择姓名、电子邮件地址以及通讯组列表。当在邮件的“收件人”“抄送”或“密件抄送”框中输入名称时，Microsoft Outlook 2010 会自动检查输入的名称是否与“通讯簿”中的名称匹配。如果两者相匹配，则解析该名称，显示名和邮件地址被填入，然后就能发送邮件。如果两者不匹配，“检查姓名”对话框会提示输入详细信息，或者也可以单击“新联系人”来创建联系人。如果包含输入字母的姓名不止一个，可从列表中选择一个姓名。

思考与练习

1．建立联系人有什么作用？如何使用联系人？

2．为什么要建立通讯组？如何使用通讯组？

3．如何更新 Outlook 2010 通讯簿的内容？

4．邮件管理练习。要求如下：

（1）尝试在通讯簿中添加新联系人。

（2）将班级内其他同学添加为联系人。

（3）使用联系人给某个同学发送邮件。

（4）建立“班级”和“好友”2 个通讯组，分别给两个组的所有联系人发送邮件。

（5）在收件箱中，将只发送给你的邮件用蓝色标出。

（6）如何将某发件人所发的邮件自动移到“垃圾邮件”文件夹？

（7）尝试将联系人文件夹中的所有联系人导出为 c:\lianxiren.xls 文件。

任务三　合理安排日程——使用日历

任务描述

新产品的销售形势越来越好，销售部的工作日益繁忙，销售员们夜以继日的努力工作，但还是常常顾此失彼，感觉分身无术，每位销售员都希望有一名助手协助，安排好各自的工作日程，做到有条不紊地工作。面对这一局面，有人建议销售人员使用 Outlook 2010 这个“电子秘书”的日历功能，来合理安排各自的工作日程，提高工作效率。销售员们听了这一建议后，立刻进行突击学习，纷纷用 Outlook 2010 为自己建立了合理的日程安排。本任务要求使用“日历”功能，建立工作日程安排。

任务分析

日程安排有日期、时间、地点、内容 4 个基本要素，可以使用很多方法进行日程安排，使用 Outlook 2010 的“日历”，是一个较好的方法。

借助“日历”可以创建约会和事件、组织会议、查看小组日程、查看日历。

在使用日历功能之前，最好先确定一份具体的日程，也可根据需要，直接在 Outlook 2010 的“日历”中安排日程。

在 Outlook 2010 中建立了日程以后，可以非常方便地对工作日程和休闲日程进行安排，并由 Outlook 2010 在所安排的工作发生之前进行提示。

方法与步骤

1. 日历窗口

单击导航窗格中的“日历”按钮，可以看到日历窗口，如图 4-3-1 所示。

图 4-3-1　日历窗口

2. 创建与客户王先生见面的约会

销售部长拟订的一周工作日程如表 4-3-1 所示。

表 4-3-1 一周工作日程表

日　期	时　间	地　点	内　容	备　注
2013/11/19	8:00~9:00	办公室	与客户王先生见面	约会
	9:00~10:00	第一会议室	销售部每周工作例会	定期约会
	10:30~11:00	办公室	与上海电器公司签定销售合同	约会
	11:30~12:30	香山大酒店	与客户共进午餐	约会
	13:30~15:00	办公室	与客户电话联系	约会
	15:00~18:00	办公室	编制上周销售统计报告	约会
	20:00~22:00	办公室	制订下月销售计划	约会
2013/11/20		广州	去广州洽谈、签定销售合同	事件
2013/11/21			返回北京	
2013/11/22	8:00~12:00	办公室	编写周五和 VIP 客户开会时的讲稿	
	13:00~20:00	各主要商场	了解新产品的现场销售情况	
2013/11/23	8:00~12:00	会议中心	参加 VIP 客户会议	
	13:00~18:00	办公室	收集、整理本周销售资料	
	19:00~21:00	友谊宾馆	与沈阳李先生见面	

（1）单击“开始”选项卡“新建”组中的“新建约会”按钮，打开“约会”窗口，如图 4-3-2 所示。

（2）按表 4-3-1 第一项日程，输入主题、地点、开始时间、结束时间。

（3）选中“提醒”复选框，选择提前 15 分钟。

（4）选择“时间显示为”为“忙”。

（5）单击“保存与关闭”按钮，创建的约会显示在日历中。

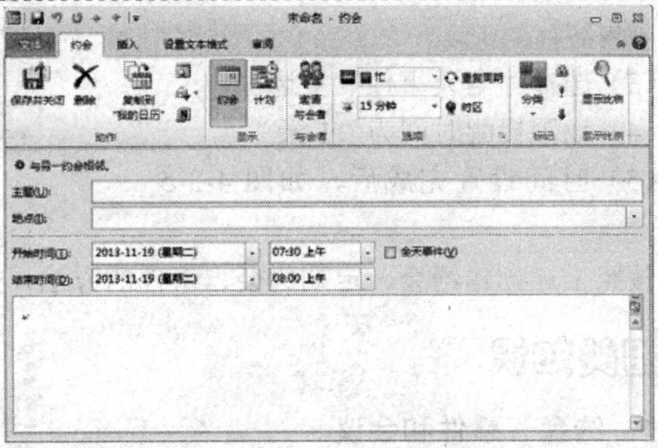

图 4-3-2 “约会”窗口

创建了上述约会以后，Outlook 2010 会在 2013 年 11 月 19 日 7:45 分发出提醒，弹出提醒对话框。如果认为没有必要再次进行提醒，可以单击“清除”按钮将该提醒清除；如果需要再次提醒，可以选择再次提醒的时间后单击“暂停”按钮。

3. 建立销售部每周工作例会定期约会

定期约会是指带有周期性的约会，创建定期约会与创建一般约会略有不同，在定期约会中，除了设置和一般约会一样的主题、地点、开始时间、结束时间和提醒外，还要设定约会的循环周期。

（1）按图 4-3-3 所示设定约会。

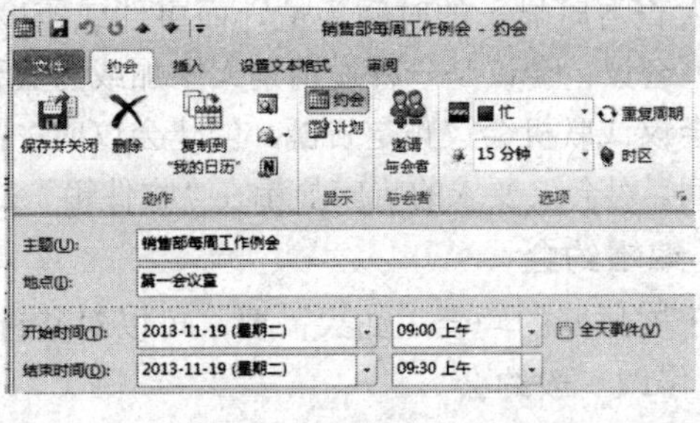

图 4-3-3 设定“销售部每周工作例会”约会

（2）单击“约会”选项卡“选项”组中的“重复周期”按钮，打开“约会周期”对话框，按图 4-3-4 所示设定循环周期。

（3）单击“确定”按钮，返回图 4-3-4 所示对话框，单击“确定”按钮，完成定期约会创建。

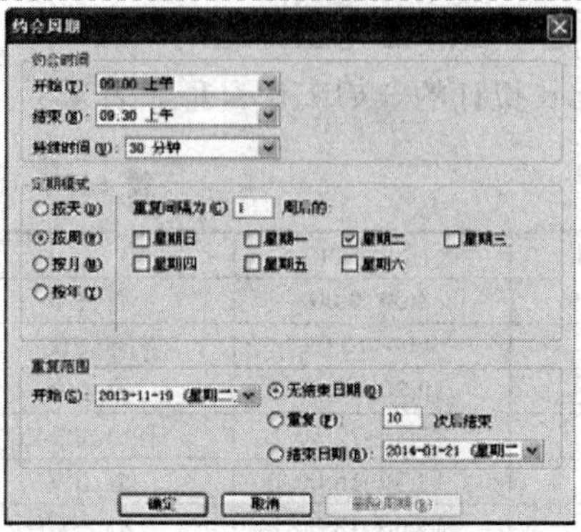

图 4-3-4　设定循环周期

4. 建立去广州洽谈、签定销售合同事件

（1）单击“约会”选项卡“新建”组中的“新建约会”按钮，打开“约会”窗口，如图 4-3-2 所示。

（2）在对话框中按表 4-3-1 输入事件的各项内容。

（3）选择“全天事件”复选框。

（4）设置提醒时间为“1 天”。

（5）时间设置完成后，如图 4-3-5 所示。

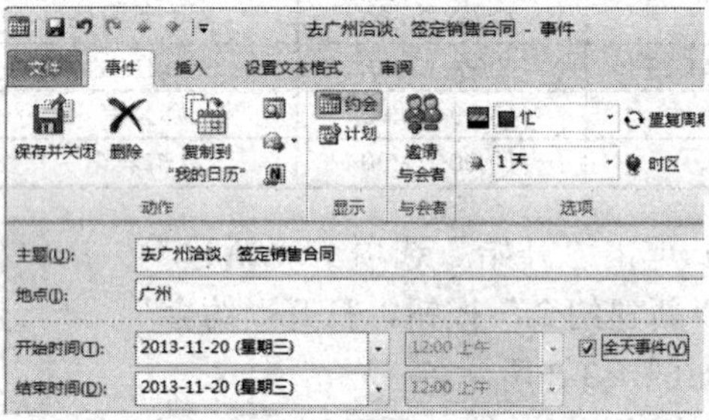

图 4-3-5　设置去广州事件

按照上述创建约会、定期约会、事件的方法，按表 4-3-1 建立完整的日程。

相关知识

1. 约会、事件和会议

（1）约会：约会是在日历中安排的一项活动，不涉及邀请其他人或预定资源。可以设置约会的提醒，也可通过将约会所用时间指定为忙、闲、暂定或外出来指定他人查看你的日历时的显示方式。可以安排定期约会，可以按天、按周或按月查看约会。约会有开始时间和结束时间。

（2）事件：事件是一种持续 24 小时或更长时间的活动。事件可以是贸易展览、运动会、假期或研讨会等。通常，事件发生一次并可持续一天或几天，也可以安排在每年的特定日期发生的事件为年度事件。事件和年度事件不占据日历中的时间块，而是显示在横幅上。全天约会在其他人查看时显示的时间为忙，而事件或年度事件显示的时间为闲。

（3）会议：会议是一种邀请别人参加或为其预定资源的约会。可以创建和发送会议要求，并为普通会议或联机会议预定资源。创建会议时，需要指出要邀请的人员和要预定的资源，并选定会议时间。对会议要求的响应显示在“收件箱”中。还可以向现有会议添加人员或重新安排会议。

2. 编辑约会

对于安排好的约会，如果需要，可以对其进行编辑。

1）修改一般约会

如果要修改约会，可以直接双击“约会”打开它，然后进行修改。

如果仅仅想改一下时间，可以直接用鼠标指针在日历中拖放。

2）将一般约会修改成定期约会

打开“约会”，单击工具栏上的“重复周期”按钮，打开“约会周期”对话框，在对话框中进行修改，即可将一般约会修改成定期约会。

3）删除约会

选中要删除的约会，单击“约会”选项卡的“动作”组中 “删除”按钮，即可删除约会。

拓展与提高

会议是一次超级约会，它不但具有约会所具有的特点，还涉及其他人和资源等。会议组织者在安排会议时，必须先创建会议请求，通过电子邮件向其他与会者发出邀请，申请会议地点等资源，并跟踪与会者的响应。

下面用一个小型任务来介绍安排一次会议的全过程。

销售部计划在 11 月 29 日上午 9:00—11:00 召集销售员在第二会议室召开一次业务会议，为此利用 Outlook 2010 的会议功能来安排这次会议。

1. 创建会议请求并发送

切换到日历视图，单击“开始”选项卡“新建”组中的“新建会议”按钮，打开“未命名—会议”窗口，如图 4-3-6 所示。

单击“发件人”按钮，打开“选择与会者及资源：联系人”对话框，如图 4-3-7 所示，单击“必选”或“可选”按钮后，分别选择联系人将他们添加到相对应的文本框中，然后单击“确定”按钮，选定会议参加者。

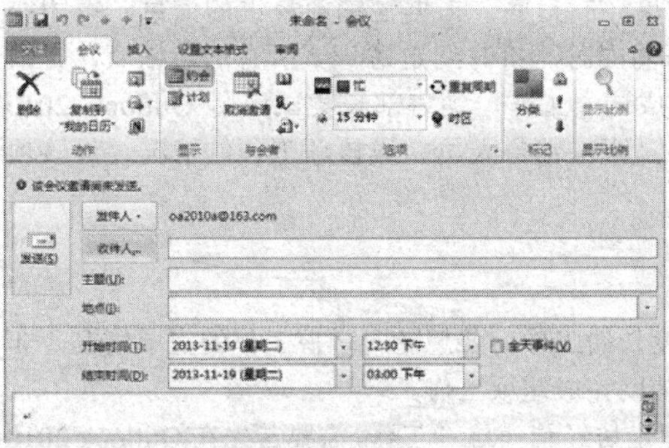

图 4-3-6 “未命名-会议”对话框

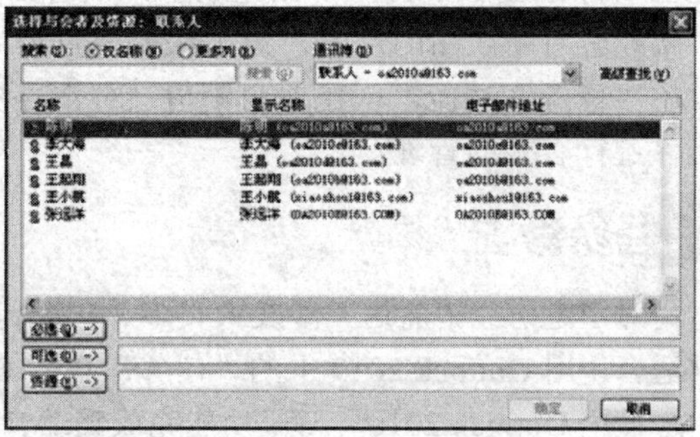

图 4-3-7 “选择与会者及资源：联系人”对话框

按照计划选择会议主题、地点、开始时间及会议结束时间。

单击“发送”按钮，完成了会议安排并向与会者发送了会议通知。

2. 响应会议请求

当收件人收到会议请求后，应该做出响应，以便会议组织者进行跟踪决策。既可以进行手动响应，也可以设置自动响应。

在收件箱中打开带有会议请求的邮件，可以根据实际情况选择“接受”“谢绝”或者“暂定”，单击“接受”按钮。

选择“现在发送响应”单选按钮，然后单击“确定”按钮，即给会议组织者发送了接受会议的响应。

3．跟踪会议请求的响应

会议组织者收到并阅读与会者的响应后，Outlook 2010 会自动将响应的结果记录到原会议项目中。可以通过打开会议项目来跟踪会议请求的响应情况。

思考与练习

1．什么是约会、事件、会议？

2．约会与事件的区别是什么？

3．一般约会和定期约会最大区别是什么？

4．在定期约会中可以修改其中的某次约会吗？

5．创建一个日程表。要求日程用本学期的实际课程表，在日程表中安排一次临时事件、一次定期事件。

任务四　创建、分派、跟踪任务——任务管理

任务描述

销售部的业务人员使用 Outlook 2010 这个“电子秘书”日程安排之后，工作时间安排趋于合理，计划性大大加强，取得了非常好的效果。3 月底，根据经销商反馈的信息，集团决定由销售部在 1 个月内，在完成正常销售工作的同时，挤时间走访一下所有的经销商，详细了解顾客对新产品的反映。为了保质保量地完成这一工作，销售部长尝试应用 Outlook 2010 中的“任务”功能，创建并向销售员分派任务，跟踪销售人员完成该项工作的情况，对该项工作进行有效的管理。

任务分析

对于走访经销商这一涉及人员多、时间跨度长的工作，要想随时掌握工作的完成情况，非常适合使用 Outlook 2010 中的“任务”功能来辅助完成这项工作。

使用 Outlook 2010“任务”功能完成辅助管理走访经销商这一工作，需要首先在 Outlook 2010 中创建一个任务。然后将此任务分派给所有参与这一工作的销售人员。销售员在完成部分任务后及时提交有关任务进展情况的报告。管理者根据汇总的任务进展情况，重新调整分派任务，并对任务进行跟踪直至任务完成。

工作的跟踪和管理，可以通过对已经安排的任务进行跟踪和管理来实现。在跟踪任务完成情况的过程中，可以及时了解工作的实际完成情况，及时对工作进行调整，最终保证工作按计划完成。

方法与步骤

1．创建任务

创建为期一个月，走访经销商的任务，操作步骤如下：

（1）在导航窗格中单击“任务”按钮，切换到任务视图，如图 4-4-1 所示。

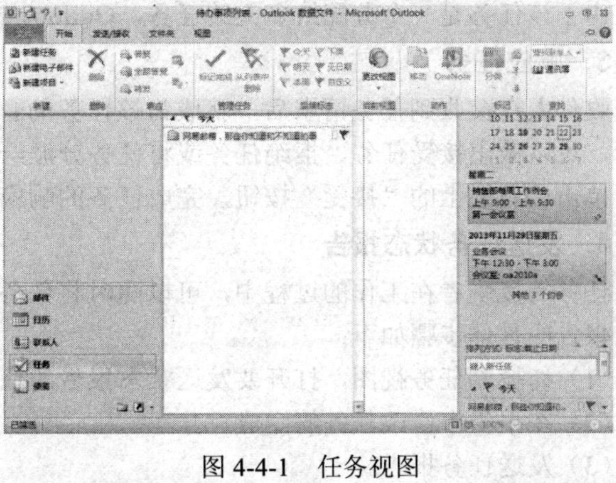

图 4-4-1　任务视图

（2）单击“开始”选项卡“新建”组中的“新建任务”按钮，打开“未命名—任务”窗口，如图 4-4-2 所示。

（3）在对话框中输入主题“走访经销商”。

（4）输入开始日期“2013-12-1”，截止日期“2013-12-31”，选择优先级为“普通”。

（5）选中“提醒”复选框，并设置提醒时间为“2013-12-1 上午 8:00”。

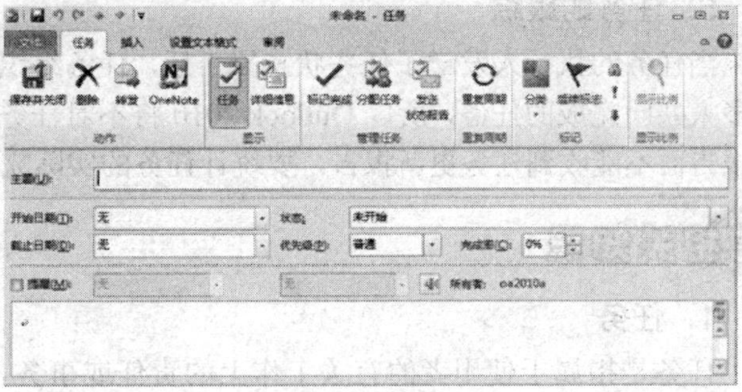

图 4-4-2　任务窗口

（6）单击“常用”工具栏上的“保存并关闭”按钮，创建的任务将显示在图 4-4-1 的任务列表中，任务创建完成。

2．分派任务

（1）切换到“任务”视图，双击要分派的任务“走访经销商”。打开“走访经销商—任务”窗口。单击“任务”选项卡“管理任务”组中的“分配任务”按钮。

（2）选择输入收件人。

（3）输入说明内容如下：

各位销售员：

大家好！

接集团通知，要求在 2013 年 12 月 31 日之前，对所有经销商进行一次上门访问。时间紧、任务重，希望大家在确保销售工作正常进行的同时，抽出时间，保质保量地完成这一任务，并及时将工作进度通过任务状态报告向我汇报阶段工作进度，以便及时调整人员，确保这一工作的顺利完成。

祝

工作顺利！

王启翔

（4）选中“在我的任务列表中保存此任务的更新副本”及“在任务完成后给我发送状态报告”两个复选框。

（5）单击“发送”按钮，完成任务的分派。

由于该任务是一个分配给多人的任务，Outlook 2010 提示将不对保存的副本进行更新。

3．响应任务

收件人在接收到任务请求后，就成为该任务的暂时所有者。在打开带有任务要求的电子邮件后，可以做出接受任务、拒绝任务或将任务分派给其他人的响应。

单击工具栏上的“接受”按钮，完成任务的响应。

4．发送任务状态报告

任务的接受者在工作的过程中，可以随时将任务的完成情况向任务组织者汇报。发送任务状态报告的具体步骤如下：

（1）切换到任务视图，打开要发送状态报告的任务。

（2）在报告中修改任务的完成百分率。

（3）发送任务报告。

5．任务的跟踪

当任务的执行人发送了任务状态报告后，任务组织者将会收到一个邮件。由于本任务是一个由多人共同完成的任务，所以 Outlook 2010 将不对任务进行跟踪，故任务组织者只能收到任务状态报告而不能收到任务更新报告，要统计任务的实际完成进度，还需要手工更改任务并保存。

相关知识

1．任务

任务是指属于使用者的有关工作上的责任或事务，要跟踪直到其完成。任务通常需要持续一段时间，并且涉及很多其他工作。在完成任务的过程中可以对其进行跟踪以检查其完成情况，或设置提醒，以便在任务到期之前进行提醒。任务还可以分派给多人协同完成，每个任务的接收者可以通过更新任务向组织者提交有关任务进展情况的报告，任务的组织者因此可以跟踪任务的进展情况。任务可以只发生一次，也可以重复发生。

2．创建周期性任务

对具有周期性的任务，可以设置任务的周期属性，即创建周期性任务。周期性任务有时也被称为重复性任务或定期任务。

创建重复性任务只需在创建任务的过程中，在图 4-4-2 中，单击“重复周期”按钮，然后在打开的“重复周期”对话框中进行适当的设置并保存任务即可。

3．自动更新任务

在本任务中，创建了一个由多人完成的任务。对于这类任务，Outlook 2010 不支持对保存在任务组织者处的任务副本进行自动更新，对自动跟踪统计任务的完成情况带来了一些不便。如果任务组织者只将任务分派给一个执行人，并保存有该任务的副本，则任务执行人每次修改任务并保存时，会自动发送一个“更新任务”的邮件给任务组织者。任务组织者收到该邮件之后，只要选中或打开该邮件，就会由该邮件自动更新任务副本的内容。任务副本更新之后，该邮件被自动删除。通过这种方式，实现任务的自动跟踪、更新管理。

4．向他人分派任务

分派任务通常有以下几种形式：

（1）创建新任务请求，Outlook 2010 自动向任务列表添加任务副本。

（2）根据任务列表中现有的任务创建任务请求。任务副本保存在任务列表中。

（3）分派任务被接受后更换人选、创建任务未分派副本，并将该副本分派给其他人。

（4）将接收到的任务请求重新分派给其他人。在接到邮件后打开，单击工具栏上的“分配任务“按钮，对任务进行重新分派。

（5）将被拒绝的任务重新分派。任务发出后，处于等待回复状态中，此时不能对任务进行重新分派。如果任务被拒绝，任务组织者会收到一个拒绝任务的邮件，打开此邮件后，会自动修改任务列表中该任务的状态，使之可以重新分派。

5. 任务完成的注销

当任务执行人完成了一个任务之后，可以在任务列表中找到并打开该任务，在“状态”下拉列表框中选择“已完成”，然后单击“保存并关闭”按钮，此时，如果是一个需要跟踪、更新副本的任务，则会自动发送一个“更新任务”邮件，任务组织人收到该邮件后，只要选中该邮件，任务副本即被更新。任务保存之后，在任务列表中可以看到该任务被画上删除线，表示任务完成。

6. 利用邮件创建任务

在 Outlook 2010 中，可以利用要求处理某些事情的电子邮件，将其转化为任务。

拓展与提高

便笺功能介绍

在 Outlook 2010 中，便笺可以用来记下问题、想法、提醒等内容信息。在工作时，可以让便笺在屏幕上呈打开状态，以便随时可用，另外还可以自动保存对便笺所做的更改。便笺的最大特点就是灵活性和方便性，如果说联系人、任务和约会等是 Outlook 2010 中结构化的组织工具，那么，便笺则是 Outlook 2010 中形式自由的组织工具。保存在便笺中的内容可以非常容易地转到 Outlook 2010 的其他功能模块中，还可根据自己的喜好选择便笺的视图显示格式、外观颜色及其中的文字格式。

便笺功能主要可以完成以下工作：

（1）创建便笺。

（2）修改便笺。

（3）设置便笺选项。

（4）选择便笺视图。

（5）使用便笺。

（6）将便笺发送给别人。

（7）利用便笺创建项目。

（8）将便笺另存为其他格式的文件。

思考与练习

1. 任务和事件有什么区别？

2. 向他人分派任务通常有几种方式？

3. 创建一个任务，并跟踪任务的执行：

（1）在 Outlook 2010 中创建任务并将任务分派给某同学。

（2）要求该同学对任务完成情况进行更新。

（3）跟踪任务的执行直至任务完成。

单元五

项目实训

在前面几个单元中，对 Office 2010 作了较为全面的介绍，叙述了 Word 2010、Excel 2010、PowerPoint 2010 三个软件的基本使用方法。为了巩固已学过的知识，更好地综合应用这些软件，还需要通过大量的训练。

通过本单元的学习，能够使你对 Office 2010 有更深刻地了解，全面掌握软件的各项功能，学会各软件的综合应用方法，提升应用软件解决实际问题的综合能力，在踏入职场后能更从容地应对各种管理工作。

学习目标

- 能根据实际问题提出解决方案。
- 能根据解决方案，综合运用 Office 软件。
- 能够综合运用 Word 2010 解决实际问题，制作满足需求的文档。
- 能够综合运用 Excel 2010 解决实际问题，制作满足需求的电子表格。
- 能够综合运用 PowerPoint 2010 解决实际问题，制作满足需求的演示文稿。

项目实训一　市民社区文化艺术节海报等相关电子文档设计

项目描述

为了更好地开展市民的素质教育，提升广大市民的艺术修养，创建和谐、美丽的社区文化，小区业委会拟在近期举办市民社区文化艺术节。

本艺术节以推动社区文化的发展为主题，得到了小区业主及社会业内人士的广泛支持。该社区文化艺术节是一次由市民自己举办的大型活动。内容有歌唱、舞蹈比赛、科普讲座、书画摄影展览、英语、时事辩论大赛等。艺术节力求创新，纷呈优点，办出特色。

作为主办单位，小区业委会要为本届市民社区文化艺术节设计制作：艺术节宣传海报、门票、奖状、邀请函、流程图等电子文档。

项目要求

一、项目任务

小区业委会经讨论初步确定需要制作以下电子文档：

（1）艺术节流程图。

（2）艺术节宣传海报、书画摄影获奖作品展览会海报。

（3）歌唱、舞蹈比赛艺术节宣传海报。

（4）歌唱、舞蹈比赛决赛门票、颁奖典礼门票。

（5）艺术节各项目的时间、地点总门票。

（6）艺术节各项目的奖状。

（7）请相邻社区及相关部门领导来参加颁奖典礼的邀请函。

（8）批量打印邀请函的信封（通信录）。

二、实训要求

在参加项目实训过程中，对学生提出如下要求：

（1）建议用讨论方式学习项目实训的几种不同形式。可以先分工由几位学生设计不同的Word文档，经大家评论，最后确定使用的文档样式。

（2）也可以利用前面介绍过的几种Word文档样张，要求学生讨论它们的共性和个性，确定本项目实训所需要使用的文档样式。

（3）要充分发挥网络优势，从网上下载有关艺术节宣传海报等资料，供参考。

（4）注重发挥同学的个性特长，例如：请文笔好的学生书写邀请函、请美术基础较好的同学制作海报等。

（5）鼓励同学的学习积极性，发动大家对文档进行评议，证明学习技术的重要性。

（6）制作成批信封时，要注重数据源的作用和允许有若干种格式。

（7）充分考虑成本，提出如何提高工作效率问题。

（8）要求同学在参加项目实训过程中，互相帮助、取长补短，巩固已学过的知识。

项目提示

（1）市民社区文化艺术节流程图，用“表格”或“SmartArt”功能进行设计，配上文字和有关图片效果会更好。流程图最主要的是按照日期把整个艺术节的全部活动项目表述明白，使人一目了然。

（2）市民社区文化艺术节宣传海报、书画摄影获奖作品展览会海报，是属于海报类作品，关键是主题鲜明，活动的时间、地点、内容等信息传达到位，海报由艺术字、文本框、图片、背景色等组成。

（3）演出节目单，利用文本框设计比较美观方便，配上文字说明、照片、剪贴画等，效果会更好，一般由封面和内页组成。

（4）决赛门票、颁奖典礼门票，纸张要符合门票的大小，日期、时间、地点、几排几座位置等信息，一定要表达清楚，由正券和副券组成，背面还可以附加说明。

（5）市民社区艺术节的总排片表是一张表格文稿，不需要太复杂的设计，但是表格内的文字、边框和底纹力求统一、美观、规范。可以利用系统现有插入斜线表头命令来设计表格。

（6）制作市民社区艺术节各项目的奖状，可以先设计一个“奖状”模板，然后在此再的基础上，根据各颁奖项目的特点，进行修改制作。

（7）发给有关部门的邀请函，要求规范简洁，把邀请函的目的、艺术节主题、时间地点、等表达清楚。

（8）邀请函的信封，关键是先整理好准备邀请对象的“通讯录”，再利用“电子邮件合并”自动生成不同地址和收信人的信封。也可以利用电子邮件直接发送邀请函。

我们根据以上分析归类的情况，按6个Word文档来设计制作。

1．艺术节流程图

艺术节的日程安排，一般都是以时间为结点来划分各个阶段的工作重点及进程，要定出明确的日期期限，及在此时间段内要求完成的工作或目标。可以用表格、文本、进程图、结构图等来设计制作。如图5-1-1所示的“艺术节日程安排表”，主要是利用“层次结构图”功能来设计的。

根据艺术节的具体日程安排，先定下艺术节的基本流程结构图，分筹备、报名、初赛、决赛、颁奖、汇演6个阶段，而报名、初赛、决赛的3个阶段，又要按书画和歌舞两大类，分别列出工作目标和要求，所以，每一个阶段都要分出两个支点来分别说明进展要求。流程图贯穿于整篇文档，一目了然，便于操作。

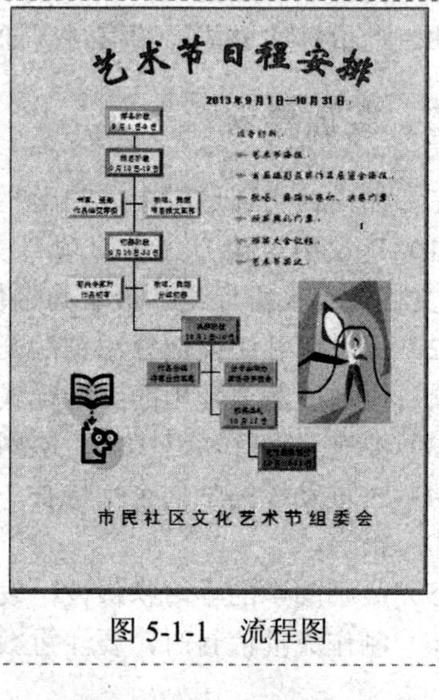

图5-1-1　流程图

2．艺术节宣传海报

宣传海报的设计，最重要的特点是主题明确，色彩鲜艳，有感染力，要有背景，有艺术字，有图片，还要写明主办方、举办日期、地点、项目等信息。

图 5-1-2 是艺术节宣传海报的样张，供用户参考。

我们以图 5-1-2 为样张，讲解艺术节宣传海报的设计制作，新建一个空白的 Word 文档：

（1）将“背景”的“填充效果”设置为“图案”样式。

（2）标题用艺术字，拖动至合适尺寸和位置。

（3）围绕艺术节主题，插入相关的剪贴画、图片，将版式全部设置为“浮于文字上方”（便于拖动至合适尺寸和位置）。

（4）插入两个“文本框”，并在其中添加有关文字、主办单位、日期等信息，并将文本框的填充颜色和线条颜色均设置为“无”。

只要综合利用艺术字、剪贴画、文本框和主办单位的文字等，一篇程序明确、操作性强的艺术节宣传海报就设计制作成功了。

图 5-1-2　演出海报

3．演出节目单

歌唱、舞蹈、乐器等比赛的演出节目单，主要是介绍比赛节目的顺序及表演的节目名称、表演者的姓名等信息。把这份演出节目单，设计为折页文档。所以在一个版面上，是两页文档，也就是把纸张设置为两栏，来排版文档。

我们可以利用项目符号和编号来排列节目次序，用制表符设计演出人员的节目、姓名等。演出节目单的内页，同样也是设置为两栏，分为两页来排版文档。图 5-1-3 是节目单的封面样张，图 5-1-4 是节目单的内页样张。

（1）页面设置：将页边距设置为上、下、左、右均为“2 厘米”；纸张的高度为“25 厘米”，宽度为“21 厘米”。

（2）封面：由于该节目单是一个双面的折页纸，所以节目单的封面是图 1-5-3 所示的右半部分。在该部分可以看出使用了艺术字，插入了两个文本框，并输入演出节目相关的文字，配上渐行的双色背景。

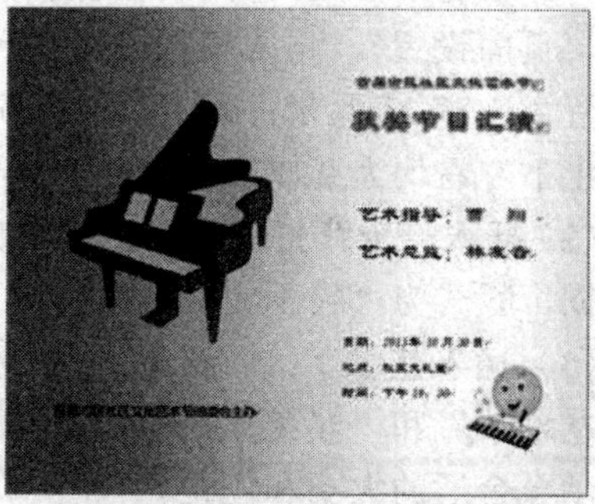

图 5-1-3　节目单封面

图 5-1-4　节目单内页

（3）封底：考虑到折页问题，所以封底放在了图 5-1-3 的左半部分。在封底可以设计成一张宣传海报，也可以配合主题制作成演出节目的背景介绍或者是艺术节的有关信息等，这里就不再详述了。本例设计的比较简单，插入一张剪贴画，加上主办单位名称就可以了。

（4）内页：设置制表位，通过“段落”→“制表位”命令，在弹出的“制表位”对话框中，设置：2 字符、4 字符、均左对齐；24 字符、右对齐，前导符为“……”。

（5）制定编号：在输入节目单时，先选择“段落”→“项目符号和编号”命令，在弹出的“项目符号和编号”对话框中，设置“编号”样式。

（6）输入节目单：将演出的节目名称、表演者的姓名等信息输入并设置合适的格式。

（7）插入水印图片：为美化艺术节的演出节目单，可以插入一些与主题相关的图片，用以烘托艺术气氛，活跃版面。图片的版式为“衬于文字下方”，并拖至合适的大小和位置。

4. 颁奖典礼入场券

入场券的设计最重要的是要素齐全，主题鲜明，布局合理美观，文字清晰流畅，把内容、日期、时间、地点等表达清楚。图 5-1-5 是入场券的样张。

我们以图 5-1-5 为样张，讲解艺术节颁奖典礼入场券的设计制作。

图 5-1-5　入场券

（1）新建一个空白的 Word 文档，通过“页面设置”，将入场券的纸张尺寸设置为：宽 21 厘米；高 8 厘米；页边距上下左右均为 0 厘米。

（2）插入一个背景图片，大小与纸张相同，版式为“衬于文字下方”。

（3）插入艺术字：“首届市民社区文化艺术节”和“获奖作品颁奖典礼”并拖动至合适的大小和位置。

（4）插入文本框，输入票价、副券、时间、地点等资料，并设置合适的格式和位置。

（5）插入虚线，并用虚线来分隔入场券的正券和副券。

（6）插入剪贴画，活跃和美化版面。

（7）背面：用彩色设计的入场券背面如图 5-1-6 所示。插入两个“形状图形”并在其中添加文字，配上剪贴画，加上背景颜色。

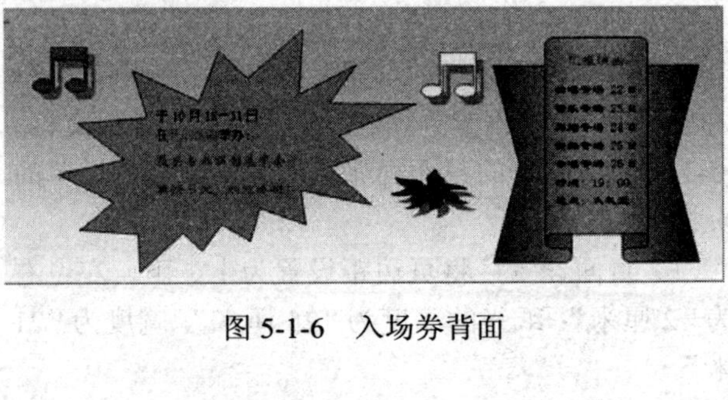

图 5-1-6　入场券背面

5. 艺术节的排片表

排片表可以利用表格来设计制作，根据艺术节各个项目的初赛、决赛的时间、地点，列出详细的表格，便于工作人员工作。我们以图 5-1-7 为例，讲解艺术节总排片表的设计制作。

（1）艺术节排片表的表格和表头，插入的表格是 6 行 12 列，表头是利用“绘制斜线表头”命令制作。

首届社区文化艺术节排片表

日期/时间/地点		9月20日周五	9月25日周三	9月27日周五	10月9日周三	10月11日周五	10月16日周三	10月18日周五	10月23日周三	10月25日周五	10月30日周三
社区大礼堂	19:00	艺术节开幕式	电影待定		电影待定		电影待定		获奖歌唱汇演	获奖舞蹈汇演	颁奖典礼
社区报告厅	19:00		独唱一组初赛	独唱二组初赛	小合唱一组初赛	小合唱二组初赛	歌唱决赛	讲座英语阅读		讲座航天生活	获奖歌唱汇演
小礼堂	19:00		街舞组初赛	舞蹈一组初赛	芭蕾舞组初赛	舞蹈二组初赛	舞蹈决赛	时事辩论初赛	时事辩论初赛	时事辩论决赛	获奖舞蹈汇演
1号楼会议室	19:00		书法摄影展览	书法摄影展览	书法摄影展览	书法摄影展览	书法摄影展览	英语辩论初赛	英语辩论初赛	英语辩论决赛	
3号楼会议室	19:00		书画展览	书画展览	书画展览	书画展览	书画展览	获奖作品展览	获奖作品展览	获奖作品展览	获奖作品展览

图 5-1-7　艺术节的排片表

（2）表格的边框和底纹，根据需要可以制成不同的线形和颜色，目的是易于区别不同的项目。一般表格的外框线，可以用比较粗的深颜色线型或双线，表格的内部用细线。底纹则全部用淡颜色比较好，免得看不清字体，反而效果不好。

（3）表格内的字体、字号及对齐。字体和字号要根据表格单元格的大小统一设置。字体的方向水平和垂直都要居中，特别是垂直方向居中的设置。

6. 艺术节各项目的奖状

书画作品的奖状，可以在奖状模板的基础上，适当配上书画得奖者的作品，会更有意义，但是成本会略高些。因为，先要把获奖的作品，用数码相机拍摄成数码照片，再用图片插入的方法，插入到书画作品的奖状中，再用彩色打印机打印出来。

一般的奖状，利用奖状模板就可以完成。只要在模板上适当调整内容，填上姓名、项目、几等奖及颁奖日期即可，如图 5-1-8 所示。

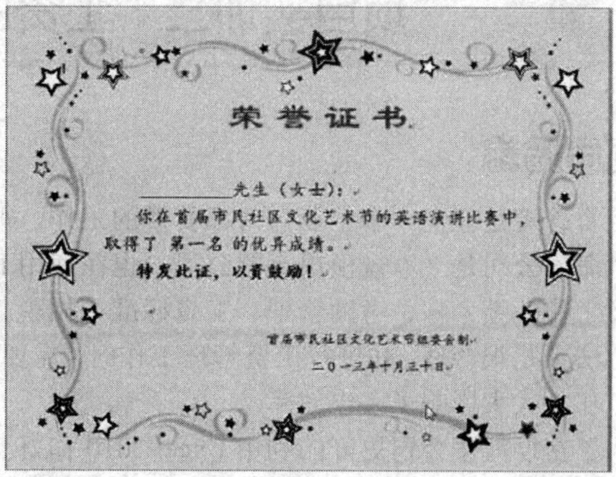

图 5-1-8　艺术节奖状

本综合任务在以前讲述各个知识点的基础上利用综合手段将以前分散在各个任务中的知识点融合在一起，制作了一套艺术节的文档。通过本任务的讲解，主要使读者能够理解如何灵活地贯通以前的各个知识点，在利用 Word 2010 的过程中，每个单个的功能都比较简单，但是要制作出精美的文档就必须要求能够灵活应用各个知识点，也就是说 Word 只有融会贯通才能制作好的文档，希望读者在学习综合实例的时候一定要抱着融会贯通知识点的目的理解其中的精髓。

项目评价

项目评价如表 5-1-1 所示。

表 5-1-1　项目评价表

能　力	内　容	评　价		
		3	2	1
职业能力	根据项目实训的要求，整理归纳不同类型的 Word 文档并加以分析			
	能总结项目任务中各种 Word 文档的基本要素			
	能正确理解海报的特点并制作图文并茂的海报			
	掌握门票和节目单的特点并制作美观实用的门票和节目单			
	熟练运用表格设计功能			
	会应用中文信封向导制作样板信封			
	能书写文笔流利、主题明确的邀请函			
	掌握组织机构图和流程图的操作技术			
	熟练运用 SmartArt 图形的制作与应用			
	通过页面设置和打印预览，善于对电子文档作进一步调整，懂得节约纸张（例如打印纸）的重要性			
通用能力	参与态度（认真参加、提出设想；乐于合作、善于交流；勤于动手、完成任务）			
	情感态度（尊重他人、善于提问；克服困难、不怕吃苦，实事求是、不断反思）			
	实践能力（运用知识、积极实践；独立思考、自主学习；提出问题、解决问题）			

项目实训二　工资的数据收集及处理

项目描述

工资管理是任何一个企业每月都要做的工作，很多中小企业都在使用 Excel 2010 进行工资管理。海华公司是一家规模很小的公司，也在使用 Excel 2010 进行工资单的处理，它的工资管理涉及工作业绩考核、考勤管理、工资标准、扣税、扣款等诸多方面的管理数据，由于采用的处理方法不是很合适，在进行工资管理工作时，需要对其他工作产生的数据做大量的重复输入、处理工作，大大影响了工作效率。

为了帮助海华公司更好的利用 Excel 2010 作好工资管理的工作，请为它设计一种工资处理的方案，利用其他工作的已有的处理数据结果，直接根据需要进行工资数据的收集、处理、分析及工资单的打印，提高管理的效率。

项目要求

一、项目任务

海华公司已有的数据如下，要求根据这些数据，制作 3 月份工资表、工资构成分析、工资条。

（1）岗位工资标准工资如表 5-2-1 所示。

表 5-2-1　岗位标准工资

副总裁（销售）	1000
销售经理	800
销售代表	200
内部销售协调员	100

（2）工龄工资标准，在本企业工龄每年加 100。

（3）销售提成比例：万分之一。

（4）考勤奖发放标准：50 元/每天。

（5）员工名单。在素材“工资表.xlsx”文件的“基础数据”表中，保存着员工基本数据，如图 5-2-1 所示。

	A	B	C	D	E	F	
1	雇员号	名字	职务	身份证号码	雇用日期	基本工资	家
2	1	张颖	销售代表	110101197812081222	2006-05-01	1500	复兴门 2
3	2	王伟	副总裁(销售)	110201198202192232	2004-08-14	5000	罗马花园
4	3	李芳	销售代表	110301198308303344	2006-12-01	1500	芍药园小
5	4	郑建杰	销售代表	120101198502225556	2006-12-10	1500	前门大街
6	5	赵军	销售经理	110401198108073232	2006-12-26	4000	学院路 7
7	6	孙林	销售代表	110101198312052172	2006-12-26	1500	阜外大街
8	7	金士鹏	销售代表	110501197611017676	2007-01-11	1500	成府路 1
9	8	刘英玫	内部销售协调员	320101198506141188	2007-01-12	1500	建国门 7
10	9	张雪眉	销售代表	110601198512054442	2006-12-24	1500	永安路 6

图 5-2-1　员工基本数据

（6）员工销售数据。在素材“工资表.xlsx”文件的“销售数据”表中，保存着本月各员工的销售明细数据，如图 5-2-2 所示。

	A	B	C	D	E	F	G
1	订单号	产品号	车名	销售价格	数量	总价	雇员姓名
2	10255	2	奥迪A4 1.8	551337	1	551337	张雪眉
3	10258	2	奥迪A4 1.	551337	1	551337	张颖
4	10258	5	奥迪A4 2.	445326	5	2226630	张颖
5	10264	2	奥迪A4 1.	551337	5	2756685	孙林
6	10280	55	奥迪Q7 4.	1141986	1	1141986	王伟
7	10285	1	奥迪A8 2.	1009599	5	5047995	张颖

图 5-2-2　各员工销售明细数据

（7）员工考勤单。在素材“工资表.xlsx”文件的“考勤数据”表中，保存着本月各员工的考勤数据如图 5-2-3 所示。

	A	B	C	D	E	F	G	H	I	J	K	L	M	N	O	P	Q	R	S	T	U	V	W	X	Y	Z	AA	AB	AC	AD	AE	AF	AG
1	雇员号	名字	1	2	3	4	5	6	7	8	9	10	11	12	13	14	15	16	17	18	19	20	21	22	23	24	25	26	27	28	29	30	30
2	1	张颖	●				●	●		●	●			●	●	●	●	●			●		●	●	●			●	●	●	●	●	
3	2	王伟	●	●			●	●	●	●	●			●	●	●	●	●			●	●	●	●	●			●	●	●	●	●	
4	3	李芳	●	●			●	●	●		●			●	●	●	●				●	●	●						●	●	●	●	
5	4	郑建杰	●	●			●	●	●	●	●			●		●	●	●			●	●	●	●	●			●	●	●	●	●	
6	5	赵军	●	●			●	●	●	●	●			●	●			●			●	●	●	●	●			●	●	●	●	●	
7	6	孙林	●	●			●	●	●	●	●			●	●	●	●	●			●	●	●	●	●			●	●	●	●	●	
8	7	金士鹏	●	●				●	●	●	●				●	●	●	●			●	●	●	●	●			●	●	●	●	●	
9	8	刘英玫	●	●			●	●	●	●	●			●	●	●	●	●			●	●	●	●	●			●	●	●	●	●	
10	9	张雪眉	●	●			●	●	●	●	●			●	●	●	●	●			●	●	●	●	●			●	●	●	●	●	

图 5-2-3　各员工考勤数据

二、实训要求

（1）本项目提供的部分参考方案，不是唯一的解决方案。大家可以参考、改进，提出更多、更好的解决方案，通过本实训，真正提高解决实际问题的能力。

（2）工资表的所有数据均用公式从原始数据表中取得，不能采用手工输入或复制粘贴方式。

（3）工资构成分析采用动态图表，至少要包含员工工资构成比例和各类岗位工资构成比例2个图表。

（4）工资条的所有数据包括每人的工资条表头，都必须采用公式获取。

（5）要求大家提高学习积极性，在参加项目实训过程中，互相帮助、取长补短，巩固已学过的知识。

项目提示

（1）制作工资表，工资表用于提供财务凭证和发放工资时让员工签字。参考的工资表如图 5-2-4 所示。

	A	B	C	D	E	F	G	H	I	J	K	L	M	N
1	月份	职工代码	职工姓名	职工类别	基本工资	岗位工资	工龄工资	提成工资	考勤奖	应发合计	所得税	扣款合计	实发工资	签名
2	03	1	张颖	销售代表	1500	200	600	2849.27	950.00	6099.27	154.93	154.93	5944.34	
3	03	2	王伟	副总裁(销售)	5000	1000	800	3784.23	1100.00	11684.23	1081.85	1081.85	10602.39	
4	03	3	李芳	销售代表	2000	200	600	1941.44	850.00	5591.44	104.14	104.14	5487.29	
5	03	4	郑建杰	销售代表	1500	200	600	8216.55	1050.00	11566.55	1058.31	1058.31	10508.24	
6	03	5	赵军	销售经理	4000	800	600	1050.76	1000.00	7450.76	290.08	290.08	7160.68	
7	03	6	孙林	销售代表	1500	200	600	3364.38	1100.00	6764.38	221.44	221.44	6542.95	
8	03	7	金士鹏	销售代表	2500	200	500	1148.18	1000.00	5348.18	79.82	79.82	5268.36	
9	03	8	刘英玫	内部销售协调员	1500	100	500	943.93	1100.00	4143.93	19.32	19.32	4124.62	
10	03	9	张雪眉	销售代表	1500	200	600	1441.36	1100.00	4841.36	40.24	40.24	4801.12	

图 5-2-4　工资表参考栏目

（2）制作员工工资构成比例分析动态图表，员工工资构成比例分析动态图表可以参考图 5-2-5 制作。

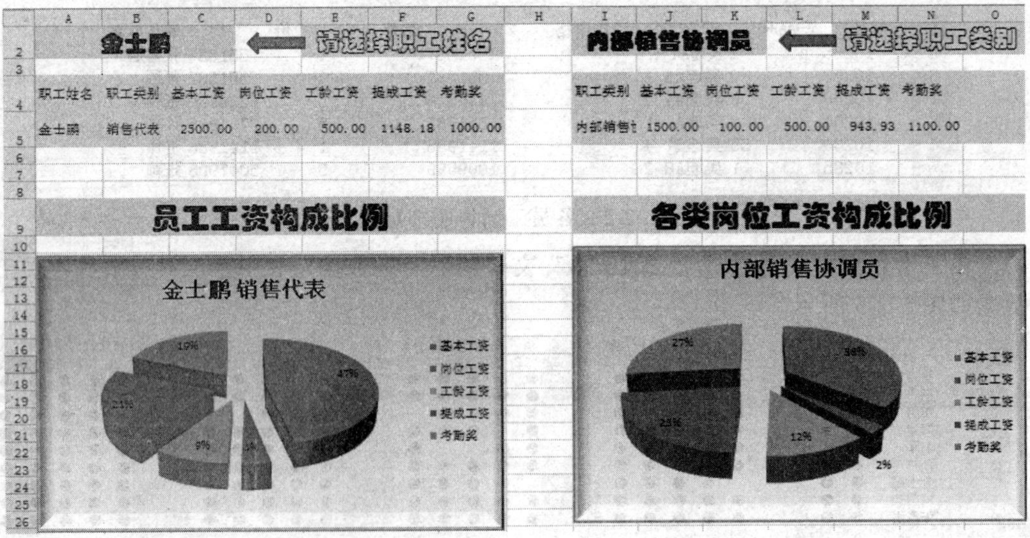

图 5-2-5　员工工资构成比例分析动态图表

（3）制作各类岗位工资构成比例。

（4）制作工资条。工资条可参考图 5-2-6，在所给的素材文件中的“工资构成分析”中进行进行操作。

	A	B	C	D	E	F	G	H	I	J	K	L	M	N
1	月份	职工代码	职工姓名	职工类别	基本工资	岗位工资	工龄工资	提成工资	考勤奖	应发合计	所得税	扣款合计	实发工资	签名
2	2012年3月	2	王伟	副总裁(销售)	5000	1000	800	3784.23	1100.00	11684.23	1081.85	1081.85	10602.39	
3	月份	职工代码	职工姓名	职工类别	基本工资	岗位工资	工龄工资	提成工资	考勤奖	应发合计	所得税	扣款合计	实发工资	签名
4	2012年3月	3	李芳	销售代表	2000	200	600	1941.44	850.00	5591.44	104.14	104.14	5487.29	
5	月份	职工代码	职工姓名	职工类别	基本工资	岗位工资	工龄工资	提成工资	考勤奖	应发合计	所得税	扣款合计	实发工资	签名
6	2012年3月	4	郑建杰	销售代表	1500	200	600	8216.55	1050.00	11566.55	1058.31	1058.31	10508.24	
7	月份	职工代码	职工姓名	职工类别	基本工资	岗位工资	工龄工资	提成工资	考勤奖	应发合计	所得税	扣款合计	实发工资	签名
8	2012年3月	5	赵军	销售经理	4000	800	600	1050.76	1000.00	7450.76	290.08	290.08	7160.68	
9	月份	职工代码	职工姓名	职工类别	基本工资	岗位工资	工龄工资	提成工资	考勤奖	应发合计	所得税	扣款合计	实发工资	签名
10	2012年3月	6	孙林	销售代表	1500	200	600	3364.38	1100.00	6764.38	221.44	221.44	6542.95	
11	月份	职工代码	职工姓名	职工类别	基本工资	岗位工资	工龄工资	提成工资	考勤奖	应发合计	所得税	扣款合计	实发工资	签名
12	2012年3月	7	金士鹏	销售代表	2500	200	500	1148.18	1000.00	5348.18	79.82	79.82	5268.36	
13	月份	职工代码	职工姓名	职工类别	基本工资	岗位工资	工龄工资	提成工资	考勤奖	应发合计	所得税	扣款合计	实发工资	签名
14	2012年3月	8	刘英玫	内部销售协调员	1500	100	500	943.93	1100.00	4143.93	19.32	19.32	4124.62	
15	月份	职工代码	职工姓名	职工类别	基本工资	岗位工资	工龄工资	提成工资	考勤奖	应发合计	所得税	扣款合计	实发工资	签名
16	2012年3月	9	张雪眉	销售代表	1500	200	600	1441.36	1100.00	4841.36	40.24	40.24	4801.12	

图 5-2-6　工资条

（5）用条件格式隔行设置底纹。

项目评价

项目评价表如表 5-2-2 所示。

表 5-2-2　项目评价表

能　力	内　容	评　价		
		3	2	1
职业能力	能按照实训要求设计各种数据表的样式			
	各数据表要素齐全			
	能提出数据处理的方案，并加以精炼			
	单元格格式设置正确			
	数据表的设置合理，栏目合理			
	正确运用各种函数计算数值			
	能灵活运用各种数据处理功能			
	运用数据表制作合适的图表			
	能正确灵活的设置动态图表			
通用能力	参与态度（认真参加、提出设想；乐于合作、善于交流；勤于动手、完成任务）			
	情感态度（尊重他人、善于提问；克服困难、不怕吃苦，实事求是、不断反思）			
	实践能力（运用知识、积极实践；独立思考、自主学习；提出问题、解决问题）			

项目实训三　完善员工考勤管理

项目描述

对员工的有效管理是一个企业成功的关键因素之一，如果企业中的部分员工工作态度不积极，经常迟到、请假，不但会影响其他员工的工作热情，也势必会导致企业业绩的下降。因此作为人事部的管理人员会制作细致规范的考勤系统，并制定相应的奖惩制度，避免上述现象的发生。制作员工考勤管理系统是对员工进行有效管理的手段之一。

华欣公司在日常的管理中，已经建立了一套较为严谨的员工考勤管理制度，制作了一些较为实用的纸质表格。请利用 Excel 2010 帮助华欣公司完善这些表格，完善员工考勤管理，提高管理的效率。

项目要求

一、项目任务

华欣公司已有的管理制度如下，要求根据这些数据，制作 2013 年 7 月份考勤表、请假记录、员工考勤汇总表、员工年假表、员工加班时间统计表、员工加班明细表等报表，并制作演示文稿，向主管领导汇报统计结果。

在所给的素材文件“考勤.xlsx”中的“基础数据”表中，保存着如下的基础数据（见表 5-3-1～表 5-3-3）：

（1）考勤代码：

表 5-3-1　考 勤 代 码

0	出勤
1	事假
2	病假
3	年假
4	其他
5	加班

（2）年假标准：

表 5-3-2　年 假 标 准

工 作 年 限	年假（天）
<1 年	0
<5 年	3
<10 年	7
>=10 年	10

（3）工作时间：

表 5-3-3　工 作 时 间

上 班 时 间	下 班 时 间
08:00	17:00

（4）加班时间：18:00 以后离开公司开始计算加班时间。

（5）员工名单。在素材“考勤.xlsx”文件的“基础数据”表中，保存着员工基本数据如图 5-3-1 所示。

	A	B	C	D	E	F	G	H	I	J	K	L
1	员工编号	名字	部门	职务	身份证号码	入职时间	基本工资	家庭地址	城市	邮政编码	电话	手机
2	1	张颖	销售1部	销售代表	110101197812081222	2008-02-13	1500	复兴门 245 号	北京	100098	(010) 65559857	13911854672
3	2	王伟	销售1部	副总裁(销售)	110201198202192232	2002-04-04	5000	罗马花园 890 号	北京	109801	(010) 65559482	13622123457
4	3	李芳	销售1部	销售代表	110301198308303344	2010-05-25	1500	芍药园小区 78 号	北京	108033	(010) 65553412	13018113355
5	4	郑建杰	销售2部	销售代表	120101198502225556	2011-07-15	1500	前门大街 789 号	天津	308052	(022) 65558122	15033175176
6	5	赵军	销售2部	销售经理	110401198108073232	2004-09-03	4000	学院路 78 号	北京	100090	(010) 65554848	15012127890
7	6	孙林	销售3部	销售代表	110101198312052172	2005-10-24	1500	阜外大街 110 号	南京	210678	(025) 65557773	13773123541
8	7	金士鹏	销售3部	销售代表	110501197611017676	2002-12-14	1500	成府路 119 号	北京	100345	(010) 65555598	13918177345
9	8	刘英玫	销售3部	内部销售协调员	320101198506141188	2010-02-03	1500	建国门 76 号	南京	218105	(025) 65551189	13580198312
10	9	张雪眉	销售4部	销售代表	110601198512054442	2010-03-25	1500	永安路 678 号	北京	100056	(010) 65554444	13666223671

图 5-3-1　员工基本数据

（6）考勤数据

在素材“考勤.txt”文件中，保存着考勤机自动记录的考勤数据，如图 5-3-2 所示。

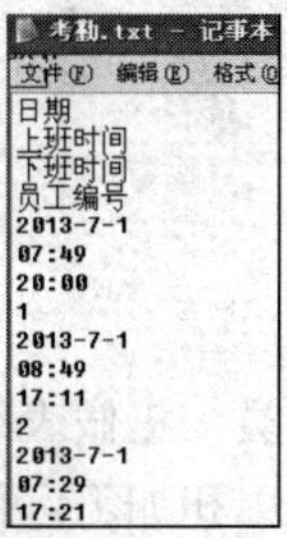
考勤.txt - 记事本
文件(F)　编辑(E)　格式(O)
日期
上班时间
下班时间
员工编号
2013-7-1
07:49
20:00
1
2013-7-1
08:49
17:11
2
2013-7-1
07:29
17:21

图 5-3-2　员工基本数据

二、实训要求

（1）本项目提供的部分参考方案，不是唯一的解决方案。大家可以参考、改进，提出更多、更好的解决方案，通过本实训，真正提高解决实际问题的能力。

（2）考勤管理所有表格中，除“请假记录”表的数据用手工输入和“员工加班明细表”部分数据可以采用复制粘贴外，其余的所有数据原则上不能手工输入，可从素材文件导入或用公式从原始数据表中取得。

（3）“考勤”表的数据从所给的“考勤.txt”文件中获取，但是获取的数据要求使用 Word 进行转换，取得经转换的数据后用函数或公式完成后续的计算过程。

（4）“请假记录”表输入数据时，要采用数据有效性辅助进行数据输入，尽可能保证数据输入的准确性和方便性。

（5）要在考勤管理的合适表格中，插入 Excel 图表。

（6）演示文稿中要使用 Excel 图表。

（7）要求大家提高学习积极性，在参加项目实训过程中，互相帮助、取长补短，巩固已学过的知识。

项目提示

（1）转化考勤数据，图 5-3-2 所示数据在素材“考勤.txt”文件中，保存着考勤机自动记录的考勤数据。这些数据的形式是列而不是表格，不能直接复制过来使用，需要经过转换。

（2）制作请假记录表，可以参考图 5-3-3 制作请假记录表。

（3）制作考勤表。考勤表中需要对考勤机和请假记录的数据进行加工，为制作其他表格提供数据，可参考图 5-3-4 进行制作。

	A	B	C	D	E
1	日期	员工编号	姓名	假期名称	假期代码
2	2013-7-1	7	金士鹏	事假	1
3	2013-7-2	4	郑建杰	病假	2
4	2013-7-2	8	刘英玫	年假	3
5	2013-7-3	7	金士鹏	事假	1
6	2013-7-5	2	王伟	事假	1
7	2013-7-8	6	孙林	病假	2
8	2013-7-10	1	张颖	其他	4
9	2013-7-11	6	孙林	年假	3
10	2013-7-14	1	张颖	事假	1
11	2013-7-15	8	刘英玫	事假	1
12	2013-7-17	4	郑建杰	事假	1
13	2013-7-19	3	李芳	病假	2
14	2013-7-23	1	张颖	病假	2
15	2013-7-25	8	刘英玫	病假	2
16	2013-7-29	7	金士鹏	年假	3
17	2013-7-31	3	郑建杰	事假	1

图 5-3-3　参考请假记录表

	A	B	C	D	E	F	G
1	日期	上班时间	下班时间	员工编号	请假	迟到	加班(小时)
2	2013-7-1	07:49	20:00	1	0	0	2.0
3	2013-7-1	08:49	17:11	2	0	1	0.0
4	2013-7-1	07:29	17:21	3	0	0	0.0
5	2013-7-1	07:49	23:00	4	0	0	5.0
6	2013-7-1	07:59	17:01	5	0	0	0.0
7	2013-7-1	07:49	21:00	6	0	0	3.0
8	2013-7-1	08:00	08:00	7	1	0	0.0
9	2013-7-1	07:19	17:13	8	0	0	0.0
10	2013-7-1	07:44	17:08	9	0	0	0.0
11	2013-7-2	07:39	17:16	1	0	0	0.0

图 5-3-4　参考考勤表

（4）制作员工考勤汇总表。员工考勤汇总表需要对考勤表的数据进行加工，可参考图 5-3-5 制作。

	A	B	C	D	E	F	G	H	I	J	K
1	员工考勤汇总表										
2	单位:天										
3	员工编号	姓名	部门	职位	出勤	事假	年假	病假	其他	迟到(次)	假期合计
4	1	张颖	销售1部	销售代表	21	0	1	0	1	0	2
5	2	王伟	销售1部	副总裁(销售)	22	1	0	0	0	1	1
6	3	李芳	销售1部	销售代表	21	1	1	0	0	1	2
7	4	郑建杰	销售2部	销售代表	21	1	1	0	0	0	2
8	5	赵军	销售2部	销售经理	23	0	0	0	0	1	0
9	6	孙林	销售3部	销售代表	21	0	1	1	0	1	2
10	7	金士鹏	销售3部	销售代表	20	2	0	1	0	1	3
11	8	刘英玫	销售3部	内部销售协调员	20	1	1	1	0	2	3
12	9	张雪眉	销售4部	销售代表	23	0	0	0	0	0	0
13			合计		192	6	5	3	1	7	15

图 5-3-5　参考员工考勤汇总表

（5）员工年假表统计表。员工年假表统计表需要对基础数据表中和员工考勤汇总表中的数据进行引用和加工，可参考图 5-3-6 制作。

	A	B	C	D	E	F	G	H	I	J
1	员工年假表统计表									
2	员工编号	姓名	部门	职位	性别	入职时间	入职年限	本年年假	本月使用年假	剩余年假
3	1	张颖	销售1部	销售代表	男	2008-02-13	5	7	3	4
4	2	王伟	销售1部	副总裁(销	男	2002-04-04	11	10	0	10
5	3	李芳	销售1部	销售代表	女	2010-05-25	3	3	0	3
6	4	郑建杰	销售2部	销售代表	男	2011-07-15	2	3	0	3
7	5	赵军	销售2部	销售经理	男	2004-09-03	9	7	0	7
8	6	孙林	销售3部	销售代表	男	2005-10-24	8	7	3	4
9	7	金士鹏	销售3部	销售代表	男	2002-12-14	11	10	3	7
10	8	刘英玫	销售3部	内部销售协	男	2010-02-03	3	3	3	0
11	9	张雪眉	销售4部	销售代表	女	2010-03-25	3	3	0	3

图 5-3-6　参考员工年假表统计表

（6）员工加班时间统计表。员工加班时间统计表可参考图 5-3-7 制作。

	A	B	C	D	E
1	员工加班时间统计表				
2	员工编号	姓名	部门	职位	加班时间(小时)
3	1	张颖	销售1部	销售代表	41
4	2	王伟	销售1部	副总裁(销	19
5	3	李芳	销售1部	销售代表	21
6	4	郑建杰	销售2部	销售代表	9
7	5	赵军	销售2部	销售经理	8
8	6	孙林	销售3部	销售代表	8
9	7	金士鹏	销售3部	销售代表	20
10	8	刘英玫	销售3部	内部销售协	18
11	9	张雪眉	销售4部	销售代表	51

图 5-3-7　参考员工加班时间统计表

（7）员工加班明细表。员工加班明细表可参考图 5-3-8 制作。

	A	B	C	D	E	F	G	H	I
1	员工加班明细表								
2	日期	员工编号	姓名	部门	职位	开始时间	结束时间	加班时间(小时)	
3	2013-7-1	1	张颖	销售1部	销售代表	07:49	20:00	2.0	
4	2013-7-1	4	郑建杰	销售2部	销售代表	07:49	23:00	5.0	
5	2013-7-1	6	孙林	销售3部	销售代表	07:49	21:00	3.0	
6	2013-7-2	3	李芳	销售1部	销售代表	07:44	22:00	4.0	
7	2013-7-3	1	张颖	销售1部	销售代表	07:49	18:08	0.1	
8	2013-7-3	9	张雪眉	销售4部	销售代表	07:49	21:00	3.0	
9	2013-7-4	6	孙林	销售3部	销售代表	07:44	22:00	4.0	
10	2013-7-5	4	郑建杰	销售2部	销售代表	07:49	18:08	0.1	
11	2013-7-6	9	张雪眉	销售4部	销售代表	07:49	23:00	15.0	

图 5-3-8　参考员工加班明细表

项目评价

项目评价如表 5-3-4 所示。

表 5-3-4　项目评价表

能　力	内　容	评价 3	评价 2	评价 1
职业能力	能按照实训要求设计各种数据表的样式			
	素材数据转换方法合理			
	能提出数据处理的方案，并加以精炼			
	各数据表要素齐全			
	单元格格式设置正确			
	数据表的设置合理，栏目合理			
	正确运用各种函数计算数值			
	能灵活运用各种数据处理功能			
	运用数据表制作合适的图表			
	演示文稿主题明确，内容紧扣主题，图文并茂，排版合理			
通用能力	参与态度（认真参加、提出设想；乐于合作、善于交流；勤于动手、完成任务）			
	情感态度（尊重他人、善于提问；克服困难、不怕吃苦，实事求是、不断反思）			
	实践能力（运用知识、积极实践；独立思考、自主学习；提出问题、解决问题）			

项目实训四　学校风貌介绍

项目描述

运用 PowerPoint 2010 可以制作很多不同类型的生动、美观、有趣的演示文稿，运用于讲座、展览、婚礼各种各样不同的场合。在每年的新生招收咨询会上，学校都会放映一些学生自己设计制作的演示文稿，主要内容是从学生的角度去看学校，向新同学和家长展示学校的风貌。为此向全体同学征集优秀的演示文稿作品。

项目要求

根据素材内容，可以考虑从该学校的学校简介、办学宗旨、教育目标、质量方针、学校训词、学校精神、校长寄语等几个方面来设计宣传演示文稿。

1. 项目任务

经过学生会讨论，决定征集如下几方面的演示文稿：

（1）学校概况演示文稿。

（2）学校各专业特点介绍的演示文稿（根据自己学校共有几个专业，分开来设计制作）。

（3）学校社团活动的演示文稿（如管乐团、舞蹈队、编结社、合唱团、志愿者协会等）。

（4）学校训词所含意义的演示文稿。

（5）学校优美环境介绍的演示文稿。

（6）毕业生风采演示文稿。

2. 实训要求

在参加项目实训过程中，对学生提出如下要求：

（1）建议用讨论方式，学习项目实训的几种不同形式。可以先分工，确定哪几位学生收集素材、那些同学设计不同演示文稿母版文档，经大家评论，最后确定使用的样式。

（2）利用前面介绍过的几种演示文档样张，要求学生讨论它们的共性和个性，确定本项目实训所需要使用的演示文档样式。

（3）要充分发挥网络优势，从网上下载有关学校的介绍、学校的信息等资料，供参考。

（4）注重发挥同学的个性特长，例如：请文笔好的学生书写解说词、请美术基础较好的同学制作演示文稿的排版、设计等。

（5）鼓励同学的学习积极性，发动大家对演示文稿进行评议，证明学习掌握技术的重要性。

（6）制作演示文稿时，要注重动画、页面切换的应用和允许有若干种格式。

（7）为生动表现演示文稿的内容，一定要有音乐、视频、动画片和旁白的运用。

（8）充分考虑时间和精力成本，提出如何提高工作效率问题。

（9）要求同学在参加项目实训过程中，互相帮助、取长补短，巩固已学过的知识。

项目提示

1. 设计演示文稿的制作方案

在制作演示文稿之前，首先要设计好演示文稿的制作方案，在方案中要明确以下内容：

（1）确定演示文稿的主题和副标题。每套幻灯片都先要确定主题和副标题，围绕主题做重点介绍，要尽可能反映主题在学校的整体情况。

（2）确定幻灯片的总体结构。主题确定之后，要围绕主题，确定演示文稿的基本结构。明确整个演示文稿大致需要几张幻灯片，分成几部分主要内容，是否需要设置标题幻灯片，各主要内容之间如何连接，是否使用摸板，对摸板做哪些修改等问题。

（3）确定幻灯片的播放方式。要根据展示主题及放映场合的实际情况，决定幻灯片采用何种播放方式，如何进行页面切换、是否要隐藏幻灯片或者设置自定义播放等内容。

2. 准备素材

制作演示文稿，需要准备素材，一般要准备好以下几方面的素材：

（1）文字素材：文字素材可以自己编写，也可以从网络、报纸上摘录。

（2）图片素材：图片在演示文稿中占有很大的比例，可以自己拍摄、从同学的收藏中筛选、从网上下载，也可以用各种绘图软件绘制。

（3）音乐素材：可以选择自己喜欢的背景音乐，或者将几段音乐编辑合成为背景音乐。

（4）视频素材：可以自己拍摄视频资料，插入演示文稿。也可以从网上下载相关的视频资料。如果可能，可以制作一些 Flash 动画。

3. 组织文稿

组织、编辑每张幻灯片的标题及文字内容、确定幻灯片播放时采用什么形式的动画、确定在幻灯片上插入的具体图片、确定在哪些幻灯片上插入视频、撰写解说词等。

4. 制作演示文稿

制作阶段：主要完成制作演示文稿、建立超链接、自定义动画、设置页面切换、设计动画、插入音视频文件、录制解说词、排练计时、设置循环播放等具体制作工作。

5. 项目评比

全部作品完成，一定要在全体同学中开展评比活动，分析优缺点，找出每套幻灯片的亮点和不足，以便在以后的工作中，取长补短，不断进步。

操作提示：

（1）学校概况演示文稿：重点收集学校创办历史、教师职称分布、学校主要专业、在校学生数量、学校曾经取得的荣誉等图片和文字材料。一般在 6 张幻灯片左右。

（2）学校各专业特点介绍的演示文稿：可以按照系部（教学部）各专业来介绍，也可以按照重点专业和非重点专业来介绍，需要有图片和文字资料，还要突出展示这些专业在现实社会中的应用，体现学习专业的实用性。

（3）学校社团活动的演示文稿（如管乐团、舞蹈队、编结社、合唱团、志愿者协会等）：作为学校的素质教育，这些社团活动，按照学校的实际情况，收集到资料后，可以放在一起做综合介绍的幻灯片即可。

（4）学校训词所含意义的演示文稿：一般学校都有校训，可以从是谁的提议、从何时开始实行，具有什么深刻的含义等、从而反映学校的精神支柱和凝聚力。

（5）学校优美环境介绍的演示文稿：可以自己拍一些学校的教学楼、操场、实验室、绿化、宣传栏等的数码照片、一般只要有图片名称就可以，不用太多的文字，重点在于体现学校的优美景色。

（6）毕业生风采演示文稿：需要做好毕业生的采访工作：哪几年在本校学习，什么专业、目前在什么单位工作（学校）、担任什么职务，取得些什么业绩、对母校的寄语等，最好全校各专业都有代表，人数以采访到的材料为限。

项目评价

项目评价表如表 5-4-1 所示。

表 5-4-1　项目评价表

能　力	内　容	评	价	
		3	2	1
职业能力	能根据实训要求设计幻灯片，结构合理			
	幻灯片的版面图文并茂			
	能正确进行超链接设置			
	能在幻灯片中插入切合主题的背景音乐			
	能在幻灯片中插入切合主题的视频资料			
	能在幻灯片中正确设置配音旁白，内容与幻灯片吻合			
	能在幻灯片中设置自定义动画，效果良好			
	进行自定义动画轨迹，设置动画效果			
	艺术字标题运用合理，美观大方			
	页面切换设置效果良好			
	播放设计正确，效果良好			
	总结幻灯片的内容紧扣主题，观点鲜明			

续表

能　力	内　容	评　价		
		3	2	1
通用能力	参与态度（认真参加、提出设想；乐于合作、善于交流；勤于动手、完成任务）			
	情感态度（尊重他人、善于提问；克服困难、不怕吃苦，实事求是、不断反思）			
	实践能力（运用知识、积极实践；独立思考、自主学习；提出问题、解决问题）			

项目实训五　召开网络会议

项目描述

暑假刚开始，持续高温。一天，班长接到了学生处布置的一个紧急任务，每位同学制定一份暑假计划，并要求5天以后，由班干部组织全班同学参加一次向孤寡老人献爱心活动，在活动开始3天之内先组织同学讨论活动的内容，将活动计划通过电子邮件上报到学生处。因为正在放假，3天之内组织同学开会讨论有点困难。但由于同学们大部分都有计算机，并具备上网的条件，班长想到了利用Outlook 2010“日历”功能制定暑假计划，召开网络会议来讨论活动内容。于是班干部们策划、组织、召开了一次网络会议，圆满完成了任务。

项目要求

（1）每人申请一个电子邮件账号。

（2）向班长发送邮件，告之电子邮件账号。

（3）接收班长回信，按信中内容将班级所有同学添加为联系人，建立通讯簿，建立通讯组。

（4）使用Outlook 2010建立暑假日程表（要求有约会、事件和任务）。

（5）行使班长职责进行会议策划，使用Outlook 2010安排会议、向所有同学发送会议邀请、响应其他同学的会议邀请。

（6）参加网络会议，记录会议内容，编写活动计划。

（7）为活动创建一个任务，将任务分派给同学，并跟踪任务完成情况。

（8）接受同学分派的任务，发送任务状态报告，汇报任务完成的情况。

项目提示

召开一个网络会议，要求所有与会者都要有电子邮件账号，且都要安装Outlook 2010及NetMeeting软件。制定日程表没有太大难度，只要计划好，然后利用“日历功能”建立。

（1）会议的策划。在网络会议召开之前，要确定会议的主题、时间、地点、内容、参加会议的人员。并在Outlook 2010中创建一个会议，安排会议资源。

（2）发送会议邀请。会议创建完成之后，在发送之前，设置要求会议响应的相应选项然后使用通讯组发送会议邀请，将会议邀请发送给通讯组中的所有人员。

（3）响应会议邀请。接到会议邀请的所有人员，必须对会议邀请作出响应，表明自己是否参加会议，并将回复发送给邀请者，以便于会议组织者统计。

会议组织者在接到会议响应的回复邮件之后，统计会议的预期出席者，并根据反馈的情况决定会议是否如期举行。如果会议安排得不到多数与会者的赞同响应，可以修改会议的时间，再次发出会议邀请。

（4）召开网络会议。召开网络会议可使用 QQ，网络会议召开之际，可运用共享工具，进行充分的交流。

（5）记录、整理会议内容。对于会议的内容，要派人在召开会议之际，利用复制粘贴的方法在 Word 中加以记录，并进行整理，在会议结束之前，利用共享软件的方法，由所有参加会议的人员共同进行修改，形成活动计划。

（6）发送活动计划及分派任务。活动计划制定之后，将它发送给学生处。并利用 Outlook 2010 给每位同学分派任务，各位同学要进行任务响应，任务分派者要跟踪任务的执行情况。

项目评价

项目评价表如表 5-5-1 所示。

表 5-5-1　项目评价表

能　力	内　容	评　价		
		3	2	1
职业能力	能使用 Outlook 收发邮件			
	能建立联系人、通讯簿、通讯组			
	能正确设置邮件选项			
	能使用 Outlook 创建约会			
	能使用 Outlook 创建事件			
	能使用 Outlook 创建任务			
	能使用 Outlook 跟踪任务			
	能使用 Outlook 管理任务			
	根据任务要求进行会议策划能正确			
	能使用 Outlook 创建会议、发送会议邀请、响应会议			
	能使用 Outlook 收发邮件			
	能建立联系人、通讯簿、通讯组			
通用能力	参与态度（认真参加、提出设想；乐于合作、善于交流；勤于动手、完成任务）			
	情感态度（尊重他人、善于提问；克服困难、不怕吃苦，实事求是、不断反思）			
	实践能力（运用知识、积极实践；独立思考、自主学习；提出问题、解决问题）			

参 考 文 献

[1] 李华良. 中文 Office 97 一册通[M]. 北京：人民邮电出版社，1998.

[2] 王大印. 中文标准 Outlook 2003[M]. 北京：科学出版社，2005.

[3] 汪燮华，张世正. 信息技术基础[M]. 2 版. 上海：华东师范大学出版社，2005.

[4] 复旦大学出版社编. 信息技术基础[M]. 2 版. 上海：复旦大学出版社，2006.

[5] 金湖庭，楼红艳. Word 2003 文档处理[M]. 北京：中国青年出版社，2005.

[6] 刘琼，李绍蓬. Excel 2003 公司办公从入门到精通[M]. 北京：中国青年出版社，2004.